LOS ULTIMOS DIAS
DEL
PRESIDENTE MADERO

EL PRESIDENTE MADERO

M. MARQUEZ STERLING

LOS ULTIMOS DIAS DEL PRESIDENTE MADERO

[*Mi gestión diplomática en México*]

EDITORIAL PORRUA, S. A.
AV. REPUBLICA ARGENTINA, 15
MEXICO, 1958

Primera edición, La Habana, Cuba, 1917
Segunda edición, México, 1958

IMPRESO EN MÉXICO
PRINTED IN MEXICO

UNIÓN GRÁFICA, S. A. Doctor Vértiz, 344. México, D. F.

INDICE

Págs.

Págs.

CAPÍTULO VI

CAPÍTULO VII

CAPÍTULO VIII

CAPÍTULO IX

Págs.

CAPÍTULO X

CAPÍTULO XI

CAPÍTULO XII

Págs.

CAPÍTULO XIII

CAPÍTULO XIV

CAPÍTULO XV

Págs.

CAPÍTULO XVI

CAPÍTULO XVII

CAPÍTULO XVIII

La estatua del presidente Madero que figura en el Frontispicio es obra del escultor D. José Fernández Urbina, y remata el monumento erigido en esta capital, siendo Presidente Constitucional de la República don Adolfo Ruiz Cortines, y Regente de la ciudad el Lic. don Ernesto P. Uruchurtu. Las fotografías de "La Decena Trágica" proceden del Archivo del señor F. Teixidor.

CAPITULO I

En Veracruz.— Reminiscencias.—"Excelentísimo Señor. . ." —Las huellas de Félix Díaz.—Optimismo contra pesimismo.—Hacia la capital.

I

Viajo en un gallardo buque alemán, y su bandera, orgullosamente desplegada a popa, anuncia la proximidad al puerto. Amanece, y los primeros rayos del sol, tendido en el horizonte, le sirven de guía y lo conducen a la dársena. Se experimenta siempre una emoción plácida al divisar la tierra, y por buena que haya sido la permanencia entre las olas, volver a ella es un goce inefable. El mar me inspira una suave melancolía; mirándolo, horas tras horas, intento comprender su inmensidad y el secreto de sus cóleras, y concluyo, al cabo, abrumado en el inútil esfuerzo de arrebatarle sus íntimas confidencias. La escala ha sido franqueada al tránsito de los regocijados pasajeros; en la cubierta se despiden, unos de otros, los que hicieron amistad de travesía; éste corre, aquél grita, hablan muchos a un tiempo formando algarabía; los equipajes descienden cautelosamente, como personas de imperturbable juicio, y poco a poco el barco se va quedando abandonado al cautiverio de sus amarras.

Entre la muchedumbre de maleteros, policías, aduaneros, inspectores e intérpretes de hotel, asoma su gorra galoneada, su traje de colorines y botones dorados, un hombre flaco, de bigotes lacios y pómulos salientes, que pregunta, haciéndome reverencias de corte antiguo y conocido por el Ministro de Cuba. . . "¡Excelentísimo Señor!" Era, para mí, la novedad, porque, de tantas veces como he desembarcado en Veracruz, es la primera en que recibo, allí, homenajes de carácter oficial.

De súbito, el pensamiento retrocede veinte años y, como un ensueño, flamean las ilusiones. Era una mañana de cielo azul y transparente; desde la borda, en estas playas que jamás había visto, deleitábame contemplar la tenue lejanía, con el nevado cucurucho de Orizaba, sumergido en un baño de nubes multicolores; y fuera de aquel marco antojadizo, apartándose del siniestro castillo de San Juan de Ulúa, la ciudad se extiende, perezosa, en su blando pedestal de arena. Desvanecido el juvenil recuerdo y transformado severamente en "el señor Ministro", a quien la diplomacia, en uno de sus rasgos de frivolidad, brinda flores de bienvenida, que pronto han de marchitarse, observo cuánto ha sido el cambio a través de cuatro lustros desdoblada en deberes y jerarquía la fugaz adolescencia, resuelta y amplia la brecha de progreso en el legado colonial de piedra; edificios públicos de arquitectura mixta que llenan la exterior decoración y se hurtan al conjunto, y más allá, a partir del zócalo y sus portales bulliciosos y repletos, las calles mejor pavimentadas, más nutridos los enjambres de hilos eléctricos poblados de golondrinas, y más intensa y enérgica la vida, entre la tormenta que a menudo amaga y el comercio que prospera. De la reciente revuelta que batió, sobre el vecindario absorto y desprevenido, sus negras alas, queda apenas huella; mudos los patriotas, detrás de las cortinas o por las rendijas de las ventanas, miraron cómo, sin resistencia, penetraba el incipiente caudillo, y cómo, derrotado y prisionero, terminó, en un simulacro de combate, la cándida intentona. "Por aquí —refiere un testigo— avanzó el sobrino de Porfirio Díaz en medio de un grupo de legionarios; tomó por suya la Casa Municipal; ordenó un opíparo banquete, y durmió, a pierna suelta, el cansancio de la jornada." El veracruzano es, comúnmente, cordial, y en su calado balcón, al Golfo, se considera feliz. Tres veces heroico, según rezan sus pergaminos, prefiere la conquista mesurada y tranquila de sus derechos, al golpe violento, a la crispadora desgarradura, al arrebato fiero. Ama la libertad, y en cierto modo la disfrutaba, mientras de todo el país huía; que la libertad es innata en la naturaleza humana y, como el agua de la ría, lleva en las entrañas el impulso que la desborda; allí donde puede gana al instante una pulgada, corre hasta el límite, y si la obligan, retrocede; no lucha, siempre, en desigual refriega; calla, aguarda, y, pletórica, al fin vence. Sin embargo, circulaban rumores de conjura, y aunque las gentes, consagradas a su labor cotidiana, reparaban poco en ellos, el asunto de suyo tiene encantos de novela, y, en los corrillos, por la tarde, ya en la plaza o en la botica, en torno del barbero o en el café, daba tema interesante que torcía y flagelaba, a su gusto, el divertido consumidor. Las noticias vienen del centro del país; allá la disputa, la torpe amenaza, la frenética ambición; allá el ruido que llega susurrante a la superficie, y sólo hay la esperanza de que no se comunique a todos los ámbitos el estremecimiento fatal.

Pero a los optimistas les queda todavía su reja, cubierta de lirios y jazmines, y cantan sus romances a la virtud en pie. "No niego —exclama un devoto— que la situación sea difícil, que los problemas de índole económica, y esencialmente agrarios, se compliquen y enmarañen; pero estamos asistiendo a una obra magna, que devuelve a nuestro pueblo la salud moral que le ha faltado en abominable y prematuro envejecimiento." A mi lado, alguien, que no está del todo conforme, apunta, en amigable debate, que las doctrinas al garete despéñanse en perniciosa e injustificada transigencia. "Así habla el impaciente —arguye la fe, encarnada en un elevado funcionario—; así censura el que jamás analiza; así el irreflexivo; así el malicioso. La reforma está comenzada, pero son murallas de granito las que derriba el reformador, y lenta es, por tanto, su conquista. La esclavitud defiende sus posiciones con el pecho de los esclavos; y los esclavos, a la postre, sacrifican a sus propios emancipadores. El pueblo mexicano ha elevado su dignidad, y su jornal, en este 'proemio' de absoluta democracia, y precisamente a ese pueblo predican, los agoreros del desastre, la destrucción."

II

Ha sonado la hora de partir con rumbo a la capital. Mi familia se acomoda en el Pullman, y en la plataforma, al mortecino reflejo de unos cuantos focos, que remedan lámparas de aceite, el Cónsul, mi subalterno en Veracruz, me presenta, efusivo, a un caballero de agradable porte, "el general Agustín Valdés, cubano meritísimo, al que rindió su espada Félix

Díaz. . ." El tren sacude sus férreos músculos y arranca. Varios pañuelos agítanse en el aire. Y la noche, de una obscuridad profunda, me obliga a meditar en el tierno lamento del ciego imaginado por Maeterlinck: "Yo sólo veo cuando sueño. . ."

CAPITULO II

Preludio.—Planes de acercamiento comercial e intelectual entre Cuba y México.—Nuevos hombres y antiguos moldes.

I

Los preliminares de una misión diplomática ordinaria carecen de brillo y, sobre todo, carecen de amenidad, sea turco el ministro o cubano el Plenipotenciario. La Legación, que cambia de director y con frecuencia de espíritu, se pone en movimiento; el secretario de mayor categoría —que cesa en su carácter transitorio de Encargado de Negocios y, de hecho, desciende— muestra al nuevo jefe los archivos, le trasmite informes verbales de este asunto o de aquel engorro, y le rinde, más o menos de buena gana, el tributo de su obediencia, que no le es posible escatimar; a los quehaceres oficiales, que ya se inician, mézclanse atareos de índole doméstica, y, previa cita, acude el Ministro a conferenciar con el flamante Canciller (raras veces no le cuadra el adjetivo); sube, del portero al emperifollado Introductor, los peldaños del protocolo, y pide la fecha en que se digne concederle el Presidente, para la entrega de credenciales, "audiencia pública y solemne", con la pompa de costumbre; sin demora, prepara el discurso que se lee, salvo algunos casos, en esta clase de ceremonias, y anticipa una copia, de esta pieza político-literaria, al funcionario que redacta la obligatoria respuesta del Primer Magistrado.

A las cuatro de la tarde, el 7 de enero de 1913, había yo terminado estos números del programa, y salía satisfecho del Ministerio de Relaciones Exteriores, que me produjo, valga decirlo ahora, el efecto de una residencia particular. El Canciller, don Pedro Lascuráin, cumplía en Washington, entonces, un delicado encargo de su gobierno, y el Subsecretario, don

Julio García, persona modesta y culta, encanecida en los torneos jurídicos, llenaba sus deberes en prudentísima y ardua interinidad. "El señor Presidente —me dijo— ha señalado el día 10, a las once de la mañana, para el acto de acreditar al señor Ministro de Cuba, y experimento sincera complacencia al comunicar al propio señor Ministro tan oportuna resolución." Agradecí la gentileza en cálida frase, no sólo porque pronto saldría de la situación enojosa de "Ministro a medias", sino por ser, en la liturgia diplomática, tres días de plazo, recibir el 10 a quien llegó el 7, honor muy señalado que suele suscitar envidias entre colegas. Pensé en el augurio dichoso que para mí significaba aquel rasgo de benevolencia, y repasé, en el cerebro, los proyectos forjados para el éxito.

¡Y cuánta energía cuesta en diplomacia avanzar una línea! ¡Y qué pocas veces logra el Ministro acompañar a su desenlace las cuestiones que plantea! Una pueril diferencia de criterio, el debate de un concepto, o la interpretación de una frase, paralizan y anulan el más laborioso anhelo y tiñen bruscamente de vana quimera lo que tuvo matices de realidad. Pero yo me sentía con el brioso empuje de la fe, y coordinaba mis ideas en un vasto plan de acercamiento comercial e intelectual entre la República de Juárez y la de Martí. ¿No sufren ambas análogas dificultades y las rodean peligros de igual origen? La suerte de México nos atañe. Nuestro naufragio acaso provocaría el suyo. ¿No es lógico propender a la identificación de los dos países bajo la necesidad suprema de mantener cada uno su independencia?

Y discurriendo así, atravieso las vías céntricas y me confundo en el torbellino de coches y automóviles, y paseantes de todos tipos, que se esfuman en los crepúsculos, y dejan, solitarias y silenciosas, las calles que temprano sirvieron de escaparate al parisino lujo, a la joya que resplandece en el palpitante seno, al sombrero de espléndidas plumas, a la chistera del cuitado Tenorio y, a trechos, al traje blanco del pueblo cobrizo.

II

El crecimiento de la ciudad de México era, sin duda, el de una gran capital; pero conservaba su peculiar fisonomía de

tristeza. Las avenidas remedan espléndida iluminación de candelabros. Y encáuzase por otros rumbos mi ánimo divagador. Las viejas fachadas se hunden y en sus propias sombras desaparecen. Apenas tropiezo rincón que guarde su tradicional aspecto, ni sitio conocido en donde no advierta la innovadora mano que desfigura o que remienda. Mis entusiasmos de ausente, al regreso, y la fruición de mis memorias, trócanse, de improviso, en desaliento, y al mismo Carlos IV, erguido sin estribos en su caballo de bronce, se me antoja que le aflige el vértigo de mármol. Dibujado en andamios el Capitolio, que quiso ser senado sin senadores, la exhausta democracia detiénelo en sus cimientos. Piedra sobre piedra fabrican las musas el Teatro Nacional, maravilla que va escapando, sigilosamente, del desastre financiero. Y sobre las columnas jaspeadas, que construyó el prófugo Dictador, pugnan los nuevos hombres y los antiguos moldes.

Ahondo y las dudas me conturban. ¿Están allí disimulados los rencores ante el enemigo inexperto que confía? La Belleza plástica, delirio del servil despotismo que pasó, disloca a muchas almas que presienten y anhelan la catástrofe, y ciñe una venda trágica la frente de los "reivindicadores". El tercio del siglo de opresión anda errante, todavía, por el inmenso panorama, y no hay grandeza donde no repose ni escombros en donde no se levante: es la fuente inagotable para los obcecados que tienen sed y el desierto para los infelices que tienen hambre; es el acero que ataca y la venda que cicatriza; el rebelde que se bate y el usurpador que fusila; es la raíz y el fin; queja y suspiro; caricia y espuela; tesoro y lágrima...

CAPITULO III

Periodismo y diplomacia.—De cómo no había sido yo persona grata al gobierno del general Porfirio Díaz.—El Dictador en 1904.—Política epistolar.—Dolorosa realidad.—Los periodistas de oposición.—La corte del monarca mixteca.—El oficial de la gris cabellera.—Don Ignacio Mariscal.

I

La prensa bordó sus fantasías reporteriles en derredor de mi persona, y el asedio de cronistas y fotógrafos a la concurrida Legación se prolongó (los días pareciéndome años) casi tanto como el sitio de Troya, digna de los cantos de Homero mi defensa. El periodismo y la diplomacia son profesiones que se excluyen, aunque, en nuestra América, suelen sacarse los diplomáticos de los grupos de literatos que bregan en los periódicos. Para ejercer a conciencia el periodismo y la diplomacia, el diplomático necesita preservarse del periodista y al periodista le urge burlar la reserva del diplomático. Mientras el uno, pluma en ristre, se empeña en sorprender las opiniones y los propósitos del otro, al diplomático no le queda más recurso que tapiar a cal y canto su criterio y, por ende, las tentadoras confidencias. El *reporter* anota unos cuantos lugares comunes, que me ponen a salvo de cualquier peligro; siento plaza de profeta, adivinando un futuro admirable, y entono, sin perderle ripio, el himno a la fraternidad internacional, tópico muy socorrido en diplomacia. Pero se anuncia un periodista que desea interrogarme sin testigos.

—Señor Ministro —me dice bajando la voz—, ninguno de nuestros grandes periódicos ha mencionado un curioso y notable antecedente diplomático, no por los mexicanos en olvido. Al presidente Díaz no le era "persona grata" el actual Ministro de Cuba, según los anales de la época, y debióse la "malquerencia" del Dictador a un escrito en que, a sus anchas, el hoy diplomático, mi colega entonces, le fustigó. Y de seguro en esta circunstancia se funda el gobierno del Presidente Madero, aparte las prendas que adornan al señor Ministro, para considerarle, por lo contrario, "gratísima persona"... ¿Se trata, en efecto, de un hecho real o de una simple novela? ¿Puede y quiere decirme algo de todo ello, para mis lectores, el señor Ministro?

Confieso mi perplejidad. Negar... ¿por qué? Entrar en pormenores... ¿con qué fin? Y como dando un corte respondo:

—Se ha exagerado mucho *eso* que no fue sino un percance mío, sin transcendencia.

Pero el periodista, que ha puesto su planta en firme, no se conforma.

—Hizo usted —añade— un estudio bastante conocido por nuestros literatos y especialmente por los prohombres del "porfirismo"; la prensa lo reprodujo; circuló, más tarde, en un libro,[1] y el General no perdonó las ironías que en el escrito campean... Hoy mandan los que le derrocaron y puede hablarse con libertad absoluta del incidente...

En lo íntimo de mi enterado interlocutor ¿palpitaba acaso la nostalgia de la dictadura? La ciudad de México había sido baluarte del "porfirismo", y los "capitaleños" imagen y esencia suya. ¿Tropezaba ya con el fantasma del Dictador?

—Soy revolucionario —continuó el periodista como si me adivinara— y sustento ideales ultrasocialistas...

Declaración de principios que, sin ser falsa, tenía por malicioso objeto franquear el paso a mis represalias en contra del vencido, pero que sólo me indujo a puntualizar la materia en términos concretos y definitivos, mi norma en lo adelante.

—No fuera nobleza, señor periodista, hacer leña del árbol caído. Ciertamente, soy el autor que disgustó al anciano General; pero en aquellas páginas, acaso afortunadas, no hay frase que hiera, ni tampoco intención que agravie...

Y a esta pauta se ajustó el *reporter*.

Escudriñando el singular episodio surge todo él a mi mente, y el lector acaso lo considere interesante.

---

[1] *Psicología profana,* La Habana, 1905.

II

Refiere una leyenda cortesana que mi pluma vertió el peor de los venenos, y mortal resentimiento abrigaron los aristócratas del Tercer Imperio, como, a guisa de reproche, llamábale con timidez, al régimen "porfiriano", algún censor. Todo gobierno arbitrario es, de suyo, receloso: teme al aire, al ruido, y, más que a nada, teme a la verdad. La tiranía fue siempre mezquina planta de invernadero que no soporta la intemperie. En "mi caso" procedió el Dictador de acuerdo con "su caso". Por la estepa rusa nadie echa de menos las orquídeas.

Le visité en el otoño de 1904 y no se ha borrado de mi cerebro la impresión de su aspecto frío, de su mirada grave, de sus regios modales, disciplina de Palacio. Temblaban setenta y cuatro años sobre sus manos descarnadas; pero el gesto altivo y la actitud marcial, reminiscencia de una vida guerrera, encubrían los desgastes de su combativa ancianidad. Pequé, al describirlo, en el elogio, sugestionado por aquella naturaleza estupenda, por aquel contorno de bronce, por aquel agudo entendimiento y por aquellos ojos penetrantes y enigmáticos. La rama no se movía en el árbol sin su permiso. Manejaba con destreza inverosímil los engranajes remotos de la maquinaria nacional. Su flúido llegaba a los confines del territorio. Y en la noche profunda se escuchaba su resuello alerta. Porfirio Díaz aplicó a México una curiosa variedad del "sistema" pretoriano, porque su pretorianismo reposaba en la causa de la civilización; rasgo de imponderable astucia que explica la calidad y cantidad de los cómplices y el espantoso desenlace. Convenció a pensadores y estadistas europeos, que abdicaron de sus teorías y de la ciencia, y en América, próceres de muchas campanillas envidiaban a México *su* Porfirio. Hubo Presidente *en cierne* [2] que estudiara de cerca el mecanismo para instalarlo en su cabaña convulsiva; mas el peregrino discípulo, doctorado en las aulas de Chapultepec, perdió su terapéutico garbo al darse con el asendereado cliente en Bogotá.

Aseveren otra cosa las embusteras tradiciones, anduve cauteloso al hurgar con mi pica esta zarza, y me acuso de no

---

[2] El general Reyes, de Colombia.

haber enristrado contra la opinión universal. Esbocé la Dictadura y el fundamento de su ortodoxia. Porfirio, dije, retiene las libertades bajo promesa de, al cabo, edificar sobre mejor cimiento una democracia ordenada; autócrata de tránsito, sacrificado su liberal instinto al patriotismo —así lo encasilla algún sociólogo—, salvará, con el látigo, a su raza; y, en beneficio de la santa democracia prometida, construye puertos y ferrocarriles, desarrolla las industrias, ensancha la esfera de los negocios y bruñe la capital. Fui optimista, con un optimismo parecido a la piedad, en el estupor de aquel México mudo y triste que progresaba de rodillas. . .

III

Publiqué mis "impresiones" en La Habana y las remití a Porfirio cosidas a una carta respetuosa. El Dictador contestaba al instante las cartas que a centenares recibía, y era siempre "estimado amigo" el corresponsal, como quiera que se llamara, dentro del país, y "estimado señor" el de fuera. La secretaría particular, jamás dormida en los laureles de Puebla y de Tecoac, despachaba a diario toneladas de respuestas amables que, paciente, suscribía Porfirio de su puño y letra, y en una de ellas, para un "estimado señor" de tantos, me dió las gracias por el artículo zarandero y prometió leerle "detenidamente" mi "afectísimo servidor". En México, los autógrafos de *Don Porfirio* —por Don Porfirio lo conoce todo el mundo— eran distribuídos en ediciones matutinas, y desde el encopetado magnate hasta el peón humilde, a todos envanecía, e igualaba, la cubierta rectangular del monograma de oro, el pliego color de rosa, el reglamentario "estimado amigo" y la firma auténtica de trazo fuerte y rúbrica española. Así, por escrito, consejero y tutor de cada mexicano rico o pobre, feliz o desgraciado, simulaba costumbres republicanas, y su espíritu, flotando sobre aquella firma auténtica, se presenta en la buhardilla miserable a consolar a un "estimado amigo", nunca visto, que infructuosamente le pide empleo. De todas las propagandas, ninguna más práctica. El autógrafo estimulaba la sensibilidad de la oveja a endiosar a su magnífico pastor, y el monograma de oro, repartido a domicilio, era el hechizo que se desborda en cariñosa marea, que anega las conciencias, que ahoga las voluntades, que rompe o salta las fronteras y salpica al "estimado señor" del artículo zarandero. A mi entender, la respuesta "afectísima" acusa falsa tolerancia y *automática* habilidad; pero el entonces Presidente de la República de Cuba, don Tomás Estrada Palma, juzgándola muy a tono y adecuada a la grandeza del autor, me brinda el cargo de secretario de nuestra Legación en México. "Nadie ignora —me dijo— que Díaz gobierna como un rey absoluto, ¿qué interés puede obligarlo a ocultar la rectitud de sus propósitos, o sea, que gobierna como un rey absoluto para formar ciudadanos y consolidar las instituciones democráticas?"

Después de largos años de ruda labor en los dominios del "cuarto poder", a toda hora encorvado sobre un rimero de cuartillas, emigraba yo a la mañosa diplomacia; el sosiego y los horizontes dilatados de la política internacional, restituiríanme la salud perdida y las fugitivas ilusiones; y, para remate, completaban el deleznable ensueño la jefatura de un predilecto amigo, el ministro y general Carlos García Vélez, hijo de la gloria, y la deliciosa y hospitalaria residencia. Corre la noticia, mis colegas echan las campanas a vuelo, y el plenipotenciario de Porfirio, don Gilberto Crespo, en bondadosa esquela me felicita. Pero la candidatura emerge y naufraga en un relámpago, y el fracaso no se contenta con un solo golpe: decisivo el primero, descarga el segundo todavía. Una sonrisa benévola dibujan las telarañas del tiempo sobre estos recuerdos que no lastiman. Diligentes, como no lo fueron en el ejercicio de sus respectivas carteras, dos consejeros del acucioso don Tomás, por sí y en nombre de un tercero ausente, vengaron los cáusticos de mi pluma, que a ellos les había dejado incurable roncha; y besaba yo, mohíno, el polvo de la derrota, cuando, a toda prisa, don Ignacio Mariscal, Ministro de Relaciones Exteriores de México, sin habérsele consultado el maltrecho nombramiento, comunicó, airado, que el *estimado señor* no era *persona grata* a su gobierno.

IV

¡Pérfida realidad! ¡Y cómo se habían conjurado, en mi daño, las pícaras letras de molde! Si quieres recrearte, lector, trasládate a la patria de Moctezuma desandado el calendario. Bajo la copa de un frondoso ahuehuete, y en el clásico instante en que llegó mi zarandaja literaria sonando sus flecos de mostacilla, me hallarás apercibido a ser tu brújula en las malezas de la Historia.

No faltaban a la brava dictadura periodistas de pelo en pecho que, entre lisonjas, deslizaran gotas de hiel. Con los adornos del artículo en pro, sus "editoriales" eran, sin embargo, en contra. El Fiscal descubría cien desacatos por vocablo; trocaba la toga en capucha de inquisidor, y los reos, "confesos de herejía", purgaban sus delitos, de enero a enero, en la infecta cárcel de Belem. Nada les arredra: ni el hambre, ni la desnudez, ni el tormento de la sucia bartolina. Y apenas ven el cielo y curan la nostalgia del hogar y saborean la libertad, reinciden enarbolando *amartelado periodicuelo* de pelea. Redactores, regente, cajistas y "papeleros" [3] comparecen, como pandilla de ladrones, ante el juez que nunca absuelve, y hasta la imprenta es, en el acto, secuestrada por la justicia de Porfirio. Pues bien, mis "impresiones" proporcionaron venturosa oportunidad a periodistas de tales arrestos, y mientras uno defiende el coloso, a quien no agredí, y pega, a mis expensas al defendido, otro, ensañado, tergiversa el concepto y altera o suprime retazos y fustiga con menos riesgo. Por ajena cuenta hoy, por la propia mañana, los periodistas de la paupérrima oposición ganan los puestos de primera fila en el martirologio mexicano.

Disgustado el General por la franqueza de mi escrito y por el rasguño de la prensa volandera, que saca del fuego las castañas con mi pluma independiente, adopta la marmórea indiferencia que sirve de máscara inmaterial a sus pasiones y encomienda a la dúctil camarilla la dramática faena de indignarse. En cada párrafo señala endemoniada blasfemia el hipócrita palaciego; éste, adivina encubierto y malévolo comentario; aquél una frase *callada* que se desprende y salta y mortifica, y traman sus intrigas, al hilo de mi alegato, los favoritos que, so pretexto de lealtad, cultivan la privanza del monarca. El mismo Porfirio cede a la caricia aduladora, y en la senil pendiente

[3] En México se les llama *papeleros* a los muchachos que venden periódicos en las calles.

resbala a un abismo de frivolidad que lo transforma y empequeñece. Habituado al disimulo, conserva inalterable su olímpico desdén; pero es un desdén teatral, endurecido por la rabia interna que nunca se aplaca, un desdén lúgubre que estremece a los chambelanes de su corona roja, un desdén plebeyo aprendido en la encrucijada, sin el orgullo clásico de la nobleza latina. Y precisamente nobleza europea es lo que envidia Porfirio, y no perdona el pasaje donde, queriendo honrarlo, anoto su perfil mixteca, su indígena prosapia. El daría las facciones de ídolo egipcio por la nariz aquilina y la mandíbula deforme de Felipe II.

La táctica del Dictador esquivaba el escalpelo de la crítica extranjera; sus agentes, de polo a polo, en España, en Rusia, en Turquía, en China, en Senegambia, persiguieron y cultivaron el ciego aplauso, y comprado o espontáneo lo exhibía Porfirio ufano a su drógina galería. De esta suerte, su poder omnímodo emanaba de un plebiscito mundial, y no habría traspasado su enojo los muros de Chapultepec, temeroso de... "la crítica extranjera", a no cundir el desasosiego de mi "posible" secretaría. Delibera el Consejo de Ministros; protestan gentileshombres, maestros de ceremonias, camareros, monteros, mayordomos, caballerizos mayores, ayudantes y, sobre todos, frenético, el oficial de gris cabellera a quien ordena Porfirio que alborote y haga suya la regia causa. Entra en escena don Pablo Escandón, el edecán que me condujo, en 1904, por corredores y vericuetos, a la presencia del Dictador. Pertenece a opulenta familia, y hereda el latifundio y los tesoros. No figura en su linaje un simple *otomitl,* ni un altanero *tlacatecatl,*[4] ni un rey de Tacuba, ni un solo caballero asado en la parrilla del capitán Malinche. Paseante en corte media vida, ofrenda la otra al príncipe mixteca. Sargento mayor lo conocí, y después, a saltos de escalafón sobre las alfombras de Palacio, se planta en Coronel. Desavenido el uniforme con su gibosa apostura, no se plegaban a la entallada chaquetilla las viejas carnes del aristócrata. Cumplido el bizarro deber de acompañarme, dirigió a Don Porfirio un saludo versallesco: pegada la diestra a

[4] "*Otomitl,* en el ejército azteca, jefe de flecheros. *Tlacatecatl,* jefe superior del ejército." Fernando Iglesias Calderón, *Rectificaciones Históricas.—Un libro del ex Ministro de la Guerra, Gral. Bernardo Reyes,* México, 1910.

la hinchada sien, frota con la siniestra la franja del calzón carmesí; gira sobre los talones y levanta un pie mostrando la bota puntiaguda; marcha hacia la puerta, y desaparece detrás de la cortina más allá. Teñido en la aureola del Dictador, don Pablo es un retazo del "porfirismo" que no se escapa al filo de mi pluma. Lo aprisiono como a un tierno pajarillo que forcejea en el calabozo de mis dedos. Está domesticado para el hombro de su dueño. Lo suelto, y se pierde en la espléndida araña del salón de embajadores. La posteridad lo encontrará famoso al margen de mi boceto.

Los cortesanos, en su cabal papel, se hacen cruces y compadecen al sargento; adulteran la pincelada, y no hubieran sido ciertamente cortesanos a toda prueba, sin el regocijo y la insidia en cada pecho. Soy el tema de las charlas de don Pablo y, con estro virgiliano, me describe monstruo de los hornos de Plutón. Luego, un Talleyrand oportunista facilita ingeniosa fórmula para el veto *de perfil*. Se decide, lector, la escaramuza. El monarca, benévolo si los hay, pretende mermar la subalterna inquina: "don Pablo, cálmese usted, no es para tanto..." Pero don Pablo no se calma; vocifera la comparsa; Porfirio, lívido, sucumbe, y toca don Ignacio Mariscal su trompeta diplomática: "El *estimado señor* no es *persona grata* a mi gobierno."

CAPITULO IV

Tormenta política en Cuba.—El presidente Estrada Palma.—Intervención americana.—Encargado de Negocios en Buenos Aires, celebro la Restauración.—El presidente Gómez.—Los efectos de la Intervención.—Pesimismo y "anticubanismo".—El periódico moderno.—Tósigo intervencionista.—Intervenciones del Brasil en el Uruguay.—Opinión del presidente Roosevelt.—La demencia del Congreso cubano.—Palabras consoladoras del embajador Nabuco. Anestesia colectiva.

I

Aquel escollo puesto adrede al diplomático enaltecía sobremanera al escritor, que no mintió, y en vez de caldear la pluma en el desquite resignóse a su mezquina suerte el "secretario". Por otra parte, arreciaba en mi ánimo la preocupación de infaustas malandanzas: que coincidía, con el trance de mi diplomacia decapitada, el destartalarse la concordia entre cubanos. Era un hermosísimo altar donde comulgaban todos los ideales; pero al tañido lúgubre de la torpe ambición, campana de las furias, arrebátanse, sacerdote a sacerdote, fuera de sí, los atributos. ¿Cómo pensar en mis achaques mínimos cuando el ambiente se acalora, y apercíbense los bandos a la pelea dispuestos a llevarse, en los colmillos, a jirones, la túnica del destino si no cuadraba a sus gustos?

Del presidente Estrada Palma habíame distanciado el norte de su política, francamente señalado en la brújula del abismo en que sus amigos le metían, y a intervalos rasguñábale mi prosa, mirando a las desgracias que, en cabalgata, como las doce Walkirias, acercábanse ya, por la montaña; mas el periodista no había roto con el "mandatario", y una tarde inolvidable, en su despacho, vertió, en mi corazón emocionado, la miel que desbordaba el suyo; acreditábame con él anteriores entrevistas de suma trascendencia, de las cuales, a prueba de purísima fidelidad, perfumada hiedra, transmití al país los anhelos que llameaban en su mente, y sus planes, zozobras y resquemores; y era éste el momento supremo en que, tomándome de nuevo por bocina, entenderíase a viva voz con su pueblo y restablecería la calma en las conciencias. "No aceptaré mi reelección por un partido —me dijo—, estando ahora, como estoy, en el poder con el voto de los dos que riñen; pero tengo la obligación de impedir que me suceda, en el gobierno, hombre alguno incapaz de continuar mi obra de afianzamiento..."

—Entonces —le interrumpí— ¿tendrá usted *su* candidato?

"He de seguir una táctica desconocida en los países de nuestra raza —contestó llevando el compás de la frase con el pie derecho—; *mi* candidato, como usted lo designa, pertenecerá a cualquiera de los grupos, y tanto podría llamarse de un modo como de otro; pero él habrá de ganar, con su propio ascendiente en la opinión, la mayoría del sufragio sin el fervor de la autoridad, sin el abuso del comité; consistiendo mi labor, honradamente, en combatir a los candidatos perniciosos que, subidos a la presidencia, lanzarían al pueblo por desfiladeros de corrupción..."

Aquí los vicios, allá las virtudes, ordenaba lo futuro a través de sus vaticinios, y como nunca, salía de sus labios a borbotones la elocuencia. Me retiré ansioso de dar a lo hablado forma escrita, y a medias ya la empresa, quiebra el silencio de mi taller a golpes el aldabón. Se trata de un oficial montado portador de urgente pliego de Palacio. "¡Cuartillas de mis sudores —pensé, adivinando el contenido—, tenéis ya la efímera consistencia de un castillo de naipes!" Y era que, en efecto, el morador de sus torres lo desmoronaba soplando las almenas. "Nuestra conversación —leíase de mano de don Tomás, en letras cursadas, grandes y redondas— no fue, en unas materias, a mi entender, suficiente, ni prolija y completa en otras, y me apresuro a rogarle que, por ahora, nada publique sobre ellas: el momento es difícil y yo prefiero callar." Una conferencia de magnates, posterior a la mía, desvió al anciano Presidente, que no quiso, desde entonces, oír su propia voz. En Estrada Palma prevalecieron las virtudes domésticas, y las virtudes domésticas no bastan para fundir y moldear al hombre de Estado. Administró bien la República en el período inicial, mientras pudo manejarla como un santo patriarca su heredad. Perdió el tino al darse cuenta de que gobernaba la casa del prójimo y el vecindario ajeno. Lo recuerdo venerable, sugestivo, inteligente; era menos dulce su mirada que su palabra; había en su continente irreprochable pulcritud: en el peinado, en el traje, en los modales, y nunca se advertía el desgaste de su vigor físico, a toda hora recto y firme el talle. Lamenté con toda el alma que la sirena engañosa apagara sus postreras ráfagas de lucidez. Y no volví a verle en su trémula poltrona.

Editor responsable de improvisada camarilla, sólo quedaron, de don Tomás, al servicio de la catástrofe, su terquedad y sus pasiones. El acto final principia; el protagonista se transfigura y descubre el pedazo de alma que antes nadie conocía. Estrada Palma, en el fondo, era un carácter débil, una voluntad indecisa, y fluctuaban sobre su espíritu el escepticismo y la ingénita desconfianza. Al romper el cascarón de nuestra independencia política la supuso transitoria; no creyó en la eficacia de sus colaboradores, aunque, a su juicio, otros no podrían superarlos, y vencido se abandonó a la tormenta. El drama toca a su desenlace, y el principal actor daría tema a Plutarco, jamás a Fidias. Don Tomás no amaba a la República tanto como a Cuba, y al verla tambaleante y angustiada la entregó secretamente [1] al extranjero, según más tarde explica,[2] y así aclara su criterio de Gobernante, con la consulta de "muy pocos, pues no era tiempo de exponerse a contradicciones por buscar copartícipes en las responsabilidades".

II

¡La intervención extranjera! Nada más amargo para un pueblo que, después de pelear medio siglo por emanciparse del yugo extraño, haya ejercido, un minuto, soberanía. El glorioso pasado cubierto de laureles que la asfixiante atmósfera mar-

[1] Texto del memorándum trasmitido el 12 de septiembre de 1906 por el secretario O'Farrill al cónsul Steinhart, que lo trasmitió por cable a Washington: "El presidente Estrada Palma pide la intervención americana..." "La intervención que se pide no debe ser conocida del público hasta que las tropas americanas estén en La Habana."

[2] Carta de Estrada Palma que figura en el Informe del Gobierno Provisional, 1906-1907.

chita; las tumbas de los mártires abiertas y vacías, y ahogado el grito de protesta en la garganta de los vivos, que padecen. Coroneles, capitanes y subtenientes, del ejército que nos invade, toman a su cargo el papel de sabios directores de la nación humillada; gobernadores, alcaldes, jueces, pedagogos, obedecen su tutela, y en un ensueño inverosímil, sin mudarse el traje del soldado, hablando lengua distinta, dan clases de gobierno a nuestros hombres civiles. El sentimiento se adultera. La dignidad se desquicia. Somos una especie de principado provisional, sin congreso y sin leyes; a los patriotas les devora la incertidumbre del mañana, y todo permanece en suspenso en tanto el naipe decide la jugada. Se paralizan las finanzas; recela el industrial; encoge sus negocios el banquero, y los ricos dan tres vueltas al cerrojo de sus caudales. El flemático interventor tiene consejeros que usan de su privanza y son velado anteojo de todo lo nativo; muy cerca de su persona acechan la coyuntura cien audaces, y créanse los intereses del régimen intruso. ¡Ahí los nuevos adversarios de nuestra independencia! El contratista de usura, que no ha de cumplir sus compromisos y arrasará el oro del manso contribuyente; el jugador de bolsa que se transforma en potentado al precio de nuestras desgracias; el ínfimo subalterno que se hace mandarín y consigue, rápidamente, aduladores; el ignorado partiquino que se encarama en las cumbres y harta su ansia tosca en la sensual codicia.

Encargado de Negocios, hacía yo mi aprendizaje en Buenos Aires y el 28 de enero de 1909 me correspondió el honor de celebrar, con una fiesta diplomática, la suspirada restauración. ¡Y a qué injustas campañas dió pretexto, en el mundo entero, contra Cuba indefensa, el hecho de haber sido intervenida! Predecíase un cataclismo político apenas saliera de nuestro territorio el último entorchado americano, y regáronse, por toda la corteza del planeta, las más alevosas y crueles censuras contra los primeros actos del gobierno cubano. La prensa argentina, cortés y respetuosa, en el fondo consideraba a Cuba camino del precipicio; y gran favor nos dispensó al no reproducir ni comentar las noticias alarmantes lanzadas a la circulación por las agencias cablegráficas de Nueva York. ¡Los coroneles, capitanes y subtenientes que en Cuba hicieron vida de estadistas, holgaríanse de recuperar la cátedra gentil! Y por largo tiempo existirá en los Estados Unidos una pléyade ambulante de "interventores profesionales" a quienes atormente la nostalgia; y si en el problema acerbo la madeja se enmaraña, el "interventor profesional" abultará, por instinto, el riesgo y exhibirá, en las inmediaciones de la Casa Blanca, su mágica varilla.

El Secretario de Estado, Justo García Vélez, hermano de Carlos, el ex Ministro en México, a la sazón Plenipotenciario en Washington, quiso, ya gobierno propio, mi concurso en la faena cancilleril, que puso en alto su ilustre nombre; y a requerimiento suyo me trasladé a nuestras playas, desde las playas argentinas, por la ruta más corta. Tres meses de presidencia lleva el general José Miguel Gómez el día de mi arribo a La Habana, que es también la fecha de un gran baile palatino. La mansión de los procónsules, transferida a nuestros libertadores, prepara sus adornos, guirnaldas y tapices, y en tumulto, carpinteros, mayordomos, operarios y escribientes obstruyen la secular escalera, el vestíbulo y las puertas que dan acceso al interior; en la pared resuenan los martillos; de un punto a otro los muebles cambian su apostura, y muchas gargantas, en simultáneo arrebato, ordenan con apuro o regañan si no se les atiende. Es un prodigio avanzar, y, sin embargo, penetro hasta la sala del Secretario, repleta de curiosos, de aspirantes y paniaguados; encuentro amigos que me dan la bienvenida, y el Presidente me recibe en un gabinete contiguo en el que también hay ajetreo de limpieza y locura de ornamento. Gira sobre sus goznes la mampara... El General es un burgués de complexión robusta, casi gordo; en los ojos, de un brillo mate que anonada, refleja su contento; en el rostro, elástico y trigueño, una sonrisa de bonanza, complemento de sus facciones, contrae las abultadas mejillas, y el traje blanco permite confundirle con un Hércules de yeso. Adelanta algunos pasos hacia mí, entre rollos de alfombras y cortinas tirados en el suelo, y me otorga su benevolencia en un abrazo, primero, y después en un ramillete de lisonjas formado con los capullos de su particular vocabulario. A la espalda apáganse las pisadas del interventor que acaba de salir, y aún temo que regrese y nos atisbe por la verde persiana de la izquierda o por el cristal cuajado a la derecha. Se ha ido para siempre, y el pueblo conserva la sensación de aquella mano que oprimió su hombro. Somos viajeros perseguidos en tierra por la trepidación del barco en lucha con el océano.

Observé fenómenos de una complejidad enervante en esos días críticos de nuestra historia. Discurro por uno de los ángulos del salón rojo de Palacio a la hora del gran baile, y se me acerca un sujeto *prominente:* "¿Usted no cree —me pregunta— que la República *liberal* dure menos que la República *moderada?*" La vida de la nación, para mi estrafalario interlocutor, se dividiría, en el curso del tiempo, en series de Repúblicas, que él denominaba según los bandos que actuasen en el poder, con interregnos de consabidas intervenciones entre República y República. En la concurrencia resalta una variedad pintoresca de uniformes, y a mi derecha, en un grupo de personajes, arranca esta despiadada reflexión: "La República ha resucitado militar, y esto acaso signifique *República de tiro rápido,* porque, al cabo, y no dentro de mucho, a sí misma se ametralle." Un dique intangible de morbosa incredulidad rechazaba y deshacía en espumas la exaltación patriótica, degenerada en ridículo despojo de la Guerra de Independencia; y sobre ese dique sentábanse mentalmente a contemplar el proceso patológico de la sociedad cubana, suponiéndola en agonía, sus perennes enemigos. Trastórnanse los valores y el "anticubanismo" —que se da en Cuba rozagante y frondoso— es aquilatado por sensatez; palpita activo y constante en el club, en el mercado, en el banco, en el periódico, en la vega de tabaco, en el rizado cañaveral, y... en no pocas dependencias del gobierno; escarnecen a la República los extranjeros que usufructúan su riqueza en preñada veta, y pocos son los ciudadanos que sienten ardor por defenderla. Presento un diputado colombiano a cierto compatriota mío, hombre de estimables prendas. El colombiano, hinchada su retórica, intenta halagarlo con esta introducción: "La independencia de la Perla de las Antillas fue, para el pueblo de Colombia, una causa nacional." Mi compatriota avinagra el gesto y responde secamente: "Pues... ¡la perla ha resultado falsa!" Que, sin duda, en los pliegues de su enferma sensibilidad, conserva el negativo fotográfico de la perla falsa dentro del estuche interventor. ¿Y qué de extraño, si esta misma placa fotográfica se reproduce a diario por la prensa en todas las formas de la publicidad, en el artículo de combate, en la información ruidosa y hasta en los devaneos literarios, en el humorístico aliño y en la punzante caricatura? El periódico moderno acomoda a los datos de la opinión colectiva los de su propia subsistencia; no es ya, como antaño, el órgano de confección barata y superior mentalidad; ha tergiversado su carácter; la máquina inmola al escritor; la noticia suple a la doctrina; y sirve a domicilio, sin escrúpulos quintaesenciados, el tósigo que emponzoña la existencia nacional. Contra el gobierno hay un resorte vedado al que apelan el aspirante roñoso y el opositor frenético: la intervención; y este es el collar de cascabeles con que despierta, en las tibias mañanas, a sus lectores, el periódico de empresa anónima

"que piensan los delitos
que callan cuando están hablando a gritos",

como dijo Lope de Vega en *El castigo sin venganza.* Pero, de todos modos, la prensa proyecta estados de conciencia que no inventa si exagera; y el tósigo es, en el vaso de nuestras rivalidades, infusión de la planta interventora.

III

El separatismo tuvo frente a España su moral; forjó sus paladines, y determinó sus reglas al resplandor del épico sacrificio. El intervencionismo comprende dos períodos. En el primero, traspasa del charco de sangre a la limpia colina la flor de nuestros ideales; pero deja en la Enmienda Platt el áspid de Cleopatra. En el segundo, el áspid ha picado el desnudo brazo de la República, y entre las malezas que ahora tupen la colina pierde algunos pétalos la flor de los ideales. El intervencionismo es el antídoto de la moral separatista. "Bajo su mando —le dice Roosevelt a Estrada Palma— Cuba ha sido República independiente, y yo le conjuro a que no se conduzca de modo que la responsabilidad, si resultase alguna, pudiera ser echada sobre usted"; [3] porque Roosevelt sabe el perjuicio que hará interviniendo, e implora del caballero y del patriota que al abandonar la presidencia deje libre todavía su país,[4] inseguro

[3] Informe de W. H. Taft y R. Bacon.

[4] Textual: "y que cuando deje su cargo, deje a su país libre todavía..." "Usted habrá llenado su misión como un caballero y como un patriota..." *Roosevelt a Estrada Palma. Informe, etc.*

de preservar con su higiene interventora, la libertad. Son larvas de la primera intervención que provocan la segunda; y ésta conciliará la gratitud que inspira el aliado, al horror que causan los humos y miasmas de conquista. "Nuestra intervención —escribe el insigne Joaquín Nabuco refiriéndose a la política del Brasil cuando era Imperio— jamás tuvo origen brasileño; concebida, sí, por los estadistas del Uruguay y pedida con vivas instancias por los bandos, constituyó uno de esos recursos fáciles de que los partidos prefieren valerse, en períodos de descomposición, antes que resignarse a sacrificios de amor propio que el arreglo de sus discordias costaría." Pero el brasileño no administra por su cuenta y riesgo, ni legisla, ni usurpa funciones locales; la espada interventora protege lo que entiende por legalidad y ampara los derechos de la oposición; el aparato político no ha sido desintegrado, y rige la carta constitucional. En 1854, la división brasileña lleva sus cuarteles a Montevideo. Los retira en 1856. Y vuelve el interventor, después de varios años, pero a banderas desplegadas, atronando el espacio sus cañones, unido a los rebeldes, que reciben del extranjero amigo las bridas del poder. Cuba intervenida conserva los contornos exteriores de la soberanía, y produce la sensación de un cadáver que ostenta en el pecho cruces y medallas.

Otro el mecanismo intervencionista, como distintas las épocas y diferentes por la raza y por la estructura social y política, el interventor brasileño, nacido en el Imperio, y el norteamericano, en su maravillosa democracia; pero ambos, traspasando sus linderos, asisten al dislocado paciente que les implora; y sólo el diagnóstico, antes de recetada la pócima, repercute con vibración semejante en la psicología de los dos enfermos. El Congreso cubano sucumbe a la demencia; transcurre la noche tibia; no se completan los votos para nombrarle sucesor a Estrada Palma, y el conserje, que apaga la última bujía del recinto, ve perderse, en las tinieblas, la República decapitada. El paralelo de Herbert Spencer, entre el gobierno en los organismos sociales y el sistema nervioso en los organismos animales, induce al biólogo, en nuestro caso, a curiosas deducciones. El gobierno de la República es, en seguida, un cerebro postizo, y sobre la herida aplican sus vendajes los interventores. Refúndense los partidos como anticipo a la restauración jurada; el pretendiente acércase al maestro de civismo en solicitud respetuosa de garantías y mercedes para su trinchera electoral, y los ingredientes restauradores lucen sus etiquetas de fábrica, mercancías importadas para ensayo.

A la entrega de Cuba soberana dieron realce, presenciándola, los plenipotenciarios, en Washington, de todo el Nuevo Mundo, que a ese objeto vinieron a La Habana; [5] y el Embajador del Brasil, Nabuco, en quien acabo de citar al historiógrafo autorizado, nos habla, a nombre de la América Latina, su hermoso lenguaje diplomático: "Esta lección —exclama— será para la República de Cuba uno de esos recuerdos de la infancia que deciden de la dirección y fijan la dignidad de una existencia. Por esa intervención —prosigue— los patriotas cubanos han adquirido, en poco tiempo, el verdadero conocimiento de la responsabilidad nacional." ¿Pensaba el filósofo en aquel pueblo uruguayo que remacha su independencia en la vocación de hacerla eterna, que tiene, en el temple de sus hijos, lo que avara le regatea, como a Cuba, la geografía, y que no hubiese sobrevivido acaso, como no sobreviviríamos nosotros, a nuevas, indefinidas y relajadoras intervenciones? El discurso del Embajador Nabuco fue el generoso aliento al término de la borrasca; la línea azul con que el diplomático ansía cerrar un capítulo de sinsabores y abrir otro de esperanzas. También el hado adverso deja, en la naturaleza humana, gérmenes de energía, y donde espigaron los vicios bien pueden retoñar las virtudes.

No asimilamos la ciencia del gobierno en las aulas interventoras porque no hicimos su gimnasia, y porque eran malos,

---

[5] El embajador Nabuco y nuestro inolvidable Gonzalo de Quesada, entonces Ministro en los Estados Unidos, ligados entre sí por una amistad fraternal, proyectaron y lograron este acto de la América Latina, destinado a demostrar su grande interés por la independencia de Cuba y a darle su apoyo moral a la restauración. A mí me tocó hacer las necesarias gestiones en el gobierno argentino. Desempeñaba la cartera de Estado el doctor Victoriano de la Plaza, después Presidente de la República, valioso estadista, además de persona atractiva y de fácil y amable trato; y en nota de fecha 13 de enero de 1909, número 7, al secretario García Vélez, escrita para confirmar y explicar mi cablegrama de ese día, reproduzco las palabras del Canciller en nuestra segunda entrevista relativa al asunto: "Puede usted avisar que el ministro Portela tiene ya instrucciones de trasladarse a La Habana para asistir a la inauguración del nuevo gobierno cubano y cumplimentarlo a nombre del argentino."

a toda evidencia, los preceptores. En cambio, retrocedió nuestra infancia, y se debilitó la conciencia del supremo derecho de la nación a trueque de los derechos subalternos que atan la paz, como una armadura de acero al busto de nuestra democracia, y mantienen la República. El concepto de la independencia se hizo variable como la atmósfera, y se encapotaba en morbosa e incoherente superstición de vasallaje. En el vórtice de las tempestades posibles, el intervenido de la víspera adivinaba el dedo del interventor moviendo las agujas hacia la hora del naufragio, y un nuevo espíritu colonial flota en el ambiente. El interventor sanea nuestras ciudades y organiza e impulsa nuestras escuelas, en la primera etapa; en la segunda, gobierna con el desprecio a nuestros códigos y en la despreocupación de nuestros vínculos morales. Y ahí que las cualidades cívicas del poderoso vecino, representado por agentes mediocres, dejaron en el país menos huella y estela menos visible que sus defectos, los cuales, en política, forjarían discípulos de gran arraigo. El talismán interventor consistió en la paz en evitar los desgarramientos de la rival ambición, y su consecuencia fue, en nosotros, la anestesia colectiva. Sobre los escombros a que redujeron nuestros abuelos, en aras del patriotismo, su tradicional hacienda, yérguese amenazador el egoísmo individual, brote funesto de una evolución que no entraña, en sí, la dinámica de su progreso; obra del interventor que se ilusiona de sus máximas y doctrinas; que inyecta su espíritu práctico sin los soportes éticos adecuados, y pretende nuestra metamorfosis promulgando leyes que no emanan de un parlamento, ni reconocen sus hormas en la mentalidad nativa.

CAPITULO V

Mi ascenso a Ministro en el Brasil.—Reclamaciones extranjeras.—La deuda colonial.—Fe de erratas de la intervención.—Servicios del canciller García Vélez.—Llegada a Río de Janeiro.—El barón de Río Branco.—El presidente Pecanha.—La Cancillería del Brasil y la intervención americana en Cuba.—Petrópolis.—Diplomacia brasileña.—Muerte de Nabuco.—Elecciones presidenciales.—William J. Bryan en Río de Janeiro.—Doctrina del amor.

I

Ascendía al rango de Ministro en el primer movimiento diplomático de la República restaurada y me tocó, en suerte, inaugurar la legación en el Brasil, aunque seguí prestando servicios junto a García Vélez mientras él desempeñó la cartera de Estado. Anegábase la Cancillería en asuntos de muy difícil desembarazo, a tal grado, que fueron aquellos meses, para el Secretario y el Ministro, desde un principio identificados en el espíritu, en las ideas y, sobre todo, en la obligación de soldar la patria a sus cimientos, un siglo de trabajo, de ansiedades y desvelos; antiguos problemas en suspenso empataban los rotos estambres a distintas modalidades y tendíanse los puentes para salvar, en un instante, el precipicio abierto a espaldas de la restauración; otros, nuevos y frescos, aunque de viejas raíces, cultivaban la inquietud y reactivaban, en el país, la conciencia adormecida; y como en los cuentos de hadas, va recobrando la República sus facultades y acerca, a los labios secos y fríos, la copa de la vida. Inglaterra, Francia, Alemania, reclaman unidas, en forma de indemnización para sus nacionales que sufrieran daño a través de la guerra libertadora, el precio de habernos reconocido personalidad internacional y sus Ministros conjuntamente impugnan, ahora, el último argumento del gobierno de Estrada Palma; el Plenipotenciario de Su Majestad

Católica, a la vez, firma un alegato comedido para endosarnos, en parte, la deuda colonial, que hasta la última peseta corresponde a España por su propio juramento en la refriega separatista; y más que esos ministros gravita en el hombro de la Cancillería el de los Estados Unidos, ya para pedir ampliación de la carbonera de Guantánamo, ya mezclándose en detalles pueriles que no le incumben, ya presentando fragmentada, en notas corteses, displicentes o francamente agresivas, la *fe de erratas* del régimen interventor, tela de Penélope a manos del ministro Morgan, que deshace en las noches lo que borda por el día. Tiene exigencias irrefrenables la naturaleza humana, y acepta a regañadientes el cubierto de convidado, a la mesa de Cuba libre, quien antes compartió las ventajas de anfitrión. Porque la ilógica intervencionista produjo un caso sin paralelo en la magia diplomática: Mr. Morgan, ministro de los Estados Unidos, acreditado ante otro agente político del gabinete de Washington, Mr. Charles E. Magoon, que administra, a guisa de exótico Presidente, con el nombre de Gobernador Provisional, nuestra acéfala República; y no podía estar bien terminada y cancelada para Cuba, ni para Mr. Morgan, la intervención americana, mientras éste permaneciese en el mismo puesto y hablara en el mismo tono.

A todas las dificultades provee, cuando quiere, el patriotismo, y suele ser el doloroso estímulo, en muchas almas, ley suprema de la existencia. Un razonado escrito detiene a las potencias ligadas, y casi un año tardan en volver a su cavia diplomática los tres ministros. España, cordial, tuerce el rumbo sobre los ejes de una estudiada y persuasiva nota de Cuba. Mr. Morgan navega en dirección a la bella Montevideo, y viene, de Persia, a La Habana, en reemplazo suyo, el cumplido y blondo Mr. Jackson. Y es que García Vélez, inmune a los pesimismos de entonces, ha realizado una labor magnífica; ha colocado al brazo de la República el escudo que la hace digna, y ha dilatado el horizonte internacional de nuestra independencia.

II

Desembarco en Río de Janeiro, entrada la primera quincena de 1910, bajo la bandera cubana, más hermosa, para el ausente, que de costumbre, y recibo honores de una compañía de infantería de marina, clavada a las baldosas cuando llenan el aire los acordes del himno de Bayamo. La bahía, que algunos viajeros comparan a la de Nápoles y otros a la de San Francisco, y que, para Mr. Bryce, embajador y literato británico, sólo por bellas, en puridad, se asemejan, predispone a la muda contemplación del panorama con sus islas en tropel, con sus aguas glaucas temblorosas, con sus promontorios que recortan el cielo detrás de las torres de marfil, las cúpulas doradas, las azoteas multiformes y las paredes amarillas, perezosamente reclinadas al borde espeso del follaje y del arbolado sin fin y de los palmares que baten, de tramo en tramo, sus gigantescas plumas. Al fondo, y por un antiguo viaducto, el tranvía eléctrico trepa a la montaña de Santa Teresa; asoman, por las grietas del bosque cerrado y los trapecios y colgaduras de hojas que retozan al pellizco de la brisa, las residencias veraniegas con sus pilares de ladrillo, y más alto, por el sendero curvo, asentado en sus propios escalones mira hacia la inmensa faja del mar hialino, y a la verde cumbre del orgulloso Corcovado, el hotel donde me alojo una semana. Descendiendo, después, los palacios abren sus puertas a los jardines de hortensias y tulipanes y embriagadores nardos; las calles, extendidas entre las plazuelas coloniales que dieron refugio a don Juan IV —al huir de su reino portugués invadido por Napoleón—, agárranse a la Avenida Central, que ostenta, como el broche de una banda a la cintura, aquella *rua d'Ouvidor* en donde paseaba las mañanas, de frac, don Pedro II, y que ahora, en homenaje a la República, pierde su estilo y abandona su nombre de tradición.

El coche, tirado por mulas grises y pequeñas, como es allí uso rancio en desacuerdo con el conjunto, rodea la esquina, avanza dos cuadras y se detiene en la puerta de Itamaratí, morada de líneas vulgares que fue albergue cortesano, al rodar de las tragedias convertida en Ministerio de Relaciones Exteriores. Pasando a una galería extrema, en el piso alto, se entra a la biblioteca en barahunda; y entre mesas cubiertas de papeles, y columnas de libros y mamotretos que ocupan los rincones, y mapas y expedientes diseminados por los tapices o remedando cascadas en las butacas, encuentra el lector a un prócer omnipotente en el Brasil que se llama don José María da Silva Páranhos, barón de Río Branco: lleva ocho años de Canciller y le quedan dos para dejar el gobierno y la vida. Era alto y esbelto; los ojos pardos; el bigote blanco y poblado, y redonda y lustrosa la superficie de su calva. Siempre el mismo traje, vestía pantalón claro y levita negra, y del último ojal del chaleco, a medias abotonado, colgaba su gruesa leontina de oro. En la diplomacia, su arte, había condensado amores y entendimiento, y a diario la refinaba el artífice de su sagacidad y de su universal ambición. Es, por eso, el tipo ideal, y único, sobre todo para nuestros Estados incipientes, del Ministro de Relaciones Exteriores, en cuerpo y alma, sin un momento de flaqueza, sin un instante de veleidad ni de cansancio, Canciller a todas horas y en todas las circunstancias, aprovechando lo que está al alcance de su mano y como vulcanizando, en ella, las energías del país. Por los cristales de Itamaratí, la luz denuncia a Río Branco, a media noche, en algún asunto delicado; su invicta gestión es amplia, voluminosa, avasalladora; invade todo el gobierno y se siente en todas partes, en la prensa, en el Congreso, en la sesuda Academia, en la docta Universidad, en el club, en el hogar; y se impone a los partidos y llega siempre poderosa, flamante, irresistible, al órgano donde actúa y a la potencia con quien trata; por sus labios habla entera la nación, y representa, por su linaje, lo pasado y, por su ímpetu y su genio, lo porvenir. Le subyuga y arrastra la entrañable pasión del patriotismo en sus opuestas fases y variadas formas, con sus violencias, con sus ternuras, con sus generosidades y con sus egoísmos; encarna, por eso, las aspiraciones, la fe y el entusiasmo ampuloso del brasileño; y tiene el concepto macizo, acabado, invulnerable, absoluto, de la soberanía nacional, de sus derechos en el concierto del mundo libre, de sus movimientos en la armonía civilizadora de nuestra época. Sexagenario y enfermo, pero siempre activo y emprendedor, en torno suyo teje una malla de juventud y de talento, y crea discípulos y a cada paso triunfa. El Brasil es, en lo adelante, más grande, más rico, más fuerte, más sano; y secundan la diplomacia pacifista y acaparadora de Río Branco una escuadra y un ejército, y un núcleo intelectual se sale de las fronteras que ha ensanchado; y desde Itamaratí, por el aplauso unánime engreído, observa minuciosamente los negocios de toda Sudamérica y quiere llevar su palabra a todos los conflictos y poner paz entre todos los vecinos. Así, la mediación tripartita que impide la guerra entre Perú y Ecuador, y así, fabrica sin cesar tratados de arbitraje y de comercio y convenios fluviales, y su eco llega a todas las cancillerías. El presidente Nilo Peçanha, joven y discreto gobernante, me pregunta de la zafra cubana y me habla de las tierras azucareras del Brasil; pero a su Ministro le interesa, en principio, el problema intervencionista de Cuba, y tocamos el punto al departir, a menudo, entre los bustos de sus antecesores. "No es admisible —dice— que un delegado del Presidente de los Estados Unidos ejerza el poder y la soberanía de una República latina, cualquiera que sea, del Continente. Yo tuve nombrado un Ministro para Cuba, Fontoura Xavier; pero sobrevino, para mí de un modo inesperado, la intervención, y me negué a que se acreditara Plenipotenciario del Brasil ante un Presidente que no fuese cubano. El Embajador de los Estados Unidos me informó de los hechos y me aseguró que no peligraba la independencia de Cuba, asunto del cual estuvo además pendiente, en Washington, Nabuco; pero, de todas maneras, el Brasil no pudo sancionar la extraña doctrina que del *procedimiento* se desprendía." La intervención, ello es indudable, debió reconocer, cuando menos, un gobierno cubano, formado en media hora, y evitar que degenerase, prácticamente, en absoluto dominio su mediación y que la República prescindiera de un elemento primordial de su propia vida. ¿Cómo pretender una democracia que turne entre colonia con todos sus vejámenes e independencia con todos sus compromisos? La primera intervención, en Cuba, adoptó el sistema que, para sus fines, consideró mejor; pero, al copiar en la segunda los moldes y los defectos de la primera, violó el gobierno de los Estados Unidos la misma Enmienda Platt y la fe empeñada al nacer, por nuestro derecho, la República de Cuba. "Soy —contesté al insigne diplomático brasileño— admirador sincero del pueblo americano, de sus instituciones, de su espíritu, de su progreso, de sus virtudes ciudadanas; mas la intervención, ceguedad e inexperiencia de parte de los cubanos, fue, en su trama y en su proceso, un pecado inexcusable del propio interventor."

III

Al hemisferio sudamericano llegan los fulgores de la restauración, y aparte los reparos dogmáticos de Río Branco, el respeto a los débiles borra, de muchos, el prejuicio contra los fuertes, y ensálzase el abnegado avance de la justicia de las naciones, consagrada ya la de los pueblos y remachada la de los hombres. Un año antes en Buenos Aires, donde suele hacerse propaganda contra el yanqui, me decía, como abstrayéndose, un diputado: "El anteojo político del latino siempre tiene un vidrio medieval, y lo que es acaso orgánico en la civilización del norte, nos ofrece caracteres de milagro y rayas de jeroglífico: los ejércitos y las escuadras, a través de nuestro lente de siglos, heredado al conquistador, no pueden ser sino fuerzas que busquen dónde clavar sus pendones." Y este concepto se agranda penetrando a los bosques de Petrópolis; porque en la residencia particular de Río Branco —*Westfalia,* para que trascienda a diplomacia— vibran los ritmos de Camoens, médula del patriotismo en plena y constante hipérbole. A 2,600 pies sobre el nivel del mar, álamos, naranjos, pinos y algún cedro, espectros de la Casa de Campo del imprescindible segundo Emperador (imprescindible, en la memoria de los brasileños, porque era sabio y poeta, y porque educaba y presidía, con su diadema, las sesiones del Instituto Geográfico, y porque destrozó su trono al partir las cadenas del esclavo y no quiso manchar de sangre su corona), trazan ahora las anchas calles de una villa montaraz en la que es dulce y monótona y familiar y aristocrática la existencia, en verano o en invierno; y los señores de todos los reinos y de todas las democracias, que hablan distintas lenguas, confinados allí por el calor dentro de los aleros del protocolo, harían naturalistas en la sociedad de las serpientes que se deslizan por el musgo, y harían poetas al tropical arrullo de los pájaros, en profusa variedad, y al rumor del indolente río que corre, en las represas, por la Avenida Keler, y repite, como un suspiro nostálgico, las notas arrobadoras del cubano White, violinista de la real tertulia; pero son, en la tierra y en las almas, tan asombrosos los contrastes, que al corto y limitado escenario compensa la profusión de los matices y se vive a toda pujanza la política y la diplomacia en el diminuto canastillo de Petrópolis, refugio de la imperial nobleza desbancada, que mira, por sobre los hombros, a los demócratas de la República, y paraíso de los plebeyos del nuevo régimen, *fazendeiros* opulentos, ministros o senadores. Frente a frente lo pasado y lo futuro, lo que no será mañana y lo que no fue ayer; un pasado que no es rémora y aguarda el sepulcro abierto entre las losas del tiempo, y un futuro, adivinado por el país, de grandes instituciones y de inmenso poder y de fabulosa riqueza que extrae su savia de los tronchados ramajes del Imperio. Y es que, para todos, hay algo más alto que los nobles y los *fazendeiros* y los gobernantes, que se llama la nación; y a la nación [1] da lo pasado en estadistas de fama su ciencia y para la nación preparan copiosa cosecha de progreso los amorfos partidos que marchan, sin embargo, rectamente a lo futuro. El derecho gana en perfección al ciudadano; están mejor escritas que practicadas las libertades; el fraile, que pulula, influye poco en las ideas; amalgámase al signo de una civilización que galopa el de arcaica resistencia, y supera con exceso a la política interior la estrategia del Canciller;[2] pero en todos los campos del pensamiento y en todos los centros de cultura, y en el pueblo, rige un optimismo plácido que ilumina las tinieblas y fecunda las rocas. "El Brasil jamás sufrió humillaciones ni fue vencido", exclama el conde y académico Affonso Celso en un libro compuesto para sus hijos y titulado *Por qué me ufano de mi país.* "Los demás pueblos —añade— apenas le aventajan por aquello que la edad secular conquista. El Brasil puede convertirse en lo que ellos son. Ellos no pueden convertirse en lo que es el Brasil." [3] Así, fija sus miradas en los grandes de la tierra, y lo mismo anda la diplomacia de bracero con los Estados Unidos y les hace gracia de intereses materiales, al negociar convenios, y quiere conciliar los otros intereses más elevados del espíritu, que toma de su cuenta, en la Segunda Conferencia de la Paz, reunida en La Haya, la cauda de las pequeñas repúblicas americanas. Obra, como Ribot lo define,

---

[1] "En el sentido europeo de la palabra." *James Bryce, Embajador inglés, La América del Sur,* edición cast., pág. 343, New York, 1914.

[2] "El difunto barón de Río Branco era un estadista que se hubiera distinguido en cualquier país." *Ibídem,* pág. 325.

[3] Affonso Celso, da Academia Brazileira, *Porque me ufano do meu paiz.* Río de Janeiro, 1905.

el sentimiento nacional en su tendencia a la unidad y a la expansión, [4] y su más visible representativo, el Canciller, sitúa, en Washington, a Nabuco, príncipe de intelectuales, y para la liza en Holanda a Ruy Barbosa, rey de la tribuna. El primero, hijo del Imperio y, a semejanza de su derrocado Emperador, abolicionista fervoroso, lleva su apostolado al Vaticano y pide el católico apoyo de León XIII [5] para el cautivo; diplomático, el auxiliar más insigne de Río Branco, no abdica de su filiación monárquica, pero sirve a la nación y tiene, en las orillas del Potomac, su último teatro, como tuvo para Cuba restaurada su último discurso. Murió. Y un barco de guerra de los Estados Unidos condujo su cadáver a Río Janeiro. En su ciudad natal, Pernambuco, un monumento indica dónde yacen sus restos. El segundo, Ruy Barbosa, ministro del gobierno interino después de abatir el Mariscal Fonseca de un solo grito la monarquía, pretende ahora, con sus frescos lauros europeos, la presidencia, y otro Mariscal Fonseca, sobrino del héroe, consigue derrotarlo en tremenda pugna. El pueblo hincó la rodilla ante los despojos helados del diplomático; luchó luego, en las urnas, por los dos candidatos: el más ilustre, Barbosa; el más fuerte, Fonseca; y del ambiente de pesar y de disputa lo distrae la visita de un personaje extraño, maestro en perder, sin una queja, elecciones presidenciales.

IV

Conocí en Petrópolis a Mr. William Jennings Bryan, que viajaba en excursión por la América del Sur y venía de retirada, lleno el cerebro de nobles recuerdos. El embajador de los Estados Unidos, Mr. Dudley, diplomático meritísimo, corpulento como un roble, fallecido más tarde en la plenitud del éxito y de la vida, le festejó en el que fue Palacio de la Princesa Isabel con un baile digno de la imperial reminiscencia, y como algún indiscreto preguntara si aquel homenaje agradaría a Mr. Taft, de quien era rival Mr. Bryan, el pausado Embajador contestó: "Mi huésped tiene uno de los talentos más extraordinarios en mi país. A pesar de sus teorías le conquistó

[4] Th. Ribot, *Ensayo de las pasiones.* Ver. castellana, Madrid, 1907.

[5] J. Nabuco, *Minha Formaçao.* París, 1900.

su prodigiosa palabra cuatro millones de votos para la Presidencia de los Estados Unidos. Y nunca más dichosa esta Embajada que cuando recibe y agasaja a una gloria de la patria y al favorito de cuatro millones de compatriotas." Cara gorda y afeitada; melena revuelta, desteñida; ojos redondos, vagos; regular estatura; abultado el viente; largas y pesadas las piernas. Ese es Mr. Bryan: viejo el frac, antiguo el cuello de la camisa, mal atada la corbata, zapatos de doble suela. Quiere hablar, hablar mucho, hablar siempre. Su mente no soporta el suplicio del silencio. Y habla en todos los lugares, con todas las personas y de todos los asuntos, en pos de su única filosofía. El Canciller, en un banquete que le ofrece, y en el que ocupo la derecha de Mr. Bryan, alterna en correcto inglés y aprovecha la felicísima coyuntura de mostrarse adicto al gran pueblo, a los grandes hombres y a las grandes instituciones políticas de los Estados Unidos. El yanqui rechaza la copa de champagne, esencialmente diplomática, y pide, para su brindis, una jarrita de agua fresca. De repente baja la voz para clavarme en el oído este dardo: "Atravesé la tierra cubana hasta Santiago, casi toda la isla; saludé la gloriosa aurora del Caney; seguí luego a Jamaica y Panamá. *Mr. Minister:* la lotería renovada es un paso atrás, y me horrorizó." A hiel me supo en ese momento una pasta brasileña; música diabólica una linda *matchicha* [6] que la orquesta lánguida ejecutaba; y forzado el gesto, disimulo aquel intempestivo reproche que tan dolorosa verdad encierra; pero Mr. Bryan se rasca las orejas y añade con melifluo acento: "Cuba será modelo de repúblicas, y yo la amo tiernamente." De pie, la servilleta en una mano, quieta como la piedra la otra, dijo un discurso de escabroso tema: sus fiascos electorales, que habría hecho saltar al señor Barbosa y que aplaudió en nombre de Mr. Taft, y honrando a cuatro millones de compatriotas, Mr. Dudley. Cierro los párpados y creo hallarme en una iglesia presbiteriana de ahuecadas naves oyendo a un pastor bendito.

Río Branco no era devoto del protocolo, con el cual estaba siempre en deuda: pendiente de las ideas olvida las ceremonias; pero Mr. Bryan, tipo de singular llaneza, es, no obstante, otro estilo; su cortesía catecúmena el reverso del instinto di-

[6] La danza brasileña.

plomático; y sobresáltanse los comensales por su excéntrico despejo, ahora encaramado a su plano de portento, en seguida, el aire grave, jugando mentalmente a las muñecas. No se trata de un político, ni menos de un curtido en la diaria contienda, concejal de villorrio cuando joven, juez y domador de tagalos como Taft, inspector de policía como Roosevelt, gobernador como Wilson, miembro del Senado a semejanza de Mac Kinley, Secretario antes de candidato como Buchanan o candidato con el arrastre de una vida ilustre como Henry Clay. Mr. Bryan debe su fortuna política a un triunfo de la palabra en la convención democrática de Chicago reunida en 1896; propio de tales asambleas promover algazara; discursos, debates, cantos a coro, aplausos, rechiflas, gritos, en alegre clamoreo; y a poco Mr. Bryan, periodista sin fama, para muchos anónimo, suspende el auditorio de su prédica; los delegados en la fiebre del entusiasmo, le dan sus votos, y él mismo decide, al escribir la "plataforma", su fracaso. Después, la escena se repite; su elocuencia seduce más que los hechos, y fascina a los cuatro millones de compatriotas que obligan a Mr. Dudley, hechizo sólo eficaz en nuestra sangre hispana, en nuestras aulas escolásticas y en nuestras preferencias helénicas, a juicio del crítico severo que encasilla antepasados puritanos, abuelo cuáquero y acaso no desdeñe al pariente mormón que en Lago Salado se arrodille ante la púrpura patriarcal, y otra vez Mr. Bryan besa el polvo de la derrota y aún está dispuesto a emprender de nuevo la batalla. Ama a Cuba tiernamente; pero es que Cuba representa en su "sistema" ético fruto anticipado y prenda de mejores tiempos y razones. Al arriarse del Morro de La Habana la bandera de sus mayores, él, presente, agita su jipijapa hacia el radiante espacio porque la ve izarse "en el corazón de los cubanos". El amor es, en su doctrina, fuente del bien y de la dicha; es la justicia y además el trigo y las lentejas, y la salud para las almas y la paz para los pueblos; ha recorrido en su cerebro, como el artista, las edades y los lienzos del dolor humano a través de la historia; las espadas que hincan sus crueles puntas a los vencidos; el rey de leyenda en pie sobre las tumbas de sus víctimas; el sátrapa con la garra en el pecho del atormentado súbdito; el mercader haciendo esclavos de sus clientes y armando el brazo de los caudillos, y entre los fuegos del cielo y el llanto, acá en la tierra, la cruz redentora dictando a los hombres enfurecidos la primera lección de amor. De allí su moral, nacida del sentimiento, ley suprema e inapelable de las naciones. Moral, esa, más fecunda que la otra, caduca, originada en el despojo, frágil amparo del pequeño contra el grande, mísero coto del débil contra el fuerte...

Mr. Bryan vuelve a jugar mentalmente a las muñecas

CAPITULO VI

La paz en Cuba.—El presidente Gómez y el Estado.—La nueva aristocracia.—Las nociones del interventor.—La supuesta ferocidad del pueblo cubano.—La historia no justifica la Enmienda Platt.—El parasitismo.—Evolución.—El cubano es el más latino de los hispanoamericanos.—Los siboneyes.—Extinción de la raza indígena en Cuba.—Independencia y progreso.—Sanguily reparte casacas diplomáticas.—Centenarios en América.—Otro artículo me vuelve grato al gobierno de Porfirio Díaz.—Mi traslado al Perú.

I

En Cuba, al menos, era entonces negativa la influencia política del amor; adversarios y correligionarios, indistintamente, embestían al gobierno sin reparo: las futesas abultábanse al tamaño del infortunio, y para los expertos en desgracias nacionales y en ver aproximarse y en desear intervenciones, crujía ya la República y amenazaba desplomarse inerme en el próvido regazo del presidente Taft; propalábase cómo solapados conspiradores del oficio, al soborno extranjero obedientes, harían añicos, de una vez, la independencia; quién, a su antojo, atestiguaba, sin un solo dato en descargo, confabulaciones de dictadura; quién, por las antípodas, presto a indignarse mencionaba las blandas energías y tolerancias del presidente Gómez, impávido en aquella época de continuas turbonadas que inducían a presentir el huracán.

Apenas echo pie a tierra hierve en mis venas el contagio de cien sibilas que anuncian cataclismos, y me parece Cuba en los estertores de un día final, revolcada en su propia sombra; después, como en lento despertar, van surgiendo a la luz menos alarmantes los factores, aunque, por eso mismo, hasta ahondarlos mucho, menos inteligibles el desconcierto y la pavura; y medito por qué fallan las reglas que antes no tuvieron excepción. Para el psicólogo "los pueblos piensan y sienten según viven", y la vida del pueblo cubano era abundancia y libertad; jamás violaba el gobierno los preceptos constitucionales, ni degeneraba en escandaloso instrumento de sufragio la justicia, y abríanse de par en par las puertas oficiales. El mayor cuidado consiste en mantener la paz a toda costa, y el Presidente es inmenso blindaje en el cual se estrellan las conjuras y magnánimo señor de quien obtienen indulto los conjurados. El efecto ocupa el sitio de la causa, y la paz no expresa en nuestros espejismos civilización para expresar independencia, ya que sólo aquélla es menester al ejercicio continuado y pleno de la soberanía. No puede alterarse la paz contra el gobierno porque, con el gobierno, tragaríase la sima a la República; y han de ser enemigos del Estado, ácratas por analogía, destructores de naciones, los generales que se pronuncien a los designados "por la evangélica democracia" que soliviante al explotado rebaño, dispuestos del revés, para uso nuestro, el sentido de la historia, el de la biología, el del progreso, el de la misma libertad.

Un elector pregunta en el momento de votar: "¿Qué cosa es el Estado?", y no le contestan a tono los agentes comiciales. "El Estado es la paz", exclama uno. "Es la patria", añade otro. "Es un objeto de vidrio", murmura un tercero con sus vistas a filósofo. Sin el influjo literario de Luis XIV, el Estado era el presidente Gómez; y acudía el presidente Gómez a las más urgentes necesidades públicas y privadas, apretando los tornillos de la paz. El Secretario de Hacienda le entregaba a diario un apunte del saldo en caja; al Canciller, que no es ya García Vélez sino Manuel Sanguily, salvo los asuntos de la Legación Americana, le abandona iniciativas, y de hecho queda lo demás a su inmediata vigilancia. Lo demás es la paz. Porque más allá de la paz nada existe; ni hay donde sentar la mano coactiva del *Estado*. Los humildes ponderan las ventajas de este régimen particular. Iris de paz, el gobernante ha sido condescendiente; sin quererlo, ha imitado a Enrique IV "deseando a cada súbdito la gallina en el puchero dominical";[1] no ha encarecido la subsistencia; ha proporcionado quehacer al jornalero y ganancias al comerciante. La paz, así, es bienestar, aunque se lleve

[1] Max Nordau, *Individuo y Sociedad,* etc.

los ahorros, en turbia corriente, la lotería, o en las lidias de gallos empeñe sus bueyes el guajiro; y ese bienestar, por el momento, remachará la paz. Agítase la superficie; ruge la opinión del comité; atisba el empedernido intervencionista; pero el fondo está tranquilo; no consiguen carne de aventura los falsos demagogos, y resguárdanse, en la persona del Presidente, los derechos abstractos del Estado.

El ruido viene de las capas donde se atraviesan o chocan o se concilian los intereses de la gente directora, donde se ajustan las contratas, donde se barajan las concesiones, donde se preparan las leyes, donde se forja la nueva aristocracia del poder. No. Las reglas no han fallado. Y cúmplense otras reglas más ocultas y trascendentales. El interventor nos ha dicho: "la paz es indispensable a los negocios, a las industrias y, por ende, a los dividendos del accionista extranjero", así que, a protegerlos, en primer término, intervendría; "los negocios —agrega— son indispensables al progreso humano; el progreso humano también se disfraza de académico —el interventor—, es la ciencia, el arte y la vida; la vida, el arte y la ciencia forman la libertad, y la libertad, la patria", que es, a su entender nuestro romanticismo. De ahí la suspicacia que pone a un mismo nivel industria y patria, con preferencia, en muchos, a la patria la industria; de ahí el suponer, en desprecio a los que cuidan ciencia y arte a la vez, que otros aderezan independencia y negocio y, sin prejuicio de arte y ciencia, se enriquecen fabricando y demoliendo repúblicas; y, más aún, de ahí la idea inculcada al pueblo de su *indómita ferocidad*. Porque todas han sido precauciones para impedir que derribe, con la impostura de su zarpa, los negocios, la ciencia, la libertad y la patria, sin antecedentes que abonen sospecha de esa índole. La multitud no ha tomado parte todavía en nuestra historia. La obra rebelde ha sido siempre, en Cuba, esfuerzo individual, de hombre a grupo, de grupo a legión. Medió, entre ellos, la disciplina; sobre la disciplina, después, la lealtad, y sobre la lealtad y la disciplina, el heroísmo. Pocos los combatientes, dábanse, no obstante, una carta constitucional, un gobierno representativo, un Congreso que legislara, un ejército con sus propias ordenanzas y un sistema jurídico a la moderna. En seguida iban al suplicio nuestros antepasados, y así murieron, "de cara al sol", nuestros contemporáneos. Por eso, el pueblo cubano, que había demostrado capacidad y apego al orden, que fue valiente y dócil, no mereció, de sus amigos del Norte, ni de sus constituyentes, la Enmienda Platt, y la Enmienda Platt sólo ha creado, para la República, el privilegio de los malos gobiernos y el parasitismo de las altas clases.

Alborotan los personajes políticos, aferrándose, unos, al tesoro de pundonor que otros pretenden arrebatarles; el estadista celoso y el despreocupado, y el financiero y el burócrata que viven, en parásito, a expensas de la nación y tienen, por barómetro de la independencia, su personal prosperidad; el indolente y el fatalista; el que honra la reliquia de su espada libertadora y sabe tener en terciopelo sus estrellas, y el que jamás aprecia, ni favorece, ni prevé, en delicado cargo de gobierno, los intereses públicos, ni evita un sonrojo, ni sacrifica a la patria un maravedí; o el que dictando leyes, como trampas, quiere trocarse un Nabab; o el que hace de la República transido cliente; o el que cobra al sandio pueblo en fabuloso rédito las talegas que le costó la impunidad. "Han variado las condiciones de la vida y aumentan las resistencias" para el evolucionista que se decide por las causas económicas. Y es que el colono, en su limitado papel y en su reducido calabozo, no se había dado, hasta el tope, su cuerda moral, como un reloj que no ha probado su maquinaria en el encierro del mostrador; ha soñado después; lo han herido, luego, decepciones; vislumbra relativo encumbramiento, más larga la pista, si más ardua, pero pista al fin; por encima de los patrióticos impulsos lo reta, áspera, la realidad, y depáranse, entre sí, los ciudadanos, como islas misteriosas, fortalezas de puentes levantados.

Corrieron ayer voces desatinadas de "intervención"; hoy corren de revuelta, y caerán mañana ambas en el olvido. A un militar que se alza en Oriente fuérzanle a rendirse las tropas del gobierno; atrapan y encarcelan a otro en Occidente, y Gómez organiza, sin miedo, sus famosas pesquerías. La República arraiga poco a poco, y no es ya cosa fácil derribarla a pesar de sus muchos detractores. La tendencia "individualista" que aleja entre sí a los cubanos derívase, desde luego, de la absoluta desconfianza en el poder público, resignados a la creencia de que todos los dones pueden favorecer a la sociedad cubana, menos el de los buenos gobiernos que hagan de su patria un edén. Y sin embargo, ese "individualista", ahora mórbido, ¿no será, a la postre, acopio de energías contra el parásito y, por un reactivo de sus dolores, contra la anestesia colectiva en beneficio de la comunidad? "El hombre —dice Max Nordau [2]— no tiene sólo hambre y sed, no quiere sólo envolverse en telas y adornarse con alhajas: tiene también necesidades intelectuales y morales, y siente éstas de modo mucho más agudo que las necesidades puramente vegetativas." El interventor ha querido comunicarnos el concepto desdeñoso que tiene del latino, y sobre todo del colono; y de ahí la insensibilidad y las manifestaciones de "sentido práctico" sin "sentido moral" que presentan las clases "contaminadas" al salir de la concha interventora, caja funeraria si volviésemos a ella; de ahí el duelo a muerte entre la Enmienda Platt y la sociedad cubana; su lucha silenciosa, quién destruye a quién. Limitar el problema a los factores de producción y a la capacidad rentística de las industrias y al reparto de los dividendos, no es más que *vivir la Enmienda Platt* y exponernos a perecer como las cigarras bajo las plantas del cazador. Pretender que seamos latinos con las cualidades y los hábitos de anglosajones equivale a sembrar flores sin raíces y admirarse de verlas en seguida marchitas, como advertiría Fouillée. El triunfo nos lo concederán las instituciones liberales, en síntesis, la libertad, si no se desgranan, por nosotros mismo vulneradas; porque de su propia existencia emanarán los mejores baluartes de la independencia y del progreso; la iniciativa del individuo, el espíritu de asociación, el sentimiento del deber social, y necesidades más elevadas que el hambre y la sed, las telas y los adornos. Entonces, cada cubano defenderá victoriosamente sus derechos, dentro del Estado, y todos juntos, en un solo cubano, defenderemos los grandes intereses morales y materiales de la nación. La sociedad cubana habrá olvidado ya la Enmienda Platt, y en el desuso, arrinconada entre los trastajos de antaño, habrá desaparecido también de la conciencia del gran pueblo norteamericano. "Desarrollemos nuestras cualidades propias —exclama el psicólogo francés a quien acabo de citar— y luchemos contra nuestros vicios; combatamos la criminalidad en aumento, la prensa licenciosa y difamatoria, el escepticismo en todas las formas, el materialismo en el

[2] *Historiografía tradicional.*

pensamiento y la vida; [3] levantemos la moralidad pública y privada."

Responderá a esto el pesimista con su teoría de cartel: "inferioridad de la raza latina y superioridad de la raza anglosajona". Es decir, la una irremediablemente condenada a vivir en condición subalterna con respecto a la otra. El destino de los pueblos, felices o desgraciados, explícase, a través de la Historia, mejor dicho, con la linterna de la Historia, por la luz de la psicología. Pero la doctrina de la "naturaleza inferior del latino" se ha vulgarizado, e imaginan los eruditos a la violeta, y los críticos a vuela pluma, y los lectores de prisa, que suman cifras muy altas en proporción a los reflexivos y exigentes; dos grandes masas humanas: una, incapaz de igualarse en virtud, en espíritu, en energía física y en inteligencia a la otra; aquélla, romántica y pendenciera; ésta, razonable y serena; los latinos de alfeñique y los anglosajones de nogal. Sin embargo, la superioridad no la determinan sino los azares de la vida en el transcurso de los siglos, y la libertad aquí, la justicia allá, y con la justicia y la libertad el progreso y la dicha, han dependido, a veces, del filo de una espada, de las lluvias o de las nieves que se anticipan, de una orden a destiempo o de un acceso hepático o de un genio trasnochado. "Ninguna invasión extranjera —escribe Fouillée— ha tenido lugar en Italia o en la Gran Bretaña desde el siglo XIV, ¿cómo, pues, el latino era activo hace quinientos años y no lo era el anglosajón? Aún más tarde, en el siglo XVIII, ¿cuál es el cuadro que los historiadores trazan de Inglaterra? Costumbres groseras, terrible criminalidad, inútilmente reprimida por una legislación feroz; la ciudad de Londres entregada de noche, por insuficiencia de los *watchmen,* a los caprichos sanguinarios de los *mohocks,* bandidos cuya máscara oculta a más de un noble desocupado; domesticidad ladrona o mendicante insaciable en "manos sucias"; intrigantes vivientes en el juego y la orgía; embriaguez de vino de Oporto en las clases ricas; en las pobres, de ginebra y otros licores fuertes; casamientos sin garantía y a veces simulados; espectáculos inmorales, etc., etc. Eran, sin embargo, los mismos

[3] Fouillée añade, aludiendo a Francia, "el alcoholismo" y "la esterilidad voluntaria", que no son frecuentes en Cuba.

dolicocéfalos rubios de hoy." [4] Porque la superioridad no es étnica, sino histórica, y los inferiores, ahora, podrán no serlo mañana.

De los latinos del Nuevo Mundo, somos los cubanos, en realidad, los más españoles, o sea los más latinos de cepa hispana. La sangre indígena se mezcló en proporciones tan insignificantes a la de los pobladores europeos, que no hubo propiamente amalgama de razas en los futuros nativos cubanos. Entre españoles y siboneyes trabóse la lucha, pero los primeros exterminaron en seguida a los segundos y no se llegó a la organización pacífica y jurídica de que habla Gumplowicz.[5] Eran, los siboneyes que vio Colón, "de pelo lacio" y ojos "grandes, frente aplastada y moderada altura, airosos, ágiles" y de condición "pacífica y sencilla",[6] según los cronistas; punto este último en el que se contradicen, a juzgar no sólo por las furibundas indiadas del cacique Guamá, "prepotente en Baracao", sino porque se alzaban a los encomenderos y preferían el suicidio a someterse. "De manera —escribe don Manuel de Rojas a su rey en el mes de enero de 1528— que todos los *cimarrones* fueron desbaratados, muertos o presos por don Gonzalo de Guzmán." Para colmo de plagas, apareció una enfermedad terrible a la que sucumbían los naturales "cubiertos de granitos contagiosos y pestíferos que empezaron a llamarse viruelas".[7] Y no se recuerda hija alguna del haitiano Hatuey, que resistió a don Diego Velázquez en "tierras de Bayamo" y fue condenado "a las llamas por vasallo rebelde a sus señores",[8] unida en matrimonio, como las de Moctezuma,[9] o sin el requisito del matrimonio, a ninguno de los conquistadores; ni prolongó mucho su descendencia mestiza, si la tuvo, el ca-

---

[4] *Bosquejo psicológico de los pueblos europeos.* 1903.

[5] *La lucha de razas,* por Luis Gumplowicz.

[6] *Historia de la Isla de Cuba,* por don Jacobo de la Pezuela. Tomo I. Madrid, 1868.

[7] "En 1538 no se veía sino con gran dificultad alguno que otro muy raro individuo de la familia indígena." Santacilia, *Lecciones de Historia de Cuba.* 1859.

[8] Pezuela, etc.

[9] *Corona Mexicana o Historia de los nueve Moctezumas,* por el P. Diego Luis de Moctezuma, de la Compañía de Jesús. Madrid, 1914, pág. 496.

cique Habayuanex,[10] que después de la matanza de Yucayo, e intercediendo el padre Las Casas, calma las iras de Narváez con el obsequio de "trescientas cargas de tortuga fresca"[11] y la devolución "del español que tenía cautivo"; conservándose apenas memoria de que al fastuoso Vasco Porcallo de Figueroa, pariente del duque de Feria, "mancebo de los muy raros de buena cuna",[12] dueño de la templada y pintoresca región de Camagüey, no le repugnaron las mujeres de nuestra isla, "que se cubrían desde la cintura y la rodilla con grosero tejido de algodón, unas, otras con hojas de plátano sujetas por el talle", y, como los varones de la tribu, coronábanse de plumas de ave[13] y pintábanse las desnudas carnes de colores, quedando el bastardo Gómez Suárez de Figueroa por testimonio de que el afortunado sultán, en su palacio de Puerto Príncipe,[14] no rehusó las caricias de las cándidas esclavas. Y como al imperio absoluto de la raza hispana, súmase el dominio colonial prolongado casi un siglo después de independizarse el resto de América, somos aún más españoles que nuestros hermanos del Continente en la educación, en las costumbres y en el espíritu, salvo las diferencias que grabaron cuatro centurias de tiranía militar y el hecho, manifiesto, de que el poblador hispano, en el Nuevo Mundo, emigra de su suelo pero no se trasplanta intacto moralmente. Los esfuerzos que el nuevo género de vida impone al colonizador, los hábitos a que le obliga el distinto medio, y los estímulos del clima, operan en él una evolución o, según los casos, un retroceso, de rasgos precisos en la prole. Así, el cubano, a toda evidencia, es menos imaginativo que el español y nada cruel; ni dado, como sus progenitores peninsulares, al fanatismo ni al arte de la guerra, a pesar de que, como a los otros españoles, nos pertenece la tradición de los cuatro mil numantinos, la de los godos de Pelayo y la de los héroes de las Navas de Tolosa, y padres de nuestros padres ven-

---

10 Ortografía de Velázquez en su carta al Emperador "su muy Sacra e Cesarea Majestad" don Carlos V (1º de abril de 1514). Calcaño, *Diccionario Biográfico* cubano, dice: "*Abaguanej,* más propiamente *Abahuanej* o *Abahuanez.*" Pezuela escribe *Habayuane;* Santacilia, *Habaguanes.*

11 Pezuela, etc.

12 *Ibídem.*

13 Pezuela, etc.

14 "...El ocio y regalo de su mansión de Puerto Príncipe." *Ibídem.*

cieron a Boabdil. Pobres colonos, gobernados a la manera de los siervos y a capricho de los amos, adquieren, sin embargo, a espaldas de los frailes, cultura, y tienen sus filósofos y sus poetas y cantan a la libertad y se sublevan, al fin, contra los déspotas peninsulares. Entones ¿por qué, ya emancipados, no han de sentirse capaces de mantener su independencia? En nuestra isla, ventajosamente situada para los beneficios del progreso, fértil y rica, la independencia es energía; pero no la energía física del hombre primitivo, sino la energía moral, ascendente, de la civilización. Llegará el cubano a sentir, más que hoy, la República; y la energía ha de ser impulso inteligente, ideal vigoroso, virtud latina que desperdiciaron nuestros abuelos europeos.

II

El Secretario Sanguily, en aquel año de su noviciado, 1910, que fue además año de gala en las tres Américas, repartió abundante remesa de casacas diplomáticas, y la República, de guante blanco, encarnada en sus ministros "de carrera" o en "enviados especiales" o en "plenipotenciarios *ad hoc*", visitó a sus hermanas Argentina, México y Chile, de fiesta las tres al cumplir cien años de alzadas contra la soberanía de España, el 25 de mayo con su Junta Gubernativa de las Provincias del Río de la Plata, que presidió Cornelio de Saavedra; el 16 de septiembre con su cura Hidalgo, tocando la campana de Dolores; el 18, también de septiembre, con su Junta Gubernativa de Chile, presidida por el conde de la Conquista; y si bien a Bogotá, que celebraba su 20 de Julio y las congojas del virrey don Antonio Amar y Borbón y su Junta de Regencia y su primer ensayo de Congreso, no envió nuestra República embajadores, allí estuvieron representados, siquiera en espíritu, por el carpintero bayamés don Manuel del Socorro Rodríguez, fundador del periodismo en el Nuevo Reino de Granada, y representados tan dignamente que figuró, en las ceremonias, el colocar su efigie ilustre en el Salón de la Prensa, ese día inaugurado.[15] Terminadas, en Buenos Aires, la solemnidad y la

---

15 El mariscal de campo don José de Ezpeleta fue promovido de la Capitanía General de Cuba al Virreinato de Santafé, y tomó posesión de su nue-

pompa del Centenario, y a manera de último número en los festejos, reunióse la IV Conferencia Panamericana, en donde nutrida y selecta delegación puso a Cuba en lugar distinguido. Pero, entre tanto, mi casaca de Ministro, colgada en el guardarropa de la Cancillería, cubríase, no de gloria, sino de polvo, y yo, encerrado en el despacho, como jefe militar a quien se priva del mando de tropas, y le da vueltas por la mente la idea del retiro a la escala de reserva, estudiaba unos cuantos negocios cancilleriles y dictaminaba sobre lo que a la República, en cuanto a ellos, conviniese. Recuerdo, por el principal de

---

vo cargo en agosto de 1789. Este gobernante, aficionado a las letras, hizo trasladar de Cuba al Virreinato a don Manuel del Socorro Rodríguez, natural de Bayamo, nombrándolo Director de la Biblioteca Pública de Santafé. Rodríguez, a quien "generalmente se le ha supuesto mulato *de condición etiópica*", según Calcaño, pero blanco, por las pruebas que de ello tuvo Bachiller y Morales, en los ratos que su oficio le dejaba libres, refiere Saco, dedicábase al estudio, en su pueblo natal, donde se enseñó Gramática y Latín antes que en ningún otro punto de la isla, hasta que, seguro de sus conocimientos, se presentó a examen de humanidades en el Colegio Real de San Carlos de La Habana. Salió tan airoso de esta prueba que Ezpeleta informó a la Corte favorablemente y logró la autorización real para colocar a Rodríguez en Bogotá.

Rodríguez, bibliotecario de la de Santafé, publicó en enero de 1791 el primer número, bajo los auspicios de Ezpeleta, del *Papel Periódico de la ciudad de Santafé de Bogotá;* y aunque en 1789 había aparecido la publicación oficial *Gaceta de Santafé,* tuvo efímera vida, lo cual no sucedió con el *Papel Periódico,* y Rodríguez es tenido por el fundador del periodismo en el Nuevo Reino de Granada, hoy República de Colombia. Duró cinco años el periódico y en sus columnas se publicaron importantes artículos sobre política, historia natural, literatura y otros ramos del saber.

En 1808 dirigió Rodríguez *El redactor americano,* publicación que veía la luz al mismo tiempo que otra, también de su pluma, titulada *El Alternativo del Redactor Americano.* El primero tenía por objeto "propagar cuantas noticias instructivas, útiles o curiosas se adquiriesen en el Reino y fuera de él", y el segundo estaba dedicado a la publicación de artículos más extensos. Estos periódicos duraron tres años, y fue tal su éxito que, desde los primeros números, contaron con cuatrocientos suscriptores en Santafé, lo que era mucho por aquellos tiempos. Finalmente, el bayamés abrazó la causa de la independencia y murió en 1818. Habitó, desde que se hizo cargo de la Biblioteca, un pequeño cuarto en ese edificio, y allí se le encontró muerto, extendido sobre una tabla y vestido con el sayal de San Francisco.

Llevó don Manuel del Socorro Rodríguez, alma generosa y corazón de niño, una vida austera, dedicada toda al estudio y al cumplimiento de sus deberes. Fue uno de los hombres más eruditos de su época, "escritor, poeta fácil y orador consumado".

todos, el aspecto diplomático del tratado con España, del que me pronuncié partidario; y, por el más curioso, el ingreso de Cuba a una "Comisión internacional de reclamaciones contra el gobierno de Haití", al lado de Inglaterra, que llevaba la batuta, Alemania, España, Estados Unidos, Francia e Italia, sin que tuviésemos nosotros, en realidad, nada pendiente con el pequeño Estado vecino, aunque, para incorporar a Cuba en esa especie de intervención diplomática, no otra cosa era desde luego, se nos avisaba la existencia de un cubano víctima de la patria del negro Santos. Habrá adivinado el prudente lector cuál fue mi consejo, o sea, que no se aceptara este peregrino convite, aunque, en el gobierno, hubo quien creyese útil actuar, allí, como gran potencia, y para interventor diplomático imaginé yo que nuestro esclarecido Sanguily sacudiría el polvo a mi casaca. "Procede con suma cordura la República de Cuba —dije en un extenso informe acerca de la materia—, aprovechando toda oportunidad favorable que le permitía ejercer los atributos de la soberanía en sus relaciones exteriores y exhibir, con el propósito de consolidarla en el concepto del derecho, su personalidad de Estado independiente, igual en principio a todos los demás Estados de la Tierra, nuevo miembro de la sociedad internacional; pero todo lo que empeño tan noble pudiera beneficiarla se volvería en daño suyo si, faltando a la medida, en lugar de oportunidades serias aprovecha las de artificio con el afán de ostentarse inútilmente." Y recuerdo también cómo entonces, apurado el pretexto, quiso el gobierno de Porfirio Díaz que olvidara la trompeta de don Ignacio Mariscal, difunto ya, por la música de su nuevo canciller don Enrique Creel, quien, al efecto, me dedicó una sonata de paz por intermedio del ministro mexicano, don José Francisco Godoy, autor de estos fragmentos que pertenecen a su nota fechada el 10 de noviembre: "Por instrucciones especiales que he recibido del señor Secretario de Relaciones Exteriores de mi país, me es muy grato dar a usted las más expresivas gracias, en nombre de mi gobierno, por el interesante artículo que escribió usted bajo el título de *El Centenario del grito de Dolores,* y que fue publicado el 16 de septiembre último por *El Triunfo,* importante diario de esta capital." Y, en prueba de sincera reconciliación, lo había insertado en sus columnas uno de los órganos del Dictador. "Al mismo tiempo —añade el

Ministro— tengo el gusto de remitir a usted un ejemplar de *El Imparcial,* de la ciudad de México, de 28 del mes próximo pasado, que reproduce dicho artículo." Es el caso que a instancias del primer secretario de la Legación de México, don Carlos E. Pereyra, Encargado de Negocios *ad interim,* el día del Centenario escribí yo esas cuartillas en *El Triunfo,* periódico del presidente Gómez, en aquella época; pero es de advertirse que apareció, sin mi firma, en la sección editorial. "He tenido el gusto de recibir su atenta carta de fecha 10 del corriente, acompañada de un número del periódico *El Imparcial,* de la ciudad de México, del 24 del mes próximo pasado —contesté al Ministro—, y me complazco en manifestar a usted que la alta distinción de que me ha hecho objeto el señor Secretario de Relaciones Exteriores de la República Mexicana al darle instrucciones especiales para que, a nombre de su gobierno, me diera las gracias por el artículo publicado en *El Triunfo,* de esta capital, el 16 de septiembre último, en conmemoración del grito de Dolores, la considero honor tanto más grande cuanto mayor es la indulgencia que la inspira y, regocijado, la comparto con el señor Director de *El Triunfo,* quien colaboró, en el aludido escrito, y le dio puesto preferente, sin aparecer firmado, en la sección editorial." Y resguardándome así de las últimas líneas del artículo, en las cuales, por tratarse de un periódico del Presidente, y cosidas a mi trabajo, encomia *El Triunfo* a don Porfirio, dejé correr la pluma: "Siempre he sido admirador de la heroica República Mexicana y, en mi larga consagración al periodismo y a las letras, procuré, con entusiasmo jamás interrumpido, robustecer el sentimiento de confraternidad que liga y estrecha a la patria de usted con la mía." [16]

De la IV Conferencia Panamericana trajeron alientos diplomáticos nuestros delegados, enaltecidos en el terruño de Mitre; el general Carlos García Vélez, jefe de la Comisión, por su habilidad exquisita; el insigne Gonzalo de Quesada, por su maestría en estas grandes conjunciones internacionales; el doctor Antonio Gonzalo Pérez, presidente del Senado, por su proyecto de convenio sobre la propiedad industrial; [17] el poeta

---

[16] Carta fechada el 14 de noviembre de 1910.

[17] "Se acordó pasar todos los antecedentes al distinguido delegado de Cuba, doctor Antonio Gonzalo Pérez, para que redactara el proyecto definitivo,

José Manuel Carbonell, por su *Canto a la Argentina,* que recita en un banquete de ochocientos cubiertos, a la prensa, y le vale estruendosa ovación, y Rafael Montoro por su discurso, en nombre de la América, al despedirse los conferenciantes de la hospitalaria metrópoli del Plata. "Necesita Cuba —me dijo el doctor Pérez— frecuentar sus relaciones y ajustar sus ligas de familia con todos los Estados del Continente, y a cada gobierno debemos enviar un Ministro que establezca fáciles y cordiales comunicaciones entre nuestro país y cada uno de los otros países latinoamericanos." En seguida pronunció un discurso en el Senado para inaugurar su política en tal sentido, y yo contribuí a los proyectos de ley en que vació sus ideas, acordes a las mías. El Congreso, en junio de 1911, sancionó aquella red diplomática tendida por el Presidente de la Alta Cámara, y tuvo el Secretario de Estado nueva remesa de casacas para distribuir, con tan benévolo designio que sacó la mía del guardarropa y, después de cepillarla, pasé a *reinstalar* nuestra legación en el Perú. "Ese es el puesto que a usted corresponde —exclamaba el Presidente—, y sobre todo el que ha de proporcionarle éxitos y satisfacciones. El Perú reconoció la independencia de Cuba y el gobierno de Carlos Manuel de Céspedes, en 1869; luego, amparó a los cubanos emigrados en toda la América por medio de sus cónsules; auxilió con dinero y armamentos al Ejército Liberador; los hijos del presidente Prado se batieron en nuestras líneas, y allí, el ilustre padre de usted, en trabajos diplomáticos, ganó el sitio que ocupa en la historia de nuestros patriotas. ¿Quién mejor que usted para demostrar a los nobles peruanos el imborrable agradecimiento de Cuba, y quién con título mejor que el suyo para restablecer, en Lima, la legación que su propio padre gobernó hasta la hora dolorosa del Pacto del Zanjón?"

---

y éste lo hizo con toda eficacia según el texto oficial, etc." *Conferencias Internacionales Americanas* (1797-1910), por el doctor Estanislao S. Zeballos. Valencia, Sociedad Editorial "Prometeo".

CAPITULO VII

El istmo de Panamá.—Hablando con el presidente Arozamena.—Las consecuencias del canal.—En Lima.—El recuerdo de mi padre.—Prestigios cubanos en el Perú.—Americanismo de los peruanos.—Molina Derteano.—El río Rimac y el cerro de San Cristóbal.—La política y el presidente Leguía.—Piérola.—División de los partidos.—Tragedia.—El canciller Leguía y Martínez.

I

Rumbo a la tierra de los incas atravieso en agosto de 1911 el istmo de Panamá, hazaña entonces nada rara y que, sin embargo, no podrá realizarla, en lo adelante, viajero alguno, aunque lleve atiborradas de oro las maletas. Voy por la antigua línea férrea. Y he perdido ya de vista el puerto de Colón, sus calles de aldea y el mar azul. Estamos, lector, en el país de la esperanza, en donde cuéntanse los minutos que faltan a la esperanza para convertirse en realidad. "Todo esto —me dice un caballero que repite el tópico vulgar— es milagro de la ciencia sanitaria, avanzada gloriosa de los ingenieros que cortan, por la cintura, a Panamá. ¿Ve usted aquellas dragas formidables que arrancan piedras al corazón del trópico? Mayor draga era la fiebre amarilla, y mientras Lesseps perforaba las montañas, ella arrancaba la vida a sus técnicos y diezmaba a los infelices trabajadores." El tren marcha entre dos filas de pequeñas casas de madera, verdeoscuras y cubiertas de finas telas metálicas, valladar a los pérfidos mosquitos, correos de muerte en época pasada. "Habitan allí capataces y braceros —añade otro señor de antiparras que a nadie habla en particular—, mas aquella quinta espaciosa y alta pertenece al coronel Goethals, que dirige, desde ella, sobre los planos, y dando órdenes por teléfono, a sus millares de subalternos." Lo mismo que si mandara una batalla —interrumpo.

—¡La batalla del progreso! —agrega enfáticamente el primero en trabar la charla—. Goethals lo es todo y lo dispone todo, aquí, en la zona. Gobierna a la manera de un Zar, pero de un Zar justo y sabio." El espectáculo es prodigioso. El tren se detiene aquí, allá, de kilómetro en kilómetro, llenos de gente y de bultos los terraplenes. Un hormiguero de hombres, a cierta distancia, en la hondura, movíase, constante y armónico, bajo el sol ardiente; una maraña de paralelas, menudas y estrechas, enredábase a estilo de serpentinas, y las locomotoras, por docenas, avanzaban y retrocedían, echando bocanadas de humo espeso, entre panales humanos que forman bloques de cabezas y luego se desparraman. Construíase, por la sierra del norte, un nuevo ferrocarril, y más tarde, aquel en que viajábamos quedaría sumergido en el lago artificial del río Chagres; los montículos pronto serían islotes, y deslizaríanse, en las tranquilas ondas, los buques llegados del Atlántico por los ascensores de Gatún... "Imagine usted —me decía uno de los compañeros de coche— que navegamos hacia el mar descubierto por el desgraciado Vasco Núñez de Balboa. Por la esclusa de Pedro Miguel desciende el barco a otro lago artificial pequeño; contempla usted una vegetación hermosísima; al borde opuesto en Miraflores, bajamos, por dos últimas compuertas, a un estrecho canal, y sale el buque al océano Pacífico."

En Ancón hallé un espléndido hotel, propiedad, según creo, del gobierno de los Estados Unidos, y fabricábase, muy cerca, otro mejor; holgaban allí en gran número, distinguiéndose por el sombrero gris de alas anchas y las correas de los anteojos, cruzadas a pecho y espaldas, los visitantes de la zona del canal; encontrábanse, también, muchos ingenieros que hacían práctica y estudio, y superintendentes o inspectores de la magna obra, y transeúntes del istmo, y algún diplomático acreditado en la República Panameña. Quince minutos en carruaje de alquiler, con su cochero zambo y sus caballos en esqueleto, para llegar, por fin, a la ciudad que fundó el malvado Pedrarias. La fisonomía de nuestras viejas poblaciones reprodúcese en Panamá: guijarros por pavimento, campanarios a derecha e izquierda y techos inmensos de negruzca teja; posadas y fonduchos que se anuncian colgando a la puerta grimosos farolillos, y al centro, la gran plaza, dormitorio al aire libre para los vagos de oficio. Sin embargo, es una capital interesante. Las obras, en el istmo, le inyectan brío; crece el comercio a zancajadas, y sobre los conventos y callejuelas evoluciona su espíritu; desde la zona de trabajo, millares de brazos la sacuden, y del mundo todo, millones de voces, en variadas lenguas, le hablan de su opulencia venidera.

Habíame encomendado nuestro Presidente el comunicar a su colega Arozamena que le enviaría una legación; y manifestóse halagado y complacido el panameño, esperando, como esperaba, por conjeturas y por buena lógica, ministros de todo el Continente. "Amigo del general Gómez desde antes de *su presidencia* —me dijo—, veo con gusto que Cuba próspera se consolida bajo su mando..." Y le di cumplidas gracias por este piropo diplomático de rango presidencial. Arozamena, desgarbado, alto, ágil, representaba quince años menos de los que tenía: "setenta y tantos —murmura con originalísima vanidad—, pero... no lo repita usted a los electores"; porque pretende un segundo período en el poder. Sencillo en sus costumbres, en sus maneras, en su plática, ufanábase entre su pueblo de modesto y amadísimo ciudadano. Además de sencillo y modesto era hombre de sanos principios, de inmaculada honradez y profundo patriotismo. No consideraba transitoria, sino eterna, su República; ni admitía que zozobrara la independencia al besarse, en el lecho panameño, los dos océanos. "Desarrollar nuestra agricultura; esa es la única política de seguridad nacional —exclamaba marcando los bosques vírgenes en un mapa enorme donde se contemplaba a Panamá tan grande como Europa—; entonces, el canal será, para nosotros, doble ventura, y el país, emporio de riqueza..." Pero, midiendo lo que le queda de existencia, agrega, nublados los ojos: "Viejo estoy para testigo futuro... No pongo de plazo un siglo: patrimonio de los jóvenes actuales, cuando maduren, el paraíso panameño."

Y yo pensaba, caviloso, en las mudanzas que, para el comercio y la política, traería consigo el nuevo conducto interoceánico; en su posible competencia con el de Suez; en las enormes distancias que acortaría; en los viajes de Inglaterra a Nueva Zelanda pasando por el agreste lago de Chagres; en los colosales depósitos mercantiles de Colón en Nicaragua; en los puertos libres de las Antillas; en el golfo de México; en

Cuba... Paseando, en mis noches del Pacífico, por la cubierta de un buque chileno, a lo largo de la costa blanca peruana, medito esas interrogaciones que irá contestando el tiempo al desdoblarse. Cuando sea un hecho el canal, y hayan transcurrido los años, ¿qué fenómenos habrá experimentado nuestra América? El Pacífico repartiéndose en buena ley aquello que ahora sólo goza el Atlántico; nuevos factores económicos, ignorados, imprimiendo, en el progreso común, diversos caracteres al espíritu de nuestros pueblos; florecerán las artes y las ciencias donde se encuentran estacionadas; y la cultura, que se limita a las orillas, en casi todo el hemisferio Sur, inundará las selvas y los valles. Y aquí el sueño de todo un siglo. Cada estadista columbra a su territorio, hoy apartado, pobre, casi desconocido, en el Pacífico, asombrando la humanidad en día muy cercano, por sus cosechas; las tradiciones de Jauja, rompiendo su luminosa envoltura de fábula para dar fruto sabroso y abundante; y realizarán, a semejanza de la dichosa República Argentina, el milagro de amanecer colmenas de inmigrantes europeos, las que fueron tierras de soledad y de silencio... En cuanto a Cuba, guardo la extensa nota en que recogí mis ideas, amasadas y depuradas en Panamá.[1] "No pertenezco —escribo entre otras cosas— a la caterva pesimista, pero los términos del obscuro problema cambian al plantearlo en nuestra isla; para mí, la más bella de todas las islas. ¿Analizan su trascendencia nuestros gobernantes y se preparan a contrarrestar sus peligros nuestros legisladores? De tiempo inmemorial deliraron tribunos y poetas con las magias del canal de Panamá, y no ha faltado patriota que llore al designar a Cuba funciones de centinela, gallardo y firme, en el tráfico de los mundos; pero, del provecho, porción muy reducida nos tocaría si hubiéramos de reclamarlo a secas por el inferior papel de centinelas. Necesitamos una política de astucia para que no merme nuestra riqueza, ni estorbe a los señores de ambos océanos, la inevitable presencia del centinela flotando en su amada garita..."

[1] *Legación de Cuba en Lima,* núm. 242, diciembre 30 de 1911.

II

Entre los viejos personajes peruanos perduraba el recuerdo de mi padre; y muchos tenían el fervor de su memoria y me hablaban de su talento y de sus afanes por Cuba, a los cuales habían ellos prestado valiosa cooperación, ya desde el gobierno o desde los escaños del Congreso, ministros o diputados o senadores, o prefectos o periodistas; y algunos, al abrazarme conmovidos, evocaban tiernos lazos de amistad. Los días transcurren para mí de una a otra emoción; aquí tuvo mi padre su oficina; allá escribía sus artículos de propaganda. Y parece que su sombra protectora me sigue a todas partes y me abre todas las puertas y predispone a mi favor todos los corazones. Enorgullécese el peruano de haber sido generoso para Cuba: y tiene benevolencia para nuestros errores y afecto para nuestros emigrados, que allí ocupan alto sitio. "Cuba", se dice, y es como si se hubiese dicho algo íntimamente querido, algo que llega a las cuerdas vibradoras del sentimiento. Se conoce, además, al cubano por sus virtudes, por su heroísmo, por su genio; y si se alude a un hombre extraordinario, se cita a mi padre; si se piensa en un orador estupendo, se le compara a Zambrana; y como la ciencia en derecho a don Francisco de Paula Bravo, y como símbolo de nuestras energías, militar y banquero, y en todos los campos grande hombre, a don José Payán. "El Perú en sus tiempos de salitre —me cuenta cierto diplomático retirado— observó una política de fraternidad latinoamericana que tuvo, entre nuestros gobernantes, románticos paladines; por eso, en 1861, protestó de la anexión de Santo Domingo a España; y se hicieron, por esa época, colectas de dinero en ayuda de Juárez, contra el Imperio del Archiduque de Austria; y nuestra legación en Washington gestionó, con Mr. Fish, la independencia de Cuba, después de los fusilamientos del *Virginius*.[2] Pero la guerra del Pacífico nos arruinó:

---

[2] *Del Encargado de Negocios del Perú en Washington, señor Eduardo Villena, al ministro de Relaciones Exteriores en Lima, señor J. de la Riva Agüero;* noviembre 15 de 1873. "...y al efecto solicité y obtuve inmediatamente una entrevista del Honorable Señor Secretario de Estado en la mañana del 14 del presente. El Ministro español me había precedido y ocupó por dos horas la atención del señor Fish. Principié por expresar al señor Secretario la

comenzaron para nosotros el sufrimiento y la desolación; nuestro territorio invadido; Chorrillos incendiado; Lima cautiva, y son menester todas nuestras fuerzas para salvar de la miseria y de la humillación eterna al Perú derrotado. En 1895 nada pudimos hacer, oficialmente, por la causa cubana; pero los agentes revolucionarios encontraban, en nosotros, la misma simpatía de los tiempos pretéritos; en privado, recaudábanse recursos para el tesoro del partido separatista, y un comandante adicto al presidente Cáceres, vencido éste por don Nicolás de Piérola en un combate que encharcó las calles de Lima, fue a brindarse a los cubanos para morir por la libertad."

Ese comandante es el valeroso coronel de nuestro Ejército emancipador, Temístocles Molina Derteano. Donde se escuchó metralla y se dieron cargas y relumbraron los gloriosos machetes, allí estuvo el coronel Molina, el peruanito de acero. Lo

---

profunda impresión que había sufrido al saber el ultraje hecho al pabellón americano en la captura del *Virginius* y la violenta ejecución de cincuenta y siete de los prisioneros; que era evidente que la España no tenía ya ningún poder en la Isla cuando, a pesar de las órdenes expresas en Madrid, se había llevado a cabo aquel acto bárbaro; que si los voluntarios españoles recibían aún a los funcionarios mandados de España era únicamente con el fin de disfrazar la rebelión que de hecho existía en Cuba para paralizar la intervención de cualquiera otra Nación; que, por lo tanto, era imposible tolerar por más tiempo los actos sanguinarios que estaban cometiéndose desde hace cinco años; que siendo notorias las simpatías del Perú y su Gobierno por la causa de Cuba y estando yo plenamente facultado para secundar las decisiones que pudieran tomarse a fin de conseguir la regularización de la guerra sangrienta que se hace en aquella Isla, y las que pudieran favorecer su completa emancipación, creía llegado ese caso y, en su consecuencia, deseaba que el señor Fishse sirviera comunicarme las intenciones de su Gobierno a la vista de los últimos sucesos de Santiago de Cuba, que envuelven, no sólo la más flagrante violación de todo principio, sino también un deliberado insulto al pabellón federal, que la América toda reprobaría, esperando de los Estados Unidos su más pronta acción para castigar tales atentados."

"El señor Secretario me dijo: sería prematura cualquiera contestación, a cada hora estoy recibiendo partes de La Habana en que me comunican los hechos, algunos de ellos contradictorios todavía, y como el Congreso Federal está próximo a reunirse, acaso el Presidente crea conveniente, antes de obrar, darle cuenta para conocer su opinión; mas sí puedo asegurar que se demandará pronta reparación y completa satisfacción de las ofensas. Es una carnicería, añadió, es infame lo que está pasando en Cuba. Me ha dicho U. S. que el Perú está dispuesto a proteger la causa cubana por todos los medios, lo que hasta cierto punto es indefinido. ¿Cree U. S. que iría hasta la guerra?

respetaron las balas que suelen ser condescendientes, y no gozan hiriendo a quien las reta, ni se muestran implacables arrebatando los alientos al soldado que, con ellas, realiza aventuras inmortales. Concluyó la guerra, y Molina Derteano, con su parte en la victoria y sus tres estrellitas en el hombro de la cruda chamarreta, entró en Camagüey; y en el primer instante le nombraron jefe de policía. Contentísimos los camagüeyanos, aplaudieron el acierto de la nueva autoridad, y de jefe le tuviesen todavía si el propio bizarro Coronel, sereno en el triunfo lo mismo que en la pelea, no prefiriera venir a La Habana y asignarse puesto más modesto y menos codiciado, Inspector de Faros, como hubiera sido Inspector del Firmamento; y no se metió en la política, ni en empresas lucrativas de ninguna especie, lleno de su coronelato, conseguido a fuerza de bravura, y ya pensando en llevar a la verdadera patria sus laureles. Trans-

---

Pienso que sí, contesté; pero en tal caso necesitaría desde luego conocer la última resolución del Gobierno Federal para informar de ello a mi Gobierno, a fin de que pudiera prepararse convenientemente. Nada de positivo puedo afirmar por ahora, me replicó; faltan dos semanas solamente para la apertura del Congreso, y para entonces habremos tenido pleno conocimiento de los hechos que deben determinar la acción del Gobierno, y en el entretanto, estamos preparados para todo evento."

Del Ministro de Relaciones Exteriores del Perú señor J. de la Riva Agüero, al Enviado Extraordinario y Ministro Plenipotenciario del Perú en Washington, señor Coronel don Manuel Freyre: Lima, noviembre 27 de 1873. "...El gobierno y el pueblo del Perú, que tan ardientes simpatías profesan a los cubanos y a la santa causa que defienden, vuelven hoy a reiterar sus esfuerzos cerca del Gobierno americano para que, con su autorizado prestigio, obligue, por lo menos, a la España a adoptar en la guerra, que tan injustamente sostiene contra los independientes de Cuba, los principios adoptados por todas las Naciones civilizadas del presente siglo, etc.

"U. S. se acercará, pues, al señor Ministro de Estado de la Unión y le reiterará esta solicitud del Gobierno Peruano, poniéndose de acuerdo al mismo tiempo con los demás agentes diplomáticos de los países americanos en esta capital, a fin de obtener, con el concurso de todos, y si fuere posible por su acción simultánea, una resolución bastante eficaz que diera por resultado no sólo la regularización de la guerra en Cuba, sino también un auxilio material a los valientes defensores de su independencia. Cualquiera medida que en este sentido sea adoptada por los Representantes americanos, en nombre de sus Gobiernos, merecerá siempre la aprobación del gobierno del Perú."

Del Encargado de Negocios del Perú en Washington, señor Eduardo Villena, al Ministro de Relaciones Exteriores en Lima, señor J. de la Riva Agüero: diciembre 21 de 1873. "...le manifesté que si bien era cierto que se había

currieron tres años, y don Tomás Estrada Palma comenzó a gobernar. "No necesitan ustedes de mí —exclamó el Coronel— y en cuanto reúna el dinero del pasaje me iré a Lima, donde quiero que reposen mis huesos. . ." No hubo medio de disuadirle de semejante proyecto. "He permanecido aquí mientras pudo ser útil mi espada a la causa de Yara y de Baire. En lo futuro mi permanencia estorbará. He ayudado a conquistar los ideales cubanos. Jamás contribuiré a que esta nación, digna de su gloria, sea infeliz. En Lima nos juramentamos varios militares a venir en auxilio de los patriotas de la Gran Antilla. Sólo yo pude cumplir el juramento. Pues bien, ahora me vuelvo al Perú a relatar a mis coterráneos cómo honré mi palabra y cómo he asistido al nacimiento de una heroica República llamada a envidiables destinos. . ." Y se fué. Y en Lima, entre la admiración de los cubanos que allá residen y el cariño de su pueblo, es todo un alto empleado en el Banco del Perú y Lon-

---

conseguido evitar la guerra entre los Estados Unidos y España, siempre quedaba sin resolverse la suerte futura de la isla de Cuba, por la que el Perú tenía un verdadero interés, y que, por lo tanto, le agradecería me dijese cuál era el pensamiento de su Gobierno respecto a Cuba. La cuestión cubana es muy difícil, me contestó: nosotros no queremos la anexión, ni tampoco la insurrección puede alcanzar su independencia por falta de todo elemento político. Sería de desearse que se estableciera en la Isla un Gobierno independiente del de España con suficientes medios de estabilidad y orden como lo más conveniente a los intereses de la misma Isla y de la América. Tales fueron las palabras del señor Fish, que ciertamente no dan a conocer la política del Gobierno americano. La verdad es que éste se ha dado por satisfecho con la rendición del *Virginius* y los prisioneros, dejando al tiempo la solución de la cuestión principal. Esto mismo lo comprueba la conducta del Congreso Federal que, aunque ha votado el subsidio de cinco millones de pesos pedido por el Ejecutivo para poner la armada en pie de guerra, no ha querido ocuparse de discutir la proposición presentada por un Diputado, reconociendo los derechos de beligerancia a la insurrección cubana.

"De esta manera ha concluído el incidente de la captura del *Virginius* que parecía apresurar la emancipación de Cuba del dominio español. Preciso es reconocer que sin un poderoso auxilio exterior no podrá lograrse el triunfo de la causa independiente, a pesar de que no desmaya ni se debilita el ardor y patriotismo de sus defensores. El Gobierno americano ha redoblado su vigilancia en las costas, a fin de impedir la salida de toda expedición, lo que no sólo aleja aquella esperanza, sino también esteriliza los esfuerzos de los que aquí trabajan por su realización." (Ricardo Aranda, *Colección de los tratados, convenciones, capitulaciones, armisticios,* etc., tomo III, Lima, Imp. del Estado 1892.)

dres, y al verle por las calles, con su aire de modestia, encanecido el bigote y lánguido el semblante, la cartera de piel de Rusia bajo el codo y en los dedos el cigarrillo Vuelta Abajo, nadie diría que si empuña una espada se transforma en un león y que si se ausenta ha ido a libertar pueblos y a formar Estados.

III

Tal es el temperamento del pueblo peruano y tales han de ser, por largo tiempo, en los hechos y en las ideas, los hijos de la pequeña y suntuosa ciudad de los Reyes, acartonada en su historia. Sopla de los mares una brisa fresca y ligera que incita al reposo, y tanto como suave el clima y templada la atmósfera, son los limeños dispuestos de ánimo y en el hablar mesurados. Balbuceando sus cantaletas melancólicas, despéñase el Rimac, partiendo en dos la capital, y, desde el puente de Balta, finge la mirada trovadores que saltan de los derriscaderos y desaparecen en las aguas; graciosas doncellas, de griego perfil, con sus florones de porcelana en la cabeza, que bajan descalzas las escaleras de piedra; y en aquellos chorros que forman miniaturas de cascadas, más aún, descubre el raptor de Kora convirtiendo a la ninfa Ciana en melodioso manantial y a la desolada Ceres que se desgaja en lágrimas de perlas. Allá, el cerro de San Cristóbal muestra en su cúspide la cruz de los mártires, y parece que vigila mis pasos de lugar a lugar y me cuenta inmóvil tantos dolores que ha mirado y tantas angustias que ha sentido y tantas reliquias que ahora esconde en el seno. Pero, como suave en el trato, es el peruano en sus pasiones violento y en sus cóleras inflamable; y no hay quien le gane en parsimonia, ni locura que exceda a las turbas cuando sus ídolos las precipitan y enardecen; ni magistrado que haga justicia más recta que las multitudes al volver de su extravío; ni en los días de calma, que suman años, esfinge que reproduzca exactamente la indiferencia de cada ciudadano... El tema es siempre el mismo, y si llega a pleito y a demanda, tribunales taimados dejarán sin laudo el proceso; jueces al minuto se calarán, por una vida, los cascos de plata remedando fúlgidos dioses; y en los paréntesis de una a otra paz, volverán, a sus mismos procuradores, la demanda, y a sus mismas veleidades, los juristas. Un exaltado clama a todo pulmón que es un mito el sufragio y que nada existe sobre la tierra tan embustero como las urnas. Y aunque, en nuestros pueblos, la razón teórica es de los exaltados en casi todas sus exaltaciones, el cuerdo responde que es preciso poner al embuste el gorro democrático, y aun añade que nunca es mejor la democracia, ni hay más de su práctica y de su virtud, que cuando se desprende un tanto, o muchos tantos, de su doctrina. Error que produce otros errores con el engaño de efímeros bienes. En el Perú, donde la ley prohibe la reelección, cada Presidente *saliente* era el *verdadero elector* del Presidente *entrante*. Piérola forjó a Romaña, Romaña a Candamo. Muerto Candamo al iniciarse su período, le sucede el segundo Vicepresidente, don Serapio Calderón, porque el primero, Lino Alarco, también se ha marchado a la eternidad. Calderón convoca a elecciones y forja a Pardo, y Pardo a don Augusto Leguía que fue su Ministro de Hacienda. Pero ni Piérola influyó, después, en Romaña, ni Romaña en Candamo, ni en Pardo Calderón, ni tuvo Leguía de tutor a Pardo. No habrá pureza de sufragio. Pero tampoco presidentes detrás de bastidores. Era Leguía hombre entendido, nervioso y de nobles impulsos; pero sus enemigos lo hicieron huraño y vengativo. Fue, por eso, un gobernante dramático y su gobierno turbulento. El señor Durand amenazaba con la revuelta, y a Piérola, ya anciano, se le había despertado, nuevamente, el apetito de mandar. Una triste mañana, sin sospecharlo Leguía, penetraron, en Palacio, pistola en mano, varios conjurados. El estupor de las guardias facilitó la osada empresa. Un soldado quiso resistir y cayó muerto de un balazo. Y toca igual destino, en seguida, a un ayudante que se interpone. Los conjurados, como en las novelas, invadieron la estancia presidencial y Leguía intenta arrojarse a la plaza por un balcón. Pero le echan garras los asaltantes y en terrible algazara lo sacan de Palacio. "La vida o la renuncia", es el grito que se oye mientras apuntan las armas al pecho del prisionero; mas fueron la entereza y el valor de Leguía tan admirables, y a tal grado conservó presencia de ánimo, que, sin firmar la dimisión, redactada y escrita por el hijo de Piérola, Isaías, dio tiempo a los jefes militares a rehacerse; en torno a su persona, y delante de la estatua ecuestre de Bolívar, libróse entonces encarnizada batalla; la muchedumbre no se unió a los rebeldes, como sin duda esperaron, y Leguía, para ostentarse ileso al pueblo, recorrió la ciudad, a caballo, frente a sus tropas. Comenzaron después las medidas restrictivas, las persecuciones y encarcelamientos, y en toda su violencia un régimen de represalias que levantó formidable oposición, tildábase a Leguía de pretenso dictador, sospecha que inspira, en América, todo gobernante exasperado; el partido civilista, es decir, su propio partido, se divide estableciendo alianzas con grupos liberales y constitucionales, también divididos, efectos de la política del Presidente, y el país vivió en pie de revolución. Si mal andaba la política interna del Perú, apenas aventajábala en sosiego la exterior; y no sólo cortó Leguía relaciones con Chile, desde el principio de su mando, sino que se vio a pique de guerra con la República del Ecuador; en Bolivia, la plebe apedreó el escudo peruano; por la disputa de fronteras el coronel Benavides, objeto más tarde, en Lima, de un homenaje napoleónico, desalojó a tiros, de La Pedrera, a la guarnición colombiana, inferior en número a los agresores peruanos; y en Bogotá pedíase al gobierno de don Carlos Restrepo la declaratoria de guerra inmediata. Pero tomó el Presidente, para fortuna del país, la más atinada de todas sus providencias al nombrar canciller a don Germán Leguía y Martínez, pariente suyo, y aunque a menudo cambiara de gabinete y duráranle poco los ministros, mantuvo a su lado, hasta el fin de su aciago término, consejero tan fiel y de juicio tan equilibrado como su ilustre familiar, con lo que, en buena parte, remedió sus tribulaciones, no porque el nuevo Canciller aplacase a los iracundos enemigos del gobierno, hartos de Leguía, ni refrenara a Leguía, también harto de sus antagonistas, cosa muy explicable, sino en beneficio de una dirección no interrumpida a los negocios diplomáticos, fiada al discernimiento de aquel estadista de robusta mentalidad, tribuno, historiador, maestro y, en sus ocios, poeta.

CAPITULO VIII

Negociaciones de un tratado.—Noticias alarmantes de Cuba.—Los veteranos.—Rumores de intervención.—Notas diplomáticas.—Efectos del "anticubanismo".—Error de los veteranos.—Los enemigos de Cuba.—El ministro Beaupré.—Una lección de Bismarck.—Se apaciguan los veteranos.—Lima en revolución.—La guerra racista en Cuba.—Estenoz.—El presidente Gómez salva la República.—La muerte del general Alfaro en el Ecuador.—Billinghurst se hace nombrar Presidente del Perú.—Mi traslado a México.

I

Cuanto me fue propicio Leguía y Martínez lo prueba la delicada atención que puso a los asuntos de Cuba y, más aún, su diligencia por coadyuvar a mis iniciativas en consonancia a la tendencia de nuestra política en América. "Existe en estos países —decía yo generalizando el tema en un despacho al canciller Sanguily— el verdadero concepto de la República de Cuba, o sea, la seguridad de que son intangibles los títulos de nuestra soberanía, y pienso que ese modo de vernos puede ser un resorte útil a la patria; pero su eficacia concluiría por extinguirse de no usarlo con habilidad e inteligencia o si, por escépticos o despreocupados, lo entregásemos a los desgastes del tiempo; así, no tengo dudas respecto a los deberes y responsabilidades que mis actuales funciones me imponen, a unos y a otras amoldo mi conducta de Ministro y de cubano." Porque ya tenía en estudio un convenio *de principios* con el Perú, a fin de ir atando, a las argollas del derecho internacional, aquella red luminosa inventada por el senador Antonio Gonzalo Pérez, y habíase resuelto, en varias entrevistas con Leguía y Martínez, que yo presentara las bases de una amplia negociación.[1] Pero de Cuba comenzaron a llegar noticias inquirientes: los veteranos de la independencia, organizados en asambleas, volvían, a deshora, por la salud pública; haciéndose parte en la contienda, el Presidente de los Estados Unidos pre-

[1] El 27 de enero presenté las bases en cincuenta cláusulas relativas a las materias siguientes: Perfecta paz y perpetua amistad entre Cuba y el Perú. Libertad completa para el ejercicio del comercio y la navegación a los cubanos en el Perú y a los peruanos en Cuba, e igualdad a los nacionales en sus goces y condición civiles. Garantías de la protección a los cubanos en el Perú y a los peruanos en Cuba. Exclusión recíproca de los ciudadanos de un Estado en las fuerzas públicas del otro, así como de toda requisición o contribución de guerra y de cualesquiera préstamos o empréstitos forzosos, etc. Libertad de navegación. (Tratándose del río Amazonas, "el Perú reconoce a la República de Cuba el derecho de navegar libremente y con su propia bandera desde el límite con el Brasil hasta Iquitos; y en cuanto a los otros ríos, el Perú permitirá su entrada a la República de Cuba tan pronto como llegue a permitirla a los súbditos o a los barcos de otras naciones", artículo agregado al Convenio por el ministro Leguía y Martínez.) Protección a la propiedad de las marcas de fábrica y de comercio y nombres comerciales, y a las patentes de invención, dibujos y modelos industriales y a la propiedad artística y literaria. Derechos de navegación, tonelaje, etc. Concesiones recíprocas para fomentar las comunicaciones directas entre los puestos de ambas Altas Partes contratantes en seguida de abrirse el Canal de Panamá. Sanidad marítima. Reciprocidad en el trato de los agentes diplomáticos. Reglas para la intervención diplomática. Circunstancias en que el Estado puede ser responsable de los daños que sufran los cubanos en el Perú y los peruanos en Cuba en tiempo de guerra civil. Servicio consular. Inmigración. Comercio neutral. Arbitraje, etc.

Como se ve, ninguna cláusula menciona la reciprocidad comercial, "aplazada para cuando a los dos Estados interese ajustar un Pacto de esa índole". La reciprocidad comercial es como el vientre de las relaciones internacionales. Por eso llamo a esta convención solamente "tratado de principios".

El Canciller peruano y yo hicimos un estudio minucioso de cada una de las cuestiones que el proyecto contenía, y largos informes rendí, sobre ellas, al gobierno. Por curiosos extractaré los antecedentes de dos artículos.

El número XXXIII de las bases, XXXII del tratado, dice: "Los cónsules de cualquiera de las Partes contratantes en las ciudades, puertos y lugares donde no hubiere cónsul de la otra, prestarán a las personas y propiedades de los nacionales de ésta la misma protección que a las personas y propiedades de sus compatriotas en cuanto sus facultades lo permitan, sin exigir por esto otros derechos o emolumentos que los autorizados respecto a sus nacionales." En mi despacho núm. 142, 30 de diciembre, al Secretario Sanguily, hice el siguiente comentario: "Nuestra diplomacia no podría negar su asentimiento a esta cláusula sin contradecir los antecedentes históricos y políticos que, moralmente, se la imponen. Durante la guerra de diez años, en la época de Céspedes y Agramonte, el Perú, como resultado de una negociación que honra

parábase a intervenir; y otros informes, de análoga sustancia, propagaban, por la prensa de Sudamérica, las agencias de Nueva York, acostumbradas a este género de conspiraciones contra Cuba, tenaces en silenciar aquello que dignifique y más tena-

---

la memoria de mi padre, agente diplomático de aquella República gloriosa y romántica, ordenó a sus cónsules, en favor de los emigrados cubanos que no querían someterse a la tutela de España, la protección que les era indispensable para *ciertos actos de su vida civil y política*." He aquí la resolución del Poder Ejecutivo peruano a que me referí:

"*Ministerio de Relaciones Exteriores*. Lima, agosto 6 de 1873.

"Vista la comunicación en que el Comisionado especial de la República de Cuba solicita, a nombre de su gobierno, que el del Perú acuerde a los emigrados cubanos residentes en los países que aún no han reconocido la independencia de esa Antilla, la protección que necesitan para poder realizar ciertos actos de su vida civil y política; y considerando que el Perú, en conformidad con el reconocimiento que ha hecho de la soberanía de Cuba, debe prestar a los ciudadanos de ésta el amparo de las garantías que el derecho de gentes otorga a todos los extranjeros en general, accédese a la indicada solicitud. En consecuencia, se autoriza a las legaciones y consulados de la República en el exterior para expedir pasaportes a los ciudadanos cubanos que lo soliciten y recibir asimismo en sus registros y cancillerías todo género de documentos testamentarios o cualesquiera otros que expresen cambios o relación de obligaciones y derechos exigibles en el territorio de Cuba, bien sea entre cubanos, bien entre éstos y ciudadanos o súbditos de otras potencias; quedando garantida la intervención de los agentes del Perú en dichos actos y la fe y autenticidad de éstos por la declaración del gobierno republicano de Cuba contenida en el presente oficio.

"Avísese en contestación; circúlese y regístrese. Rúbrica de S. E. *Riva Agüero*."

El artículo XXXVI de las aludidas bases decía: "las Altas Partes contratantes, para evitar rozamientos que pudieran alterar sus fraternales relaciones, acuerdan abstenerse cada una de enviar al territorio de la otra agentes de inmigración que pretendan embarcar o hagan propaganda para el embarque de trabajadores con destino a su propio Estado. Asimismo conviene cada Parte en someter a los agentes de inmigración de la otra, oficiales o particulares, de empresas o compañías, a las leyes penales del domicilio, reservándose el derecho de expulsarlos del territorio cuando las autoridades así lo prefieran, sin otro requisito, una vez comprobada la culpabilidad, que el informar del hecho, previamente y por cortesía, a la legación que pudiere resultar interesada." En un *Memorándum* fechado el 21 de abril, participé a la Secretaría de Estado que el ministro Leguía y Martínez, según manifestaciones que acababa de hacerme, "leyó al señor Presidente el convenio y éste lo juzgó a términos muy laudatorios, añadiendo que descansaba en los principios más adelantados y liberales del derecho público; pero, a la vez, le llamó la atención el artículo XXXVI relativo al compromiso de no enviar el Perú a Cuba, ni Cuba al

ces todavía en divulgar aquello que denigre. "Siendo indispensables el tacto y la discreción —comunicaba yo a nuestro Canciller— decidí sostenerme en la más completa reserva, y así evité situaciones desairadas y pasos en falso. Desmentir las noticias por el solo hecho de que me produjesen desagrado, habría sido torpeza merecedora de censuras; decir algo que se interpretara en el sentido de una posible intervención extranjera en Cuba, redundaría en desprestigio de la República y en mi desdoro como Ministro. Pero el cablegrama que se sirvió usted enviarme ayer aclaró el horizonte, y creí llegado el momento de acudir a los periódicos no sólo para descartar la idea de que padeciese la República el quebranto que se le atribuye, sino también para ratificar una vez más el irrevocable anhelo del pueblo cubano de sostener sus instituciones y el régimen vigente. Tanto como antes me había mostrado en reserva, a la prensa y a los particulares y aun a mis colegas, fui explícito con el señor Ministro de Relaciones Exteriores, a quien puse al corriente de lo que ocurría, sin admitir el caso de un conflicto

---

Perú, agentes de inmigración, clásula que, en su concepto, podría desagradar al país anhelante de dar impulso a las corrientes inmigratorias. En consecuencia, el Ministro de Relaciones Exteriores me preguntó si no me parecía bien suprimir la indicada cláusula". Contesté —dice el *Memorándum*— que el problema inmigratorio es común a todos nuestros países, y constituye, por tanto, una base de cordialidad, entre ellos, no estorbarse ni hacerse daño, recíprocamente, al procurar, cada uno, resolverlo por su cuenta y para su provecho. El Perú consideraría, de seguro, como el mayor agravio que agentes secretos del gobierno de Cuba viniesen a convencer a los inmigrantes, por el esfuerzo y el tesoro peruanos traídos para colonizar su territorio despoblado, de que más les convendría ir a trabajar a Cuba; y, de igual modo, nada perjudicaría tanto a las buenas relaciones entre mi patria y cualquiera otra nación americana como el intento, por parte de los agentes de ésta, de arrebatar a Cuba sus trabajadores, cosa que equivaldría a un ataque contra su prosperidad y riqueza. La posición en que se halla la isla de Cuba con respecto al Canal de Panamá, la pone dentro del tráfico de Europa y los Estados Unidos con los países del Pacífico, y es natural que mi gobierno, al establecer reglas que robustezcan la amistad perpetua y el comercio con el Perú, excluya la posibilidad de que, encontrándose Cuba al paso, los agentes de inmigración pretendan embarcar colonos en nuestro territorio y se amparen, lesionando elevados intereses económicos del pueblo cubano, en los principios y franquicias que con muy diferente propósito, debe establecer el convenio. El señor Leguía y Martínez encontró ajustadas estas razones a los fines del tratado y acordó dejar intacta la referida cláusula XXXV del convenio, encargándose de exponer al señor Presidente su alcance.

con nuestros vecinos del Norte. Me parece correcto y previsor —agregué— el procedimiento, por otra parte muy diplomático, de enterar a los gobiernos amigos, en la América Latina, de ciertas dificultades que pueden entrañar graves consecuencias para la nación." [2] Pero no se conformaban las agencias de Nueva York a que la sensatez cubana evitase desdichas, y publicaron, todavía, detalles del jefe nombrado interventor y de las tropas yanquis a su mando; por lo cual quise poner término, oficialmente, a la sospecha que aún quedara de tales menguas para Cuba, y proseguir mis negociaciones del tratado con el Perú sin que, en el fondo, el gobierno peruano creyese negociar con un Estado en vísperas de perecer, dando, además, testimonio de que no eran ya viables, en Cuba, las intervenciones extranjeras, y dirigí a la cancillería esta nota redactada en los más respetuosos términos para los Estados Unidos:

"Legación de Cuba. Lima, 18 de enero de 1912.

"Señor Ministro:

"Tengo el honor de informar a V.E. de que no son exactas las noticias trasmitidas ayer por el cable a la prensa de esta capital, sobre la amenaza de una intervención de los Estados Unidos en la República de Cuba. Afortunadamente existen, entre mi gobierno y el de Washington, las más cordiales relaciones, y nunca ha estado más firme que hoy, ni ha tenido garantías más sólidas que las actuales, el régimen constitucional vigente en mi país.

"Opuestos los Veteranos de la Independencia a que desempeñaran cargos públicos de importancia aquellos individuos que fueron sus enemigos y adversarios, durante la guerra, prodújose una lamentable agitación que suscitó ciertas dificultades. El señor Ministro de los Estados Unidos en La Habana, cumpliendo instrucciones de su gobierno, presentó entonces al de Cuba un *Memorándum* en el que advertía, en los términos más amistosos, y sin el menor propósito de amenaza, los peligros que semejante situación provocaba, dados los cuantiosos intereses extranjeros establecidos en la isla. En tales circunstancias el gobierno cubano, seguro del patriotismo del pueblo y

[2] *Del Ministro de Cuba en Lima al Secretario de Estado en La Habana.* Enero 22 de 1912.

de la alteza de miras de los Veteranos, actuó serenamente para afianzar el orden y la paz que no llegaron a sufrir alteración.

"Me es grato comunicar a V. E. estos hechos en nombre del señor Secretario de Estado, e interpretando, a la vez, los sentimientos de sincera y profunda amistad que ligan a Cuba con la generosa y hospitalaria República Peruana.

"Aprovecho esta nueva oportunidad, señor Ministro, para reiterar a V. E. las seguridades de mi más alta y distinguida consideración.

"M. MÁRQUEZ STERLING.

"A Su Excelencia el señor doctor don Germán Leguía y Martínez, Ministro de Relaciones Exteriores." [3]

La Cancillería contestó:

"Ministerio de Relaciones Exteriores. Lima, 30 de enero de 1912.

"Señor Ministro:

"Tengo la honra de avisar a V. E. recibo de su apreciable nota del 18 del presente mes, en la que se sirve desmentir las noticias publicadas, en la prensa de esta capital, sobre desacuerdos que se decía existentes entre el gobierno de los Estados Unidos y el de V. E.

"Por la misma comunicación me he impuesto del incidente que V. E. me refiere acerca de las gestiones amistosas del representante americano en Cuba, con motivo de la agitación producida al oponerse los Veteranos de la Independencia a que sus adversarios, de la época de la guerra, ocupen en el presente cargos públicos de importancia.

"El Gobierno acoge con la más viva satisfacción el contenido de la nota de V. E. haciendo constar que siempre estuvo seguro de la cordialidad de relaciones entre los Estados Unidos y el país de V. E., así como de la solidez del régimen constitucional de la República de Cuba, por cuya prosperidad el pueblo peruano abriga la más afectuosa y sincera simpatía.

---

[3] El Secretario de Estado aprobó mi conducta en este caso. Despacho número 495, La Habana, 12 de marzo de 1912.

"Aprovecho complacido esta oportunidad para reiterarle, señor Ministro, las seguridades de mi alta consideración.

"G. Leguía y Martínez.

"A Su Excelencia el señor don Manuel Márquez Sterling, Enviado Extraordinario y Ministro Plenipotenciario de la República de Cuba."

II

El "anticubanismo", que se alimentó a raíz de la segunda intervención, alargaba su cola viscosa por encima y con daño de la República, y había tocado a la sensibilidad de nuestros libertadores, que, en nombre de la patria, erigieron sus mezquitas donde rezar vuelto el rostro hacia la Meca. Saludable pudo ser, desde luego, una reacción serena y bien dirigida, porque el "anticubanismo" frisaba ya en licencia; y así como frustróse la obra, por impropia de asambleas y de arengas, habría logrado el triunfo de llevar a la escuela primaria, a la Universidad, a la prensa y al gobierno, el espíritu de la Revolución —que no debe envejecer con sus caudillos ni morir con sus generales—, infiltrándolo en la conciencia de todos los cubanos, remachándolo para siempre en el alma nacional; pero los veteranos localizaron el noble impulso en sus organismos, como un ejército que regresa desarmado a los viejos cuarteles, y circunscribieron la reparadora tendencia a un balance tardío de cuentas por ellos mismos generosamente canceladas. El peligro, para Cuba, no dependió entonces, ni depende ahora, de que ganen sueldo al Estado, y lo sirvan, aquellos de nuestros conterráneos que, en la colonia, se opusieron al partido separatista, ni es tampoco la más aguda forma del "anticubanismo" el burócrata de antecedentes *hispanófilos;* pero si en admitirlos a disfrutar del presupuesto hubo flagrante inconsecuencia, es lo cierto que de esa inconsecuencia eran responsables los veteranos mismos, ya aceptándola del interventor o asumiéndola completa, absoluta, en la República. El movimiento, pues, tomó de su origen caracteres de voraz *rectificación;* y puso en guardia a los verdaderos enemigos de nuestra soberanía, que jamás fueron empleados públicos, ni los incluyeron los catálogos de *traidores,* y disponían, con toda tranquilidad, de elementos para crear en silencio, y fingiendo pesadumbre, el conflicto internacional.

Poco antes había relevado el presidente Taft al ministro Jackson, por un Plenipotenciario de artera diplomacia, a tal extremo acreditada que su solo nombre púsome en ascuas; y, anticipándome a su llegada a La Habana, trasmitía al gobierno mi criterio, en este caso pesimista y, por desgracia, con acierto de buen profeta.[4] A manera de una pesadilla vagaban por mi mente, en mesa revuelta, las célebres notas de este personaje —Mr. Beaupré— a la Cancillería de Colombia en la época del tratado Hay-Herrán sobre el Canal de Panamá, algunas en vísperas de reunirse el Congreso a estudiarlo, y todas en lenguaje amenazador y depresivo, en tanto abuso de fuerza [5] que, ultrajada la República, una mayoría de senadores desechó el convenio; recordaba, además, a Mr. Beaupré en Buenos Aires —donde le conocí al principio de mi carrera—, encastillado en prejuicios vulgares contra los americolatinos, mudo, seco, frío, hosco, pero más hábil de lo que su apariencia acusara; y no anduve descaminado al suponerle Ministro *especialísimo* para ciertos lances, nuncio, en Cuba, de tirantez con los Estados Unidos que cambiaban de representante y de política. Halló, así, Mr. Beaupré, estreno de su gusto con los veteranos, y no suavizó su belicosa literatura de Bogotá, ni ansiaron mejor auxiliar, que ese, los enemigos de nuestra independencia. Y si el lector me preguntase por qué y de dónde su enemiga y bajo qué acicate su tesón, yo contestaría que tal era su papel, y ese su papel favorito; por temperamento, artista en drama. Después, el artífice diplomático se adueñó de su espíritu y espontáneamente hostilizó a Cuba. La conducta de los Estados Unidos, en muchos casos arbitraria, es a menudo obra de los ministros —de algunos ministros, más exactamente dicho— que, en confidencia, abultan la gravedad de los incidentes, y ¡cuántas veces malquistan a los gobiernos el celo frívolo y la inclinación aviesa de sus agentes! Improbo trabajo tendrá siem-

---

[4] *Del Ministro de Cuba en Lima al Secretario de Estado en La Habana.* 27 de septiembre de 1911.

[5] *The North American Review,* núm. DCLXXV, febrero 1912, artículo de T. L. Chamberlain.

pre un Canciller inteligente, o de buena fe inspirado, al penetrar el fondo y a lo íntimo de cada representante de su gobierno, auscultar sus pasiones y separar de sus documentos lo que en ellos colaboren la rivalidad y el rencor. Bismarck ha contado el asombro que le causó en San Petersburgo la malevolencia del embajador Bouldberg, "que supeditaba sus notas a la delicadeza herida en sociedad [6] o al propósito de comunicar a la corte rusa algún sarcasmo ingenioso de las cosas de Berlín"; y haciendo examen de conciencia, el príncipe se declaraba limpio de tan feo pecado, que, a su juicio, no está un Embajador "en el deber de referir cuanto de insensato a malicioso escuche, ni con ello beneficia a su país". Otra, no obstante, la diplomacia de las grandes potencias con respecto a las pequeñas. Y narraciones pueriles, ayunos de sana filosofía, o rasgos de mal humor o de soberbia, suelen desenlazarse en reveses para Cuba.

III

Cruzados de brazos retiráronse los veteranos y volvieron las aguas a su nivel, en paz y concordia; pero nunca se aleja de nuestra América la violencia: salta de una a otra parte, si no las domina y abate juntas; y ensayaba otras urdimbres, en el Perú, cercana la nueva función; los tramoyistas removían las mismas descoloridas bambalinas de pasadas fiestas, y agolpábanse los aspirantes a la taquilla electoral. El partido civilista, el del gobierno, se había fraccionado; los civilistas de más fuste intentaron ligarse a otros grupos independientes y oponer un candidato común al candidato oficial, y como quisiera imponerles a ultranza su nombre el anciano Piérola, no llegan al pacto. El hecho es que los adictos al presidente Leguía lanzaron al redondel, sin competidor, a don Antero Azpíllaga, hombre rico, habituado a las ceremonias y banquetes, que tanto se prodigan en Lima, pero de muy corta aura popular y muy vapuleado por la prensa. Don Antero actúa ya como futuro Presidente, entrando y saliendo de Palacio y conferenciando, a diario, con Leguía, resuelto éste, al parecer, a entregarle el mando por el mismo procedimiento que a él se lo entregaron. Una se-

[6] *Pensamientos y recuerdos,* de Otón, Príncipe de Bismarck.

mana falta para las elecciones cuando surge en el tablado, sonando su fusta, don Guillermo Billinghurst, que no es candidato de ningún partido, aunque, a imagen de don Antero, enamorado antiguo de la presidencia. Azpíllaga, sonriente, nada temió de Billinghurst. Suyo *el gran elector,* suya la codiciada banda. Era don Guillermo hombre de estatura reducida, anchas espaldas, mirada torva, bigote gris, y tanto o más adinerado que Azpíllaga. Jamás privó de aristócrata, y teníanle ojeriza las altas clases por lo que ellas consideraban sus "doctrinas disolventes", indignándose los encopetados caballeros al comentar su audacia de aspirante. En cambio, discurrían de muy distinto modo las clases inferiores, que, sin motivo, un día, odian a don Antero, y sin motivo endiosan a Billinghurst. "El Presidente —exclama un liberal— apoya a don Guillermo, secretamente, para que fracasen las elecciones...

—¿Y con qué fin? —pregunta un extranjero ignorante de las andanzas locales.

—Pues, bien se ve... —añade—. Con el de quedarse un año más en el gobierno por falta de sucesor. Ha comprado Leguía barcos de guerra, y quiere regalarse, autor de la defensa nacional, recibiéndolos acomodado en la silla suprema.

Expirado el tiempo de proclamarse candidato, y el plazo de inscribirse en los registros comiciales, enarboló Billinghurst una bandera en realidad perturbadora. "Las elecciones —decía— serán fraudulentas, porque fraudulentas han sido siempre y porque el censo electoral es una farsa; luego, el pueblo soberano debe destruir la farsa y evitar el fraude, impidiendo que se verifiquen las elecciones..." Activo, perspicaz y ambicioso, aprovechó el general descontento contra Leguía y el recelo contra el candidato único y obligado. En un relámpago estableció sus comités, donde gritaba: "¡Pueblo peruano! Tú no puedes consentir que violen tus derechos, ¡Obreros! La patria está en peligro. ¡Suspended el trabajo mientras cumplís el sacro deber de salvarla!" Y ese fué su resorte.

Las elecciones se verifican, en el Perú, en tres días consecutivos, que esta vez fueron tres siglos de agonía para el burlado Azpíllaga. Los agentes de Billinghurst repartían, entre sus partidarios, botellas de cerveza y pistolas; y a balazo limpio, desapoderadas y aturdidas, destrozaban las mesas electorales instaladas en las plazas y agredían a todo ciudadano sospechoso de "azpillaguismo" que tropezaran en su camino. Atacaron algunas casas, pretendieron incendiar otras, y al grito de "¡Viva Billinghurst!", y a tragos de cerveza, íbanse enardeciendo los patriotas. Remedan las pasiones oleaje de tempestad; el rayo hiere la atmósfera, sacude viejos rencores, impregna de anhelos de venganza el caldeado ambiente. La ciudad tiembla; las familias, que conocen estos achaques de la ira política, se aprovisionan como en las vísperas de un sitio. Todas las puertas se cierran y el terreno queda franco a los dementes contendores. Cada vecino adquiere el derecho de disparar sus armas y de injuriar a su adversario. Y por las calles transitan las rondas, lentas, resonando, en las piedras, la herradura de los caballos, paso a paso. A las muchedumbres las domina el contagio; el impulso colectivo las lleva; el sentimiento las conmueve y seduce, y una vez más creen que ha llegado la hora de recabar la turbada libertad. Los diplomáticos extranjeros acuden al Departamento de Relaciones Exteriores solicitando medidas que resguarden a sus nacionales. Y el ministro Leguía y Martínez recibe y escucha a cada uno con gesto amable, sereno, sin culpa dibujada en el semblante, al mismo tiempo grave y triste. Su actitud despierta profunda simpatía. Se advierte, a través de su mirada, alma límpida, templanza, fibra. Circulaban las noticias más estrafalarias: "Azpíllaga en fuga y su ingenio de azúcar en cenizas; el presidente Leguía ordenando desde la azotea del Palacio una batalla, y Billinghurst en su trono paseado a hombros por los arrabales donde tiene sus admiradores." La victoria, desde el comienzo del singular motín, ha señalado su favorito, y una mañana de sol, clara y alegre, amanece el problema resuelto por las turbas. Transfórmase en alborozo la borrasca. Las gentes curiosean y charlan. Automóviles, coches, tranvías, camiones y carretas, que salen del receso, forman nudos en las esquinas; torna el comercio a sus faenas; los agitadores de la víspera muestran sus rostros resplandecientes, y comparsas pintorescas, al mando de satánicas mujeres, que cubren sus cabezas con mantas rojas, enarbolan y aplauden raída enseña de capricho atada al palo de una escoba. La tragedia se desvanece en antojos de Carnaval, y el pueblo, deslumbrado por la realidad de su potencia, saborea, en un minuto de jolgorio, su fuerza arrolladora.

IV

En ese momento ofrecíase a la contemplación universal, desde los campos de Cuba, un caudillo siniestro, Estenoz, a quien siguieron por apóstol de su raza varios millares de negros, no, desde luego, los más cultos, ni tampoco los más inteligentes. La primer noticia del estupendo e inesperado acontecimiento la leía en la prensa, y tan vaga y contradictoria que no la creí verosímil, habituado, además, a las versiones maliciosas contra nuestra República; pero muy pronto me fue, por desgracia, ratificada, en un extenso despacho del gobierno que me produjo espanto y que leí repetidas veces, aumentando, cada una de ellas, mi consternación; la fecha de nuestra independencia, el 20 de Mayo, habíanla escogido los rebeldes para tan horrible sacrilegio, cumplido, precisamente, en febrero de aquel año, el centenario de una intentona semejante que ahogó en sangre la colonia. El marqués de Someruelos, gobernador general de Cuba en 1812, rondando por los arrabales de la ciudad de La Habana, según Pezuela, detúvose junto a una choza donde hablaban dos individuos refiriéndose al día y los lugares en que los negros pensaban sublevarse contra los blancos; mandó el General que los prendieran e incomunicaran y tardó poco en averiguar la trama, toda ella, de "un negro libre, de resolución y travesura, llamado José Antonio Aponte", quien, con ocho de sus cómplices, expió su delito en el patíbulo. No obstante, pronuncióse buena parte de las dotaciones de ingenios ubicados en las cercanías de la capital; pero los negros de otro ingenio, Santa Ana, "antes de que pudiese acudir ningún destacamento, consiguieron sujetar a los sediciosos y obligarlos a restituirse a sus labores". Cuéntase, ahora, que no dio importancia el presidente Gómez a las confidencias que le llevaban de Estenoz, y que apenas, a última hora, se convenció de que, en efecto, existía un plan de rebelión; pero dióse el gobierno tanta prisa en disponer la defensa, que abortó en Santa Clara y en otras provincias, menos en los desfiladeros de Oriente, donde hallaron guarida los revolucionarios. Aponte conspiró a pretexto de obtener la libertad de su raza, mucho después obtenida por los blancos, en provecho de sus esclavos, y sacrificándoles la riqueza y la vida. Estenoz ¿en qué podía fundar su apostolado? El cubano blanco impuso primero la emancipación del negro, después la independencia de la patria. La República reconoce iguales derechos políticos al blanco y al negro. Y en la vida nacional no han postergado los blancos a ningún negro de ilustración.

Estenoz era mulato de escasa mentalidad, oficial obscuro en la guerra contra España, y muy aficionado a la política. No tuvo, desde luego, el sueño de reivindicar a los negros, que estaban cabalmente reivindicados, ni midió la trascendencia de su conspiración. Quería, en el Congreso, un asiento de legislador; no halló los medios pacíficos de obtenerlo —ni escritor, ni tribuno, ni hombre de talento— y fraguó entre los de su raza, que podían oírle, un golpe, del cual salir caudillo y jefe de un gran partido. Las propagandas escépticas de la época lo engañaron, y en su mente prendió la idea de que, para ascender, el mejor camino y el más seguro sería el del incendio, imponiéndose al país, no por la sapiencia, sino por la fascinación de su espada, aunque no dió, en anterior oportunidad, salientes muestras de genio militar. Grande fue su desastre: inmenso, y cruel para sus huestes; pero mayor pudo ser para Cuba, convertida en horrorosa hecatombe la torpe aventura de Estenoz. Los periódicos insertaban relatos espeluznantes y, desde lejos parecía nuestra isla envuelta en llamaradas. Los más pequeños caseríos del bosque oriental mencionábanse como ciudades populosas que los negros invadían y saqueaban; generales de azabache, con gruesas argollas pendientes de las orejas, los ojos inyectados y los dientes de tiza asomando por los carnosos labios, reducían a brasas los edificios; ahorcaban a los alcaldes; ponían en fuga a las tropas del gobierno y retirábanse a sus campamentos, en la tupida manigua, llevándose, cada jefe, su harem de blancas. La intervención de los Estados Unidos admitíase por cosa inevitable; daba el presidente Taft las últimas reglas para el desembarco, y decíase ya resignado a su suerte el presidente Gómez. Mas, a diario, el canciller Sanguily comunicábame los sucesos de importancia y sin ocultar la situación; traslucíase de sus palabras no sólo esperanza de éxito, sino seguridad alentadora, de que no estaba dispuesto el gobierno a rendirse, entregando la patria al extranjero, y harta brega tenía la Legación, no ya en desmentir novelas reporteriles, de moda, sino cablegramas privados trasmitidos desde La

Habana por jugadores de bolsa, que iban a la baja y necesitaban, para tornarse ricos y felices, a Cuba degradada.

Irremisiblemente perdida la creyeron nuestros amigos del exterior y con lástima éramos mirados, en todas partes, los ministros. Desconfiábase, ante todo, de la pujanza del gobierno para sofocar una rebelión que se supuso de extraordinaria magnitud; la prensa había multiplicado el número de los negros alzados, y reducido el de las fuerzas regulares; los efectos de la guerra eran descritos con sombríos colores, que excedieron, en mucho, a la realidad; y colegíase, de ahí, cuánto era ardua y complicada la tarea de volver, por nuestra sola mano, a la paz; presentábase al gobierno de los Estados Unidos impaciente por hacerse cargo de la campaña y del país; y aunque un día daban por acordada la intervención y por aplazada otro, se creyó siempre que era cuestión de minutos, y simples detalles los que, hasta entonces, la retardaran; con lo cual, el pesimismo se extendía por todo el Continente, como un soplo helado precursor del cataclismo. No tardó mucho en despejarse el horizonte. La entereza del presidente Gómez, oponiéndose a la ingerencia de los Estados Unidos, devolvíale a Cuba acrecentado su prestigio, y el terreno que ganaban los soldados del gobierno a los revolucionarios causaba sorpresa y elevaba el crédito de los cubanos, que se erguían, a través de la tormenta, y dominaban los vientos adversos y sabían dirigir el timón de la patria a puerto de salvación. "Un triunfo así —me dijo un ministro europeo— consolidará a Cuba; porque si los poderes están bastante organizados para recuperar, por su eficacia, el orden y garantizar la vida y las propiedades, habrá alcanzado, en América y en el mundo, el grado más alto de *educación política.*" Y es que, a su criterio, habría por mucho tiempo, en Cuba como en la Argentina, como en el Brasil, militares y demagogos ansiosos de acaudillar revueltas en provecho propio; pero las revueltas no podrán vencer, porque las repudia la conciencia del pueblo y las tritura la disciplina del Estado: y poco a poco perece el caudillaje. En otros países americanos, de hermosísimo porvenir, atrasados todavía por muchas causas fatales, la revolución es el aula política del gobernante; y de tal modo las revoluciones pertenecen al organismo nacional, y son como su esencia, que estallan sin motivo y ganan sin fuerza, y nunca son más débiles, un estadista y un partido, que cuando suben al poder. En Cuba se respetan la Constitución y el sufragio; había tribunales de justicia, escuelas primarias, libertad de pensamiento. Ese es el brazo que desbarata las revoluciones, no por el término de una vida, como la dictadura, sino por siempre en la historia del progreso humano.

Hazaña fue sin duda estirpar a los rebeldes, pero no menor el haber salvado la República sobre aquel volcán. El presidente Gómez cometería graves faltas en el gobierno y de esas faltas habrá de tomarle cuentas la posteridad; cabe que fuese él mismo, por su política subterránea y sus ansias reeleccionistas, mal reprimidas y peor disimuladas, responsable, convicto, de la tremenda insurrección; pero es un hecho evidente que su patriotismo y su profunda sagacidad apartaron a Cuba de la catástrofe. Porque dada la peculiar psicología de ciertos hombres, no excluyen sus pecados a las virtudes, ni a la energía su flaqueza, y a un mismo tiempo son epicúreos y patriotas. Lo apremia el ministro de los Estados Unidos en críticos instantes, cuando la lucha ilumina en pavorosos destellos las entrañas del monte; lo asedian los jefes militares que piden órdenes, los alcaldes rurales que solicitan auxilios, los hacendados que reclaman, para la defensa de sus fincas, valerosas guarniciones. Por la ciudad conturbada y estremecida circulan siniestros rumores y temen los pacíficos vecinos que de las tinieblas nocturnas broten las hordas blandiendo afilados puñales. El presidente Gómez, que se ofusca ante las minucias, y a veces pide a sus consejeros que simplifiquen y extracten los alegatos, congestionado por las lecturas prolongadas y por la diversidad de los asuntos, ahora siente más amplio y expedito el cerebro, porque al mismo tiempo ha sentido más grande y más robusto el corazón. A la magnitud del peligro quiere oponer la magnitud de su resistencia, y realiza el milagro de multiplicar los elementos de combate, y no da una sola disposición equivocada. El gobierno de los Estados Unidos quiere desembarcar sus tropas y el Presidente Gómez, creciéndose al riesgo, les niega su permiso, que no hay para él mejor soldado, en tierra de Cuba, que el soldado cubano, ni le sería dado responder del conflicto si el extranjero pretendiese ocupar el puesto de los patriotas en la batalla. Beaupré le entrega la nota diplomática definitiva, cordial en la forma, por no ser de la cosecha del Ministro, sino, a semejanza del *Memorándum* relativo a la campaña de los Veteranos, redactada en Washington; los intereses extranjeros padecen, y de no acabar en brevísimo plazo la matanza y limpiar de rebeldes la selva, intervendrán los vecinos. Recibe el Presidente en sus propias manos el escrito y Beaupré se lamenta de las circunstancias aflictivas que imponen aquella crueldad a su gobierno. Gómez no se inmuta. Ofrece estudiar el punto y responder; y aun corta al Ministro su doloso divagar haciéndole bizantina cortesía. Beaupré le detesta, porque no ha sido su instrumento ni se ha plegado a sus insidias; y porque su diplomacia de academia y su lastre jurídico y su arrogancia se estrellaron siempre en la diplomacia instintiva del Presidente. Se despide —en su desairada situación retirarse era lo propio—, y el atribulado Gómez, que no dejó traslucir en el semblante la congoja, regresa a la tertulia palatina. Siéntanse a la mesa los convidados, y si bien es parco de palabras y difícilmente sonríe, nadie adivina su pesar. Es en la alcoba, más tarde, que da rienda a la pena y a la cólera; desabrocha el traje y se desploma en un sillón; enseña a sus íntimos el pliego del Ministro americano, y llora y ruge; y allí mismo adopta un plan rápidamente concebido, y Mr. Beaupré no se dará el placer de hundirlo, como quisiera. Intervenida Cuba para librarla de una monstruosa guerra de razas, y declarados los blancos cubanos impotentes para someter a las leyes y a la civilización a los negros alzados, la República moriría, desde luego, y a que no resucitara hubiéranse conjurado los gobiernos mayores del mundo europeo. De ahí que, herido en su dignidad, el país entero secundó al Presidente; la nación daba señales de vida y de conciencia, en estrecha solidaridad, resuelta a contener, por su eficacia, a los sublevados; y en medio del huracán la República sosteníase victoriosa, engrandecida, como si la ráfaga que pudo derribarla, al encontrar firmes los cimientos, la hubiese ajustado a indestructibles bases de granito, para siempre. En la Cancillería, Sanguily, y al mando del ejército el general Monteagudo, tenía el Presidente armas inmejorables, y esgrimíalas con tanta destreza y tino, que inspiró confianza a los gobiernos extranjeros, y los Estados Unidos no se interpusieron al carro triunfal que atravesaba los montes de Oriente aplastando, bajo las ruedas macizas, al temerario Estenoz y a su pléyade facciosa. Ya en paz, Cuba continuó su florescencia; más considerada y prestigiosa, entre las naciones;

más fuerte la República, en el alma del pueblo; mitigados los efectos perniciosos de la segunda intervención, y como resellados sus títulos de soberanía.

V

Coetáneamente, y cuando no era ya la suerte de nuestra isla tópico de la galería diplomática, llegó a Lima, de paso a Río de Janeiro, el Ministro del Brasil en la República Ecuatoriana, Barros Moreira, que me había acompañado, como introductor, dos años antes, a la presentación de mis credenciales al Presidente Peçanha, en el Palacio de Catete, ascendido ya, en esa misma época, a Enviado Extraordinario. Diplomático de buena escuela, actuó brillantemente en la mediación tripartita que impidiera la guerra con el Perú, y salía de Quito en busca de reposo, después de larguísimas jornadas en aquella interesante y agitada República, jornadas que le oí referir sin la sospecha de que muy prônto las repetiría yo con peores sufrimientos. En la edad provecta, Barros Moreira era un carácter templado y tenaz, y en su amena charla descubríase un espíritu original y una inspiración fecunda; pero sus ojos redondos mostraban fatiga, y su aspecto cansancio más bien que tristeza. "La muerte del barón de Río Branco, me dijo, ha sido una pérdida para el Brasil. Con su apoyo y sus consejos, e interpretando sus constantes instrucciones, he orillado, en el Ecuador, los momentos más difíciles y los azares más espinosos de mi vida diplomática." Los mediadores evitaron la guerra y los dos Estados reanudaron su interrumpida amistad; pero, en seguida, las desavenencias políticas entre los partidos ecuatorianos hicieron inevitable la revolución. Electo nuevo Presidente un bondadoso ciudadano, Estrada, súpose que el general Eloy Alfaro, desde hacía diez años furibundo tirano, preparaba un golpe, a fin de quedarse en el mando; pero se anticiparon las tropas a la sospechada maquinación del dictador, y pronunciándose en sus cuarteles obligáronle a trasmitir el poder y a refugiarse en la Legación Brasileña, donde el honor de una bandera amiga lo amparaba. Reuniéronse los diplomáticos a considerar el caso, y, desde luego, para cumplir deberes de humanidad, que tanto les enaltece, y salvar la vida de Alfaro, quien se prestó a suscribir el juramento de retirarse de la política y del país. El presidente Estrada, cumplidísimo caballero y gobernante razonable, admitió la solemne promesa, refrendada por los representantes extranjeros, y el ministro Barros Moreira acompañó al vencido hasta Guayaquil, no separándose del bravo anciano sino después de embarcarlo hacia Panamá, en donde lo esperaba su deudo el presidente Arozamena. Viaje de peripecias y dificultades el de Quito a Guayaquil, pegado a los faldones del Ministro el desterrado ex presidente; en las calles, al dirigirse a la estación de Quito, o al salir de la de Guayaquil, y en los paraderos intermedios, grupos de pueblo mirábanlos, con curiosidad al diplomático y con rabia al tirano; la soldadesca, fusil al hombro, al encontrarlos, retaba con gestos al ex dictador, y hasta los pilluelos querían apedrearlo; pero el respeto al Ministro contuvo siempre en los dominios de la palabra y de la mímica aquellas expansiones de la ira. Para desdicha, el presidente Estrada encontrábase herido de muerte por una afección cardíaca; las alturas de Quito recrudecieron su terrible enfermedad, y a los tres meses de gobierno, en cartera todavía los proyectos de reforma y mejoramiento social y político, falleció aquel blando personaje en un día tibio de Guayaquil, cuando buscaba, en ese clima, alivio de sus males. En el acto sublevándose los pretorianos de Alfaro, y el propio Alfaro, violando su juramento, volvió a la patria y encabezó la reacción. Setenta años de existencia no habían debilitado los arrestos del General; pero diez años de tiranía borraron su funesta popularidad. Sitió a Guayaquil un poderoso ejército a las órdenes de Leónidas Plaza Gutiérrez, y al sentirse apoyada la población levantóse frenética en contra de Alfaro, allí con sus tenientes, y prisioneros los envió el jefe militar a Quito, donde la plebe, enloquecida y ciega, rompió las puertas de la cárcel y descuartizó al jefe rebelde y a sus cómplices en horrenda feria de sangre. Mas el gobierno ecuatoriano y el pueblo de Quito, que aborrecen al tirano muerto, reconocieron en el Ministro del Brasil a un generoso y abnegado amigo de la nación, y llevaba Barros Moreira de la patria ilustre de Montalvo testimonios nobilísimos de gratitud.

VI

No se habían efectuado en el Perú las elecciones presidenciales y este hecho planteó un problema constitucional que no podía resolverse dentro de la Constitución. Ella prevé que sean fraudulentas las elecciones y el Congreso, por su mandato, las anula; prevé que los candidatos no obtengan sufragios bastantes y faculta al Congreso a decidir. Pero al invento de Billinghurst no llegan las precauciones constitucionales. Y el punto se debate en dos meses de tregua, mientras comienza la nueva Legislatura. ¿Anular las elecciones? Imposible. No se anula aquello que no tiene existencia. ¿Seleccionar los candidatos que obtuvieron votos? ¡Nadie ha votado! ¿Entonces?

Reunióse, precisamente a mediados de julio en Lima, el III Congreso Internacional de Estudiantes Americanos, en el que yo tomé gran interés,[6] y abierto un paréntesis amable, se distrajo la atención pública y se reanimó la ciudad como en sus tiempos de opulencia, desbordada en fiestas. Jóvenes de todo

---

[6] "*Tercer Congreso Internacional de Estudiantes Americanos.* Lima, julio 15 de 1912. Excmo. Sr. D. Manuel Márquez Sterling, Enviado Extraordinario y Ministro Plenipotenciario de Cuba. Señor Ministro: Tenemos el honor de dirigirnos a V. E. para poner en su conocimiento que, a solicitud de los delegados señores Alexander y Ulloa, la Delegación Peruana Organizadora del Congreso acordó, por unanimidad, otorgar a V. E. un voto de gracias por su eficaz ayuda a la obra de organización del Congreso. Al comunicarlo a V. E. nos es grato reiterarle las seguridades de nuestra más alta consideración.

"ALBERTO ULLOA, LUIS ANTONIO EGUIGUREN, Secretarios."

"*Legación de Cuba en el Perú.* Lima, 16 de julio de 1912. Señor Presidente de la Comisión Organizadora del III Congreso Internacional de Estudiantes Americanos. Señor Presidente: He tenido el gusto de recibir un atento escrito de los señores Secretarios de la Delegación Peruana Organizadora del III Congreso Internacional de Estudiantes Americanos, fechado ayer, en el que me informan del voto de gracias que ésta acordó otorgarme, a solicitud de los delegados señores Alexander y Ulloa, por la ayuda que he prestado a su obra; y ruego a usted se sirva aceptar y trasmitir a sus compañeros la expresión de mis más sincero agradecimiento por la prenda de generosa indulgencia con que así se han servido honrarme, correspondiendo a mis deseos, y a los de mi país, de que viniese al próximo Congreso una Delegación de estudiantes cubanos para estímulo de vigorosa comunicación moral e intelectual entre Cuba y el Perú, entre Cuba y las demás naciones de nuestra gloriosa América. Me es grato ofrecer a Vd. las seguridades de mi más distinguida consideración. M. MÁRQUEZ STERLING."

el Continente, esperanza del Nuevo Mundo, cantaban, en los teatros, el armonioso himno estudiantil, o pronunciaban discursos, o asistían a suntuosos bailes y comidas y ataban con lazos de fraternidad a la América gloriosa que muchos de ellos, estadistas futuros, gobernarán. El día 28 de julio, aniversario de la independencia peruana, clausuróse el Congreso de estudiantes,[7] en el cual, a gestión mía, estuvo representada la Universidad de La Habana, e inauguróse el Congreso Nacional, asistiendo los diplomáticos, de gran uniforme, a este último acto. Leguía, de pie, ante las dos cámaras en pleno, leyó su último mensaje, al cual pertenecen estas breves palabras: "La República de Cuba nos ha enviado una Legación que hemos recibido con el más sincero espíritu de cordialidad, y acabamos de celebrar con ese país hermano, a quien el Perú mostró siempre las más ardorosas simpatías, un tratado general de amistad, comercio y navegación, que os será enviado en seguida." Por las calles cubiertas de tropa, la comitiva diplomática se trasladó a poco al Palacio del Ejecutivo, donde aguardábala, con su gabinete, el batallador Leguía; dijo un discurso, como es cos-

[7] El Congreso Estudiantil acordó en la sesión de clausura reunirse por cuarta vez en Santiago de Chile. En este resultado me corresponde una pequeña parte. Los Estudiantes obraban libremente porque carecían de representación nacional; pero como sus decisiones podían afectar a los intereses políticos y a las relaciones entre los países americanos, bajo cuerda los agentes diplomáticos, y, por ende, las cancillerías, manejaban ciertos hilos. Eran candidatos a la próxima sede Río de Janeiro y Santiago de Chile; pero aleccionados por el gobierno los estudiantes brasileños, rehusaron enfáticamente a tanto honor, y quedaba sólo en pie la candidatura chilena, a la que no parecían muy conformes los peruanos, dado el antecedente de hallarse rotas las relaciones diplomáticas entre Chile y el Perú y palpitar todavía los hondos resentimientos de la guerra del Pacífico. Surgió así la nueva candidatura de La Habana, en la que yo consentí al ser consultado. Sin embargo, en el curso de los trabajos, y con gran número de votos a su favor, advertí la conveniencia de cooperar a la de Santiago de Chile, incorporando a Cuba en el movimiento general dirigido, por este medio, a la reconciliación entre chilenos y peruanos, si todos los delegados del Continente invitaban y acompañaban a los peruanos a votar por los chilenos. Al abrirse la aludida sesión recibía el Presidente de los delegados cubanos una nota mía urgente y reservada, de la que reproduzco lo esencial:

"He tenido oportunidad de apreciar la fuerza de opinión que domina entre las delegaciones sudamericanas, favorables a la candidatura de Santiago de Chile para sede del próximo Congreso Estudiantil, y no existiendo interés ni estímulo que justifiquen el librar una recia y estéril batalla contra aquel

tumbre todos los años en este aniversario, el Delegado Apostólico, allí decano, que hablaba en nombre de todas las naciones, incluso las no católicas, y el Presidente dedicó azucaradas frases a los pueblos amigos, y quemó, en su pebetero literario, incienso y perfumes.

Para Leguía y Martínez se acerca el más placentero de los instantes y ya se prepara, en melancólico deleite, al goce inefable del retiro; concluye las últimas pinceladas en los negocios de su cargo, y escudriña con esmero la herencia que ha de recoger su inmediato sucesor. Puesto el más ingrato es ese que abandona; el único donde el éxito es callar, donde el padecimiento se ahoga en la reserva. Supone el vulgo frívolo y divertido a todo Canciller; el periodista lo persigue, lo acosa, lo ataca, y no le es dable defenderse ni gritar. En silencio, y sin confidentes, devora sus angustias; y aguarda, por generosa recompensa, eterno olvido. Gobernar, es decir, senda de abrojos, relámpagos de goce en intensas tinieblas de dolor, es echarse a los hombros la nación y adquirir el compromiso de engrandecerla; es vivir continuamente despierto en la Historia a ver abrir, de nuevo, en el tribunal de cada generación, el proceso de las faltas cometidas; ir en busca de piedad y de justicia a través del misterio de los siglos y prolongar para siempre la agonía de los críticos momentos. Habrán pasado como un sueño para el desvelado patriota, aquellos largos días en que fue huésped del Palacio donde reside el Ejecutivo, en el sitio mismo donde el marqués de Pizarro celebrara tiernos coloquios con la descastada hija de Atahualpa, en el lugar donde fue muerto

propósito en el que se encuentran asociados brasileños, argentinos, uruguayos, bolivianos, ecuatorianos, panameños y peruanos, sino antes bien reconociendo la positiva conveniencia de no aparecer la de Cuba en pugna y rivalidad con esas importantes delegaciones, sería prudente que Vd. retirara la candidatura de La Habana colocándose del lado de la Delegación del Perú, que, a mi juicio y al de muchas personas valiosas de este hospitalario país, realizará un acto de trascendencia para altos fines que deben disfrutar de nuestra simpatía, votando en favor de Santiago de Chile, y apoyando esta solución que se halla, además, en acuerdo con los antecedentes de esos Congresos y con la influencia desarrollada por la selecta y brillante Delegación que preside el señor Santa Cruz Wilson. Los esfuerzos por obtener la victoria de la candidatura de La Habana son, de todas maneras, laudables, etc."

Esta línea de conducta fue ovacionada por el Congreso, y la prensa de Lima le dedicó largos artículos declarando que Cuba y el Brasil imponían al Perú y a Chile la reconciliación que toda la América ansiaba.

el Conquistador por el acero de Juan de Rada, en el castillo que habitaron, primero, durante largas centurias, fastuosos virreyes; después, de improviso, libertadores y caudillos. De las viejas paredes, por la lluvia desteñidas, surgirían a su mirada soñolienta, alguna noche, vivas imágenes de tanto personaje extraordinario, sombras amables que pudieran llamarse lo mismo Vaca de Castro y Blasco Núñez Vera, el marqués de Cañete y el príncipe de Esquilache, que José de San Martín y Bernardo de Monteagudo, Simón Bolívar y Andrés Santa Cruz y Agustín Gamarra. A fuer de imaginativo, estudiando a ratos la historia del suelo, tropezaría en los corredores con las damas cuyos trajes de seda, oro y perlas, alarmaban a los moralistas de la época, inspirando a Fray Reginaldo de Lizárraga [8] un buen guisado de palabras, aunque no se cumplieran sus predicciones. "La soberbia dellas es demasiada", escribía con espanto el cronista, y temía, piadoso, que les ocurriera lo que a las desdichadas hijas de Sión: "cuando salían de su casa llevaban las gargantas extendidas, los ojos altos a una y otra parte, guiñándolos, los pasos muy compuestos; el señor las volverá calvas y les raerá los cabellos de sus cabezas, les quitará sus chapines y jerbillas bordadas, las medias lunas, rodetes, las cadenas y collares de oro, las ajorcas, los tocados costosos, los punzones de oro para partir las crenchas, los zarcillos y los olores y los anillos de piedras preciosas." En aumento vinieron tales costumbres; la limeña "de tez morena, o pálida si blanca", según testimonio más reciente, encantó a chilenos, argentinos y colombianos, en época de proezas y virtudes; y su tipo fino, los ojos rasgados, el talle escultural, su linda "boca de risa", los dientes ebúrneos y sus menudos pies de reina, exigieron traje "tan costoso y recargado de joyas, que los de muchas señoras valían cuarenta mil pesos y más de dos mil los de algunas mujeres de la plebe".[9] Ante ellas, en amalgama los estilos, las edades y los siglos, el poeta habrá visto perseguidos, jadeantes, orgullosos, al maestro *Hueso,* que in-

---

[8] *Descripción breve de toda la tierra del Perú, Tucumán, Río de la Plata y Chile para el Excmo. Sr. Conde de Lemos y Andrada, Presidente del Consejo Real de Indias,* por Fray Reginaldo de Lizárraga.

[9] *Lima antigua,* por Pablo Patrón. *Biblioteca Internacional,* etc. Tomo XXV.

trodujo, según refiere otro escritor,[10] la cuadrilla francesa, en los bailes de la alta sociedad, y al célebre *Tragaluz* que enseñó el vals a las hijas de los cuarenta condes, los cincuenta y ocho marqueses, dos caballeros cruzados y dos mayorazgos que, con un Duque y un Grande de España, integraban la aristocracia de la colonia. Y más allá tropezaría "con el Galeno, que usaba patilla y pera, golilla, capa y bastón, muchas sortijas y dos relojes de bolsillos con sus respectivas cadenas de oro",[11] a horcajadas en su mansa mula.

Si el presidente Leguía soñó con la prórroga de su mandato, Billinghurst no habría de consentirlo, después de su fácil ventaja sobre don Antero, midiendo a Leguía, según unos, con el mismo rasero que Leguía midió, según otros, al descartado Azpíllaga. Y cuando el expirante gobierno, ya sin fuerza, mostrábase en desacuerdo con don Guillermo, que aspiraba a ser nombrado Presidente de la República con el Congreso, sin facultades para tanto, el populacho se indignaba; y el aspirante repetía los cantos de guerra que lo hicieron árbitro momentáneo del Perú. El vecindario cierra las puertas. Un vendedor ambulante se refugia tras de la esquina. ¿Qué ocurre? Es una procesión cívica, de tantas, marchando a la residencia particular del apóstol amado. Los infelices, ahora señores de la patria, se desgañitan dando vivas a lo que entienden por libertad. Y la enseña, en jirones, flota suavemente como un presagio del venidero desencanto. "Hemos dado con el modelo único del demócrata", exclamaban los comensales de Billinghurst, sin chaqueta ni corbata, en sus diarios y opíparos banquetes. "Necesitamos impedir la revolución", gritaban diputados y senadores aturdidos. "Estamos fuera de la Carta Constitucional —decían los maestros— y no hay ni puede haber vía para reacomodarnos en ella." A fines de septiembre el Congreso nombró Presidente a don Guillermo Billinghurst, y ambos en el pecado llevaron la penitencia. Amasados, por el mismo Billinghurst, en un sentimiento común, el problema político y el social, preparó las espinas que le atormentarían. Apoyándose en las turbas, para saciar sus anhelos de mando, tenía que ser la primera víctima

---

[10] *Historia del Perú Independiente,* por M. N. Vargas. Tomo IV. Lima, 1910.

[11] *Lima Antigua,* etc.

de las turbas, cuando pretendiera serenarse en el poder. Su gobierno fue breve, como su injusto y arbitrario encumbramiento; fue el gobierno de las catástrofes económicas, de las huelgas sucesivamente repetidas, a favor del gobierno y contra el Congreso, hoy; mañana en contra del Congreso y también en contra del gobierno. Y Billinghurst, que abatió la Constitución, para elevarse, descendió cabizbajo entre las manos del laureado coronel Benavides.

VII

Faltábanle seis meses al presidente Gómez para transmitir el poder al presidente Menocal, electo ya, y hacía su última combinación diplomática nombrándome, en reemplazo del infortunado general Armando Riva, Ministro en México. El gobierno del presidente Madero declaró que le era persona grata; y no dudó nuestra cancillería de que también me hubiera reconocido persona grata, un año antes, el de Porfirio, mejor aconsejado, inmune, además, mi espíritu al rencor maligno que se oculta, vicioso, en la sonrisa afable de los aristócratas mexicanos.

CAPITULO IX

Presentación de credenciales en México.—El nuevo Presidente y la extinguida Dictadura.—Esbozo biográfico de Madero.—Su educación.—Agricultor, benefactor, protector de la enseñanza, aficionado a la medicina homeopática y filósofo.—Primeras incursiones en la política.—Don Porfirio ofrece respetar el sufragio.—Madero escribe su libro *La Sucesión Presidencial en 1910* y se siente investido por la Providencia de una misión salvadora de la patria.—La candidatura de Corral para Vicepresidente y la popularidad del general Reyes.—El partido Antirreeleccionista.—Gira de propaganda.—Ensayo cívico y posible transigencia.—Los intelectuales.—La Convención Antirreeleccionista designa candidato presidencial a Madero.—Entrevista del general Díaz con Madero.—Nueva Gira de propaganda.—Prisión de Madero en Monterrey.—El fraude consuma la reelección.—Madero en libertad bajo fianza.

I

El Salón de Embajadores del Palacio Nacional de México —refinamiento del pasado régimen— hallábase repleto de altos funcionarios, entre los cuales lucían sus charreteras varios generales y coroneles, en competencia a los áureos bordados de mi traje diplomático. El comodoro Malpica, Jefe del Estado Mayor del Presidente de la República, al recibirme en los umbrales, me había dado, en carácter, su derecha, y de un extremo a otro nos precedían dos oficiales del protocolo y un secretario, mi subalterno. Por los balcones penetra con suavidad la luz de la mañana, y las miradas de la concurrencia vuélvense a la circunspecta comitiva y fíjanse en mi persona, que soy, en la comedia, primer actor y, de tránsito, protagonista, con sus inmediatas consecuencias, causa del comentario que, sin mengua de buena crianza, se desliza. Uno, me advierte flaco; otro, me toma por gordo, y alguien, más allá, descubre en mí al de idéntico apellido a quien conoció "hace la friolera de cuatro lustros". Un experto en achaques cortesanos tacha mi lento andar, como si arrastrase en pesada carreta los desengaños propios de la edad madura, y en desacuerdo anotaría la rapidez excesiva de mis modales un sabedor de enciclopedia; sobre la brecha, el psicólogo no se despinta y estudia en mi seria fisonomía viejas tristezas pegadas al corazón; "el sexto Ministro que nos manda Cuba", parece decir un profesional echando la sencilla cuenta con los dedos ensortijados;[1] y aún quedaría gente cándida para envidiarme el goce de aquella ceremonia y el provecho de aquella plenipotencia. Reconozco, en el mostrador de caras nuevas, la de un amigo de época distante; y por las honduras de mi cerebro, en donde el espíritu se ha refugiado, compongo mis filosofías instantáneas midiéndolas por un suspiro; surgen pretéritas emociones como fantasmas intrusos que saludan las primeras arrugas de mi rostro y los primeros pliegues de mi frente, desvanecidas, de vuelta a la tierra de mis memorias, la esperanza férvida, la juvenil pasión; y del estremecimiento que me perturba, en secreta angustia, restitúyenme al teatral festejo de la vana realidad los fotógrafos de la prensa, audaces y decididos, que empinan sus máquinas infernales y a coro piden permiso y acometen. Al fondo, en el centro de su Consejo de Ministros, don Francisco I. Madero, de frac, pequeño y redondo, con la banda presidencial sobre la tersa pechera de su camisa, me aguarda en la verde y sedosa alfombra. Reacciona mi espíritu, y asoma a los ojos, todo él en mis pupilas, dispuesto a interpretar, a su manera, la inquietud nerviosa, amable y regocijada, en mezcla extraña y única, del magistrado que saborea la victoria. Se me antoja que represento una obra clásica, embajador de un gran rey que pide a otro monarca, para el augusto heredero, la mano de bellísima y recatada princesa; y humilde y modesto, desconfío de mi pericia artística. No hay diplomático, incluso los avezados a la multiforme caravana, que no experimente fatiga en el acto de presentar las credenciales, y aunque, seducidos por ínfulas de majestad, pocos rehusarían al aparato y la pompa; todos

[1] Los cinco anteriores fueron el general Carlos García Vélez, el licenciado Antonio Martín Rivero, el general Enrique Loynaz del Castillo, el doctor Francisco Carrera Jústiz y el general Armando de J. Riva.

padecen sobresalto, más o menos bien disimulado, al verse ante un auditorio de magnates, que le son desconocidos, leyendo un discurso de halagos y promesas. El mío es corto y sincero. Corto, porque la verdad no requiere derroche de vocablos. Y sincero, porque sólo así habrá de ser fecunda la diplomacia en América. Mi secretario, adelantándose, me entrega una hoja escrita. Madero escucha con gesto de inocencia. Mi voz un poco velada... Un reloj de bronce marca las doce del día.

"Señor Presidente:

"Tengo la honra de poner en manos de Vuestra Excelencia, la Carta Credencial que establece mi carácter de Enviado Extraordinario y Ministro Plenipotenciario de la República de Cuba ante el Gobierno de los Estados Unidos Mexicanos, y a la vez, la de presentar a Vuestra Excelencia la carta de retiro del general señor Armando de J. Riva, que me antecedió en tan alta investidura.

"Admirador entusiasta de la heroica patria de Vuestra Excelencia, hermana de la mía en la sangre y en la gloria, no pudo confiarme el gobierno de Cuba misión más grata que la de mantener y, si fuere posible, estrechar aún más los lazos que unen en la historia, y que, en la civilización y en la vida, identifican a ambos pueblos, nacidos, sin duda, para muy nobles ideales. Así, he de consagrar mis mayores afanes y esfuerzos a que estos vínculos se desarrollen en todas las formas del común beneficio, moral y material, encaminadas, como lo están las dos naciones, por la ancha vía del trabajo, del comercio, de la paz y del progreso, y cuento, para el éxito feliz de tan fecunda labor, con la benévola acogida del gobierno de Vuestra Excelencia.

"Cumplo especial encargo del Excelentísimo Señor Presidente de la República de Cuba, expresando en su nombre, y en el del pueblo cubano, sus votos sinceros, que son igualmente los míos, por la grandeza de los Estados Unidos Mexicanos y por la ventura personal de Vuestra Excelencia y de los ilustres colaboradores del gobierno."

Acercándome al Presidente, y previa una respetuosa inclinación de cabeza, correspondida con otra igual, hice lo que un momento antes había dicho, esto es, puse en manos de Su Excelencia el sobre de sellos rojos y cintas azules de mi título.

El Subsecretario de Relaciones Exteriores, Canciller sustituto, recoge el documento y ofrece a Madero el pliego en que ha escrito su respuesta.

"Señor Ministro:

"Con gran satisfacción recibo, de manos de Vuestra Excelencia, las cartas en que el Excelentísimo Señor Presidente de la República de Cuba se ha servido acreditaros con el elevado carácter de Enviado Extraordinario y Ministro Plenipotenciario cerca del gobierno que tengo la honra de presidir, y que vienen acompañadas de las que ponen fin a la misión de vuestro distinguido antecesor.

"Habéis, Señor Ministro, expresado una gran verdad al decir que vuestra patria y la mía son hermanas por el origen común y por las aspiraciones de gloria, teniendo, asimismo, profundas afinidades en su civilización y en su desarrollo histórico. Debo, por mi parte, manifestaros, que si motivos poderosos constituyen, como acabáis de decir, un vivo aliciente para el cumplimiento de vuestra misión diplomática, que harán poner a contribución vuestros esfuerzos para ensanchar y fortalecer más aún, si cabe, los cordiales vínculos que felizmente existen ya entre nuestros dos países, yo me esforzaré en cambio, en cuanto de mí dependa, como Jefe de la Nación, por que tan noble tarea sea llevada a término sin ningún obstáculo y redunde en beneficios positivos de todo orden para Cuba y para México.

"Agradezco con toda sinceridad, Señor Ministro, los votos que acabáis de formular en nombre del Señor Presidente y del pueblo de Cuba y en el vuestro propio, por la grandeza de México, por la felicidad de mis colaboradores y por mi bienestar personal; correspondiendo de manera idéntica al expresaros mis íntimos anhelos y los del Pueblo Mexicano por el engrandecimiento de vuestro país, hermano del mío, y por el bien de su digno mandatario y sus ilustres compañeros en la obra de paz y prosperidad del Pueblo Cubano.

"Para concluir, Señor Ministro, me es grato también hacer sinceros votos por vuestra felicidad personal, reiterándoos mis propósitos, expresados antes, de coadyuvar eficazmente al mejor cumplimiento de vuestra misión en esta República."

Madero y yo nos estrechamos las manos, y uno a uno presentóme a sus consejeros, entre ellos, al Vicepresidente don

José María Pino Suárez, que desempeñaba la cartera de Instrucción Pública. En seguida ocupamos dos butacas de terciopelo, colocadas, con ese objeto, detrás del Presidente, y en un breve diálogo invertimos tres minutos mal contados. "Ya sé —exclamó Madero— que es usted leal amigo de nuestra democracia", y, a prueba mi discreción, repuse en elogio de las virtudes propias del pueblo mexicano, con lo cual dejé satisfecho el patriotismo del gobernante y, con prudencia, le aparté de aludir, más directamente, a la vieja corneta de don Ignacio Mariscal y a la rota corona de don Porfirio. Y allí mismo, aleccionado por el diligente Subsecretario, me dio cita para el nemoroso alcázar de Chapultepec, en donde le haría, dos días más tarde, mi primera visita particular. En la expresión de su rostro no se adivinaba el menor presentimiento del cercano desenlace, y ninguna sombra anticipada a la tragedia flotó a mi vista por el dorado recinto. Los rumores de conspiración, al parecer, no traspasaban las puertas palatinas, ni hacían mella en el mandatario los furibundos ataques de la prensa, ni quitábanle el sueño las embestidas, contra su gobierno, de senadores y diputados que tronaban. El apacible conjunto me invita al optimismo. El sol lucha con el frío en las avenidas resplandecientes cuando regreso, en un coche del Ministerio de Relaciones Exteriores, a la Legación de Cuba.

Había saldado una deuda con mi tenaz curiosidad y aprovechando coyunturas que la posición oficial me proporcionaba para tratar a Madero proponíame el estudio de su carácter, penetrar su alma, analizar su inteligencia, explorar su cultura y sus tendencias políticas, materia, en aquellos momentos, de acaloradas discusiones, ya reconociéndole virtudes inimitables, ya en el extremo antípoda negándole aun los más elementales atributos del entendimiento. Acostumbrada la sociedad mexicana al gobierno perpetuo de don Porfirio, y derivadas de su Dictadura, hasta reciente fecha, las garantías y las ventajas de que disfrutaran los extranjeros, alármanse una y otros al considerar las libertades públicas, de improviso, en una sacudida, impuestas por la Revolución, que apenas comienza su obra de reforma. El nuevo Presidente era planta de muy distinto clima, a juicio de los antiguos partidarios de don Porfirio; carecía de una larga historia de pruebas; no llevaba al cinto una espada que levantar sobre todas las voluntades; y aunque fuera aquella la oportunidad venturosa de sostener los grandes intereses de la nación dando apoyo, y fuerza moral, a un gobierno legítimo que llevase la República por buenos derroteros, laboraban, sin reserva, los mismos personajes, atónitos ante la debilidad del Presidente Madero, con el plan de restablecer el despotismo, improvisando a su regalo y para tan arduo oficio, algún déspota de brazo férreo, creídos, en su fanático anhelo, de que es fácil hallar tiranos que copien a don Porfirio, y ciegos a la evidencia de que una nueva revuelta convertiríase en furiosa y desgarradora pelea, de la cual serían ellos, sus impulsores, las víctimas propicias. Pero la figura admirable del general Díaz, sublimada en la adversidad, se interpone como una pantalla del destino: y jamás ha observado la crítica resolución mayor, ni más tenacidad por labrar el propio desastre, en las altas clases de un país que evoluciona.

II

Nació Madero el 30 de octubre de 1873 en Parras de la Fuente, Estado de Coahuila, y perteneció a una familia opulenta de agricultores, ajena a las intrigas de la política, no obstante haber sido su bisabuelo, don José Francisco, diputado al Primer Congreso Constituyente de Coahuila y Tejas, y su abuelo, don Evaristo, gobernador en aquellas vastas regiones del norte mexicano. Estudió la carrera del comercio, primero, en Baltimore, después en el Liceo de Versalles; viajó por Europa e ingresó, finalmente, en la Universidad de San Francisco de California, hasta concluir su educación, a los veinte años de edad, y establecerse en San Pedro de las Colonias para administrar las propiedades que tenía su padre en La Laguna. Cuentan los biógrafos de Madero que se entregó de lleno a las faenas agrícolas e implantó modernos sistemas de cultivo; examinó el modo mejor de aprovechar las aguas del río Nazas, que fertilizan los campos de Tlahualilo, en el Estado de Durango, y de la Laguna, en Coahuila, y conseguir su repartimiento, con equidad, entre los ribereños; en 1900 publicó, sobre ese tema, el folleto en que propuso la fábrica de una represa a previsión de la sequía; y el Dictador, que no pudo adivinar al hombre capaz de arrebatarle su imperio, le dirigió una de sus cartas halagadoras felicitándolo por el proyecto. En las montañas tupidas y en los valles risueños, Madero explayaba constante actividad y ganábase el corazón de los labradores con singular ternura; cuidaba que no les engañasen, los empleados de su hacienda, en el peso del algodón, como era en otras punible costumbre; aumentaba espontáneamente el salario del jornalero; construía para sus obreros habitaciones ventiladas e higiénicas, y, aficionado a la medicina homeopática, a menudo cargaba con su pequeño botiquín y curaba a sus peones. "En la ciudad —refería uno de sus íntimos— era de verse cómo lo asediaban los enfermos menesterosos a quienes proporcionaba alivio del dolor, consuelo de las penas y recursos pecuniarios; y en años de malas cosechas, en que los vecinos carecían de trabajo, organizaba en Parras un comedor público, sin que, por eso, faltasen cincuenta o sesenta niños pobres en su casa particular, donde se les diera toda clase de alimentos; contribuía siempre con sumas fuertes a sostener los institutos de beneficencia; recogía huérfanos desamparados, y le preocupaba sobremanera la instrucción del pueblo; protegió y educó a muchos jóvenes pobres que ansiaban abrirse paso en la vida, y los mandaba, de su cuenta, a distintos lugares del país; fundó la Escuela Comercial de San Pedro, asignándole, de su peculio, fuerte cantidad; y en sus dominios instalaba y sostenía colegios, y obligaba a los obreros a que enviasen a sus hijos a las aulas, predicando, siempre, en contra de la ignorancia que engendra la ignominia."

Imaginativo y sentimental, Madero pierde poco a poco el carácter de hombre de negocios y no goza, entre su propia familia, ni entre los amigos, fama de práctico, si bien todos a una reconocen su claro talento, algo desviado por lecturas que no eran precisamente de números, iniciado ya en su definitiva orientación filosófica. Los afanes de la industria y los prodigios de la agricultura no llenaban su alma; ni el medio millón de pesos que ahorró satisfacía su ambición de más amplia esfera. Consideraba pasajeros y efímeros los bienes terrenales; íbase su pensamiento a los cielos en busca de grandes verdades que alimentaran su fervor, y volvió su alma toda a la doliente humanidad con el vivo deseo de servirla y empujarla hacia sus designios, en el espacio insondable. No tenía, desde luego, preparación suficiente para inventar una doctrina, ni adquirió ilustración literaria muy sólida, ni era dado a profundizar en el análisis de sus propias observaciones; pero sobrábale fantasía para asimilar con lujo de adornos la lectura; y entregábase con toda buena fe, y con ímpetus de propagandista y de profeta, a la senda que sus autores favoritos le marcaran en las noches quietas y lánguidas de sus campos de algodón. Así lo encontramos, en 1906, figurando como delegado por el Centro de Estudios Psicológicos de San Pedro de las Colonias en el Primer Congreso Nacional Espírita, y en una de las sesiones en que los debates cobran animación, pide la palabra [2] y talla una síntesis de su moral, en la Tierra, para el progreso de las almas, ascendiendo a la perfección, de mundo en mundo, camino de la dicha. El es ya un discípulo entusiasta de Allan Kardec,[3] un sacerdote del credo que contiene *El Libro de los Espíritus,* valuado por Myers como ensayo prematuro de una nueva religión y una ciencia en germen.[4] Contempla el Universo y lo embriaga una felicidad absoluta al contacto de la fuerza, la luz, la energía que irradia y vibra en su centro, abstraído en el éxtasis de fenómenos incógnitos. Engéndranse, así, las audacias de este insigne soñador, el cambio radical de su existencia y el desbordamiento de sus iniciativas. Maestros de ultratumba le hablan de redención. En la sociedad de sombras que él frecuenta, ha tropezado un abismo a través del cual se ligan las almas; quiere leyes de lo invisible que agranden su concepto del bien y regulen el deber a la gloria, y se sumerge en los destellos de la nueva fe y explica, por la invasión de sublimes ideales, el arte, la clarividencia del genio, la comunión del amor en lo sobrenatural e infinito.

III

Detrás del filósofo está el político y ambos precipitan el país a la Revolución. Porque, desde su retorno a la patria, le han producido amargo sinsabor los abusos de la Dictadu-

---

[2] *Primer Congreso Nacional Espírita.* México. Marzo 31 a 15 de abril de 1906. México. Imp. de A. Carranza. 1916.

[3] León Hipólito Denizar Rivail, que firmó sus obras con aquel nombre.

[4] F. W. H. Myers. *La Personalidad Humana, La supervivencia, Las manifestaciones supranormales.* París, Librería de la Vda. de Ch. Bouret, 1906.

ra, la ausencia de todas las libertades, la ruin condición de las clases inferiores, la miseria y la incultura del indio a precio de la paz "porfiriana" que paraliza las energías cívicas y el progreso de la nación, francamente rodeada a su decadencia sin pasar por las cumbres del apogeo. No pensó, entonces, que él salvaría, de la ruina, a sus conciudadanos, ni previó a cuánto alcanzarían sus ímpetus de liberar sensitivo, y creyó cumplir con una santa obligación, acorde a sus teorías, colaborando, desde su sitio de Coahuila, a la práctica de la democracia, persuadido, por cierto, de que la democracia es el más eficaz remedio para los achaques del sufrido pueblo. Pero redobla sus ansias reivindicadoras, aunque limitadas, el espectáculo de Monterrey, el 2 de abril de 1903, ahogada en sangre por el general Bernardo Reyes la voluntad soberana de elegir Gobernador; y la democracia fue, en lo adelante, su caballo de batalla, hasta empuñar las bridas de la oposición, constituyendo en San Pedro un Club de sus amigos más fieles denominado Partido Democrático Independiente, y, por su órgano, fundando un periódico semanal, *El Demócrata,* que atacaba a las autoridades civiles. De aquel Club, surgió una Convención Coahuilense que, en busca de seguridad, reunióse en la capital de la República, designando candidato a la gobernación del Estado contra el de la Dictadura, vencedor, a la postre, como era usanza decir, "por inmensa mayoría de votos", y defraudado Madero en sus propósitos de refacción. El día de aquella pantomima electoral, recorrió en su potro de gallardo trote los comicios para explicar a las masas los preceptos de la ley e incitarlas a ejercitar sus derechos; pero el jefe de la Policía resolvió el pleito con la amenaza de un desalojo a balazos que amedrentó a los pacíficos ciudadanos e indignó a las muchedumbres, a tal extremo, que esbozóse gravísimo conflicto, conjurado por el propio Madero, al llevarse las urnas a su casa, haciéndole escolta el populacho. Inaugúranse las persecuciones, y el Gobernador, que se reelegía, dictó orden de prisión contra Madero, la cual fue revocada por don Porfirio ante los iracundos grupos que apercibiéronse a impedirla. Al propio tiempo, el Gobernador dispuso la aprehensión de los redactores de *El Demócrata* y de un periodiquillo jocoso, *El Mosco,* al que odiaban los esbirros. No encontrándoles en sus respectivos domicilios, pretendióse catear el de Madero, donde estaban las imprentas, y con alardes de fuerza presentóse el Jefe a desempeñar su cometido; pero la esposa de Madero, doña Sara Pérez, identificada con el héroe y digna de acompañarle en sus hazañas, le contuvo, y los perseguidos pudieron guarecerse. Es un capítulo de novela por folletín, algo que recuerda a los foragidos de la *Mashorca* argentina en tiempos de Juan Manuel de Rosas. La policía saltó a media noche las tapias del jardín para impedir que los delincuentes se fugasen. Mas un rasgo de extraordinario atrevimiento emancipó a los periodistas que salieron ocultos en un carro de paja, precedido de otros dos, rumbo a Tebas, no la ciudad egipcia de las cien puertas, ni la patria de Epaminondas, el heroico demócrata de la Beocia, sino la finca del prócer con tan rebuscado nombre bautizada. En una de las garitas extramuros la policía detuvo el convoy para clavar el sable afilado en diversos puntos de la carga del primer carro. Los prófugos atravesaron la frontera americana.

IV

Aparecía la Dictadura inconmovible, pero en su naturaleza operábase ya el desgaste precursor. Don Porfirio, octogenario, habíase trocado en una especie de fetiche; y el poder lo usufructuaba, a saciedad, el círculo de sus amigos, presuntuosamente llamado Partido Científico, ilustre cónclave de jurisconsultos y financieros que revistió sus excesos de magnífico esplendor. Y asombra cómo aquellos estadistas no vieron llegada la hora de una formidable Revolución, cómo creyeron que habría de vivir perennemente el pueblo mexicano en vasallaje a improvisados aristócratas, en el olvido de sus derechos primordiales, desmayada para siempre la opinión pública, sin escuelas ni tribunales, cantando los heroísmos y la gloria de sus detentadores. ¡Hermosa lección del dolor! ¿Cuándo fue permanente la obra del látigo, ni supo vadear la catástrofe el genio de la tiranía? La dictadura mexicana exigió condiciones inverosímiles para sostenerse: que no fuese mortal, como los demás hombres, el inimitable don Porfirio; que no adelantara el espíritu popular en su tétrico reinado: obscuridad y servilismo y muerte en calidad de soportes fundamentales; que la Tierra no vagase por el espacio, que no alumbrara el sol, que en las tinieblas eternas se plegara el Cosmos a sus mandatos. Y por eso mismo, la Revolución estallaría de súbito al impulso de un caudillo incipiente, y por la eficacia de errores acumulados y atropellos enaltecidos. Toda la habilidad de los *científicos* en el Parlamento, en el Gabinete, en el Foro, en la Cátedra, resultaría vana y efímera; todos los elementos de resistencia se hallarían contaminados de poquedad; todo el organismo político padecería los mismos agravios de vejez; y sobre los escombros del desplome nuevos hombres plantarían el estandarte de nuevos tiempos, nuevos procedimientos y nuevas doctrinas.

Don Porfirio asiste a los actos oficiales, habla a los extranjeros que le visitan, ofrece el maná a los *súbditos* que le piden protección; pero no es don Porfirio quien gobierna, aunque sí su cólera la que espanta. Ahora don Porfirio es un gran señor del que habría hecho Shakespeare un portento; es el gran amo que ya no administra su enorme feudo, ni sabe las palpitaciones de su pueblo tributario, ni cree en la clausura de su largo poderío, ni pierde el hábito de antiguas intransigencias. Y aproximada otra reelección, que es, en él como renovar sus títulos de Emperador, con formularios perfectamente dispuestos, finge, como todos los dictadores latinoamericanos, las ansias del reposo, y, como a ellos, le obligan la patria y los amigos al último sacrificio. No tiene la menor sospecha de que contra él osarán alzarse portadores de ideales, ni que en el subsuelo tramase campañas democráticas el curandero homeópata de San Pedro de las Colonias, y brinda facilidades a quien pretendiese disputarle el solio. En la historia moderna de México, es esta una página trascendental. Y cupo el honor de trazarla a un periodista yanqui, Mr. Creelman, de quien hizo don Porfirio el trasmisor de arriesgadas revelaciones. Así, anuncióse que, a juicio del Dictador, el pueblo mexicano había madurado para la libertad y que él lo acataría si eligiese para Presidente a un rival. "Recuerdo —me ha dicho uno de sus adictos— que subí las escaleras del Palacio e insinué los peligros de consentir que Mr. Creelman publicase los términos de aquel *reportaje;* pero la resolución era irrevocable, la confianza en sí mismo ilimitada, y comprendí que una tracción misteriosa, consecuencia acaso de la política del Dictador, conducíale al cataclismo." En su retiro de La Laguna, Madero escribe ya su famoso libro *La sucesión presidencial en 1910*. El fracaso de la democracia local indúcelo a un movimiento político en toda la República. Su ética le manda que luche. La Providencia le ha encomendado apostólica misión. Y el filósofo será guerrero. Y una noche el guerrero será filósofo.

V

Las declaraciones de don Porfirio a Mr. Creelman rápidamente comprometieron la estabilidad y el equilibrio de la Dictadura, que no podía, sin perecer, equivocarse, ni podía, tampoco, sin perderse, transar con la democracia, aunque, por la índole de sus procedimientos y por su mecánica, bajo la fe de evadirla, que era la fe de su propia subsistencia. Del vértigo que produjo aquel traspié, volvería el Dictador a deshora; y entre la tolerancia prometida, que a retazos pretende cumplir, y la postrera llamada al pretorianismo, crecióse Madero, como un valladar infranqueable y, a los ojos de don Porfirio, invisible. Así, a principios del año 1909, sólo faltaba el permiso paterno al futuro conductor de muchedumbres para tirarse a la arena y conmover a la nación pasmada; y con ese único requisito, supeditado a los hábitos patriarcales de su familia, haría de agricultores y banqueros hombres de Estado y mártires. Poseído, en el entusiasmo que ilumina su cerebro, de una decisión absoluta, no le arredra el sufrimiento, ni aquilata la pujanza del enemigo. El Dictador cuenta con sus fusiles y él cuenta con su moral. A don Porfirio le sustentan los organismos de la tiranía. El es más fuerte, porque, en su plano de acción, la energía del bien es fuerza inagotable forjada en el engranaje clarísimo del alma universal, y no escucha al egoísta, ni le preocupan las máximas del escéptico, ni abandona al indiferente, ni, por ende, a quien vacila. El sabio que le refuta descompone la experiencia en ingeniosos problemas de álgebra social. A Madero le sobra, para la réplica, con su instinto de creyente, con su sensibilidad mística, su amor a la luz, a la razón, a lo infinito; en el mundo, manantiales de esperanza; en el espacio, idea generosa de un Dios todo virtud, fuente de todas las gracias.

Bellísimos testimonios de su fe en la dinámica de ultratumba rescatáronse al incendio.[5] En arrebatados párrafos explica él mismo a su padre la misión que le ha confiado la Providencia de salvar la patria; y sólo le detiene la negativa de su progenitor, porque, sin su bendición, naufragaría. Le incita a meditar sobre el objeto de la vida, en tránsito a la eternidad, hacia las serenas alturas del espíritu. Y ese es el programa político y de allí parte el afán de combatir. Su libro, escrito por divino mandato, no puede quedar inédito; y ruega, suplica, implora. Una mañana sueña que su padre, "con la mirada llena de dulzura y de confianza", le da el permiso y la bendición; y, en efecto, después, en lacónico telegrama, el sueño se confirma. "Llenos los ojos de lágrimas" [6] escribe: "Papasito querido: demasiado comprendo que al darme tu bendición has obedecido a un arranque de generosidad, de grandeza de alma, en que, elevándote *a las altas regiones del espíritu,* has hecho que sólo tengan eco en ti las más nobles aspiraciones, y dominado por esos sentimientos no vacilaste en cumplir tu deber con una abnegación admirable..." Y luego añade: "Ahora sí no tengo la menor duda de que la Providencia guía mis pasos y me protege visiblemente, pues en el hecho de haber recibido tu bendición veo su mano, en la circunstancia de haberla presentido tan claramente distingo su influencia." Madero ha recabado el derecho de erguirse ante su pueblo, de predicar la buenaventura y de resolver todos los problemas; tiene en los fenómenos telepáticos, en la fascinación de su Dios inmenso, en el ideal de su prodigiosa marcha a través de los planetas, el motor psíquico de sus proyectos; y se transforma; y ha de mirar siempre a su lado la imagen de la Providencia, en oficio de tutela; profunda alegría invade su ser. Cauterizará las llagas de la nación y redimirá de sus pecados a millares de hombres que alcanzan relativa dicha en la Tierra al costo de horrible castigo en... *las altas regiones del espíritu.*

Circula profusamente su libro *La sucesión presidencial en 1910,* y en pocos meses el autor es un personaje comentado y su nombre lo pronuncian todos los labios, para aplaudirle, unos; en son de comentario receloso, otros; a toque de ironía, muchos, y los más, disimulando su aquiescencia. El libro en-

[5] *El dolor mexicano.* Oficina Editorial Azteca. México. Págs. 187 y s.

[6] *El dolor mexicano,* ant. cit.

cuadraba en aquel momento, desempeñaba con propiedad su papel en la historia y no decía más de lo que, en su fuero interno, cada mexicano supiera. Por un extraño rasgo de habilidad el filósofo ha hecho su aparición adoptando la forma de un político amable, sentencioso, dogmático y de empolvada erudición. Desigual y áspero, en la prosa que no sufrió limaduras, ni quiso, para realzarla, águilas ni mariposas, ni pulimento, sugiere, por la estructura y los métodos, el caso de un avanzado pensador del siglo XVIII que rompiera su nicho funerario para hablarnos del mundo nuestro con el tono del suyo. Es, cada una de sus páginas, constante arremetida contra el militarismo, contra la opresión, contra el poder absoluto, contra la omnipotencia del general Díaz, contra la Presidencia interminable, indefinida, contra la plutocracia taimada. Y como obra de ataque y no de análisis, fue, en su hora, el libro de las conciencias, pero no un libro de estudio ni menos aún el libro de la futura Revolución. Porque, a través de la Dictadura, persistirían las condiciones económicas y sociales en que ha vivido México, a semejanza, como afirma un diplomático americano,[7] de las que existieron en Europa en el siglo XVI, bastantes a provocar, bajo cualquier gobierno, la anarquía. Pero hasta entonces la Providencia nada quiso decir a Madero de problemas agrarios, ni su alta misión incluía reparto de tierras.

Del libro se destaca la persona del Dictador como una obsesión que ha de acompañar a Madero hasta el término de su vida; y, por una candorosa incongruencia, que es el sello, y más tarde el escudo, y por último la definición de su inmortalidad, aborrece y admira, en desproporcionado turno, al déspota, y juntas guarda la cuchilla con que ha de herirlo y el bálsamo restañador. A lo largo de los capítulos que guisa en las parrillas del providencial cometido, al que le unge la fe en los inmensos valles de la eternidad, el objeto de la obsesión atraviesa los rigores de una suerte varia, y es aquí por el verdugo degollado y chorrea sangre el tajo de la garganta, o resucita y recobra su dignidad y su puesto en premio al mérito, o lo amaga, con su vara, el juez inapelable y rígido, y contrae los músculos del rostro y se inclina ante el severo laudo; pero, aun así, el autor no ha procurado hacerse de un solo detalle de la

---

[7] *El pueblo mexicano,* por John Lynd. Washington, D. C.

psicología de su cliente, ni, entre las llamaradas que el horno de su crítica despide, encuéntrase al Dictador en su filiación humana, en su carácter de hombre, recortado en silueta, abierto al escalpelo antes de tostarlo con sus lenguas destructoras de censura. Y es que, en estas incoherentes catilinarias, no encontrará el lector filigranas de retórica, ni bajo la retórica la observación del sociólogo, ni bajo la observación del sociólogo los dedos insaciables que separan y desmenuzan y clasifican. Madero no pretende ir a las bibliotecas y codearse con los escritores de renombre, ni ha perfumado su trabajo espontáneo y viril, ni, para la sanción, le ha sido menester la pluma de don Juan Montalvo, ni por entonces necesitábase foco de más vigorosos rayos que despertase a las conciencias dormidas en el mortal marasmo. Y con ser pobre su dialéctica, el libro dice todo lo que su autor ha intentado, y, por la diafanidad de su espíritu, que resplandece en el fondo, como tintas de contraste en el arrebol de una marina, dibújanse las columnas que han de caer en añicos, tásase la inquietud que desatará en revuelta y hará estallar la República de los monopolios y privilegios, como el montículo pulverizado al romper la dinamita su cartucho con grito de exterminio. Madero entiende todavía que la obra se reduce a quitar un déspota y poner, en la silla, a un demócrata, cortar los ligamentos de afrentosa esclavitud y, para siempre, establecer, como un altar de granito, la libertad.

VI

Todos lo ignoran, es cierto; pero la Dictadura toca a su crisis y la buena estrella del solitario que a pecho descubierto la emplaza, consiste en la magnitud y en la ira santa de su protesta, en la convicción sana y pura del argumento, pero, también, y por modo muy especial, en la oportunidad exacta y precisa de acometer la empresa. Por entonces, la atmósfera tiende a caldearse en apetitos de brega, menoscabando el poder absoluto de don Porfirio; y el propio don Porfirio experimenta ya, en sí mismo, el inconveniente de rebasar a su obra y a su tiempo en la indefinida prolongación de su gobierno. Pensad en los hombres que le ayudaron a implantar la dictadura y en los que ahora ejercen sus atributos y gozan de sus ventajas; pensad en la influencia que él tuvo sobre la pléyade subalterna y en el armazón a que lo tienen sujeto ahora el grupo de sus íntimos, la camarilla científica y el soberbio ministerio; pensad en la energía con que él creó los grandes intereses de la material prosperidad, y en el peso con que inmovilizan ahora sus brazos los intereses ya creados que cambian la faz de la República y hacen de la Dictadura despotismo y del despotismo borrasca; pensad en aquel Porfirio joven y animoso, con la fama de sus hazañas patrióticas por derecho a su encumbramiento, echando, a cada segundo, en el comentario público, una genialidad que nadie ha supuesto, una resolución que le afirma en su poltrona, adueñándose de todos los hilos y de todos los arbitrios; y pensad también, para juzgar del caso, en este don Porfirio que reposa, como una reliquia, en la serena ancianidad, y, según la popular sospecha, conserva las líneas del talle recto en el apretado molde y las cintas de un corsé, recluído en los amantes cuidados, en la solicitud cariñosa de una dulce y ejemplar compañera, que nació el mismo día que él ganaba la banda de General de División,[8] más bien que esposa, hija; pensad en la fatiga de su inteligencia, en sus nervios gastados, y en los factores delicuescentes que la vida de amo y señor fue clavando en su alma con la vanidad satisfecha, con el engreimiento exacerbado, con la adulación hecha corona; pensad en la senil sordera que enturbia sus alegrías, en el cansancio de su naturaleza, en la urgencia de fiar las tareas del entendimiento maduro, de la atención sostenida, del vigor mental, a sus allegados en política, a sus favoritos en el consejo; pensad en el descenso de toda su vida de acción al regazo de una figura decorativa. El medio social había, necesariamente, evolucionado; hombres nuevos reemplazaban a los viejos, que morían; renovábanse las ambiciones, aunque fuesen, por el hábito, secundarias; variaba, de continuo, el tablado, con otros cómicos y otras ideas y otra cultura; y fuerza era proveer, en la perplejidad que el ambiente distinto produce, a problemas novísimos de economía nacional y a la seguridad de la Dictadura. A don Porfirio se le ocurrió la Vicepresidencia, antes abolida, y forjar para ella un funcionario a su modo, en quien residiera, como en ancha base de fidelidad y obediencia, el edificio que amenazaba derrumbarse. Y es de verse, en pesquisa de datos para una sen-

[8] El propio general Díaz así me lo refirió en 1904.

tencia histórica, la contumacia de don Porfirio en prorrogar su Dictadura, ajeno al propósito de ir devolviendo al pueblo, en grados, la libertad, y menos aún a la idea de afianzar los beneficios de la paz, tan costosa a la ética nacional, con un sucesor adecuado, que saliese de sus fraguas. Muy al contrario, don Porfirio quiere un Vicepresidente sobre el cual recaigan responsabilidades, en el que se sacien las contenidas furias de larga opresión; una víctima vestida de la regia benevolencia hacia la que se desvíen los ímpetus redentores. El acorchado prócer es un hombre civil; y esta preferencia sobre el aspirante militar, fue hábil y cautelosa y a ella debió, sin duda, el Dictador, que no desertasen de su causa las bayonetas. Gobernador de Sonora, primero, y del Distrito Federal, después, luego Ministro de Gobernación, hízole así su expediente de estadista a don Ramón Corral, que aceptó de grado, y sin advertir las espinas, el pomposo cargo de Vicepresidente, segundo magnate de la República en escala de jerarquías. Disfrutó el agraciado de la prebenda todo un período constitucional; pero, en derredor de su persona, fuese agitando la polvareda política en osada inconformidad, en descontento irrefrenable, y sólo desdoblándose [9] en tiranía le era fácil a la Dictadura mantener su nombre para la próxima reelección. El señor Corral sufre, con estoicismo, la franquicia democrática jurada en la entrevista con Mr. Creelman por don Porfirio, y desátanse, en contra suya, las más violentas pasiones, que no disgustan, en su fuero interno, al anciano General, si bien, por lógica de sus tendencias, no tolera que su colega en armas, don Bernardo Reyes, desaloje al candidato del gobierno. Pero disminuye el genio político del Dictador, y su mecanismo es ahora vulgar, netamente hispanoamericano y caudillesco; huele, además, a cosa antigua, y se adapta a definiciones concretas y precisas de la historia, nada en él, de original e inexplorado. Ahí la sutil narración de cómo el "porfiriato" da las últimas vueltas al resorte de la tiranía y el "porfirismo" se ablanda, se desintegra, en la desolada penumbra. La consigna de don Porfirio es el voto a don Ramón; y más firme la consigna cuanto más va puleado el favorito, mejor así, en el puesto que le reserva honores de zafiro, maleficios de ópalo y embusteras guirnaldas

[9] Roque Estrada, *La revolución y Francisco I. Madero*. México, 1912.

de muselina. Pero la combinación ha de marrar en el fermento de las iras que se encrespan, y la estocada al pecho del subalterno rozará, en los hombros, al jefe, que tiene, para su régimen, apoderados y mayordomos, y armoniza el despotismo y la ancianidad. "Es cierto, señor —dícenle sus aduladores—, que no hay mexicano capaz de equipararse ni suceder a don Porfirio Díaz. El pueblo, señor, sólo a don Porfirio Díaz ama, sólo a don Porfirio Díaz entrega su suerte, sus destinos y su gloria: a don Porfirio Díaz único y eterno." Pero el partido que recomienda a Reyes por Corral ha tomado proporciones que escuecen y fastidian al Dictador, y ha de hacérsele sentir, nada menos que a Reyes, a quien Madero acusa por tirano en su cacicato de Monterrey, qué cosa es tiranía. Donde Reyes va, le siguen tropas,[10] y allí que planta su residencia veraniega le vigilan, a centenares, los infantes y artilleros, no menos que sitiado sin plaza fuerte.

VII

El flagelado Corral encarna la Dictadura, víctima él mismo de las intrigas del Dictador, que se apoya en el estrecho círculo *científico*,[11] en la paniaguada burocracia y en la prensa oficiosa; mas la oposición, a su manera "porfirista", exageraba el rudo ataque al extremo de pintarle, en sus libelos de odio, espantoso monstruo que, en el alma, abriga toda la humana perversidad; y un comité incipiente, el Democrático, zurciendo voluntades al garete, refuerza al general Reyes, que goza de extraordinario prestigio, no ya para dar un vuelco a la reelección de Corral, a quien nadie sinceramente quería, sino para enfrentarse a la de don Porfirio, con sólo subir un peldaño en la escala de sus arrestos; [12] pero el temor que inspira el des-

[10] "...se cambiaron altos mandos militares con el fin de que se me manifestaran hostiles los elementos armados, extremándose el caso hasta efectuar simulacros de campaña sobre mí..." *(Defensa que por sí mismo produce el C. General de División Bernardo Reyes acusado del delito de rebelión.* México. Tip. G. y A. Serralde, 1ª de San Agustín, 16, 1912.)

[11] "Y es de pensarse que a instigaciones de un grupo explotador de la cosa pública se debió el que en sus postrimerías se hubiera torcido el criterio del poderoso." *(Defensa que por sí mismo produjo el C. General de División Bernardo Reyes*, etc., ant. cit.)

[12] "Se me estrechaba a revolucionar a fuerza de hostilidades por los

potismo detiene a Reyes en el cauce de una posible victoria; sale a poco de la República, en comisión a Europa, dejando en el peor desencanto a sus parciales y remachada, una vez más, la Dictadura; [13] y el peldaño lo salta, con su libro bajo el brazo, un político hasta la víspera desconocido, que trata con la infalible Providencia. El *científico* ríe, procura un acuerdo y no lo consigue el demócrata; y crece el partido Antirreeleccionista, precoz en su ambición. "Una locura", dicen aquéllos. "Un sueño", exclaman otros. Y el miedo aparta de sus juntas a mucho sabio que remeda a maravilla el cariño a don Porfirio. Se organiza un modesto directorio, una jira de propaganda y, para las inmediaciones de la fecha electoral, una asamblea; Madero liquida sus negocios para no ser ya otra cosa que laborante en la política regeneradora; y la quimera, planta de rica esencia y raíces profundas, en las conciencias florece; ni Corral, ni Reyes, ni tampoco don Porfirio. "Es un ensayo cívico —declaran los discípulos de Madero— y a la postre, lapidado Corral, transigiremos con el Dictador." Y no calculan, poco diestros en la lidia, que la intransigencia bajará de las esferas del gobierno, y que, en la derrota desesperados, transarán los antirreeleccionistas con la revuelta. El tirano, en la inmensidad trágica de nuestra América, es un ídolo entre dos incendios. Háblase de un Vicepresidente popular que, a la muerte de don Porfirio —contadas las horas de su ilustre longevidad— herede el precioso legado dictatorial, bajo promesa y fe de encauzarlo a senderos de libertad; y barájanse los nombres de varios candidatos. Pero toda selección era, en aquel gobierno, torpemente desdeñada. Flota siniestra la bandera de Corral. Y Madero, infatigable, lleva de norte a sur, de Sonora a Yucatán, la noticia de su divina misión; escúchanlo absortas las muchedumbres; y su oratoria desordenada y cálida, premiosa, divagada, prende, sin embargo, en el hinchado entusiasmo del pueblo; se instalan

---

mismos que influían en el Gobierno..." (*Defensa del General Bernardo Reyes*, etcétera, ant. cit.)

[13] "...Resolví, a trueque de hundir mi prestigio, de acabar con la popularidad que me rodeaba, no arrojar la tea que habría de encender la anarquía en la República... Y esos supremos intereses me decidieron a aceptar un destierro a pretexto de una comisión militar; y así, despidiéndome de cuanto me invitaba a permanecer en mi país, me dirigía a Europa, quedando por tal manera envuelto en las sombras del ostracismo." (*Defensa del General Bernardo Reyes*, etc., ant. cit.)

sucursales y surgen, a la contienda, ignorados paladines, que encabezan nutridas huestes; y, entre soberbio y sorprendido, cuídase ya el gobierno de la demencia antirreeleccionista. Andadas muchas villas y ciudades y escaladas las montañas y navegados los mares y los ríos y atravesados los desiertos y las ciénagas, en un pintoresco pueblo ribereño, azotado por la lluvia, calado el fieltro de ancha ala, perora un hombre, desde su coche, a la embebida multitud. No es el vendedor ambulante que lleva al hombro su comercio de baratijas, o la medicina que cura todas las enfermedades, o la sustancia que borra toda mancha. Es el Apóstol que limpia de máculas el patriotismo y en quien clava la mirada un jefe de polizontes.

Hermosa idea la del Partido Antirreeleccionista; pero no la secundan los intelectuales mexicanos, al servicio de la Dictadura, educados por el magisterio político del despotismo. Algunos, quisieran ya el relevo de don Porfirio, y no pocos aguardan su fin para salir de la obediencia; pero, en aquel momento crítico, estimaban poderoso al Dictador e ilusa a la pléyade empeñada en combatirle; y no aceptarían puesto de honra en la candidatura de oposición. Madero la propone, en secreto, a varios personajes que tiemblan, de imaginarse enemistados con don Porfirio. "No vamos a la victoria, lo sé —les dice el propagandista—, porque faltan las garantías; pero será la lucha lección trascendental a nuestro pueblo, un avance a la democracia, un anticipo de la futura contienda." [14] Mas el jurisconsulto, el sociólogo y el economista no ven madura la manzana del poder que, por lógica, a su juicio, han de engullirse; no tienen, además, el hábito de observar en las muchedumbres el síntoma de próxima sacudida; la superstición draconiana les cierra los párpados con violencia, y junto al sable protector de don Porfirio aguardan el instante de encumbrarse.

VIII

La Convención del Partido Antirreeleccionista, reunida en el Tívoli del Eliseo, como si dijéramos en el espinazo de la capital de la República, dejó atónitos al general Díaz, a sus ministros, a la cohorte de *científicos* y a la repantigada burocracia. Integráronla robustas delegaciones de todo el país; ha-

[14] Informes de un íntimo de Madero.

cíanse los trabajos preparatorios, como si México se hubiese transformado en Suiza o en los Estados Unidos; y lo que el gobierno creyó desvanecida lucubración y frustrado intento, adquiría el bulto de gran asamblea donde recobrara su lustre la libertad. Procedimiento adecuado a la caduca Dictadura, instruyóse a Madero un rápido proceso criminal, acusado nada menos que de robo a los colindantes de su finca de guayule; [15] y mientras la Convención deliberaba, y lo elegía candidato a la Presidencia, púsose a buen recaudo. El jefe de la guardia policíaca era, por cierto, el más tarde famoso don Félix Díaz, el sobrino del Dictador, de quien se refiere que pudo y no quiso detener a Madero bajo pretextos de fórmula, ansioso de herir, en carne viva, a don Ramón Corral, su enemigo. "Sonora clarinada la Convención —escribe un cronista de fácil y sugestiva prosa—. El organismo nacional se sintió invadido de abundosas corrientes de savia; la esperanza, más consciente, más real, vivificó los antes caídos ánimos y el espíritu colectivo resurgió intenso y poderoso, incapaz de contenerse ya en los estrechos moldes de aquel régimen." [16] Para Vicepresidente designó el Partido al doctor Francisco Vázquez Gómez, médico particular de don Porfirio, hombre de entendimiento y cultura, sigiloso en la estratagema política de internas rivalidades. Y. . . "cuarenta mil ciudadanos —relata una historia— recorrieron las calles céntricas de la Ciudad de los Palacios y, cruzando frente a las ventanas de don Porfirio, vitoreaban frenéticamente a los candidatos." La bandera que izó el general Díaz en su juventud contra Benito Juárez —la *no-reelección*— desvelábale, ahora, en la ancianidad como un remordimiento, y quiso un arreglo inverosímil. Conferenciaron Madero y don Porfirio, y enardecióse, en lugar de aplacarse, la discordia. El orgullo, jamás abatido, frente al optimismo nunca empañado, mal podían entenderse: don Porfirio, amo actual; Madero, Mesías de la libertad. Al sultán de cabellera blanca se le escapa una ironía.[17]

---

[15] Arbol que produce el *hule*.

[16] Roque Estrada, *La Revolución y Francisco I. Madero*.

[17] Al referirse Madero en la conferencia a su candidatura presidencial, don Porfirio, según la familia del Apóstol, manifestó con sorna que hacía bien en aspirar a tan alto cargo, y que, para ello, además, tenía el mismo derecho que todos los mexicanos, y el ejemplo de Zúñiga y Miranda. Zúñiga y Miranda era un candidato bufo, hazmerreír de las gentes. Fernández Güell cuenta que "se le veía siempre de levita y chistera, lo cual aumentaba su

El Apóstol de barbas de azabache contesta desflorando un reproche, cortés y digno. Y se despiden "hasta los comicios". En realidad, "hasta la Revolución". Los antirreeleccionistas distribuyen profusamente un manifiesto al pueblo; redactan los designados un programa de gobierno; se reanuda la jira democrática, y Madero domina en el espíritu público, probado que no lo deja de su diestra la Providencia. Hombre de acción para la multitud vidente, el Dictador necesita cortarle el camino en su avance triunfal. Ha retocado su oratoria y produce delirante efecto. Hiere, con oportunidad, las cuerdas del sentimiento. Y posee la virtud extraña de inflamar, sin retórica, al obrero, al campesino, al estudiante y, en un día grande, a la nación. De Monterrey no pasa. Un abogado, amigo y agente de Corral, forja, a sus anchas, un discurso injurioso que atribuye al sacrílego embaucador; el juez ordena la prisión, y la Penitenciaría le da su forzado hospedaje. El 15 de junio protesta en una carta viril a don Porfirio: "Y si desgraciadamente —le dice— se trastorna la paz, será usted el único responsable ante el mundo civilizado y ante la historia." Las persecuciones desbandan a los miembros del Comité Ejecutivo, y un pariente de Madero, Federico González Garza, dirige la campaña y alienta a sus correligionarios. El 26 de junio, señalado a la rota electoral, don Porfirio tiene encarcelado a su contrincante y se proclama vencedor. González Garza enderezó al Congreso una Memoria denunciando el evidente fraude. La Cámara declara que no hay lugar a revisión y anula una sola acta de diputado que ganó un solo antirreeleccionista en toda la República.[18] En julio, Madero es trasladado a la Penitenciaría de San Luis Potosí, donde asevera el acusador que perpetró su delito; el juez le incomunica y, nombrando a su esposa por defensor, evita Madero el aislamiento. A pie le conducen por las calles al Juzgado, como reo del orden común, tres soldados con sus respectivas carabinas; arremolínase el populacho y una guardia rodea el edificio. El 19 de julio se le concede bajo fianza la libertad. ¿Quién se atreve a negar que el despotismo luctuoso mina en sus bases la Dictadura?

---

agigantada estatura. Abogado, fuera de su manía presidencial, raciocinaba y procedía con juicio".

[18] El licenciado Jesús G. González en el distrito de Juchipila, Estado de Zacatecas.

CAPITULO X

Madero conspira contra la Dictadura.—Las fiestas del Centenario de Dolores.—Agitación popular.—El martirio de la valiente Delfina Morales.—Manifestación turbulenta en México.—Los diplomáticos opinan que don Porfirio debió renunciar en ocasión del Centenario.—Madero, disfrazado, llega a territorio de Tejas.—Manifiesto al pueblo americano.—El Plan de San Luis.—La tragedia de Aquiles Serdán en Puebla.—Fracaso de Madero.—Don Porfirio se apercibe a la defensa.—La Revolución se organiza.—El Gobierno pierde la pista de Madero.—El espantajo de la intervención americana.—Limantour acude en auxilio del Dictador.—Madero derrotado en Casas Grandes.—El sitio de Ciudad Juárez.—Negociaciones de armisticio.—Corral en el destierro.—Limantour no es eficaz.—Cambio de gabinete.—El Congreso prohibe la reelección. El general Díaz mira su perfil mixteca.

I

La metamorfosis del agricultor de San Pedro de las Colonias en el rebelde astuto de San Luis Potosí, completa su proceso bajo las bóvedas de la prisión; levantar al escarnecido pueblo contra su tirano es ahora el hincapié de Madero, y a fraguar el tremendo golpe se dedican su hermano don Gustavo y un puñado de sus íntimos. La propaganda puso en su mente experiencia, el cautiverio puso en su alma desencanto y el fracaso embriagó de dolor su corazón. Ya no ve, con los ojos del patriotismo, otras pinturas, ni más bosques y arenales y veredas que el campo de sus futuras correrías, a vueltas, agarrado a la Providencia, con su oficio de salvador, y como si de muy alto, de unos miradores clavados en la gloria, le contemplasen, para imponerle el sacrificio, los héroes de cien países hollados y a la postre redimidos; de la sierra que parece hecha para gigantes, desciende, en estrépito de batalla y con alborozo de victoria, la cabalgata; a un picacho, entre las nubes, asoma el infante a quien siguen por millares los combatientes, y escucha el sonido de las armas, muy lejano, como el volar de los pájaros cantores que se dan cita en la colina y traen sus himnos de libertad por los aires. Bajo los nimbos de su optimismo, aprenderá, al cabo, que restablecer la democracia sobre la paz porfiriana era ensueño irrealizable, una sombra azul que forjó en su mente la más dulce y la más vaporosa idealidad. Ocurre que, "sin darnos cuenta —decía Madero [1]— obramos por la sugestión del general Díaz", y el propio Madero ha de romper con lentitud la corteza de aquella influencia en su ánimo de apóstol; porque, aseveran sus compañeros [2] que, a media jornada, pudo el terco Dictador contenerlo si cede a prescindir de Corral y le sustituye, en la boleta reeleccionista, por el Gobernador de Veracruz, don Teodoro Dehesa, que no comulga con los *científicos,* o por el Ministro de Hacienda, José Ives Limantour, precisamente el jefe del Partido Científico, pero a quien profesara, por su capacidad en punto a finanzas, congénita admiración. Al fin, hízose espacio en su noble espíritu la sospecha de que esa paz, encubridora del despotismo, no resistiría, sin quebranto, el soplo de la justicia; que el progreso material y la cultura de las clases superiores —lo que en el régimen de don Porfirio culmina— delataban un gran pecado en daño de la armonía colectiva, asentada, para el futuro desquiciamiento, en la mofa de todas las leyes y en la parodia de todas las bienandanzas. Madero se siente, entonces, poseído de una sola facultad y de una sola dirección de su energía para derrocar al Dictador; y el artífice que amasó despotismo y prosperidad, en rico florón de oro, se desploma en la carne envejecida, como aplastándose bajo su propio peso, y se convierte, al granizar las ametralladoras, en el despojo que Madero arrastra a las orillas del Golfo y arroja, con sus culpas y con sus éxitos, al destierro.

Hablan las crónicas contemporáneas de la torpeza en hallar caminos; pero ellas mismas reconocen, a descargo en los yerros, el natural tributo a esta clase de noviciados. A guisa de las conjuras de su índole, hubo citas en falso, tramas de leyen-

---

1 Francisco I. Madero, *La Sucesión Presidencial en 1910.* 3ª edición. México, 1912. Pág. 242.

2 R. Estrada, *La Revolución,* etc.

da, espionaje, denuncias en secreto, y fuga, antes de la seria arremetida. Madero, en libertad caucional, recréase en paseos campestres [3] que no escaman a la confiada policía; y lo desdeñan, inconscientes de ayudarle, sus enemigos, la autoridad de fiero rostro, el jefe de rurales y el gran califa de todos los destinos, acaso porque, en esos días, la República abre sus puertas al festín del Centenario de Dolores y, al gobierno, lo embargan los representantes de todo el planeta y el incienso adormece a don Porfirio. La fecha, no obstante, ha de ser eternamente trágica en el calendario cívico del alma mexicana, y resucita en el pueblo el coraje del cura Hidalgo, y no se muestran dóciles las muchedumbres, en todo el territorio, aunque el homenaje diplomático cumple al disimulo en que guarda su aparato de mando "el Presidente"; y no concibe, ni advierte, en su amenazadora magnitud, el anciano Dictador, la insurrección que fertiliza las conciencias. En tierra de Tlaxcala, una moza garrida encabeza al entusiasta vecindario, que lleva, en una estaca, el retrato de Madero; un hombre que luce espada en la cintura pretende arrebatar la enseña que defienden aquellas manos femeninas hechas garras de valor, y el plomo de una pistola infame parte el corazón de la heroica Delfina Morales, que cae, para siempre, en una hermosa página de historia.[4] El martirio de una mujer dicta, en letras de sangre, la sentencia de un régimen. Interrogad a los tiempos, a las edades, a la noche inexplorada en los orígenes de la sufrida humanidad, y os contarán cómo tuvo siempre el destino galanterías conmovedoras; y sabréis por qué sobre el cadáver de una mujer no avanzará la Dictadura. Camila O'Gorman, expirando en el cadalso, es el fin de la tiranía en Buenos Aires. El estremecimiento alcanza a la capital, y se agrupa enorme gentío en el Paseo de la Reforma. Banderas, gallardetes y estandartes, que arranca la policía en despiadada carga, permanecen amontona-

---

[3] Antonio P. González y J. Figueroa Domenech, *La Revolución y sus héroes*. México. Herrero Hermanos, editores, 1911.

[4] "...La policía inició el brutal atropello y fué lapidada por hombres y mujeres; un jefe, indignado, pretende arrancar de manos de la abanderada, Delfina Morales, el estandarte, y la joven resiste con energía, es brutalmente amenazada, y soporta heroicamente... Algunos tiros de revólver destrozan una vida en flor y Delfina Morales cae agónica." (R. Estrada, *La Revolución y Francisco I. Madero,* etc., ant. cit.)

dos, y los caballos de la legión pretoriana ultrajan con sus cascos los colores nacionales. Los revoltosos allí se disgregan; pero se reúnen a las puertas de la enorme Catedral y depositan sus coronas ante las cenizas del cura de Dolores. Un rugido es la orden que sale de todos los pechos. Y se dirigen a la residencia particular del Dictador y aclaman delirantes a Madero. La fuerza pública limpia de alborotadores la calle ha poco silenciosa, y sólo quedan pedazos de cristal sobre el asfalto. Don Porfirio, sordo, no oye el clamor de la inquieta plebe. Abstraído en el círculo de palaciegos, no se informa de que ha mermado en mucho su ascendiente. Los ministros del gabinete, museo de antigüedades, paladean, imprόvidos, las delicias del poder; el consejero en Hacienda, Limantour, es el único avisado, y prefiere gobernar desde París; el de Instrucción y Bellas Artes, don Justo Sierra, exquisito maestro en literatura, no teme, por sí, a la vindicta pública; y la fastuosa conmemoración del Grito de Independencia transcurre en alarde aristocrático, a través del mármol y la púrpura, donde rinde su viaje de tempestades el primer siglo de emancipación y de suplicio. Torrentes de luz, y lujo de gobelinos y de perfumes y de manjares, en fabuloso conjunto, deslumbrarán a la isócrona diplomacia, y pocos descubren, desde el seno de las numerosas Embajadas, que tras de aquella luminaria está el ocaso del régimen de hierro. Mas, a veces, transparéntase el descontento, vislúmbrase algún gesto de profético malestar y, en secreto, hácese este invariable comentario: "Don Porfirio, de seguro harto de los deberes del gobierno, como un rey que abdica en su heredero, debía dimitir su Dictadura y sentar, en su puesto, a un sucesor que restablezca, poco a poco, la libertad. El Centenario de Hidalgo —añadíase como postrándose ante el fundador de la Independencia— pudo servirle de pretexto, y ninguna ofrenda más hermosa al inmortal recuerdo, ni explicación mejor de lo pasado a lo venidero." Y es que, bajo el engañoso pedestal envuelto en tela de Damasco, se oculta lo frágil y deleznable del cimiento, la piedra de antes vuelta arena. Retíranse los embajadores y vocean, a todos los vientos, la solidez política del gobierno de don Porfirio. Entre tanto, se presenta a la Oficina de Inmigración de Laredo, en territorio de Tejas, un hombre de pequeña estatura, vestido de dril violeta, sombrero de amarillosa paja y pañuelo rojo atado a la garganta, que llega de México en un carro de tercera; por su aspecto, mecánico de oficio. Apenas le mira el covachuelista de guardia al preguntarle su nombre, "Francisco I. Madero",[5] contesta saliendo del incógnito y dando el primer tirón a la tela de Damasco del Dictador...

II

En San Antonio fija su sede y saluda al pueblo americano en un manifiesto que principia de este modo: "Vengo a vuestro libre suelo huyendo de un déspota que no conoce más ley que su capricho"; allí confecciona la Carta Revolucionaria, el Código de la Insurrección, o como quiera llamársele al Plan de San Luis Potosí, en donde aparece fechado "por delicadeza patriótica y respeto a la neutralidad yanqui": allí, se dan cita los agraviados de don Porfirio, los leales al candidato antirreeleccionista, don Francisco Vázquez Gómez, el doctor, y su hermano don Emilio, el licenciado, y cien más; allí se reúne la familia del Apóstol, que no tiene ya seguridad en Monterrey, ni en su Estado de Coahuila; allí, don Francisco, el padre, y doña Mercedes González de Treviño, la madre, y las hermanas y los hermanos, en legión, y tíos y sobrinos y parientes y empleados y servidumbre; allí los bélicos alborozos, el optimismo ingenuo y la duda siempre cosida a la esperanza; y los conciliábulos y cabildeos y la pueril estrategia ilusoria y los prematuros desalientos y las reacciones. "Quince días de plazo a la victoria", en los cálculos del jefe. "Dos meses", rectifica el subalterno;[6] y para muy pronto, el 20 de noviembre, desenvainar la escarcina; y en pocos minutos la toma de una ciudad que lleva el nombre del Dictador. Se hacen los preparativos, como Dios da a entender. Madero atraviesa la frontera. Y sólo cuatro reclutas encuentra en la selva inmensa. Vuelve grupas y comunica a los de su linaje la noticia; en asamblea doméstica la parentela debate; y diríase que estaban arrepentidos o decep-

---

[5] "Prolongaba cada vez más sus paseos campestres. Un día no regresó el hombre y poco después se supo que había logrado salvar la frontera y penetrar en los Estados Unidos." (González y Figueroa, *La Revolución y sus héroes,* ant. cit.)

[6] R. Estrada, *La Revolución,* etc., pág. 320.

cionados los directores. Madero se retira a Nueva Orleans. Hay quien proyecta ir con su marcial desengaño hasta las pampas argentinas. Y muecas hace ya la inexorable miseria, en la emigración, a los oficiales técnicos del partido insurgente. De su parte, don Porfirio se apercibe a la defensa y su gobierno acorrala y encarcela y mata; en Puebla de los Angeles, entregada a los demonios, una batalla, en el domicilio de Aquiles Serdán, siembra pavura de sólo remembrarla; y adquiere la causa democrática dignidades y realces de martirio; truena la mercenaria injuria en el periódico y desahógase de cóleras la plaga porfiriana; se movilizan las tropas, y en los salones cortesanos, quieren los guantes de seda la guerra sin cuartel. Por la floresta del norte ha ido tomando cuerpo la incipiente revolución. Escamotéanse los partes militares y supone la táctica del gabinete que callando corre al triunfo, y si cambia el nombre a la tormenta suaviza su terrible zarpa. Gavillas intermitentes, aquí, allá, transfórmanse en bravo ejército. El infierno, es Chihuahua. Hormiguero de sublevados la exuberante montaña. Contágianse de la revuelta Durango, Sinaloa, Zacatecas. Y nadie pone freno a las hordas del Estado de Morelos, que se alzan feroces, en los cultivos de caña dulce y sobre los molinos de azúcar, al grito de: "¡Mueran los gachupines!",[7] como en época del cura de Carácuaro.[8] De la pandilla, brota Orozco, Mariscal. De la escaramuza, en la sombra que maldice, el misterio de Zapata. Y si comanda Navarro, un general arrojado, las huestes del gobierno, y zurra a los rebeldes, faltan refuerzos que enviar a las batallas, y las victorias agostan su escaso contingente. Don Porfirio, en lamentable decadencia sus talentos, dirige, desde el Palacio, con desacierto, la campaña. Y menos tino muestra otro anciano, González Cosío, el Secretario de la Guerra. "Mi inspiración —observa Corneille— se ha ido con mis dientes."

---

[7] "Gachupín o Cachupín. Español que pasa a la América Septentrional y se establece en ella." *(Diccionario de la Real Academia Española,* XIV Ed. 1914.)

[8] El Estado de Morelos toma su nombre del insigne cura de Carácuaro, el presbítero don José María Morelos, prócer de la independencia mexicana, a quien la Inquisición instruyó proceso y causa criminal por "hereje materialista y deísta y traidor de lesa majestad divina y humana". *(Documentos inéditos o muy raros para la Historia de México,* publicados por Genaro García. México, 1907.)

El tiempo se va en mirarse las caras compungidas, mientras la Dictadura cruje en rápida mudanza. Las paredes, tres décadas inexpugnables, caen hechas polvo; el régimen militar carece ya de soldados, y no hay brazos que carguen los fusiles, ni manos que disparen los cañones; lo que fue mampostería es ahora simple barro, y la taciturna capital rumora ya el próximo desastre. De vacaciones en México por esos días, enero a marzo de 1911, soy testigo de la consternada incertidumbre que reina en torno a Chapultepec. Muy quedo, entre los personajes políticos, entre abogados y médicos y artistas y artesanos, entre burgueses, entre comerciantes extranjeros, entre los vecinos del suburbio, refiérense los tormentos de la escasa tropa en los reductos helados de Chihuahua, en las marchas por el pantano, en las gargantas de la cordillera donde perecen los regimientos bajo la metralla de las cumbres; y alúdese a la chochez de don Porfirio y al insensible patriotismo de sus ministros. El miedo estraga el semblante de la clase encopetada, y rígida y triste, más triste que de costumbre, espera la ciudad el probable bombardeo. Madero es entonces la pesadilla del gobierno que ha perdido su pista, en el torbellino de los graves acontecimientos, que se ha hurtado al espionaje como burló en San Luis a la dormida comisaría; esfumado como una sombra en el espacio; invisible como un hálito que cruza el horizonte; impalpable como el sonido y arrollador como la pólvora inflamada. El periodista lo busca en el humo de los combates; la policía secreta en los villorrios fronterizos, y la Embajada Mexicana en Washington declara inútil su vigilancia. Está en todas partes y en ninguna; vive su frenesí en un rayo de sol y su melancolía en un reflejo de luna; corre por los volcanes hasta ocultarse en las grutas, jinete del viento a horcajadas en el lomo de su fantasía galopadora; y dice a todos los oídos y canta en todos los corazones y parece que huye y se aleja cuando ataca y se aproxima. La Revolución es ya un organismo perfectamente dispuesto y tiene su túnica de fuego sobre la República convulsa. La ley del progreso la toma de una mano, y con la otra aplasta en su cima de oro a la enclenque Dictadura. Háblase de paz y de intervención americana, a las veces, y en lo adelante la intervención americana será espantajo de la intriga, mentidero de discordia, arma falsa y hueca en deslustre de los partidos y en mengua de la independencia nacional. Sólo de mencionarla produce su malsano efecto y abre un postigo a la impureza; pelean pecho a pecho los bandos por la violada libertad; y a sus pies, en lodos de rabia y de sangre, y en las entrañas de la gloria del delito, germina, con sus promesas, la traición. En tanto, el ministro Limantour acude en auxilio del gobierno que tambalea; los magnates fían a su pericia la complicada solución, y trinos fugaces de ruiseñor arrullan a don Porfirio. El estadista se dispone a recorrer el teclado selecto de su famosa habilidad; es hombre de raro entendimiento, y todo su meollo lo empeñará en componer la madeja de la paz; en el viaje de París a Nueva York, retoca los cordones que aten de nuevo el nudo en que reclina el dictador; y trae, en las maletas, el narcótico sublime que debiera anular al jefe de la revuelta; ensaya discursos en el lujoso camarote, y discurriendo, por las noches del Océano, en la cubierta obscura y solitaria, traba diálogos divinos con las estrellas y palpita, a latigazos de laureles, el corazón del profeta millonario. Llegó presuroso a la metrópoli del Hudson, sin mirar la antorcha que muestra a los mares la estatura de la ofendida libertad; instala sobre la marcha, los hilos de su milagrosa gestión reconstructora; las primeras conferencias con el doctor Vázquez Gómez, Agente Confidencial del gobierno insurrecto cerca de la Casa Blanca, no le dejan satisfecho; el padre de Madero propone difíciles condiciones; don Gustavo, representante financiero de la gente sublevada, no es persona fácil de someter; y contrariado el Ministro, en los albores del fracaso, se dirige a la Ciudad de los Lagos donde agoniza de impaciencia don Porfirio. Madero, entre tanto, traspasa, sin fortuna, las márgenes del Bravo y al frente de su partido sufre el escarmiento de Casas Grandes, que engolosina al Dictador.[9] Es la batalla en que deja un brazo el federal García Cuéllar; y un cubano, Agustín Valdés, ordena el triunfo en el fragor de la encarnizada lucha y asciende a Brigadier.[10] Mas la Providencia, si no ayuda a Madero en

---

9 "Permítame usted, mi General, que como jefe de esta guarnición, en nombre del personal que a mis órdenes combatió en defensa de esta plaza, presente nuestras respetuosas congratulaciones al Supremo Gobierno por el triunfo obtenido aquí contra los sediciosos." (Fragmento del parte rendido por el Jefe de las armas federales, coronel Agustín Valdés, el 5 de marzo de 1911.)

10 "El verdadero héroe de la jornada, que se batió como un valiente y fue acribillado a balazos y hecho prisionero, el ingeniero Eduardo Hay (enton-

el combate, le lleva a decidir, de su lado, por otros medios, la contienda; y dos mil hombres la siguieron a Chihuahua. Las fuerzas del gobierno se repliegan hacia la plaza que peligra. Y Madero, que así lo tiene calculado, contramarcha a Ciudad Juárez, ahora débilmente guarnecida. El sitio se formaliza. Acumúlanse en derredor gruesas columnas de rebeldes y llegan uno a uno los capitanes favoritos. Orozco ostenta relieves de portento; con él, José de la Luz Blanco, felino en su mirar de vengador; y a corta distancia, entre muchos de igual jerarquía, *Pancho* Villa, coronel en traje de charro, curtido su rostro en el vivir errante, escrito su pasado en el libro de los bosques, páginas de madriguera y páginas de sol. En bélico ademán, espera la indómita falange el momento del asalto; la demora, en estériles parlamentos, exacerba su hambre de rendir al enemigo, y contenerla equivale a retar la disciplina, propensa a desgajarse en alboroto. Pero está negociándose un armisticio; porque la Dictadura admite la inminencia del naufragio y apela al último bote de salvamento. La cábala de los dómines que asesoran a don Porfirio, falla en el ambiente de protesta que domina a la nación. El despotismo sólo perdura mientras lleva enhiesta una lanza para cada una injusticia. Además, flaquean los arrestos del ministro Limantour; sus brillantes pláticas piérdense en el vacío; equivoca los cálculos en la aritmética revolucionaria y no despeja la incógnita de paz. Hondamente asustado, Corral quiere irse y no le dejan; renuncia, y don Porfirio echa a la cesta el documento. Limantour, desde luego, es el Galeno de aquella incurable enfermedad; y aunque sea ya su arte infructuoso, el régimen, que salta en pedazos contra las trincheras rebeldes, talla en plata un nuevo gabinete, con ventanas al programa de Madero; da entrada, con los honores reglamentarios, en la alternativa del poder, a don Francisco León de la Barra, ministro de Relaciones Exteriores, la víspera Embajador en los Estados Unidos; a Jorge Vera Estañol, que predica la doctrina evolucionista y logra su cartera preferida, la más indigente en resultados hasta entonces, Instrucción Pública; y sólo conservan sus antiguos cargos el Ministro de Ha-

---

ces Coronel del ejército revolucionario y a los dos años General constitucionalista), quien poco después se fugó del hospital de Chihuahua y vino a Ciudad Juárez a unirse con su ejército." (T. F. Serrano, *Episodios de la Revolución Maderista.* El Paso, Texas. Modern Printing, 1911.)

cienda, de rigor, y el de la Guerra, que es, en el desolado ánimo de don Porfirio, tradición inseparable; sin demora, solicita Limantour el concurso de un adversario, el general Reyes, que a toda prisa arregla su equipaje en Berlín; y el desairado Corral, que se niega ya a ser colega y mártir del Dictador, insiste en la licencia; el Congreso la discute y rompen los legisladores la vieja mordaza porfiriana: ¡treinta y tres años de silencio descargan un mundo de cóleras, caído del firmamento, sobre la magullada espalda del privado! Y Corral se dirige al destierro en donde lo aguarda, abierta ya, su tumba. Es propio de nuestra raza el intento de resolver por leyes y decretos, que nadie cumple, los conflictos entre la historia y el progreso, entre la impunidad y la virtud, entre las grandes mentiras que se marchitan y las grandes verdades que retoñan. Así en México, ahora, después de seis reelecciones de don Porfirio, las Cámaras prohiben la reelección presidencial; y no es que arrebate el Dictador su mágico enganche al demagogo, sino que, al término de su tiranía, recuerda la campaña de La Noria contra Juárez, e implanta el olvidado compromiso;[11] confiesa, en el

[11] "En el curso de mi vida política —decía don Porfirio en el famoso Plan de la Noria— he dado suficientes pruebas de que no aspiro al poder, a encargo ni empleo de ninguna clase... Si el triunfo corona nuestros esfuerzos volveré a la quietud del hogar doméstico, prefiriendo, en todo caso, la vida frugal y pacífica del obscuro labrador a las ostentaciones del poder... Combatiremos, pues, por la causa del pueblo y el pueblo será el único dueño de su victoria: *Constitución de 57 y libertad electoral* será nuestra bandera; *menos gobierno y más libertad* nuestro programa." (Noviembre de 1871.) En el manifiesto que precede al Plan de Tuxtepec se leen estas tremendas declaraciones del general Díaz contra el gobierno de Lerdo de Tejada: "Todos los hombres, hasta los de mediana dignidad, deben tener vergüenza de llamarse ciudadanos mexicanos bajo la dominación de un despotismo que, como el actual, deprime y envilece... y cumpliremos con nuestra misión de padres, porque, no dando como no daremos a nuestros hijos una educación de rufianes, podremos estar seguros de que con Lerdo y sus herederos políticos serían parias o esclavos en su propia patria." En el Plan de Tuxtepec, reformado en Palo Blanco y firmado por el general Díaz el 21 de marzo de 1876, encuentra el lector lo que sigue: "Art. 1º Son leyes supremas de la República la Constitución de 1857, el acta de reformas promulgada el 25 de septiembre de 1873 y la ley de 1874. Artículo 2º Tendrá el mismo carácter de ley suprema la *no reelección* del Presidente de la República y Gobernadores de los Estados, mientras se consigue elevar este principio al rango de reforma constitucional por los medios legales establecidos por la Constitución."

infortunio, su pecado; infiel, mientras gobernó, a un sacro juramento,[12] y vuelve a tender su celada en el delirio de la fiebre. Limantour desfallece. No encuentra soportes a la omnipotencia del anciano General. Y don Porfirio en su almohada de seda, escarba los escombros y mira, en el espejo de la vida, las líneas de su perfil mixteca. El espectro de Tucídides repite, a sus oídos, el discurso por los héroes muertos de que hizo Pericles fúnebre modelo.

---

[12] "El principio de la *no reelección* era en el Plan simplemente un arma pasajera..." "Fue ciertamente un rasgo de honradez política al ceder el gobierno a un compañero de armas cuya cooperación le allanara el triunfo (alude al período presidencial de D. Manuel González —1881-1884— entre la primera y la segunda elección de don Porfirio, esta última la que, por sucesivas reelecciones, le mantuvo en el poder desde 1884 hasta 1911), todo por cumplir el número antirreeleccionista de un programa." (Salvador Quevedo y Zubieta, *El Caudillo,* continuación de Porfirio Díaz, ensayo de psicología histórica. París, Librería de la viuda de Ch. Bouret, 1909.)

CAPITULO XI

Negociaciones de paz.—La conferencia de Corpus Christi.—Ernesto Madero y Rafael Hernández.—El Cuartel General de los rebeldes.—Esquivel Obregón y Oscar Braniff.—Don Francisco Carvajal, plenipotenciario para convenir la paz con Madero.—Agitación en toda la República.—Ataque de los rebeldes a Ciudad Juárez.—El coronel Tamborrell muere y Navarro se rinde.—Madero se proclama Presidente Provisional y nombra su Gabinete.—Insubordinación de Orozco y Villa.—Madero salva a Navarro.—El tratado de paz.—Don Porfirio embarca para Europa.

I

Aceleraban su trabajo los gestores de la paz y en palenque abierto debatíanse las cláusulas, piedra angular de futuras transacciones. La tarea tiene antecedentes y refluye en la familia de Madero, que actúa, por cuenta propia, en un pueblecillo de Tejas, Corpus Christi, donde fue la primera intentona entre parientes de ambas filas. No hallaron términos conciliadores a la riña, y sin romper los lazos de sangre, tíos, hermanos, primos, retrocedieron a sus campos, cada uno, confuso y perplejo, a su hogar. El encierro del general Navarro en Ciudad Juárez atribuló a don Porfirio, al paso que ablandaba su orgullo, con sensatez, el imbele ministro Limantour; un poco de susto añadióle el general Figueroa, casi a las faldas del Popocatépetl, y comisionados oficiosos pegaron la puntada pacifista; oficiosos, en la forma, pero, en realidad, autorizados por el propio Dictador. El Cuartel General, en la casita de rojos adobes ocupada por Madero, cerca del puente colgante que une, sobre las aguas turbias del río Bravo, a las dos naciones, concentra aquel torneo en donde miden sus talentos los bravos antagonistas, con derroche de palabras y de ingenio. Afuera, en el llano, la tropa en pintoresca algarabía, y entre los grupos de soldados y las cantineras embozadas en sus mantas y los fusiles en trípodes, corrían sutiles, tendidas al aire sus alas de ensueño, los melosos cantares de la sierra y las notas tristonas de la guitarra; en sus caballos dormidos, la guardia charla rodeando la puerta a que a veces asoma el Apóstol, y la grey libertadora, en el follaje, observa a medias la ordenanza y resiste a los toques de clarín que le imponen el silencio. Puertas adentro, la Revolución ensaya los fuegos fatuos del arte político y suceden a las armas los ademanes y a los asaltos mortíferos, el remolino de las pasiones ocultas en el polvo de la jornada. Y así como en la escaramuza de Corpus Christi, un tío del caudillo, don Ernesto, industrial y banquero, es el promovedor de las negociaciones y no comulga, hasta entonces, en los altares de su sobrino,[1] ahora, en el campamento de los rebeldes, un primo suyo, el licenciado Rafael Hernández, habla por el gobierno, y lleva por colegas de pacifismo a un aspirante a la candidatura presidencial de la Asamblea Antirreeleccionista, Toribio Esquivel Obregón, y a Oscar Braniff, que semeja un potentado de la India, contemporáneo de Warren Hastings, y todos entonan discursos que no persuaden. Hombre joven, de arrogante presencia y palabra fácil, Hernández, en su fuero interno, coincide en ideas con Madero, que no le tiene por sectario del "porfirismo", aunque, abriendo los brazos y sacudiendo los largos cabellos, el oficioso procurador le increpa. No llega a tanto Esquivel, tibio en su literatura, acusado por antiguos correligionarios de tierno amante que abandonó, en días memorables, a la desgraciada y vehemente prometida, reo de sí mismo y testigo de cargo en contra suya con el solo hecho de mediar en la refriega ciñendo toga de inocencia. A Braniff, que lleva un collar de ilusiones por diamantes, lo seducen halagos que sin duda le atesora el tiempo; millonario, no rehusa la aventura, y aunque lo calla, pacificaría mejor encaramando a su hermano don Tomás en el sillón de la Presidencia. No hubo acuerdo, y hacia territorio americano, en el puente, los tres misioneros comunícanse la cabal impre-

[1] "No es, pues, el gobierno mexicano el que ha mandado comisionados a Corpus Christi para tratar de la paz, sino nosotros mismos que formamos parte de la familia Madero los que hemos tenido esa pretensión", etc. *(Carta dirigida al editor del "Monterrey News",* por el ingeniero, señor Ernesto Madero. Marzo 11 de 1911.)

sión de la visita y el revés diplomático en que la pugna remató. De seguro no habían sospechado la composición política ni la naturaleza misma de la revuelta, y trasmítense los datos y examinan sus elementos y hacen conjeturas. Oficiales de Madero van de banda a banda y frecuentan los hoteles y ostentan las insignias militares y, en el sombrero, la cinta tricolor que lleva estampada la fórmula revolucionaria del patriotismo: *Sufragio efectivo. No reelección.* Una Junta Consultiva de Asuntos Militares cuenta con el general *boer* Viljoen, perito en cosas de guerra, y otro extranjero, un nieto de Garibaldi, asimilado a coronel, manda una columna y se apercibe al duelo con la guarnición de Ciudad Juárez. Desoladoras, además, las noticias de México abajo. Un hermano de Madero, don Emilio, se apodera de Torreón, la llave de los caminos al Sur; Zapata pone cerco a Cuautla, en los talones del Distrito Federal; desconcertados en torno de don Porfirio los *científicos;* en ascuas Limantour, y propálase que el Dictador otorga poderes al licenciado Francisco Carvajal, miembro de la Suprema Corte de Justicia, para el ajuste de una prudente reconciliación. Vázquez Gómez, Pino Suárez y el padre de Madero, plenipotenciarios del Ejército Libertador —así se quiso llamar—, avistáronse con el agente del gobierno, "en un recodo, entre Ciudad Juárez y el campo revolucionario",[2] saltando, fogosamente, de la polémica oficiosa al traqueteo de la engomada conferencia oficial. Agitación profunda azota ya a toda la República. En la ciudad de México ansíase, de un instante a otro, la abdicación del Emperador, y un manifiesto de don Porfirio, reprochando al pueblo su actitud, aumenta el descontento; los estudiantes piden a gritos, por las calles, la renuncia; y un memorial, suscrito por señoras, excita a la esposa del Dictador al abandono del poder, en nombre de las madres mexicanas. Los defensores de Cuautla, después de heroica resistencia, replegábanse al centro; avanzadas de Zapata prendían sus hogueras en el Ajusco y veíanse, desde la capital, sus resplandores; Cuernavaca y Pachuca sucumbieron; y una partida facciosa entra en Xochimilco y baña sus caballos en el lago de Texcoco, a unos minutos de Chapultepec.

El representante de la Dictadura se bate en retirada, y pal-

---

[2] R. Fernández Güell, *Episodios,* etc.

mo a palmo ganan los de Madero sus posiciones; transcurre un armisticio y otro es menester; no basta y se prorroga y, a duras penas, contiene el Jefe la inervación de la gente sitiadora; fiebre de impaciencia contagia a todo el campamento, y otro armisticio es imposible. Los de Villa cortan la disciplina y atacan las trincheras; Madero prohibe el fuego, pero es ya inevitable; y frenéticos los asaltantes de Orozco y Villa y los asaltados de Navarro y Tamborrel, en charcos de sangre se despedazan. Manda el vértigo. No se hace obedecer Madero. Y resuelve el Apóstol ponerse al frente de sus tropas y llevarlas a la victoria.[3] Tamborrel, valiente como los grandes héroes mexicanos, perece en la osadía; [4] los federales aborrecen a Navarro y no le siguen; falta el agua,[5] escasean los víveres, y prefieren rendirse a discreción. Orozco y Villa penetran hasta los cuarteles. Y Madero, proclamándose Presidente Provisional, nombra su Gabinete. El revolucionario está en la meta. Por los laberintos de la política irá solemnemente de su apoteosis al martirio.

II

La contienda cesa y los vencedores juegan al gobierno. Ha terminado, para cada combatiente, el riesgo de su vida, el riesgo de la derrota para las huestes, y aparece, allí mismo, el peligro de la discordia, las perversas disidencias, el peligro de la causa desvirtuada. Todas las revoluciones llegan a ese momento crítico, y es el momento de las intrigas, el momento de las envidias contenidas que rebotan, el momento de los cismas que echan leña a la ceniza, el momento de los celos que anudan en haces de rencor las traiciones. Ciudad Juárez flota en un mar de flores y ríe de gozo en un delirio de fiestas. La muchedumbre inunda los paseos; beben y cantan y alborotan los oficiales; por su lado, aceptan los jefes el homenaje de la plebe y lucen en los salones el uniforme gris y la banda militar; deliberan, continuamente, en lo que fue Comandancia, los

---

[3] "La toma de Ciudad Juárez fue la consecuencia de una insubordinación." (R. Estrada. *La Revolución, etc.*, ant. cit.)

[4] Rafael Aguilar, *Madero sin máscara.* México.

[5] R. Estrada, *La Revolución, etc.*, pág. 470.

ministros de Madero; en la Aduana, el canciller Vázquez Gómez, a porfía, mantiene su criterio de la paz, que es otro, opuesto lógicamente en Carvajal; y poco adelantan las bases del tratado en contraste a la efervescencia del populacho. El tiempo es pérfido, cuando retarda soluciones de tal estilo y descubre, a la crítica, lisonjera brecha, y da cuerpo a la calumnia y velas de bergantín a la mentira y plumas de cuervo a la venganza. La familia Madero es numerosa y toda activa; damas y caballeros comunican su espíritu a la obra, y enfada, a muchos demócratas, que llenen los escabeles y se llamen financieros y generales y ministros y hagan real estirpe, y en avalancha, ligeros, vayan del reposo a la pelea, más en la pelea que en el reposo, tópico de fácil sugestión para una raza hiperestésica; hay quien acusa a la familia Madero de tornar cosa propia, asunto particular y privado, el de la gran Revolución, y no abonan a sus haberes, en el mérito, las fortunas del ahorro y el trabajo de varias generaciones investidos en sueños de libertad, ni amóldanse a negar la tacha del abatido *científico,* para quien el nervio de la revuelta sale de los tesoros yanquis, en rivalidad las concesiones de petróleo, el "Standard Oil" contra "El Aguila" de Lord Crawder, el vecino del Norte a puñetazos con el primo inglés aventajado. El hecho es falso, pero la novela es verosímil. Y hay persona que jura, sin la prueba, su certeza. No es la primera vez, ni fue la última, en que mexicanos de un bando acusen a los de otro de vender al extranjero la camisa y el honor del pueblo. Y ya aseveran los maliciosos que la bahía de Magdalena, en el Pacífico, entró en el precio de la benevolencia que compran los rebeldes en la Casa Blanca. ¡Y con qué placer se entrega el criollo a estos malignos chismorreos que degradan el sentimiento nacional! Madero agota sus recursos pecuniarios en la propaganda; su padre, sus hermanos, vuelcan sus existencias de plata en la vorágine revolucionaria; Braniff, en sus días de pacifista, presta algunos millares de pesos a la exhausta caja del ministro de Hacienda rebelde; y dirán siempre los adversarios que el Presidente Provisional nada en los caudales de la "Standard Oil", enemiga de don Porfirio. ¡Irritante y mórbida afición la del criollo a ver misterios, maquinaciones, horribles tramas, donde quiera que se muestren la iniciativa y el civismo de sus coterráneos! Y convertido en serpiente venenosa, quita la fe del alma ignorante, e incrusta, en su lugar, decepciones y escepticismo y mentira y superstición. A más atentan los voceros de la intriga. "El pseudo Presidente —afirman— ha claudicado y pacta con el Dictador; y Braniff y su abogado Esquivel sobornan a Orozco"; y proyéctase un golpe de Estado inicuo, soliviantado, como lo está, el caudillaje. "¿Por qué no fusila Madero al general Navarro?", se pregunta Orozco. El Ejército lo desea, pues, a su despecho, discurre todavía con el cerebro de la Dictadura. Fusilar al vencido, es, a su juicio, ejercer un derecho inalienable. La vida sólo corresponde al triunfador. Caer, para morir; esa es la lucha. Por el Plan de San Luis, debe sujetarse Navarro a un Tribunal de Guerra. Y del Tribunal de Guerra iría Navarro al cadalso. Pero... "Se le trata mejor que a los nuestros —añade Orozco desvelado— y su prisión es deleite, abundancia, comodidad. El gobierno revolucionario escatima lo más estricto, la paga y la comida a los libertadores. A Navarro se le cuida con solicitud fraternal y se le premia; se le premia, acaso, el degüello de los nuestros que atrapaban sus mesnadas en el monte." De los razonamientos de Orozco se infecciona el espíritu de Villa, y extraviados los ojos y las palabras y las conciencias, pregúntanse, General y Coronel, si Madero entrega sus preseas a don Porfirio.

Inferior a su gloria, inclinábase Orozco a las medidas violentas. Corta la inteligencia, corta asimismo la lealtad, y de una pieza arrojado y tímido, valiente y débil, inciertos y vagos los ideales, frío el corazón, duro el brazo, medita siempre con ligereza sobre el gatillo de su pistola; conquista, en un segundo, mundial reputación; el entusiasmo lo confunde genio, la patria lo imagina salvador y la Revolución le discierne el segundo puesto; una frase burda es en sus labios rasgo de talento, y junto a Madero un grito suyo pondría de pie, sombrero en mano, a toda la nación. Pero el éxito de Orozco es obra de las circunstancias, como su fama azar de la revuelta. Se siente endiosado, mientras crece su melena de ambiciones, y la gran aventura de su existencia no le deja ver el gran triunfo de su pueblo. Entre los de su casta carece del atrevimiento de Villa y de la tenacidad de Zapata; sube a las alturas en una pompa de jabón; sensible y supersticioso, el gesto de su ayudante lo hipnotiza, y burla, sin enterarse, la realidad. Porque en Orozco no hallará el crítico al simulador de mil cabezas, al que tiene para cada acto de su vida pública un disfraz. Viene del país del silencio, en donde sólo hay, para sus ojos redondos y vulgares, una forma de visión. Escondida en la más recóndita doblez de su trastienda una falsía, el hombre de mundo, el experto, el observador, a poco dará con ella. Muerde una sonrisa. Y el desgano de su fidelidad baña en siniestro resplandor sus mejillas. Encontrábase Madero en consejo de ministros; todos igualmente desprevenidos, el de Hacienda, don Gustavo; el de la Guerra, don Venustiano Carranza, y el Gobernador revolucionario de Chihuahua, don Abraham González, y el padre del Presidente Provisional y otros conmilitones del Apóstol. Intempestivamente aparece Orozco y se dirige a Madero en tono vacilante, ascendiendo a imperativo: "¡Está usted preso!" —le dice.

—"¡Jamás! —contesta Madero al punto—. ¡Antes muerto! ¡Queda usted ahora mismo destituído!" Y Orozco tartamudea sus quejas. El ejército quiere que se cumpla el Plan de San Luis despachando al otro mundo al general Navarro; la gente anda contrariada por la escasez de comestibles, y no es de su gusto el personal del Gabinete, que debe, por esto, dimitir. Se va filtrando ya en la pléyade libertadora la política de molde criollo, con sus vicios tradicionales, con su enjambre de embustes, con sus tenacidades antipatriotas, echando a rodar los principios, destruyendo la cohesión, en un arranque de absurdo coraje. La política a la manera del criollo es, a todo trance, reacción, como si, por una fatalidad trágica, sólo saborease bienestar y dicha, y sólo consiguiese arraigo, retrocediendo; el alma toda consagrada a incurrir en el delito que castiga y en la tiranía que abomina. Por el resorte eléctrico de la sorpresa, los del consejo se levantan de sus butacas, y Madero increpa a Orozco enérgicamente: "La fuerza armada no puede deliberar y usted es un insubordinado, un traidor." Los ministros intentan ganar la puerta y Orozco les impide, con el revólver desnudo, la evasión. "¡Atrás! —exclama—. ¡Son ustedes mis prisioneros!" El Apóstol en breve lucha logra desasirse del General, que no se decide a causarle daño, y en la puerta Villa le estorba el paso. Entonces ¿pensó en la Providencia que lo impulsa y lo protege? Inerme, ¿no pudo ser allí asesinado? Villa es un atleta. Y lo domina el brazo de Madero. En la calle, se enfrenta a un piquete de las tropas que dan apoyo al golpe de Estado. Y bajo las miradas de sus negras pupilas, el Apóstol habla al Ejército este bello lenguaje que admiraría *Timon:* "¡Soldados de la libertad! Vuestro general Orozco se ha insubordinado contra mí, que soy su Jefe y el Caudillo que habéis escogido para derrocar la Dictadura..." La tropa, refieren las crónicas, rompió en un estentóreo "¡Viva Madero!", mientras Orozco, empuñando la pistola, indeciso y trémulo, no sabía si disparar o doblegarse. Madero, en cambio, aumenta en bríos y añade: "¡Soldados! El señor Orozco ha pretendido prenderme y este acto de insubordinación necesita un severo castigo; mas yo lo perdonaré si él reconoce su falta y vosotros me pedís que lo perdone..." La serenidad, en aquel episodio, salva a Madero, y una rápida gestación mental, que le permite rara habilidad y relámpagos de clarividencia, salva a la Revolución. El Ejército prorrumpe en alaridos de entusiasmo y Orozco, lívido, confuso, guarda el arma y se precipita, a los brazos abiertos de su jefe, llorando como un niño." [6] La tropa exalta sus órganos vocales con un "¡Viva Madero! ¡Viva el general Orozco!" Y la endeble unión poco tardará en quebrarse. Orozco no ha de ser el mismo hombre en lo adelante; su espíritu ha sufrido una tremenda conmoción, y de esta sofocada indisciplina, que deja sus rescoldos, habrá de salir la hebra con que borden los adversarios la alfombra de sangre para el martirio del Apóstol. Villa se confiesa víctima de una estratagema y cuéntase que a sollozos rogaba a Madero que le mandase fusilar. "He cometido una negra infamia y tengo el corazón entre dos piedras",[7] decía desesperado el cabecilla.

La turbonada se disuelve y Ciudad Juárez, de nuevo, se expansiona. El empate a la concordia, es, para el Ejército, invulnerable soldadura, y callan sus rapsodias pesimistas los incrédulos. A Madero, el contratiempo le produce locuacidad; parroquia sitiada por herejes que echan a vuelo el campanario; y habla, sin tregua, del incidente a su familia y a sus íntimos y a su Consejo de Ministros y a los negociadores de la paz; comenta la sospecha de soborno que atribuye el pecado a Esquivel y notifica, en el acto, al oficioso procurador, "que no

---

6 Fernández Güell, ant. cit.

7 Fernández Güell, ant. cit.

es persona grata al pueblo armado"; Esquivel se justifica en una epístola, y frisa en los últimos retoques el convenio encomendado por don Porfirio a Carvajal. Navarro, en territorio americano, expatriado para siempre, no está expuesto ya a las venganzas de Orozco, ni oye, desde su encierro, juramentos de muerte con que la soldadesca lo saluda, ni tiembla a las miradas de odio del centinela rebelde. Es acaso el rasgo más atrevido y la más heroica abnegación de Madero; porque él mismo lo ha hurtado al peligro de la horca, al odio de la rugiente plebe, y no ha puesto, en la balanza de su piedad, la indignación de sus huestes que reclamaban la cabeza de Navarro. En su filosofía, curar las almas de Orozco y Villa significa un diploma de mérito para ultratumba. No era, sin embargo, suficiente, si abandonase, imprevisor, disimulado y torpe, a la crueldad sedienta de la tropa la vida del cautivo. Durmió aquella noche satisfecho. En sueños, un juez de luengas barbas blancas, apoyado en su báculo, franqueábale sendas floridas, pobladas de aromas, hacia más altos, más claros y mejores mundos, y en los desfiladeros celestes, peregrino de la eternidad, no veía puñales ensangrentados, ni ojos de traición, a todos los ámbitos amor y virtud, él, caminante sin tacha y sin cansancio...

III

A la luz de los faroles de un automóvil [8] suscribieron los plenipotenciarios el convenio de paz, y, por su texto, renunciarían el Dictador y el Vicepresidente; haríase cargo del Ejecutivo el ministro de Relaciones Exteriores, don Francisco de la Barra; el agraciado, "en los términos que fija la ley, convocaría las elecciones" y acordaría lo conducente a pagar y licenciar al ejército revolucionario e indemnizaría de los perjuicios inferidos por la revuelta. El Dictador anunció su propósito de dimitir y el contento destapóse entre sus propios amigos; dispersábase, como por arte de encantamiento, el círculo de sus íntimos, echada en el escollo la nave sin arboladura y sin quilla, y el júbilo electrizaba a la muchedumbre errátil por los contornos del Congreso y del Palacio Nacional. Servidores de

[8] Fernández Güell, ant. cit.

treinta años, que adoraban al Dictador, inundan el recibo del zalamero De la Barra, que saborea, por inesperado ascenso del escalafón diplomático a la Presidencia de la República, el fruto inicial de las campañas de Madero; y como si el flúido del Apóstol, desde Ciudad Juárez, todo lo reanimara y lo suspendiera sobre las viejas tarimas, la Cámara de Diputados no es ya complaciente areópago de subalternos, el periodista militante revienta las ligaduras del censor, las gentes hablan del suceso en el arroyo y un ropaje de dignidad adorna a toda la República. La multitud recorre las calles y vocifera sus desahogos y choca su desenfreno con las patrullas que protegen al Dictador interceptando su domicilio. La noche se aproxima y velos de negrura bajan poco a poco del cielo encapotado. Las turbas en revuelo, sorben, a los aires, beleños de tragedia. Y ya comienzan las descargas y los gritos y la muerte bajo las herraduras de los caballos enloquecidos. Al fin, don Porfirio viaja rumbo a Veracruz, y entre la escolta, que manda un general de confianza, Victoriano Huerta, parpadean las reliquias veneradas que, envueltas en polvo humano, le despiden: Juárez, interpela; el rencoroso Lerdo de Tejada, acusa; don José María Iglesias, mira callado y triste, y don Justo Benítez, el consejero áulico de sus primeros tiempos, recuerda en frase enigmática sus veleidades. El tren es tiroteado en el trayecto por los rebeldes que infestan la línea férrea. Y un trasatlántico alemán lo conduce a tierra europea, en donde piadoso agasajo endulza las horas primeras del ostracismo. La vida se le agota en lenta y profunda angustia. Y en suelo distante del suyo, que tanto amaba, al fin buscará resignado la hospitalaria tumba. Su vida revistió el atributo de la grandeza, real o verdadera, siempre solemne. Pero su herencia fue dolor; su legado de progreso, el incendio y la nada. Y los tribunales de la historia, en sereno juicio, marcarán sus laureles con el sello indeleble de los errores y del vértigo, hundida, en oleajes de arena, su inmensidad.

CAPITULO XII

Manifestaciones populares.—Madero en la capital.—Rectitud del Caudillo.—La paz "porfiriana" y la libertad.—Madero y el presidente De la Barra.—El "porfirismo".—Regresa a México el general Reyes.—Errores de su vida política.—Acepta la cartera de la Guerra que Madero le ofrece.—El licenciado Vázquez Gómez.—Fosforescencias de anarquía.—La democracia de Madero.—Sus prédicas al pueblo.—Zapata.—Rebeldía de los revolucionarios del Estado de Morelos.—El gobierno ordena a Huerta que ataque a Zapata.—Intercede Madero y va a entrevistarse con el rebelde en Cuautla.—Convenio de licenciamiento de los rebeldes.—Huerta se prepara a atacarlos.—Peligro que corre Madero.—Ansiedad del pueblo de México.—Madero sano y salvo.—El problema económico de Morelos.—Despojo de la Dictadura a los indios.—El reparto de tierras.—El latifundio.—Indios y criollos.

I

Madero fue de Ciudad Juárez a la capital de la República entre homenajes y flores, de pueblo en pueblo, a brazos de la muchedumbre, en todas partes bendecido como un dios. Mujeres descalzas llevábanle sus hijos para impregnarlos de su virtud. Los ancianos lloraban de emoción. Y el Apóstol, predicando su doctrina y su moral, fustigaba a los tiranos y componía sus ritmos a la santa libertad. En México, un temblor de tierra le precede. Y cien mil sombreros, batiendo el aire, saludan al Caudillo. El Ministro de Cuba, en rapto de entusiasmo, arenga a la multitud, y resuena un viva espléndido al general Enrique Loynaz del Castillo, el primero de los diplomáticos en estrechar la mano de Madero. ¡Los hados harían que otro Ministro de Cuba fuese el último! Enorme público llena las arterias centrales de la ciudad, y en un océano de cabezas humanas flotan las estatuas del Paseo de la Reforma y los estandartes y las banderas de los patriotas. El héroe toma la dirección del

Palacio Nacional, donde le aguarda el presidente De la Barra, y cuando sale a los balcones, un grito cien veces repetido y por millares de gargantas coreado le aconseja "que no salga más de allí"; pero el Caudillo se retira a la casa de sus padres, dando un bello ejemplo de pureza y honradez y de respeto a los principios democráticos. Madero se resiste a vulnerar su programa político. En su cerebro no cabe pensamiento distinto a su ideal. Y creyó resguardados en la fe de los convenios y en la actitud complaciente del señor De la Barra, los intereses de su partido, que eran los intereses de la nación. Derrocar a don Porfirio, no obstante su ancianidad, fué estupenda hazaña. Borrar su espíritu del medio ambiente, arrancar su influjo de las conciencias, hubiera sido una de las maravillas de nuestro tiempo. Hasta entonces, la Revolución tuvo enfrente al Dictador. Y el Dictador, como un espectro, desapareció en las tinieblas. Pero don Porfirio continuaba intacto en las almas, pegado a una época, adherido a varias generaciones intelectuales, y el propio Madero ignoró cuánto era menester cavar y destruir en los dominios del antiguo régimen. El Presidente De la Barra marcha de acuerdo con el Caudillo y, sin embargo, no existe afinidad política entre ellos, representante, cada uno, de opuestas doctrinas, hacia diversos fines orientados: Madero, invocando el Plan de San Luis, y el Presidente interino, la Constitución, forjan una legalidad, en amalgama, de esencia "porfirista" juntamente revolucionaria y constitucional, sobre los enmohecidos blindajes de la Dictadura. La paz consolidada, vuelta a su equilibrio, sin despotismo, sería la única justificación del general Díaz, la única justificación de su sistema. Si la libertad no la conturba y, antes bien, la hace fecunda y eterna, Madero reconoce su precursor a don Porfirio y el gobierno democrático es la racional derivación del restrictivo, hija de la tiranía la justicia. Pero el despotismo jamás ha sido coraza de ideales, y los propios amigos del Dictador expatriado agitan la República, y ellos, los que amenazan la obra de don Porfirio, y ellos, los que impiden su gloria póstuma de estadista. La naturaleza de la Dictadura inventó los resortes de la paz a hierro y fuego, de la paz que sólo puede ser paz siendo guerra, guerra sorda, callada, honda, invisible, tétrica, y creó, simultáneamente, los elementos de indisciplina contra la paz que no tuviese por frenos el terror y la muerte. Los aristócratas del "porfiriato" carecen del instinto de su propia conservación. Y son hechura de don Porfirio a imagen y semejanza de su obra de paz. Conocen sólo un aspecto de la vida, una sola fuerza social, un solo disco de luz y una sola verdad en la borrasca. Unidos a Madero, apoyando el régimen popular, salvarían, para la historia, al Dictador, y salvaríanse ellos mismos para la patria. No. Esa, la utopía. Ese, el sueño de Madero. Los "porfiristas" volarán el edificio. Y han de creer que así honran el nombre y la memoria del general Díaz.

Donde no hay libertad hay "porfirismo" y el "porfirismo" lo invade todo, lo estremece todo, lo envuelve todo. El general Díaz, en treinta años de Dictadura, ha hecho únicamente "porfirismo", y el "porfirismo" anula y sustituye la energía nacional, anula y sustituye la personalidad mexicana. La Revolución, aturdida en el remolino de odios y rencores del "porfirismo", siéntese confusa y aun piensa, y lo demuestra, que del "porfirismo" era don Porfirio lo mejor. El "porfirismo" sin don Porfirio es intriga y conjura y demencia, es reacción católica, es vorágine de apostasías, de incongruencias, vorágine de venganza y de suicidio. La Revolución, desbandada, no lo entiende. Y cantos de alondra, sobre los escombros, amenizan la barahunda. Cierto que un ministerio *casi* designado por el Apóstol aconseja al Presidente interino y que el señor De la Barra gobierna en las puntas de los pies, cauteloso, amable, sutil; pero en la selección de los ministros, Madero no tuvo la previsión de un gran revolucionario, sino la de un pacificador a ultranza; e imitó agudezas "porfirianas". El tiene delante, siempre delante, al Dictador, y en sus nuevos discursos de propaganda lo descuartiza. Alucinado, contempla en el vacío a don Porfirio vuelto esfinge; y el "porfirismo", sin que él lo advierta, a intervalos, bate sus tambores, al menos para mostrarse a la opinión despierto. El gabinete es a medias revolucionario. En cambio, el Congreso es completamente "porfirista", y "porfirista" de la más pura cepa el Jefe interino del Estado. Pino Suárez gobierna a Yucatán; Abraham González, a Chihuahua; don Venustiano Carranza, a Coahuila; se ha creado una zona militar en la que Orozco manda a su albedrío, y el general Bernardo Reyes, que vuelve de su destierro, eclipsado el prestigio de otros tiempos, aunque no sin esperanzas de reorganizar su partido, acepta, desde ahora, el Ministerio de la Guerra que le brinda, para el gobierno futuro, el futuro presidente Madero.[1] Parecen vencidos ya los obstáculos mayores, y es que sólo se trata de los obstáculos fácilmente eliminables. Don Porfirio llegó a ser más débil que el "porfirismo". El "porfirismo" *sacrificó* a don Porfirio. Y don Porfirio pudo ser enemigo del "porfirismo" que concluyó por dividirse y desencajarse, en el ancho circo de la Dictadura. Faltó el Dictador, y el "porfirismo" se rehizo en la masa común de los enemigos de Madero, aturdió e ilusionó al general Reyes, falto de resolución y de olfato político y, por esto mismo, sin verdadero prestigio y sin muchos parciales. No le acompañaba la fortuna, y al volver de Europa, llamado por el Dictador, le sorprendió en La Habana, donde hacía escala, el triunfo de Ciudad Juárez. No pudo ser más anómala y peregrina su situación. Madero había luchado contra el despotismo de que él era víctima, y se incorporaba, sin embargo, a las banderas del déspota en contra del Apóstol.[2] Si llega a los postres de la Dictadura, habría sido el árbitro y, acaso, el nuevo Dictador. Embarca en Francia para ir a batirse con Madero, y desembarca en Veracruz con la venia de Madero, por la benevolencia de Madero, con el permiso de Madero y a cooperar, con Madero, a la felicidad y al engrandecimiento de la patria.[3] La esperanza de un empujón de la suerte que lo suba a la Presidencia

---

[1] "Dada la situación en que encontré la República, ansié cooperar a encauzarla dentro del orden; conferencié con el presidente interino señor De la Barra y con el señor Madero que influía poderosamente interviniendo en los asuntos públicos, y manifesté la buena voluntad mía, con motivo de la cual se me ofreció y acepté el ofrecimiento del señor Madero para tomar a mi cargo la Secretaría de Guerra, una vez se verificasen las elecciones presidenciales a su favor..." *(Defensa del General Reyes,* etc., ant. cit.)

[2] "En el primer tercio del año próximo anterior se me hizo saber en Europa que sería llamado por el Gobierno para hacerme cargo de los asuntos militares del país cuando éste se encontraba en plena lucha armada, a lo que contesté que sólo vendría a desempeñar el delicado puesto en tan graves circunstancias, *si se eliminaba del poder al grupo responsable* de las desgracias de la República (alude al partido *científico)* y si se me daban facultades para *hacer concesiones a la Revolución que, según mi juicio, había tenido razón de ser."* *(Defensa del General Reyes,* etc., ant. cit.)

[3] "Se me detuvo en La Habana por orden del Gobierno Constitucional, y tres semanas después se me autorizó por el gobierno interino que sustituyó al del general Díaz para proseguir mi viaje, habiendo sido garantizado por la misma Revolución al pisar el territorio nacional." *(Ibídem.)*

de la República viene a menos. Va a más la ansiedad de presidir...

¡Oh frágiles entusiasmos populares! Un relámpago, y ya las gentes pretenden que ha mermado el crédito político de Madero. Porque, en nuestros países, la política devora a los hombres para empobrecer a los pueblos. Y no hay artimaña que no se emplee, ni instrumento que no se use, en la feroz rivalidad. El solo indicio de mandar un día desequilibra los corazones y hace de hermanos enemigos. No existe dique suficiente a la ambición del poder, y se mutilan los partidos en el afán de arrebatarlo y se trastornan las conciencias con el frenesí de perpetuarse en sus placeres y prebendas. Madero no ve siempre el tamaño de las dificultades, ni es dúctil para disimularlas, ni malicioso para vivir y prosperar en ellas. Y no cuida sus discursos, ni atiende siempre a sus amigos, ni tuerce su flamante democracia. Don Emilio Vázquez Gómez, en el Ministerio de Gobernación, despierta suspicacias, y ya no confían los íntimos del Caudillo en el Ministro de Instrucción Pública, don Francisco, el hermano de don Emilio. En Puebla, corre sangre. Y un grupo intenta establecer en la Baja California, Sonora, Chihuahua y Sinaloa, con los cánones socialistas, una república independiente. No hay absurdo que no tenga un pequeño apóstol de guardarropía. Los indígenas guerrean por los derriscaderos de Chiapas. Y fosforescencias de lucha anárquica hieren los negros horizontes...

II

La democracia tenía, para Madero, un punto de apoyo: las altas clases; y desde el asiento de ellas pretende resolver los conflictos que deja en pie el Dictador. La desigualdad y el despotismo proceden siempre de arriba, y de arriba quiere que desciendan la fraternidad y la justicia. A su entender, la Revolución, metida ya en todas las conciencias, obliga a los intelectuales y a los gobernantes a ser benignos, a ser honrados, a ser piadosos; la Revolución, además, en su pensar sincero, enseña a los ricos el amor a los pobres, enseña a los dichosos el amor a los desgraciados; la Revolución, finalmente, para Madero, al convertirse de partido armado en partido civil, modifica, repara, enmienda, pero no destroza, ni aplasta, ni menos incendia. Por el instinto y por la dulzura del ideal filosófico, es un demócrata de cuerpo entero. Posee la capacidad indispensable al agitador sublime; arrastra, subyuga a las muchedumbres mexicanas, y su prédica es, no obstante, defectuosa como una arenga de Licurgo, a quien guarda parecido por el concepto que tiene de la patria y el deber. A su juicio, la Revolución ha concluído como la siembra de un erial, poblado ahora de trigo, y comienzan ya los cortes de la pródiga cosecha; a su juicio, las fuerzas inteligentes que sirvieron a la dictadura servirán a la democracia; a su juicio, la Revolución va curando las llagas, va borrando las máculas, va poniendo el bien donde quiera que estuvo el mal, con sólo haber pasado por la historia y fundirse luego en la existencia de la nación. Y profunda su contrariedad, inmensa su sorpresa, cuando se entera de la rebeldía de Zapata, que no licencia sus tropas ni abandona su cuartel de Cuautla. De la Revolución caballeresca, de guante de cabritilla, que él ha dado por terminada, nace la Revolución frenética, implacable, del Estado de Morelos; una Revolución que Madero tarda en comprender, porque no es contra un Dictador, porque no admite promesas de arriba, en el clamor de abajo, porque sube del fondo, húmedo y fétido, y no llega a la superficie, ni escala, por su violencia, las capas superiores, ni reclama burocracia ni perdona. Es un retoño de la Revolución capitaneada por Madero, más fuerte que Madero, como el "porfirismo" era más fuerte que don Porfirio. Y he aquí un escultor que teme al peso de su escultura. Madero, a las veces Apóstol y enemigo de Zapata, ama en Zapata a un correligionario y a un discípulo, y ve, con recelo y con tristeza en Zapata, a un infidente. Ambos, cada uno en su plano de acción, estímanse recíprocamente responsables, y quisieran estar unidos y quisieran también reñir, y, juntamente, seguirse y, después para siempre, separarse. Zapata, astuto y torvo, acude a un llamamiento de Madero y recorre, con aire de héroe romano, las calles de México; ofrece, sin idea de cumplir, y se vuelve a la montaña y a su conquista de Cuautla y a su consejo de zorras y a su rifle. Y no aquí todas las inquietudes que amargan al Caudillo "antiporfirista". El Ministro de Gobernación es ya un disidente y no anda acorde con Madero, ni es grato al señor De la Barra, ni observa la disciplina del tránsito; y más revolucionario cuando tocan a serlo menos, pretendiente a ser electo, en vez del Apóstol, cuando la elección del Apóstol está en el alma popular y vale tanto, para las multitudes, como un principio de la pregonada y maltrecha democracia, pierde su cartera y conspira contra su antiguo Jefe. El Ministerio, entonces, no pasa a manos de un amigo de Madero, sino a las de un amigo del Presidente provisional. Y se destaca, del híbrido consejo, la estampa de don Alberto García Granados, que da una vuelta al cerrojo "porfirista" del gobierno. Por todas partes registrábanse asonadas, escándalos, motines. Sonora y Sinaloa se desgarran; en Durango aumenta el bandolerismo; gavillas de salteadores estremecen a Jalisco,[4] y los hacendados de Morelos relatan asesinatos y robos que cometen los leales de Zapata. García Granados no "parlamenta con bandidos" y el general Huerta recibe orden de avanzar contra Cuautla y caer, como un torrente de lava, sobre el cabecilla.

En gravísimo predicamento situaba aquella disposición a Madero, y turbados, urgiéronle a intervenir los de su grupo. Al efecto, expuso el Jefe de la Revolución al Presidente de la República la importancia de un reto a las legiones de Morelos, y obtuvo palabra de que la columna federal no seguiría la marcha mientras él, personalmente, no entrevistase al *Atila suriano,* como la prensa, aficionada en México a estos motes, llamaba al capitán alzado. Un automóvil, a toda máquina, lo traslada, con su hermano Raúl y otros edecanes de confianza, a Yautepec, donde tiene Huerta su campamento, y después de breve charla, continúa su viaje de exhalación. Le han prevenido los de Huerta que peligra su vida en Cuautla, hervidero de malvados, y preságianle un golpe; mas no siente miedo el Caudillo, que lleva por guía la Providencia, y hasta el centro de la plaza no se detiene. La excitación es, en ella, indescriptible; cada brazo es una carabina; el pecho de cada hombre escaparate de balas relucientes, y machetes y cuchillos y pistolas, como en remate, pendientes de cada cinto. La sorpresa paraliza y enmudece a los rebeldes. Y el hercúleo Zapata, a quien hacen rueda sus ayudantes, por invencible impulso de respeto y sumisión echa garras al sombrero galoneado y saluda a Madero, que salta y va a su encuentro decidido. No lleva otra

---

[4] Gregorio Ponce de León. *El Interinato Presidencial de 1911.* México, 1912.

arma que su inmensa fuerza moral. Y convence a Zapata y ajusta, con los comandantes de la foragida tropa, un convenio de inmediata y fácil ejecución: será Raúl Madero encargado del mando militar en toda la zona, y un revolucionario de grandes méritos, don Eduardo Hay, Gobernador; y no quedará, en puesto alguno, un solo soldado federal. El Presidente De la Barra, entre tanto, envió pagadores que licenciaran a los rehacios guerrilleros, y uno a uno fueron éstos entregando pistolas viejas, carabinas enmohecidas y sin gatillo, machetes que sólo harían servicio de serruchos. Acusan desconfianza o engaño o perfidia los montones de hierro viejo que produce la tarea. Y no iba desacertada la precaución de guardar los rifles nuevos y el espléndido parque. El gobierno interino rechaza el tratado volviendo por los fueros de la inmarcesible autoridad: "el ministro García Granados no trata con facinerosos como iguales, y el general Huerta reanuda su avance sobre Cuautla". Las vanguardias avisan que ya se acercan los federales. Zapata se demuda y ruge como una pantera enjaulada y va de un lado a otro y amenaza blandiendo un fusil. "¡Muera el *chaparro!*",[5] gritan apiñadas las multitudes preparándose al combate. "¡Muera el *chaparro!*", claman todos considerándose traicionados por el Caudillo. Madero no pierde su sangre fría. Dominará a Zapata como dominó a Orozco. Y desde el balcón de la Jefatura de Armas habla a los rebeldes, y los rebeldes lo vitorean, sugestionados por su palabra, y en jauría se dirigen a la batalla. Suenan muy distantes los primeros disparos. Y Madero va en su automóvil al encuentro del general Huerta.

En México, la ansiedad crece. Se teme por la vida de Madero, que Madero es todavía un ídolo popular. Y se aglomeran las gentes en el Paseo de la Reforma. Al pie del monumento de la Independencia, un tribuno estupendo, Jesús Urueta, exclama: "El señor De la Barra nos brinda toda clase de seguridades y nos anuncia que las fuerzas federales no se han movido de los contornos de Yautepec. Pero Huerta avanza y avanza, a sabiendas de que en Cuautla está Francisco I. Madero, el libertador del pueblo mexicano, y mientras nosotros deliberamos,

---

5 "Chaparro, en México, persona de estatura baja; *achaparrado*." (Vean el Diccionario de la Academia.)

la vida del Caudillo corre un peligro inminente y Huerta avanza... avanza... avanza..." La exaltación llega al paroxismo. Y vociferando *¡A Chapultepec!,* millares de hombres dirígense al Castillo. La guardia se interpone y una comisión llega con su demanda al Presidente. A poco, la multitud que cubre la colina pronuncia con delirante alegría el nombre de Madero. El señor De la Barra aparece en lo alto del alcázar... El Caudillo está seguro y regresa a la capital.

Tan raro acontecimiento fue objeto de rumores y comentarios y debates de todo estilo, ya por los que desentrañan perversidad, ya por los que acusan de ligereza a Madero, ya por los que tejen, al canto, principios de buen gobierno, o en la réplica, teorías del buen revolucionario, espabilando la neodemocracia. Desde luego, el Apóstol, irritadísimo, censura al general Huerta y no regatea inculpaciones al general Reyes, que ha recobrado su libertad de acción, respecto a su compromiso ministerial, para oponerse a Madero, y funda un comité al que llama Republicano y desea presentar su candidatura al "sufragio efectivo", que él no ha recabado en el combate. Agríanse los ánimos... Divídense los pareceres en el Congreso y en la prensa. Y un orador feliz, que no inspira sospecha de apasionado en la materia, adversario del Apóstol, amigo y, al cabo, Ministro de Justicia y panegirista de Huerta, después de la tragedia final, José María Lozano, salió a su defensa en la Cámara pronunciando estas palabras: "Don Francisco I. Madero creyó que en el fondo de aquella expedición se agitaba un complot y fue, con grave riesgo de su vida, a cumplir a Cuautla un doble deber; deber de patriota, deber humanitario, a ver si lograba por la persuasión calmar a Zapata y evitar así a la República un derramamiento de sangre hermana, y deber de Caudillo, deber de candidato, salvar a un correligionario del peligro. Madero —agregaba— no puede ser censurado ni desde las altas cumbres de la moral eterna, ni desde las llanuras de la moral política."

III

Zapata se encoge de hombros, apura, con sus camaradas, un jarro de aguardiente y prosigue las correrías de la víspera. Aquello de la paz "era una exigencia de Madero", que se le hacía intolerable bajo la careta del disimulo. La paz, para su gente, implicaba inmenso sacrificio, era como volver a la esclavitud y doblar la espalda al trabajo duro y sufrir hambre y morirse de tedio en espera de mejores tiempos, que no verían sus ojos alborear. "El señor Madero —piensa— ha caído en el lazo de los *científicos,* actúa, sin saberlo, o sabiéndolo, para su ruina, a los fines del despotismo que usa traje de etiqueta y sombrero de copa, y ya no es el defensor del pueblo, porque la paz, que ahora pregona, es garantía para el rico y azote para el indio." Además, entiende Zapata, que, en Cuautla, Madero le había traicionado, le había mentido y, sin darse cuenta, se le había escapado. "El hombre de letras, el abogado, el industrial y el clérigo —añade para sí— han torcido *al pobre señor Madero",* y aunque no le detesta, ni se propone perseguirlo, ni si lo coge fusilarlo, ha de combatir, ya eternamente, en su contra; el sarape en guerra con la levita. Y sus batallones asaltan los trenes y saquean los ingenios y dan horribles testimonios de crueldad. Forman a su manera un ejército con su ordenanza; pocos generales y muchos coroneles, y menos que los coroneles los soldados. "El gobierno tiene la convicción de que el problema de Morelos es, en el fondo, de carácter económico", dice el ministro García Granados a la Cámara; y no va en ello descaminado el gobernante, pero, a toda evidencia, no sería parte a resolverlo, ni someterían a Zapata unas cuantas leyes agrarias, ni la aplicación, letra por letra, del Plan de San Luis, que dio la llamada al reparto de las tierras. Observé en páginas anteriores que a Madero, en sus comienzos, la Providencia le habló, a secas, de la democracia estrujada, y punto es ya de advertir que más tarde, en los días de propaganda, la dio en mencionar, a sus oídos, el despojo de los predios, y puso en sus labios párrafos de política social, económica y agraria, entresacando, para su escalpelo oratorio, embustes leguleyos y arbitrarios latifundios; y la Carta Revolucionaria, sin rodeos, declaró que, por abuso de la ley de terrenos baldíos, "numerosos pequeños propietarios indígenas, ya por acuerdo de la Secretaría de Fomento o por fallo de los tribunales de la República", perdieron su minúscula propiedad, y reconoce de justicia "que sean restituídas, las tierras, a los antiguos poseedores". La noble idea se acomoda al sentimiento popular; el reparto ha de ser inmediato y abundante, y felonía, después, negarse a la mensura en los ricos feudos de la aristocracia porfiriana. En el campamento, hay quien hace memoria de los *plateados,* que fueron, en rigor, los precursores, y enternécense, los más fríos en el castigo, al enterarse de cómo los rurales de don Porfirio, sin piedad destruían los ranchos de sus antepasados y a veces ahorcaban a sus abuelos.[6] El indio es agricultor en miniatura, y siembra con esmero y recoge su cosecha y la vende en el mercado vecino. Paga más contribución, proporcional, que los grandes terratenientes. Y lo absorbe el latifundio y entrega, por un ochavo, su jacal, o lo ejecuta, sin motivo, el juez prevaricador, y de orden del gobierno se le mete, por las puertas de su cabaña, un amo que habla inglés o un descendiente, por línea recta, del Cid Campeador. "El fértil Estado de Morelos —dice Mr. Lynd—[7] es propiedad de veintisiete personas." Figura entre ellas el último Gobernador de la Dictadura, don Pablo Escandón, mi azorado amigo, con sus charreteras de Coronel. Y no ya por hambre como por odio, odio bárbaro, los de Zapata, que no tienen tierra suya que cultivar, ni hortalizas, ni menos aún cañaverales, a tono se desquitan aventando, en Morelos, el terror: el hijo del indio —y desde luego el indio mismo— contra el hijo del blanco y contra el mismo blanco y sus derivados. Zapata no es, por eso, correligionario de Madero, si bien coincidió con Madero en sublevarse y juntos derrocaron a don Porfirio. Cierto que la plutocracia, en treinta años de paz y de usura, infligió, al indio indefenso, el agravio de su codicia; pero en la horda que manda Zapata "revienta sus grilletes de cuatro siglos un pueblo sin hogar"; según la frase de Mr. Lynd. "Los indígenas que ocupaban las tierras —añade—[8] fueron entregados a los conquistadores como siervos: más tarde fueron libertados nominalmente, pero carecían de medios de subsistencia y de lugar donde establecerse, excepto las miserables casuchas agrupadas detrás de los amurallados recintos de los señores de las grandes haciendas; como salario se les pagan veinticinco centavos por día y se les da una pequeña ración, cerca de una pinta de maíz; se les permite poseer unas cuantas gallinas y, de cuando en cuando, una cabra, pero

---

[6] Crater, *Piedad para el indio.* México, 1912.

[7] John Lynd, *El pueblo mexicano,* etc.

[8] *Ibídem.*

si revelan inclinación a aumentar su fortuna prontamente se les detiene en ese camino." El peón es deudor, toda la vida, del terrateniente, y sin saldar la deuda no encontraría trabajo en otra hacienda. "Las deudas de los peones —dice Mr. Lynd— se consideran como bienes raíces y forman parte del inventario y se agregan al precio de venta de las haciendas"; el indio es, de hecho, esclavo y pasa de dueño con los árboles de una finca y con los trapiches de un ingenio. Y la horda teme a la paz, porque la paz, para el indio, implica sumisión y pauperismo. La guerra lo enseña a ser hombre y el orden le obliga a ser bestia. Y la horda crece y domina, y emplea contra el *científico* los instrumentos de combate que la civilización ha colocado en sus manos crispadas. El criollo quiere la paz, en ese momento, porque la paz le conviene, será el rey del paraíso que labren los indios. Pero al indio le conviene la guerra, porque la guerra es, para él libertad, y en el cañón de su fusil lleva el cuerno de la abundancia. Ha logrado escurrir la cabeza del cepo que los blancos llaman, en México, prosperidad y adelanto y organización social y política. "Madero, piensa Zapata, era un Apóstol de austeridad y sencillez; no llevaba polainas, ni la ultrajante fusta; pero a la postre veo en él a un blanco de acaudalada familia, y él como blanco raciocina y aspira y aconseja." Madero, con ánimo de santidad, ha removido los fondos de la nación, y no serán sus discursos, ni sus conciliábulos, el coto a las mareas desbordadas. En la pendiente, hay que ir hasta el abismo. Y en el abismo afirmar nuevas y mejores raíces. El cacicato es la cosecha histórica del pueblo mexicano, y al derribarlo, ríndese, con don Porfirio, sobre la huella ensangrentada, el árbol de largas centurias que florecía en exacciones y dio, por fruto, hambre y odio.

Y bien podría vanagloriarse en México Henry George de su teoría, por la cual aumenta la miseria al aumentar la riqueza, por ser la tierra posesión privada, pese al duque de Argyll que, irónicamente, apellidó al sabio californiano *El profeta de San Francisco.* Para los legisladores, la solución estriba en el fraccionamiento de los predios, regresando al sistema primitivo, en una forma disimulada e imprecisa. Y de no exterminar el criollo a la horda de Zapata, Morelos, dividido en lotes, ha de volver a la cooperación comunista, de donde emanarán las autoridades municipales de tipo netamente precortesiano. Pero esta refundición económica de la conquista, del caudillaje, de la jurisprudencia criolla, de las distintas constituciones republicanas y radicales, en el sistema inicial, y que es como la victoria del indio sobre el blanco, disminuirá la miseria aumentando la riqueza, por una ley fatal de la civilización, como si el monstruoso latifundio —el *latifundia perdidere Italiam,* de Plinio, que cita Henry George— fuese el origen de la decadencia y destrucción de los grandes Estados. "El suelo, en Grecia, pasó a propiedad exclusiva de unos pocos —dice el escritor comunista—, y la población declinó, el arte sucumbió, la inteligencia se hizo afeminada y la raza de la humanidad que había alcanzado su desarrollo más espléndido quedó como proverbio y baldón entre los hombres." El blanco procurará por todos los medios pulverizar las huestes de Zapata; dividiendo las tierras, en apariencia de integérrima equidad, ensayará, de nuevo, su imperio, y por la violencia, los cuerpos de artillería, los planes de batalla, procurará destruir la horda y apretar las cadenas de la opresión. Porque el blanco sólo concibe al indio esclavo suyo. Y es ésta, como dice Gumplowicz, "la fuerza motriz de la Historia." [9] El general Roca, en Buenos Aires, limpió a cañonazos de tribus pampeanas los bosques, ahora cubiertos de trigo; pereció, con sus hordas, la dinastía de los Piedras, dejando, en la literatura, entre otras producciones notables, una bellísima novela de Zeballos, *Païné,*[10] y el problema económico y social confióse a los reglamentos militares que mantienen el abuso del latifundio. La horda resistirá y ha de progresar, por su propia naturaleza, o en la pelea continua, lenta, irá por grados extinguiéndose; pero no conseguirán los generales de la República, los discípulos de Chapultepec, ni los instructores europeos, obligarla a dar batalla, en conjunto, y arriesgarse a una matanza. La horda es disciplinada, compacta, dichosa. Ninguno de sus coroneles ambiciona sustituir a Zapata, ni usurparle sus derechos de jefe nato, ni lo envidia, ni denigra su autoridad, ni socava su influencia. En las filas de Zapata, ningún desprendimiento ha hecho de la discordia traición, y se han estrellado, en la gran mole bárbara, el espionaje del criollo, la táctica de la in-

---

[9] *La lucha de razas,* ant. cit.

[10] *Païné et la Dinastie des Renards,* par E. S. Zeballos. París, 1890.

fidencia, la conjura de muerte por la espalda. Es que hay en cada subalterno un jefe, en cada uno que obedece uno que manda. Asesinado Zapata, otro Zapata, de su mismo temple, montaría su retinto. Y si no merma la horda, ni se debilita, ni sufre derrotas, ni abandona posiciones, y no consiente ferrocarriles, ni zafra a los ingenios, ni comercio en las ciudades, y paraliza la vida, que no es su propia vida, irá extendiéndose y multiplicándose, como una sombra siniestra y llorosa por las verdes planicies, llenando los vacíos del criollo ausente y organizándose a la manera de su instinto y de su naturaleza y de sus necesidades, y labrando la tierra y poseyéndola en comunidad, bajo reglas y costumbres peculiares, como las marcas teutónicas o la aldea aymará, de fisonomía puramente agrícola; y resuelto, acaso, veráse, por inercia, el conflicto económico y social que provocó el monopolio de sucesivas tiranías. No serán eficaces, entre tanto, los decretos de la nación, ni las leyes del Congreso, ni las comisiones agrarias, ni los convenios políticos, ni las ligas rebeldes. Dividida la tierra por el blanco y por el blanco distribuída, seguirá la horda en pie, el cabecilla en guardia, los fusiles cargados. Y Zapata, como un cuervo gigante, cubrirá con sus alas negras los vergeles deliciosos de Morelos.

CAPITULO XIII

El pacto de Ciudad Juárez y la Revolución.—Gustavo Madero. Candidatura Vicepresidencial de Pino Suárez.—Los pequeños partidos.—El partido Católico.—Las elecciones.—Madero electo Presidente casi por unanimidad y Pino Suárez Vicepresidente por mayoría.—Madero pretende unificar la opinión pública.—Teorías de Madero.—El general Reyes sublevado.—El licenciado Vázquez Gómez inicia una Revolución.—Chihuahua pertenece a una familia.—Madero y Orozco.—Don Abraham González.—El Ministro de la Guerra sale a campaña.—La locomotora milagrosa.—Rellano.—Suicidio del general González Salas.—Huerta, jefe de la División del Norte.—Villa a punto de ser fusilado por Huerta.—La segunda batalla de Rellano.—El señor De la Barra y la Liga de Defensa Social.—Completa derrota de Orozco en Bachimba. Huerta Divisionario.—Optimismo.

I

Se nutrió el pacto de Ciudad Juárez en las vertientes del "porfirismo", y apenas en vigor, la Revolución victoriosa fue eliminada. El gobierno rebelde cedió el paso, cortésmente, al gobierno que nacía de la Dictadura. Y una doctrina de relativa legalidad, en esencia antagónica a los principios revolucionarios, nubló, pasajeramente, el ideal reivindicador de Madero. La fiebre popular embargaba su ánimo. Coronas de laureles, convertidas muy pronto en coronas de acanto y, después, en coronas de espinas, diéronle, en falso, la sensación del éxito. Y el éxito era relativo como la legalidad que, en mengua de la democracia, el pacto reconoció. Un simple cambio decorativo excitaba, entonces, la voluptuosidad propia de las multitudes, y la Revolución, ambulante, usufructuaba el simulacro de equívocas conquistas; en los intereses prácticos y la expansión material de la Dictadura, engarzarían los revolucionarios la libertad, y la democracia, vertida en los mil proyectos de Madero, sería injerto de virtud teórica en el pecado "porfiriano", y apenas existe ya en incienso el programa de la víspera. A Madero las muchedumbres intonsas lo proclaman el primero de los patriotas y adoran, en él, al Jefe de la Revolución invicta; pero la Revolución, después del pacto, no abarcará la conciencia pública y Madero sólo es el jefe de un partido, algo a manera de un buen pastor espiritual de rebaños idealistas. Cada revolucionario, en seguida, levanta su tienda para medir y comparar, con la suya, la indemnización del compañero; confundióse el gemido egoísta con el valor cívico y la entereza; revolcáronse en el "porfirismo" callado y activo los valores de la campaña saneadora, y tomaron su curso, por el temperamento del criollo díscolo, el desprecio a la responsabilidad colectiva, el despiadado chisme de minucias, la malevolencia y la doblez y la malicia en las relaciones políticas. Madero pretende confederar a todos los elementos que reunió a las puertas desvencijadas de Ciudad Juárez; intenta actuar siempre sobre la masa común, sobre la Revolución unida, compacta en su fantasía; cocina el plato de sus optimismos para el demócrata claudicante y decepcionado, y persiste en la exégesis providencial que lo reanima y lo inspira. Su hermano Gustavo es ahora nervioso arquitecto que prepara el palacio, sin centro de gravedad, en donde habrá de celebrar Madero sus últimas prácticas espiritistas, y ambos clavan ya, sobre la vía franca y dispuesta, los carriles aceitados y brillantes en que rodarán desprevenidos al tormento. Gustavo gana al Caudillo en estatura, no acaso en fortaleza; le gana también, y no lo ignora, en la ciencia de la vida, en estrategia, en audiencia mundana, en ambición terrena, y hace de agente del Apóstol en todo lo que no pertenece al radio moral del apostolado; es lo que, en la jerga política, se llama un hombre enérgico y resuelto, bueno y cariñoso en el seno de su familia, ingenioso y agradable en sociedad, calculador en el comercio, rudo y alevoso en la lid. Ridiculizando el ojo de vidrio que afea su rostro, simpático y noble, sus enemigos palurdos, en el periódico de injuria, en el procaz libelo, en el mercado verdulero, en la plaza de toros, le apodan, groseramente, *Ojo parado,* agudeza de un periodista conservador de mucha trastienda, implacable y enconado, Sánchez Santos; y con galanura francesa, muy de la sutil imaginación del intelectual mexicano, ante todo artista, los parciales del doctor Francisco Vázquez Gómez le llamaron *Su Eminencia Gris.* Entre sus devotos, y, sobre todo, entre sus parientes, era cosa averiguada y sancionada su habilidad, que Pino Suárez, de seguro, atribuía, en reminiscencias de Píndaro, a un don de la naturaleza que, por desgracia, no fue un latigazo al respeto griego de Nemesis, ni tampoco la gimnástica de Herion. Emprendedor y valiente, acarrea los materiales de un nuevo partido, el Constitucional Progresista, y rompe el consagrado pomo que contenía la fórmula electoral del viejo partido contra la reelección: o sea, Madero, candidato a Presidente, y a Vicepresidente, Vázquez Gómez. Porque el desafecto de Gustavo a Vázquez Gómez aumenta, y es, para su grupo de amigos, saña y estímulo febricitante. "Vázquez Gómez —arguye la gente de Gustavo— obstruccionará en el gobierno a Madero: *el enemigo en casa,* como Lerdo de Tejada en los últimos años de Juárez; [1] y dándole la mano, en el momento propicio, le quitará la Presidencia. Su proceder ha sido siempre obscuro, su adhesión siempre fría, nunca con Madero afable, abierto, comunicativo, franco, y un buen olfato habría observado, en las horas de turbulencia, una sorda oposición a los dictados del Apóstol, un recelo sinuoso, un descontento resignado que, de repente, saltaría los broches de ficticia y circunstancial identificación. Hombre de talento, no cabe duda; pero su talento no será útil al gobierno porque sólo quiere ser útil a sus pasiones, y no servirá de auxilio a la patria por el temor de servirle de auxilio a Madero. Toda su labor, en el segundo puesto, será pretender el primero. Reconcentrado en sí mismo, en satisfacciones interiores que le hacen esquivo, indiferente, parsimonioso, glacial, su éxito estribará en no tenerlo Madero, en contribuir al desastre de Madero, manteniéndose irresponsable, con cara de víctima; ave nocturna que tiende el vuelo y recobra la libertad sobre los escombros carbonizados." Y si don Porfirio fue la obsesión del Caudillo, Vázquez Gómez fue la de Gustavo. "Además —añade un satélite de *Su Eminencia Gris*—, el hermano de Vázquez Gómez, el licenciado, el ex ministro, levanta un círculo opuesto a Madero, en contra de la 'boleta' histórica del partido Antirreeleccionista; y no ha sido ello mo-

---

1 Quevedo y Zubieta, *El Caudillo,* etc., ant. cit.

tivo de rompimiento con el doctor, ni el doctor ha mediado, para justicia, sereno, imparcial, entre la disidencia y la Revolución. Por lo contrario, Vázquez Gómez, doctor, aboga por Vázquez Gómez, licenciado, y pide para su hermano la cartera que usó en deslealtad." Y el nuevo organismo de la opinión revolucionaria, en tales malandanzas agitada, convocó a Junta Magna, con el designio, por parte de Gustavo, de traspasar, a Pino Suárez lo que, por derecho, correspondía ciertamente a Vázquez Gómez. Dignísimo ciudadano el que desbancaba al célebre doctor, pero su triunfo en el partido era difícil por el arraigo y por los antecedentes y por las manipulaciones y escaramuzas de Vázquez Gómez, y para imponerlo al sufragio de los delegados, habría de valerse Gustavo de sus armas de combate, que no eran las mismas de Madero. En Hispanoamérica, en donde todo es ilegal, en donde lo ilegal es medio y fin, la legalidad sirve, no obstante, de cabeza de Medusa a los políticos de oficio, utilizándola, como Perseo, para petrificar al adversario. Mas aquí, el petrificado fue Vázquez Gómez, que desconoció la legitimidad de la Convención Constitucional Progresista, él, que había legalizado, a despecho del Plan de San Luis, la Dictadura, y Pino Suárez, con larga refriega de discursos y votaciones, hizo suya la copa de la victoria y suyo el puesto de muerte junto a Madero.

II

Espectáculo novísimo para la juventud y recuerdo brumoso y distante para los viejos políticos, presentábase movido el período electoral; reuniones de mucha o poca importancia, turbulentas o tranquilas, públicas o privadas, renuevan la naturaleza deliberativa de la sociedad mexicana; oradores que a sí mismo se ignoraron, van a la tribuna y hablan de sus derechos y de sus ideales; y sienten los espíritus la necesidad irremisible de asociarse en grupos grandes o pequeños, y de tratar en asambleas mínimas, los que no pertenecen a las asambleas máximas, como cosa propia, de los intereses de la República; liberales de abolengo salen del subterráneo a que la Dictadura los redujo, y en la palestra blasonan del jacobinismo de aquel médico, don Valentín Gómez Farías, que vivió en el destierro vendiendo pieza a pieza su vajilla de plata; o de la pulcritud estoica de don Melchor Ocampo, o de la pureza de don Santos Degollado; y abundan los conatos de partido con sus plataformas de ilusiones y sus candidaturas de parodia, a toda prisa, esfumándose en las cargadas nubes que se ciernen sobre los constitucionales progresistas y, desde luego, sobre las disidencias que capitanean los dos Vázquez Gómez. Porque, si el doctor considera espuria la designación de Pino Suárez, el licenciado, el ex ministro, parapetado en un trasunto de partido Antirreeleccionista, cáptase a los que detestan a Gustavo y la emprenden con el Caudillo; y quieren, el licenciado, nada menos que la Presidencia, y el doctor, con Madero y a pesar de Madero y contra Madero, la Vicepresidencia; mejor aún, si del cómputo de votos, como al azar de una lotería, en la que Madero tiene casi todos los billetes, resultaban, con los dos primeros premios, Presidente y Vicepresidente, ambos hermanos. Y entre los revolucionarios que riñen y los liberales que se desgranan y se dispersan, el partido Católico entra en juego perfectamente organizado y propone por candidato al Presidente interino, que rechaza tamaña honra. Y no es el Católico el único en tentar las ambiciones del magistrado. El partido Popular Evolucionista, invento del último Secretario de Instrucción Pública de don Porfirio, el licenciado Jorge Vera Estañol, insiste en proclamar, candidato suyo, también al que fue su colega de gabinete; y en una breve epístola, calificada entonces de notable documento, expone sus doctrinas encaminadas "a preparar a las clases sociales a una mejor concepción de la sociedad y de sus fines", y declara que "para iniciar la evolución nacional en sus nuevos senderos" nadie aventajaría, ni con mucho, al ínclito señor De la Barra; pero el Presidente interino que rehusó la candidatura católica, siendo, como era, católico, menos admitiría la popular evolucionista, fundándose, en uno y otro caso, en elevadas conveniencias de la patria y, en verdad, por estar ya decidida, de antemano en favor de Madero, la votación, si el sufragio era efectivo. Los católicos, ya en marcha a los comicios, reconsideraron su primitivo acuerdo y adoptaron por candidato a Madero, que no era católico, para así encasillar al señor De la Barra en la Vicepresidencia. Estupefactos, al saberlo, Gustavo y sus constitucionales progresistas, que conceptuaban por enemigos recalcitrantes de Madero a los católicos, vieron en esta sorprendente combinación peligros no previstos para el triunfo de Pino Suárez; pero el Caudillo aceptó gustoso y complacido su redundante candidatura católica, y creyó que tanta gentileza, del contrario, significaba acatamiento a sus ideas democráticas y era, a lo futuro, presagio de armonía. Al Presidente interino, a quien por elogio llamaban sus adoradores *El Presidente blanco,* expresando, en esta síntesis exquisita, un patriotismo de armiño, la táctica de sus correligionarios no logró persuadirle, como persuadió a Madero, y se negaba, persistente y almibarado, a todo lo que significara acatar y admitir la ofrenda. Los del núcleo republicano, nadando en aguas de escaso fondo, trabajaban, sin el favor del ambiente político, en pro del general Reyes, que no recobra su influjo en las clases populares. Y así dispuestos los factores de la cívica jornada, se acercan las elecciones y el fin de la Presidencia interina y el comienzo reivindicador. Una tarde, los amigos de Reyes, en peregrina ocurrencia, sacan a las calles del centro estandartes rojos y carteles, rodeando al General quinientos hombres de su partido; y otros tantos, del contrario, a pedradas los disuelven, imponiéndose por la fuerza a la policía que no puede restablecer el orden; los de Reyes intentan rehacerse, y los del asalto arrebatan sus enseñas y las depositan frente a la casa de Madero, en homenaje al Caudillo. Los republicanos denunciaron a Gustavo por jefe de las gavillas que así conculcaban sus derechos. Reyes emprendió viaje a Cuba, retirándose de la pugna electoral. Vázquez Gómez, el licenciado, corrió a San Antonio de Tejas con su querella. Y Madero, en su última jira de propaganda, cultivaba, en el pueblo, a Pino Suárez, que tenía muy fuertes contrincantes. El doctor Vázquez Gómez no cejó, con sus disidentes en brega; y al señor De la Barra, los católicos, en contra de sus deseos, manteníanle como insuperable candidato. Una noche, el partido Católico ostenta su poder en quince mil ciudadanos que alumbran, con los pálidos reflejos de sus faroles, la imagen de la Virgen de Guadalupe, ricamente bordado en seda su primoroso manto, y recorren las anchas avenidas; otros manifestantes, pero éstos del constitucional y en honor de Pino Suárez, como aquéllos en honor del señor De la Barra, van de calle en calle, pregonando su entusiasmo; a poco chocan bando y bando y salúdanse, con improperios, católicos y progresistas.

Los días transcurren de zambra en zambra; pero las elecciones llegan tranquilas, no obstante el deseo de algunos en estorbarlas con escándalo y de Reyes y Vázquez Gómez, el ex ministro, de que el Congreso las aplace; y llegan, con sus votaciones, casi unánimes para Madero y con la mayoría de sufragios en pro de Pino Suárez, los ánimos en plena calma, los colegios electorales en absoluta normalidad. Las residencias lujosas de los "porfiristas" amanecieron y anochecieron herméticamente cerradas. Y el 6 de noviembre de 1911, Madero, entre arcos triunfales, penetra al bosque y sube la colina de Chapultepec. A los lados del carruaje presidencial galopaban dos generales de la insurrección: Pascual Orozco "sin volver el rostro a los que le aclamaban",[2] y Ambrosio Figueroa luciendo su traje de charro. El cielo parecía sonreír.

III

México pudo vanagloriarse, en aquellos momentos, de ser un país libre. El nuevo mandatario, pese a sus enemigos, era un hombre virtuoso, apegado a sus ideales democráticos, que hacía de la Presidencia un altar de rosas en donde oficiaba el patriotismo. La obra política de don Porfirio, en estricta justicia, fue de suyo pesimista, inspirada, toda ella, en negaciones. Madero, en cambio, traía su fe en el régimen democrático, su fe en el pueblo, su fe en la Constitución, hasta entonces por ningún gobierno practicada; sentía, como nunca, además, la mano directora de la Providencia sobre su hombro; sentía la divinidad en su alma pura y cristalina, y en su política, suave, indulgente, paternal, vibraban las grandes afirmaciones de un sincero apostolado. Todo lo que la Dictadura cerraba, él, de improviso, lo abre; todo lo que el Dictador limitó, él, en un segundo, lo amplía, y no quiso mostrarse exclusivista, ni radical, ni absoluto. En su retina, la nación había borrado al partido Revolucionario; la imagen del bien había borrado a la imagen del castigo, y a todos los ámbitos irradiaba, con su noble mirar, la libertad. El ejército, que en Casas Grandes le hizo morder el polvo de la derrota, fue su ejército; los burócratas de la Dictadura fueron sus burócra-

---

2 Fernández Güell, *Episodios,* etc., ant. cit.

tas, y su Gabinete representaba todas las tendencias, incluso las de su propia familia. Don Porfirio gobernó su descomunal cacicato, con el criterio de un jefe de facción, "de su facción que se ensanchaba —dice un escritor mexicano— hasta abarcar el área total de la República".[3] Y qué inmensa sorpresa la suya al recibir un cablegrama del Presidente Madero diciéndole que no era un desterrado, "que las puertas de México abríanse para él de par en par" y que se le guardarían las consideraciones "debidas a un ex Presidente de la República".[4] El cabecilla rebelde quiere ser, a ultranza, un verdadero jefe de Estado, envolviendo los negocios públicos en su doctrina filosófica, gobernando, a su manera, y también a su manera educando. Pontífice amable, administrador y consejero, decidido a que sea la política interés y ocupación de todos y cada uno de los mexicanos, del indio en su tugurio, del obrero en su taller, del maestro en su aula, del artista, del sacerdote de todas las religiones, del potentado de todas las procedencias. Y así, piensa que no consentirá el país otra tiranía, ni habrá autócratas, ni opresores, ni analfabetos, ni esclavos. La enorme colectividad, en plena consciencia, se entregará a los elementos de su confianza, a los mejores, a los más honrados; renacerá en los corazones la fe perdida en bacanales de sangre, y "la eterna voluntad —como hubiera agregado Fichte— proveerá a todo". Entre los remolinos de su vida accidentada y los quehaceres del poder, escribió y publicó bajo seudónimo, un opúsculo espírita[5] en el cual confirma esta teoría, de la que se burlan los *científicos* de don Porfirio.[6] "Es indudable —dice— que si todos los hombres de bien hicieran a un lado sus egoísmos y se mezclasen en los asuntos públicos, los pueblos estarían gobernados sabiamente y serían los hombres de más mérito y virtud los que ocuparían los puestos más elevados; y es natural que hombres así harían el bien y acelerarían la evolución de la humanidad, no sucediendo lo mismo con los hombres malvados que con tanta frecuencia ocupan dichos puestos, porque a más de no gobernar sino en vista de sus propios y mez-

---

[3] Martín Luis Guzmán, *La querella mexicana.* Madrid. Imp. Clásica Española. 1915.

[4] Fernández Güell, *Episodios,* etc., ant. cit.

[5] *Manual Espírita,* por Bhima. México. Tipografía Artística. 1911.

[6] *Ibidem.* Pág. 76.

quinos intereses, dan un ejemplo pernicioso a las masas que sólo ven recompensado el éxito, obtenido aun a costa del crimen, y ello significa un estímulo para las malas tendencias, a la vez que un gran obstáculo para la virtud, porque, en tales condiciones, el hombre bueno y virtuoso es víctima de toda clase de persecuciones, mientras el malvado que se amolda a la situación es recompensado." Y evocando sus luchas contra la Dictadura, añade: "En un país gobernado por hombres perversos, el vicio y el crimen son recompensados y la virtud perseguida, lo cual influye poderosamente en el ánimo de una gran mayoría que, insensiblemente, se acostumbra a considerar práctico y conveniente todo lo que tiende a armonizarla con tal situación, y sueños, utopía, locura, todo lo que signifique tendencias nobles y elevadas."

Pero los "porfiristas" no tienen la fe de Pico de la Mirándola, según Voltaire, esto es, no se hallan convencidos de que hablara la burra de Balaam, ni de que las murallas de Jericó cayeran al oír el sonido de las trompetas, y, menos aún, profesaron el credo político de Madero, a quien, con la libertad que para ellos mismos conquistó y el consejo de mediar en las cuestiones públicas, hacían la más demoledora y ruin oposición. Cierto que el Apóstol no agotó, en el resto de su vida, el tema de censura al Dictador; pero no tuvo don Porfirio, entre sus adictos, nadie que, como él, en tan alto grado lo reforzara ante la posteridad, sólo por el anhelo de salvar, para México, el desarrollo material que a tanta costa obtuvo; y no admite réplica, desde luego, la afirmación hecha antes por mí, de que en el éxito de Madero hubiera tenido parte, y no despreciable el general Díaz, dividiéndose ambos el derecho de patente de un México futuro, si rico y ordenado, por don Porfirio, si libre y justo, por Madero, y esto era precisamente, y no su democracia, la utopía del Apóstol, y su error trascendental. Porque, así, la Revolución, que pudo rehacerse en el poder, quedó supeditada a intereses "porfiristas", y el gobierno perdía la ruta de su origen. Madero necesitaba ser aún el jefe de su partido para no ser víctima de los partidos rivales; tenía que seguir siendo rebelde para seguir siendo fuerte. Por lo contrario, quiso unificar la opinión respetando todas las tendencias que no entorpecieran la libertad; quiso reconciliar a los distintos bandos y perdonar todas las antiguas faltas y convertir la República en un país de virtudes y de progreso, inspirado y encauzado por clarísimos patriotas. Invitó a don Emilio Vázquez Gómez y al general Reyes "a que depusieran su actitud hostil y regresaran a México", y al hijo de este último, Rodolfo, abogado de gran bufete, le brindó la Subsecretaría de Justicia; de igual suerte, empeñóse en atraer a una franca amistad, que jamás hubo entre los dos, al otro Vázquez Gómez, don Francisco; su Ministro de Relaciones Exteriores, don Manuel Calero, venía de las filas "porfiristas"; a Rafael Hernández, el de Justicia, lo hemos oído hablar, en las negociaciones de Ciudad Juárez, a nombre de "un gobierno ilustre": la Dictadura; y tampoco fue revolucionario el de Hacienda, su tío don Ernesto, como Hernández, gestor de paz; los mismos diplomáticos de don Porfirio sirvieron a Madero: Godoy, en Cuba; el ático prosista Federico Gamboa, en Bélgica; el ex presidente De la Barra, en Francia; y a don Justo Sierra, ex secretario de Instrucción Pública del general Díaz, le confirió la plenipotencia en Madrid, donde, con la muerte del poeta, ocurrida poco después, pusiéronse de luto las letras castellanas. Inútil tentativa, los magnates del "porfiriato", aparentemente retraídos, atribuíanse, entre otros monopolios más productivos, que consumaron, el de la ciencia política, y en cada condescendencia de Madero anotaban una flagrante debilidad, y su respeto al prójimo y su amor al bien ajeno, eran, según ellos, infantil preocupación y, en el fondo, miedo.

El *vía crucis* de los pronunciamientos lo inició el general Reyes en una expedición, por la frontera de Tejas, con tres amigos y dos asistentes.[7] La capital, en conjeturas fantásticas, supuso a Reyes a la cabeza de un ejército algo más numeroso que el de Leónidas en las Termópilas; y el general José González Salas, ministro de la Guerra, envió un regimiento de caballería que no le diese reposo hasta batirlo. Reyes, con su espartano grupo, vagó inútilmente por Nuevo León, que él con mano de hierro había gobernado, y donde imaginaba tener y

---

[7] El señor Fernández Güell, en su interesante libro *Episodios de la Revolución Mexicana,* dice: "acompañado de cuatro amigos y de su asistente..." Pero el propio general Reyes en su *Defensa,* que cito varias veces como documento de extraordinario valor, precisa el dato: "...entré en territorio mexicano acompañado sólo de los señores Miguel Quiroga, David Reyes Retana y Santos Cabazos, más dos sirvientes..."

era inverosímil que tuviese partidarios.[8] Tiritando de frío, desgarrado el uniforme, se rindió a un modesto cabo de rurales, allí, en el país de su ya pasada omnipotencia.[9] Y si, con este acontecimiento feliz, ganaron prestigio de solidez el gobierno y de lealtad el ejército, "columna de la paz y de las instituciones" le llamó la prensa, no bastó ello a evitar otro pronunciamiento, más enérgico por cierto, en beneficio del ex ministro Vázquez Gómez, que contaba soldados por millares y una plana mayor de cabecillas malcontentos del partido de Madero. Fracasó la insurrección, a poco de estallar, en el centro y en el sur de la República, y tocaba a Orozco aplastarla en el norte; pero Orozco regateó siempre al gobierno su recelosa fidelidad, a tanto extremo, que los de Vázquez Gómez tomaron, a precio muy barato, la desguarnecida Ciudad Juárez, dejada en malicioso abandono por el torvo Caudillo de Chihuahua, y corriéronse a la espléndida comarca del río Nazas, entre viñas y algodoneros, en busca de proezas, contra la plaza de Torreón y contra San Pedro de las Colonias, residencia de Madero agricultor; un joven y rico hacendado, José de Jesús Campos, de volcánico temperamento, capitaneaba a los alzados, y un auriga, Benjamín Argumedo, transformado en General, hacía veces de lugarteniente con amplias facultades a su audacia; pero, en heroica resistencia, donde quiera les rechazaban las tropas y los vecinos armados; y volviéronse al norte a referir sus descalabros al licenciado Vázquez Gómez.

IV

El Estado de Morelos pertenecía, según los datos de Mr. Lynd, a veintisiete personas en el momento de sublevarse Zapata. Del Estado de Chihuahua cabe decir algo peor, esto

---

8 "Se enviaron con los últimos recursos comisiones para apurar a los grupos que por el rumbo de Matamoros debían levantarse, por más que no estuvieran del todo organizados, y se mandaron otras a algunas poblaciones tamaulipecas y neoleonesas en donde había gente comprometida." *(Defensa del General Bernardo Reyes,* etc., ant. cit.)

9 "Pero mi prestigio, menguado por motivos que he explicado, se vio al fin que era quimera nacida entre sinceros delirios políticos..." *(Defensa del General Bernardo Reyes,* etc., ant. cit.)

es, que al sublevarse Orozco pertenecía, casi por entero, a una sola familia: la familia del general Terrazas y del señor Creel, ex ministro de Relaciones Exteriores de don Porfirio, ambos en turno, Gobernadores Constitucionales, yerno el segundo del primero, y como si el apellido del suegro aludiese al fabuloso latifundio, el palmo de tierra que no era de Terrazas lo poseía, matemáticamente, Creel, toda, en resumen, propiedad y dominio de los dos, en quienes tuvo el partido Científico expresión, la más acabada y elocuente, de su régimen absoluto. Terrazas —y valga el testimonio de algunos autores a la vista y las informaciones de la prensa, y lo que a menudo he oído comentar a personajes mexicanos— era más odiado por el pueblo que su hijo y correligionario Creel, no sólo por la mayor capacidad y la templanza del último —aquel gobernó a la manera de un tirano—, sino porque, en el orden personal, Terrazas no sabía captarse las voluntades, mientras Creel, a veces, trataba los negocios del Estado, y a las clases bajas, con relativa suavidad. Pero, de todas maneras, Terrazas y Creel fueron igualmente objetivo y blanco de los revolucionarios de Chihuahua, antes de la paz con Madero, y no habría hacienda más mermada que la de yerno y suegro en el caso de una reforma agraria que comprendiese la devolución y el reparto de los predios. Sobrevino el Convenio de Ciudad Juárez entre don Porfirio y Madero; restablecióse la normalidad bajo el gobierno provisional del señor De la Barra, y Orozco regresó a Chihuahua cubierto de laureles y dueño del sentimiento popular, no ya a su pequeño comercio andariego, sino Caudillo de la democracia y, por lo pronto, jefe de la zona militar ocupada, entonces, por fuerzas rurales. Los amigos y empleados de Terrazas, que formaban legión y disponían de recursos, dedicáronse a conquistar el ánimo de Orozco, débil su lealtad a Madero desde la insubordinación que lo había arrastrado en los instantes del triunfo a un gran delito, allí mismo, en presencia del ejército, perdonado, y fácil fue, a la lisonja,[10] perturbar definitivamente su espíritu e inclinarlo, para desgracia de Madero y los propios "científicos" adictos a Terrazas, a la más funesta deserción. El partido Revolucionario tenía su candidato, por antonomasia, al cargo de Gobernador del Estado:

[10] Fernández Güell, *Episodios,* etc., ant. cit.

el integérrimo don Abraham González. Pues bien, los impenitentes "científicos" de Chihuahua resolvieron oponérsele con una candidatura increíble: la de Orozco; pero el General, entonces cuerdo, se negó, entre otros motivos por el enorme escándalo que de aceptar hubiese promovido. Exaltado el sentimiento de su personalidad, y ensombrecida su alma por la vulgar adulación que a toda hora lo soliviantaba, inmóvil, silencioso, triste, nadie ponía en duda su próxima ruptura, a base de cualquier pretexto, con Madero, y en esa ruptura fatal esperanzábanse los enemigos del Apóstol, llegando Reyes, con quien jamás tuvo Orozco la menor afinidad, a nombrarle Presidente Honorario de su Convención nominativa. "Porfirio Díaz —afirmaban los críticos del nuevo gobierno trayendo por modelo al Dictador— se hubiera *deshecho* de Orozco en su última visita a Chapultepec." Madero, no. De los cien mil pesos que reclamaba para indemnizarse de las pérdidas por él sufridas en la Revolución, le concedió la mitad. Y como a Orozco le pareciera poco, sobre todo cuando a Gustavo le había dado el Congreso, en época del presidente De la Barra, cerca de setecientos mil pesos para liquidar las deudas y compromisos del gobierno rebelde —armas, municiones, equipos, y sin contar la fortuna de Madero, invertida toda ella en su obra política—, envió a su padre con instrucciones de insistir en que le abonara el tesoro público la otra mitad. Volvióse el padre de Orozco a Chihuahua con las faltriqueras vacías; ni el Ministerio de la Guerra, ni el generalato del ejército regular, ni el Gobierno del Estado, ni tampoco el dinero exigido, y el acero de su consecuencia y de su lealtad se había por completo oxidado. Y es que, para Madero, Orozco era un grave problema sin solución. Si le otorgaba el grado de general del ejército, "protestarían los generales encanecidos en el gabinete de estudio y en los cuarteles de las circunscripciones militares". Entonces ¿cómo designarlo Ministro de la Guerra siendo un general revolucionario que carecía de conocimientos técnicos y a quien los profesionales no querrían obedecer? Por otra parte, ¿era prudente y equitativo privar a don Abraham González del gobierno de Chihuahua? Y cuando la facción del licenciado Vázquez Gómez tomó a Ciudad Juárez, el jefe de la zona militar, Orozco, en vez de recuperar la plaza, dimitió secamente su empleo, dejando en gravísimo conflicto al Presidente. El primer impulso del gobierno fue no aceptar la intempestiva renuncia; pero el héroe de Chihuahua se declaró en abierta rebeldía y lo siguieron los rurales que mandaba. El Gobernador del Estado, Ministro de Gobernación del Gabinete de Madero,[11] solicitó una licencia del Presidente y fuese a disuadir de sus proyectos a Orozco; pero ya lo habían acatado como jefe supremo las partidas del licenciado Vázquez Gómez, y don Abraham González acudió, por pronta providencia, al coronel Villa, que, a toda prisa y con poca gente, salió a combatirlo. La prensa de México llamó a Orozco *Atila del Norte,* como a Zapata *Atila del Sur.* El ministro de la Guerra, González Salas, a quien los impugnadores del gobierno hacían responsable del desastre, requirió del presidente Madero la jefatura del primer ejército que se enviara contra Orozco, dispuso un contingente de dos mil hombres y rápido emprendió su desgraciada marcha a la derrota. Era excelente su artillería, abundantes el parque y las provisiones y dos bravos coroneles lo secundaban; Trucy Aubert y Aurelio Blanquet. Llega sin novedad a Torreón e inmediatamente sigue en busca del enemigo. Hacia arriba, en un lugarejo que bordea la línea férrea, lo aguarda Orozco y allí se dio la histórica batalla. Corren los trenes y la tropa va satisfecha. Y apenas preocupa al Ministro la confidencia de que el cabecilla Campa ha cargado una locomotora con tres mil libras de dinamita, para lanzarla a su encuentro. Se detiene en un sitio llamado Coralillo y manda que sean saltados los rieles "formando escapes divergentes". Son las diez de la mañana. Los clarines denuncian al enemigo que se acerca. Y en la distante curva se presenta la máquina de la muerte. Se oyen el vuelo de una mosca y el agitado latir de los corazones. La fantasía del hombre no ha inventado cosa que se parezca a esa locomotora del milagro. Y como si hallara un puente invisible, o el humo de su caldera supliese la interrumpida vía, salta, encarrila y se precipita furiosa a los

---

[11] "*Nor Abraham,* como burlescamente le llamaban los científicos de México, era un hombre honradísimo y austero, y representaba en el Gabinete al elemento netamente popular. Refiérese de él que vistió por primera vez levita y calzó guantes el día en que juró el cargo de gobernador de Chihuahua. En México hallábase muy estrecho dentro de la etiqueta y añoraba las costumbres sencillas de la sierra. Su lenguaje era pintoresco y gráfico." Fernández Güell, *Episodios de la Revolución Mexicana,* etc. ant. cit.

furgones del Ministro de la Guerra. El estampido sacude las entrañas del planeta. Y diez mil rebeldes cargan por todos los costados a la desprevenida fuerza del gobierno. Lo impetuoso del ataque impide maniobrar a Trucy Aubert con su flamante artillería. Blanquet, al frente de su famoso batallón 29, se despliega y ejecuta una admirable operación; siempre de cara a los de Orozco, retrocede por escalones, quita, sucesivamente, los primeras líneas, y un minuto a vanguardia, quedan, pronto, de nuevo a retaguardia. El general González Salas dirige sus últimas providencias a salvar los restos de la división que, en sus manos, Orozco ha desbaratado. Supone en poder del enemigo las magníficas piezas de artillería y a Trucy Aubert, cuando menos, prisionero. Lentamente arrancan los trenes militares hacia la plaza de Torreón. Y el Ministro que fue a segar laureles a la verde cuesta de Rellano, considera inmenso, abrumador, intolerable su infortunio. Se encierra en un gabinete del coche especial donde viaja con su Estado Mayor. Y de un balazo pone fin a su inconsolada pesadumbre.

V

Golpe a golpe, la fortaleza del gobierno se resentía, desacreditábase la eficiencia del régimen democrático entre los parciales más fervorosos de Madero, renegaban de la propia libertad, condenando la del prójimo, los periodistas de oposición, y envalentonábanse los aristócratas del acabado Imperio, ávidos de reaccionar. Concluídas las exequias del Ministro suicida, y siempre optimista el Presidente, entregó la cartera vacante a un general discreto, don Angel García Peña, y la acéfala División del Norte al general de Brigada Victoriano Huerta, el último escolta de don Porfirio. Había nacido el nuevo contrincante de Orozco en el Estado de Jalisco; militar de escuela, inteligente y ambicioso, teníanle sus compañeros de armas en grande estima; reposado, astuto, frío, un tanto escéptico, bebedor sempiterno, era el prototipo del soldadote hispanoamericano de mediados del siglo XIX, con los escrúpulos del déspota de Bolivia, Melgarejo; la crueldad espeluznante del paraguayo Francisco Solano López, y el talento de un táctico europeo. A González Salas, al decir de sus biógrafos, lo perdió su temperamento impulsivo, la ceguedad temeraria de su amor propio, la irreflexión de sus acometidas. Y era un hombre de cincuenta años, vigoroso, entendido en su arte, hábil organizador y, sobre todo, muy valiente. Huerta, a esas cualidades unía las que hubiesen dado la victoria a su heroico antecesor; combinó, a prueba de calma, los elementos de combate; hizo prodigios de cautela y previsión; revisó personalmente cada fusil, cada cartuchera, cada ametralladora, cada pieza de campaña; se cercioró de la buena calidad de las cajas de parque, de los puentes portátiles, de los instrumentos para cavar y construir las trincheras y reparar las vías férreas; envió por delante un magnífico tren de artillería, y a la hora de tomar el camino de sus proezas oyó, fingiendo enternecerse, estas palabras del presidente Madero: "General, en vuestras manos recomiendo la suerte de la República; id y regresad victorioso."

Ya en Torreón supo Huerta las peripecias de Trucy Aubert, que se hallaba, por suerte, vivo, después de atravesar el desierto y haberse visto compelido al abandono de sus baterías, en los barrancos, y sufrir hambres y sed y un calor africano, y nubes de polvo en que parecía asfixiarse, la reducida columna en fuga; supo, también, que Villa tenía en jaque a los rebeldes en Durango y que, de orden de Madero, venía dispuesto a incorporarse a la división de su mando, y supo finalmente, para colmo de fortuna, que Orozco, en el palacio de Chihuahua, perdía, en diversiones y con el título de "señor Gobernador", las ventajas que pudo consolidar sobre el campo de Rellano. En Orozco no hubo la materia prima de un hombre extraordinario, como pudo afirmar el panegírico de la causa libertadora; valiente, a la manera de todos los mexicanos que revolucionan, lo demás, en él, correspondió a la vulgaridad mediocre de los mexicanos que no combaten. Su carrera política fue obra de las circunstancias en que inició la pelea, sencillísimo problema de oportunidad y, desde luego, éxito subalterno y gloria refleja. Solo, en las cumbres del mando, en el primer puesto discurriendo y actuando por su cuenta, nada le valdría el pergamino militar, agregado a su expediente de guerrero por la milagrosa locomotora que corrió sobre un puente de aire y humo. Y en aire y humo se trocó pronto su espada.

El suicidio del Ministro de la Guerra, al repercutir en el

alma de Orozco, le dio la sensación de una segunda batalla ganada al presidente Madero, y figuróse autor y director de un movimiento nacional. Extendió el nombramiento a dos agentes confidenciales para el gobierno de Washington, aferrado a la costumbre de todos los jefes revolucionarios mexicanos, antes y después de Orozco, y creyendo, acaso, porque él era víctima de un espejismo que lo trastornaba, y creyendo, repito, que tenía muchos admiradores en la Casa Blanca, lo mismo que en todas las casas de los poderosos de la Tierra; ambos agentes, a semejanza de otros funcionarios que designó, eran tomados al partido Científico de Chihuahua, esto es, a los parciales del general Terrazas; y todos, el Generalísimo en su Palacio, los agentes en sus oficinas diplomáticas y la menuda burocracia, olvidaron la existencia del licenciado Vázquez Gómez, que, al enterarse del triunfo de sus armas y la proeza de su General en Jefe, atravesó la frontera. De acuerdo con el padre de Orozco, Gobernador Militar de la plaza en Ciudad Juárez, asumió la Presidencia interina de la República, y en premio a los méritos adquiridos en campaña por el joven Orozco, al designar los miembros de su Gabinete le honró con el Ministerio de la Guerra; pero al nuevo ministro la noticia de su ascenso le causó indignación, porque el licenciado Vázquez Gómez había sido ya eliminado en las combinaciones del Palacio de Chihuahua, y dio orden, a Orozco, el viejo, de expulsar, por pernicioso, del territorio mexicano, nada menos que al Presidente interino de la República. Soberano chasco llevóse el licenciado con la radical disposición de su Ministro de la Guerra, quien, a su entender, como el de Madero, también se suicidaba, políticamente; y afligidísimo, traspasó, ya por última vez, la frontera, resuelto a no aspirar más a Presidente.

VI

El jefe rebelde, en su apoteosis, da al jefe de las tropas del gobierno el tiempo que su pericia y cautela requieren; y mientras dirime el faccioso cuestiones de alta política y riñe con Vázquez Gómez, el licenciado, y estudia diplomacia y etiqueta palatina y diversos géneros de literatura caudillesca, Torreón es todo actividad y esfuerzo y disciplina y entusiasmo; y Huerta, sin nervios que le den prisa, ni agitación de espíritu, ni clase alguna de impaciencia, cava la fosa en que han de perecer las guerrillas del enemigo. Inmóvil, en Torreón, hacía inmenso daño a los de Orozco, incapaces de compartir unidos las fatigas de una campaña seria, ansiosos de luchar desparramados e independientes y con verdadera alarma por hallarse exhausto el erario de Chihuahua. Sólo Villa, en el campo de los de Huerta, desconoce la importancia de aquella calculada y genialísima inacción y pone en marcha, contra Orozco, su columna, y no se cuida de las órdenes del General, que son estrictas e irrevocables. Pero Huerta se entera en hora todavía de contener su avance absurdo, manda gente a perseguirlo, y copado, en rápida maniobra, le conducen preso al campamento donde está decretado el fusilarle. Villa se resigna a la suerte que le depara su intrepidez y lo espera el cuadro que debe cumplir allí mismo la sentencia. Los cuentos que improvisa la fantasía del poeta, en México tienen realidad; y, a un milímetro de la muerte el terrible *Pancho* Villa, cae de los cielos, como ángel de su guarda, Raúl Madero y suspende la ejecución; se dirige a Huerta, en su cuartel, y solicita el indulto del reo y se refiere al desagrado del Presidente si a Villa se le dan los pasaportes al otro mundo. Huerta no adivina, en lontananza, a Villa destruyendo, en Torreón precisamente, su futura tiranía, sobre las cenizas de Madero. Accede a conmutar la pena y un calabozo de la prisión de Santiago, en el Distrito Federal, se traga al Coronel. Huerta continúa dando a Orozco una batalla de quietud, de silencio, de agotamiento. Orozco se decide a flanquear al adversario, y las fuerzas que salieron de Chihuahua, con tal fin, volvieron a Chihuahua castigadas por Trucy Aubert, ávido de saldar las cuentas pendientes con Orozco, las hambres del desierto y las baterías hundidas en el barranco. Orozco, en persona, toma el gobierno de su ejército, y es ahora el general Rábago quien despedaza unas brigadas rebeldes y Huerta quien dispara, desde alturas estratégicas, los cañones. Orozco, aturdido, cree, sin duda, que no se ha de mover el enemigo; pero Huerta, con su táctica de hiena, se precipita, como un rayo, sobre el faccioso desprevenido, repara las vías y los puentes que González Salas voló al retirarse, y desafía, en Rellano, en el teatro de la anterior derrota, a la flor y nata del bando rebelde, atrincherado en las malezas. Un diluvio de plomo, apenas rotas las hostilidades, cubrió de cadáveres la cercana colina y, aterrorizados los insurgentes, huyeron hacia el norte; Campos, en brioso caballo, reunía las líneas de su desmoralizada tropa sin reanimarla, y Huerta fue dueño y señor de Rellano, en tanto Orozco, atribulado, volvía, en lujoso coche del Ferrocarril Central, a su Palacio de Chihuahua.

Al sublevarse contra Madero los parciales del ex ministro Vázquez Gómez, renunció el señor De la Barra su Plenipotencia en París y, llamado por amigos indiscretos, fue a México, en la esperanza de que, a la bancarrota del gobierno, cayera el poder en su regazo; y los constitucionalistas, que inspiraba Gustavo, asustáronse al punto de hacerle responsable, en un mensaje, de los perjuicios que atrajera, a la patria, su conducta; mas el mensaje no gustó al Presidente y, como era su costumbre en estos casos, declaró, a la faz de la nación, que vería con agrado el regreso del diplomático dimisionario al seno de la República. Comienza aquí el segundo capítulo de cargos del partido Constitucional Progresista en contra del señor De la Barra. El primero, desde luego, se desprende, lógicamente, de su Presidencia interina. Ya en México, "y para suscitar dificultades al gobierno" —dicen sus enemigos—, creó la Liga de Defensa Social; supuso que Orozco, vencedor, considerándose incompetente para asumir la Presidencia, le entregaría el botín de la revuelta, y "envió al General sedicioso una embajada con pretexto de la Liga", sin obtener contestación satisfactoria, ni promesa en firme. El fiasco de González Salas no dio quehacer a la Liga ni manifestó ella ímpetu alguno en cuanto a defender la sociedad, no obstante la sospecha, muy generalizada entonces, de que el gobierno se descuajaba, que es lo peor que podía suceder a la sociedad indefensa. En cambio, la Liga y sus directores, el señor De la Barra, el ex ministro García Granados, que aborrecía sin disimulo a Madero, y otros personajes prominentes del antiguo partido Científico, sobresaltáronse al conocer el fracaso de Orozco y el éxito de Huerta, es decir, cuando ya la sociedad se defendía por sí misma y el gobierno se afianzaba, y pretendieron que admitiese Madero su mediación. "Huerta —dijo el Presidente— es el enviado de paz que el gobierno tiene autorizado y pronto reanudará las negociaciones, en el propio Chihuahua, con tanta felicidad como en Rellano." Y a la energía del Apóstol correspondió la de Huerta.

Con los retazos del triturado ejército, y sin el socorro pacifista de la Liga, se apresta Orozco a una desesperada tentativa y fortifica los desfiladeros de Bachimba. Los federales marchan a su encuentro y pocas parecen a Huerta las más extremas precauciones en la jornada. El cuerpo de exploradores a cada momento extrae bombas de dinamita ocultas en la vía. Salta las carrileras junto al precipicio y treinta carros de materiales explosivos, que dispara Orozco a repetir el milagro de Rellano, vuelan al abismo. De improviso, las avanzadas participan al General que don Abraham González, el Gobernador de Chihuahua, con el traje raído, hirsutas las barbas, macilento y desencajado el semblante, en compañía de unos cuantos hombres, corre a saludarlo. Huerta le dispensa cordial acogida, y González refiere su odisea con pormenores. En México dábanle por muerto y sus fieles amigos le lloraban. Escondido en lugar seguro habíase hurtado el Gobernador a los designios de Orozco. Y al ruido de los cañones de Huerta, en el desconcierto de Chihuahua y la turbación de Orozco, burló el espionaje hasta las filas del triunfador. A su lado, Huerta, con los anteojos, observa las posiciones de Bachimba, y un artillero de talento, Rubio Navarrete, emplaza los morteros. Orozco fía la suerte a una sorpresa y mueve sus jinetes a capricho. Para cargarles, tiene ahora Huerta carabineros de Coahuila, que le ha proporcionado el gobernador Carranza, y a estilo de los mamelucos y cazadores del general Rapp, en Austerlitz, arrollan al enemigo hasta las inútiles trincheras. Atacan de flanco los infantes rebeldes y galopa por la llanura, desenfrenado, otro regimiento de ardorosa caballería, derecho a los cañones federales. Los artilleros esperan, firmes, la embestida. Juegan, entonces, los fusiles. Y la hiena, en su táctica, devora a los tigres del bravo Campos. Huyen, como antes, las tropas facciosas. Y en su lujoso coche del Ferrocarril Central busca Orozco el refugio de Ciudad Juárez.

La victoria ha sido definitiva y extirpada la injusta Revolución. Huerta, al frente de sus héroes, entra en Chihuahua como un conquistador y devuelve a don Abraham al Palacio del Gobierno. El general Rábago desaloja de Ciudad Juárez al fugitivo Orozco y todavía lo alcanzan los federales en Ojinaga. Se interna en los bosques el vencido. Y desaparece como un fauno entre las hojas y el follaje y el cristal de los ríos.

En México, no cabe de júbilo el gobierno. Y repártense los premios con pródiga gentileza. Madero eleva a Huerta a la primera jerarquía del ejército, y con su banda de General de División pide licencia para curarse de una grave enfermedad en los ojos. A Trucy Aubert la familia del Presidente le regala una casa. En el hospital, sana Blanquet un pie herido y a su lecho le lleva el Apóstol un diploma de General y un reloj de oro con incrustaciones de brillantes. El optimismo refresca las conciencias en derredor del Presidente.

CAPITULO XIV

Efecto de la rebelión de Orozco.—Campaña militar en Morelos.—Una partida de las huestes de Zapata detiene al general Riva, Ministro de Cuba.—Sublevación de Félix Díaz en Veracruz.—El Embajador americano aprueba el movimiento.—El general Beltrán bate a los rebeldes.—Félix Díaz condenado a muerte por un Consejo de Guerra.—Gestiones para salvarle.—Félix Díaz internado en San Juan de Ulúa.—La partida de la Porra.—Discursos de Calero en el Senado.—El triángulo luminoso.—Opinión del Vicepresidente.—Los intervencionistas mexicanos.—Un despacho confidencial a la Cancillería cubana.—Importancia política de las noticias falsas.—Pedido de un barco de guerra americano por los cónsules en Veracruz.—Instrucciones al de Cuba para que se aparte de esa gestión.—Alarma en el gobierno.—Félix Díaz trasladado a la Penitenciaría Federal.

I

La insensata rebelión de Orozco fue para Madero un desengaño y quebrantó, profundamente, a su gobierno. El país echaba de menos al sistema coercitivo de otra época; burlábanse los periódicos de la benignidad presidencial, y acentuóse, en todas las esferas burocráticas y, sobre todo, en el Congreso, la indisciplina. Sublevarse, a juicio de las gentes, era cosa de poca monta; destituir al Apóstol, empresa muy sencilla, y brotaban, de continuo, apologistas de don Porfirio, hombres libres en añoranzas de esclavitud. Por otra parte, el triunfo de Bachimba había colocado la suerte de Madero en las bayonetas de Huerta, y sobre la espalda de Orozco, apabullado, se erguía, fatídico y amenazador, un elemento más de turbulencia. El gobierno creyó, por un instante, y Madero hasta el desenlace trágico y su tortura, que había redoblado su fuerza con la huída y escarmiento de los insurgentes de Chihuahua, y que días de sosiego y tranquilidad sucedían, ahora, a los de procelosa inquietud y alarma; pero la reacción, que laboraba por el advenimiento del régimen despótico, calcado en el porfirista, decidió voluntades indecisas, en vista de la anemia que iba estragando los músculos del maderismo. Y maderismo y no otra cosa era ya el partido en que sustentaba su política el gobierno: partido maderista amorfo, en vez de partido revolucionario, que, de la gloriosa Revolución de 1910, apenas quedaban vestigios y algún recuerdo heroico y los amargores no endulzados por el goce del poder. Era maderismo y tenía, sin embargo, poco de Madero, poco de su orientación filosófica y de su tendencia y de su justicia y de su bondad; era maderismo y no contaba con la aquiescencia de Madero, con la inspiración directa y personal de Madero, y en lugar de sostener, con poderosas columnas, al gobierno, era el gobierno su única fuerza política, y su único brazo el brazo de Madero. De ahí las tremendas disensiones, la infidelidad reinante, el desconcierto abrumador, y de ahí que, en última instancia, la única fuerza y el único soporte de Madero y del maderismo fuese el ejército, que no era, ni con mucho, maderista, que no podía ser maderista porque los maderistas lo habían humillado, precisamente como ejército.

Aplastado Orozco, no se restablecía, por completo, la paz ni cesaba para el gobierno el problema funesto de la guerra intestina. Zapata y sus turbas de coroneles enseñoreábanse de las montañas y de los pueblos y las haciendas del Estado de Morelos. Inútil había sido enviarles comisionados que arreglasen, con una junta de jefes, convocada por el propio Zapata, en Ayala, generosas bases de honrosísima capitulación. Las tropas federales "ejecutaban un movimiento envolvente" para cazarlos, y Zapata huye y entiende que el gobierno lo ha traicionado; y se malogran las negociaciones comenzadas que, de todas maneras y por cualquier pretexto fútil, Zapata hubiese desconocido. Un joven comandante de rurales, oficial de la guardia del Presidente, Cosío Robelo, sale a campaña y regresa derrotado. Otro joven, de mucha gallardía, que no sabe del miedo, el comandante Zambrano, también de la guardia del Presidente, da la cara a las hordas y muere, en Jojutla, heroicamente, después de hazañas increíbles.[1] El ge-

[1] Fernández Güell, *Episodios,* etc., ant. cit.

neral Juvencio Robles, con su brigada, persigue entonces a Zapata y prende fuego a las aldeas y dicta bárbaras medidas, que acentúan el encono de la plebe y los horrores del pillaje. Una tarde, atraviesa las cercanías de Cuernavaca el rápido automóvil en que pasean, alegremente, varios distinguidos caballeros. De pronto, surgen de las malezas, como galgos, unos cuantos émulos de Zapata y lo detienen dando el alto con chirriante gritería. Uno de los viajeros, prontamente salta a tierra y exclama: "¡Soy el Ministro de Cuba!" Y aquellas gentes, que nunca habían visto un Ministro, lo miraban como si fuese extraña aparición. ¡Un Ministro! Y un Ministro joven, de amable fisonomía, fuerte, ágil como un paladín. El Coronel que mandaba le interrogó con desconfianza de su título diplomático: "¿Ministro?"

—"Sí, señor, Ministro..." Y aunque no era el foragido muy ducho en diplomacia, comprendió que aquel personaje no tenía culpa de las miserias del pueblo ni de las persecuciones de la tropa federal. "De Cuba...", dijo, luego, reconstruyendo, en su mente, las palabras del Ministro... "Sí, de Cuba —afirmó el diplomático—, Ministro de la República de Cuba. El representante de un pueblo amigo de México..."

—¿Su nombre? —preguntó el Coronel.

—¡General Armando Riva! ¡Ah, General!

Ya eso era algo más, y, sin duda, mejor. Para un Coronel de las hordas de Zapata un General de Cuba resultaba una verdadera curiosidad. Y le estrechó la mano repitiendo: "General, General..." Entonces, el Coronel, instintivamente, se condujo con la cortesanía de un acabado diplomático. "Ya usted ve, mi General —dijo en voz muy alta para que le oyesen los amigos de Riva, que, espantados, no se habían movido del automóvil—, ya usted ve, mi General, cómo andamos ahora los mexicanos." Y el Ministro reanudó su vertiginosa excursión por el bosque. La Cancillería mexicana hizo al general Riva la súplica de una reserva discreta que evitase torpes comentarios. Y la singular aventura quedó sepultada, hasta hoy, en una breve nota confidencial escrita por el Ministro al secretario Sanguily.

II

El partido que sostuvo a Orozco, en Chihuahua, tenía conexiones con todos los partidos, matices de todas las rebeldías y de todos los descontentos y buena era la espada del General para un "porfirista" intransigente como para un prosélito de los Vázquez Gómez, licenciado y doctor, que blasonaban de revolucionarios y enemigos acérrimos del "porfirismo", aunque, ellos mismos, por su intolerancia, alentadores de la reacción "porfirista", no obstante aquejar al "porfirismo" el achaque del "maderismo", sin el apoyo de don Porfirio o sin un don Porfirio con quien contar. Pero la jefatura de aquella masa híbrida resultóle ancha al desvanecido Orozco, que necesitaba locomotoras mágicas para ganar los combates, y la reacción, que era la mitad del partido desmembrado, pretendió ser, en lo adelante, un partido completo, con un Caudillo propio, con una bandera suya, y en los prodigiosos talleres de "la paz porfiriana" fundió el sable de Félix Díaz, alzado en Veracruz. Un manifiesto, con los requisitos literarios del género, puso en autos al país de los desvelos del Brigadier, ansioso de la paz, ocupado en encender la guerra. Y la reacción "porfirista" que no pertenecía por completo a la pléyade científica, porque el Brigadier, en los tiempos de la Dictadura, odiaba a los *científicos* y a Limantour, no hizo distinciones de esta guisa contra Madero; adquirió los caracteres precisos y lucientes de "una reacción dinástica", y el sobrino del ex monarca ciñóse la ridícula diadema del Príncipe Imperial. A Mr. Henry Lane Wilson, embajador de los Estados Unidos, le pareció excelente la idea de una restauración, y expuso, en la prensa americana, su criterio favorable al Brigadier; y con falta absoluta de instinto político, seguro del éxito de la nueva rebelión, auguró bienandanzas a México bajo un segundo "porfiriato". El gobierno encomendó al general Joaquín Beltrán la tarea de capturar al Príncipe y a su desvalida corte y someterles a un Consejo que acabara, de una vez, con la regia quimera. Los diputados maderistas cobraron ardor en el peligro; el gobierno tuvo, de su lado, al Congreso, y Urueta pronunció, conmovido, hermosísima arenga que los cronistas compararon a la palabra de Vergniaud. "Brenno está a las puertas del Capitolio —dijo—, pero nosotros sabremos morir en nuestros puestos, como los senadores romanos, y mi sangrienta cabeza clavada como la de Cicerón a la tribuna, hablará con más elocuencia que nunca a los verdugos de la República, reprochándoles su villana acción. . ."

Entraba en los cálculos de Félix Díaz que todo el ejército acudiese a su llamada pronunciándose en contra del gobierno, y apenas enteróse de que Beltrán se acercaba, le envió un oficial, so pretexto de la Cruz Roja, para incitarle a traicionar. No consiguió su objeto el equivocado Príncipe y pronto fue hecho prisionero, sometido a un Consejo de Guerra y sentenciado a la pena capital. En México, la excitación subió de punto y los constitucionales progresistas, en tropel, acudían al castillo de Chapultepec pidiendo la muerte del Brigadier.

"No es venganza sino justicia lo que pide la nación —respondió Madero a los manifestantes—, y yo demostraré que si hasta ahora he sido suave y benigno, esperando a que los perturbadores del orden volvieran sobre sus pasos y aceptaran el sistema democrático que ha implantado mi gobierno, en lo adelante seré inexorable." [2] Y mientras el maderismo solicitaba, como el último recurso de salvación, el suplicio de Félix Díaz, una comitiva de señoras principales, crema del "porfirismo", requería del Apóstol precisamente lo contrario, esto es, la vida del Príncipe rebelde. "Señoras —les dijo Madero— yo no soy más que el ejecutor de la ley, y tan indigno sería de mí el perdón como la venganza. Yo no aconsejé al señor Félix Díaz que se alzara en armas apartando de la obediencia a dos batallones y tampoco lo he condenado a muerte por su deslealtad y rebeldía. Un Consejo de Guerra lo ha juzgado. Consejo en que tomaron parte jefes pundonorosos del ejército. Yo no he de interponerme entre la ley y Félix Díaz. Si algún recurso legal puede amparar su vida, que se ponga en práctica. Yo no lo salvaré, pero tampoco lo ajusticiaré. Una coincidencia providencial hace que un Consejo de Guerra condene a muerte a Félix Díaz en el mismo lugar donde inícuamente fueron asesinados tantos infelices por orden del ex Dictador. Esos individuos tenían madres, esposas e hijos, y nadie imploró por ellos misericordia, y se les vio fusilar fríamente, con suprema

[2] Fernández Güell, ant. cit.

indiferencia. ¿Y cuál fue su crimen? Amar a México y anhelar su libertad. También los soldados leales que acaban de caer en Veracruz en defensa de las instituciones tenían madres, esposas e hijos, y Félix Díaz fue la causa de su muerte. Yo no soy vengativo. Creo haber dado pruebas de lo contrario. Pero la piedad tiene su límite, y en un jefe de Estado es un crimen lo que en un individuo cualquiera es una virtud." [3] La comisión se retiró indignada y abominando del bello lenguaje de Madero. Después corrió en lenguas la versión de que el Presidente había humillado a las aristocráticas damas, y los antiguos dominadores del grupo *científico* pintaron, a su antojo, la "crueldad grosera" de Madero. Sin perder minuto, el hijo del general Reyes presentó un escrito a la Corte Suprema de Justicia en demanda de amparo, y fundábala en que el Príncipe renunció antes de sublevarse, artimaña muy en boga entonces, a su condición militar, y a los tribunales civiles competía, y no a los de guerra, entender en el proceso. La Corte acogió el amparo y dispuso, en un despacho telegráfico a Veracruz, que la ejecución se suspendiera, entre tanto se tramitaba la causa por los procedimientos ordinarios.

El gobierno y Madero y los maderistas admitían que la muerte del Príncipe era de importancia definitiva en aquellas circunstancias tan críticas, y no se ocultó, al Presidente, la evidencia de que sólo escarmentando al partido reaccionario y dando pruebas de una dureza inflexible e inquebrantable recobraría el gobierno su gastada fuerza y el ejército su confianza en el Presidente. Fusilado Félix, la restauración dinástica no alzaría de nuevo sus fauces, el amedrentado *científico* respetaría, como jamás lo respetó, al gobierno liberal, y la opinión, educada en la severidad porfiriana, sentiríase respaldada y firme. La rebelión de Félix Díaz era, en el fondo, rebelión de siervos que no tienen y quieren amo, rebelión de improvisada nobleza que ha sido postergada, rebelión de antiguos cortesanos que quisieran ver, de nuevo, en la frente de un déspota, la vieja corona. Y todo el problema de Madero, a juicio de los maderistas, era hacerse amo y señor de aquella sociedad educada en la obediencia, y el llamamiento, a sus plantas, no sería otro que la descarga del cuadro que fusilara a Félix Díaz. Uno

---

[3] Fernández Güell, ant. cit.

de sus edecanes le aconseja cortar las líneas telegráficas; "así —añade— el despacho del Tribunal Supremo no llegará a tiempo al de Guerra, y la sentencia ilegal quedará, para bien de todos, ejecutada... El telégrafo —prosigue— es fácilmente interceptado. Y nadie pondría en duda que lo hubiese interrumpido alguna pandilla de Zapata..." Pero el Apóstol repugna esa apelación claudicante al "porfirismo" y aboga por los fueros de la justicia. ¿Para qué derrocaron los revolucionarios del Plan de San Luis al Dictador, si ahora se emboscaban contra la ley escrita, y donde mismo había trazado la Dictadura una página de sangre cometían ellos un crimen vergonzoso? Y aquí se impone lo que hay en Madero de admirable: su entereza moral; porque, al revés del gobernante al uso, el poder no ha nublado su tendencia al bien, cada segundo más límpido su espíritu cristalino. Y no es que haya flaqueado su energía, porque la energía estaba en no ceder a la insinuación de eliminar sin responsabilidad a su enemigo; ni tampoco era, como observan otros, generoso alarde, porque su único argumento fue el Código. Y nunca dio ejemplo mejor de pureza y rectitud un estadista en su desesperada situación. No haber "desaparecido" a Zapata cuando vino a visitarle, cuesta la anarquía de Morelos. No haber muerto a Orozco a la hora en que lo acompañaba a jurar la Presidencia, costó la revuelta de Chihuahua... "¡Y salvará usted ahora del cadalso a Félix Díaz!", exclamaba amargado uno de sus fieles. El ministro de Gobierno, don Jesús Flores Magón, opina de igual modo que Madero, y a los jueces, en Veracruz, llegó el telegrama, y Félix Díaz salió de la capilla para un calabozo de San Juan de Ulúa.

III

Don Porfirio encarcelaba al periodista y confiscaba la imprenta del adversario. Don Filomeno Mata, que mantuvo siempre su bandera antirreeleccionista, desde la época de Juárez, y fue, por ese ideal suyo, "porfirista" en Tuxtepec, pasó media vida en las mazmorras de Belén. Madero contuvo el desenfreno de los periódicos adquiriendo acciones de las empresas de importancia con dinero de su familia. No obstante, la oposición fundaba, a diario, libelos difamatorios que resquebrajaran el prestigio del Gobierno y, sobre todo, la popularidad extraordinaria del Apóstol. El sarcasmo, la sátira, la injuria, saciaban su odio en innoble retórica, y las acciones más elevadas de Madero arrancaban, a la tremenda literatura de oposición, artículos de insidia que trastornaban el criterio público y cubrían, al Presidente, con el disfraz de lo cómico y lo absurdo. En los mismos órganos maderistas el periodista pérfido se había introducido, y el redactor de uno de sus diarios, después de entrevistarse conmigo, para hablar de mi persona a sus lectores, me regaló con estas notables declaraciones: "Ha venido usted en mala época, señor Ministro, y pronto ha de ver al gobierno hecho pedazos y a Madero acaso navegando hacia Europa. Es un Apóstol a quien la alta clase desprecia y de quien las clases bajas recelan. ¡Nos ha engañado a todos! No tiene un átomo de energía; no sabe poner al rojo el acero, y ha dado en la manía de proclamarse un gran demócrata. ¡No fusila, señor! ¿Cree usted que un Presidente que no fusila, que no castiga, que no se hace temer, que invoca siempre las leyes y los principios, puede presidir? El mundo todo es mentira. ¿Cómo pretende Madero gobernarnos con la verdad? Si dentro del Apóstol hubiera un don Porfirio, oculto y callado, México sería feliz. Momentos críticos han puesto a prueba al Presidente. Y Madero es bueno. Pero no es un hombre bueno lo que se necesita. En lo interior de Madero hay sólo telarañas, y en esas telarañas enrédanse la democracia y la libertad."

Las colonias extranjeras, en mayoría, odiaban al Gobierno y sin disimulo conspiraban. El establecimiento francés y el almacén español se convertían, a menudo, en centros de conjura, y del dueño al más ínfimo empleado infiltraban, en el ánimo de sus clientes, burgués o ignorante doméstico, la malquerencia a los hombres del poder; usaban algunos con destreza el instrumento del ridículo y referían anécdotas malignas que provocaban carcajadas; un Presidente pequeño de estatura, de barbas negras y nervioso ademán, figurábaseles irrisorio, coincidiendo con no pocos mexicanos persuadidos de que la jefatura de la nación sólo debía conferirse a un ídolo corpulento, inmóvil en su trono, dictando, sin contraer el rostro, ni temblarle el labio, alguna orden a degüello... y este era el "porfirismo" que influía sin tregua en los elementos favorecidos por el régimen despótico, el "porfirismo" huérfano del genio de don Porfirio, el "porfirismo del desastre" opuesto al "porfirismo del progreso". El "porfirismo" que degenera en ansia demoledora y va derecho al suicidio y precipita la República a los brazos de Huerta, en los brazos de Huerta a la anarquía. Su idea del hombre férreo se sobrepone a la idea del hombre justo. Y el burgués vuelve los ojos y el alma toda al *científico* de otro tiempo, que desciende a la insufrible pedantería. Divorciado, por aciagas circunstancias, de don Porfirio, el *científico* pierde el lastre de su falsa capacidad política, y alucinado por su cultura o por su riqueza, gran abogado o gran financiero, conduce sus naves a la catástrofe y no conoce otro timón que su soberbia. El revolucionario de corte maderista confunde ahora en el areópago *científico* a todos los enemigos de Madero y a todos los parciales de don Porfirio. Así, el pequeño partido que dirigía Limantour nunca fue tan extenso y numeroso como después de no existir. *Científicos* retraídos, y sinceramente resignados, no faltaban. Y anoto, entre éstos, a don Joaquín Casasús, que tuvo, para mí, el mérito de haber sido, a la vez, *científico* y patriota ilustre. Cuando comenzó la tiranía, Casasús retiró su concurso a la Dictadura y predijo los descalabros de un futuro cercano. Jurisconsulto eminente y economista de vuelos, diplomático y literato, fue, la suya, elevadísima escuela, todo hecho por él, a fuerza de talento y de constancia y de fibra. Sin pregonar su disgusto, relegóse a la simple condición de mero espectador, y no hostilizó al gobierno de Madero, ni difamó, en los salones del "porfirismo", al Apóstol, ni ayudó a las convulsiones dinásticas de Félix Díaz. En discordancia con este *científico* vidente y sereno, abundaban el inquieto, el intrigante y el inconforme; un intelectual pernicioso, que es tipo frecuente en el mundo latinoamericano. La ilustración excede a sus facultades creadoras, y rinde culto al escepticismo. Preguntadle por la patria y dirá que es una ruina. Invitadle a salvarla y encogerá los hombros. El saber le ha dado una inteligencia artificial. Y bajo el peso de los libros ha secado el corazón. Exige, como premio a su valía, privanza y monopolios y ascendiente popular, y para su bolsa oro y para su nombre fama. Tocad a su inmunidad y a su comercio y echará la patria a los abismos. Imagina ser el poseedor de todos los secretos y de todos los resortes. Y donde cree que hay una mina hay un pantano, y cuando cree divisar un palacio de hadas tropieza con el cráter de un volcán. Jamás ha escrito un libro, ni ha educado a la juventud, ni ha legislado, ni ha plantado un árbol en su camino. El medio inferior lo vuelve artero, y fía su prosperidad y el éxito en la lucha por la vida, a la indigencia mental de sus desdichados compatriotas. Lee continuamente y aprende lo que podría sin daño ignorar, e ignora lo que a su pueblo convendría saber. Envejece... Y envejece más que sabio estéril y como estéril pedante. Su epitafio: *No se sabe lo que supo.*

Es este el mexicano que hace de Madero una caricatura grotesca, mientras Madero insiste en su política unificadora y repudia al maderismo tortuoso y acaparador. Ello explica los abusos de que, públicamente, se acusa a los constitucionales progresistas, llamados por Sánchez Santos, *Partida de la Porra,* con tanta fortuna que Gustavo y sus adictos fueron, ya para siempre, *porristas.* Y como estos arabescos del ingenio periodístico se grababan fácilmente en la imaginación popular, y se transformaban, condensados, en sentimiento, el *porrismo,* real o efectivo, trajo a Madero nuevas y muy serias dificultades, condenado y defendido en el seno mismo del Gabinete, Gabinete de unificación y de tormenta. Un gobierno nacional es una utopía que lleva a desastres nacionales, cuando no dispone de reservas en su caudal político. Y el caudal político de Madero estaba, desde la rebelión de Orozco, agotado. Por el Gabinete de Madero desfilaron personajes de todas las filiaciones, más o menos determinadas; y fue siempre nula, cuando no contraria, la tarea que se les impuso de amalgamar a los hombres de alta representación política, social y económica, en el país. El maderismo, independiente de Madero, y por lealtad a Madero, aunque en contra de Madero, rompía lanzas por el exclusivismo que el gobierno rechazaba y aceptaba; en unos departamentos administrativos, conciliador; tesonero e intolerable en otros, y, en todos, con mayoría de subalternos "porfiristas". Pino Suárez encauzaba la corriente "renovadora" y con un grupo de ministros defendía las tendencias de origen revolucionario que devolviesen al gobierno su índole y su base popular. Don Ernesto Madero aspiraba, con otros de sus colegas, a un régimen moderado y a la reconciliación del Presidente con las altas clases y, sobre todo, con los elementos *científicos,* pensando que eran indispensables a la consolidación del gobierno. Don Ernesto demostró, en seguida, aptitudes brillantes para el manejo de la Hacienda Pública, lo mismo que había sido poderoso director de la hacienda privada. Sus iniciativas de fomento chocaban, por desgracia, con las tribulaciones que desequilibraron al gobierno, y su permanencia en el Gabinete era, más que un sacrificio a la patria, un sacrificio a los estrechos vínculos de familia que le obligaban a dar su concurso al Presidente. En el último cambio de ministros, el canciller Calero fue a desempeñar la Embajada en Washington, y la cartera de Relaciones Exteriores la encomendó Madero al señor Lascuráin, fervorosísimo católico y rico propietario, que sería nuevo puente a los elementos distanciados; reñido con los *porristas,* renunció Flores Magón al Ministerio de Gobierno y lo reemplazó don Rafael Hernández, y la cartera de Justicia, por este traslado vacante, la entregó el Presidente a un cumplidísimo ciudadano, Vázquez Tagle, que no despertaría suspicacias en el ánimo de los alarmados maderistas. El embajador Calero, frenético adversario de Pino Suárez y amigo de Flores Magón, produciendo al gobierno verdadero quebranto, dimitió su cargo diplomático, fuese al partido peligrosísimo de los opositores, en el Senado hizo, contra el gobierno, estentórea campaña de tribuna, que le puso a él mismo en grave aprieto, a tal extremo apasionada, y, por los días de mi arribo a México, eran los discursos de Calero sensacional expectación. "¿Ha ido usted al Senado?" —me preguntó una tarde Madero.

—Sí, señor. Ayer, precisamente...

—¡Ah, muy bien! —exclamó soltando la risa.

—¡Entonces, ha oído usted cómo me trata Calero!...

—Es lástima —le dije, porque algo tenía que decirle—; es lástima que un político de su talento haya saltado al bando contrario...

—¡No me importa! —interrumpió Madero—. Esa es la libertad. Calero ha deseado atacarme y lo ha hecho: ahí todo. Lo que siento es que no se halle delante don Porfirio Díaz.

El Congreso era otro problema difícil para Madero. Elegido por mitad el Senado, no era suya la mayoría, manteniendo su influencia el sutilísimo ex presidente De la Barra. En la Cámara predominaba el maderismo; pero los cantantes de fama, y los que el público escuchaba con placer, eran tenores de oposición. Lozano, Olaguíbel y García Naranjo, oradores de fuste, consumían los turnos principales de la zarzuela parlamentaria y formaban lo que la retórica mexicana llamó *triángulo luminoso*. Más tarde fue *cuadrilátero* con el ingreso de un maderista desencantado, el más travieso de todos los legisladores enemigos: Querido Moheno. Y en dificultades constantes, de una a otra función el horrible desprestigio, aquel Congreso vocinglero servía de rémora al Presidente y de testimonio a la democracia mexicana. Si violento el ataque al Apóstol en las Cámaras y en la prensa y en los círculos aristocráticos, más violenta la oposición a Pino Suárez. Ponerlo a diario en solfa y atribuirle defectos que no tenía constituyó la moda elegante de la época. Y como si el destino hiciese de la Vicepresidencia, en todas las formas de gobierno, blanco de iras insaciable, Pino Suárez empató sus dolores a los del ya difunto Corral. Entre Madero y el maderismo, y los adversarios, de todos los bandos, que lo habrían de crucificar, apuraba su vaso de hiel aguardando a que las desazones y los golpes inclinasen de su lado y a su partido la política vacilante del Apóstol. Después de un delicioso banquete, obsequio de Madero al Cuerpo Diplomático, el propio Pino Suárez, fumando un rico cigarro de vuelta abajo y con la copa de *chartreuse* entre los dedos, explicábame, en tono de intimidad, su criterio, y recuerdo, como si hubiera sido ahora, sus palabras llenas de fe. "Nos hallamos —decía— en situación muy crítica, y sólo un cambio de métodos podrá evitar la catástrofe; pero el cambio está planteado y el gobierno se apartará del precipicio. Una mano enérgica, una dirección política determinada, concreta, invariable, es cuanto requiere la salud alteradísima del país. Ir hacia los antiguos cómplices de don Porfirio es poner la garganta bajo el hacha del verdugo. Y bajo el hacha del verdugo estamos hoy. No que recomiende persecuciones, atropellos ni maldades. Yo mantengo el programa de San Luis, que es un homenaje a las leyes y a la libertad y a la civilización. Pero la política de acercamiento al aristócrata, que nos odia y se aleja, nos lanza a los abismos. No somos ahora un gobierno precisamente *científico;* pero tampoco somos un gobierno popular. Y esa la causa de las revueltas y el origen de nuestro abatimiento. Porque administramos entre dos fuegos. No somos adversarios de nadie, pero todo el mundo es adversario nuestro. El Presidente ve ya claro en este asunto del cual dependen la vida del gobierno y quizás nuestra propia vida. Tengamos Congreso y pueblo y no nos hacen falta los aristócratas."

IV

Las noticias falsas eran parte principalísima de la oposición a Madero. Y las noticias falsas llegaron a forjar un estado de conciencia en el pueblo y en el gobierno mismo. Relatábanse hechos de armas que no se habían realizado; aludíase, con pormenores, a partidas rebeldes que no existían, mandadas por jefes que no guerreaban y en sitios de tranquilidad perfecta y absoluta calma; al general Orozco, guarecido en la frontera norte, con un pie en tierra de Chihuahua y otro en tierra yanqui, hacíanlo al frente de un ejército de colosos, y a colación sacábase, a falta de otros rebeldes, el nombre del licenciado Vázquez Gómez, que, en la mentirosa péñola de algún periodista, establecía, sobre la copa de un álamo, nuevos gobiernos provisionales y enviaba al combate a nuevos generales y fresquísimos reclutas. Ni Orozco, ni Vázquez Gómez, el abogado, andaban en tales menesteres; pero el efecto, en México, era el mismo de si, en realidad, ambos cabecillas ganasen a diario sucesivas batallas de Rellano con sus respectivas locomotoras milagrosas. Madero me habló de acabar con Orozco. Y Orozco había acabado en Bachimba. La noticia falsa era, además, elemento de prueba utilizado por los aristócratas, los *científicos* y los hombres de negocios, el banquero y, sobre todo, el profesional de cepa "porfirista", en lo que Juan Guixé, autor de un hermoso libro titulado *Idea de España,* muy reciente, llama "autodenigración", engendro de la carencia de civismo y de amor. Sonrojaba el juicio de no pocos mexicanos despechados acerca de la enfermedad nacional y sus remedios. Para ellos, era la tiranía el único gobierno adecuado a los vicios y a la estulticia del pueblo indígena; el látigo, la mejor autoridad, y el antojo de un déspota la más eficaz de las leyes. "Contra la democracia, contra Madero, contra Pino Suárez, contra "la Porra" —decíame un distinguido caballero del más rancio "porfirismo"— sólo veo yo un antídoto aceptable...

—¿Cuál?

—¡Usted es voto en la materia, señor Ministro! —exclama—. Si lo pregonara yo en la plaza pública, los patriotas pregonarían mi cabeza. Y, sin embargo, la intervención americana, ¿oye usted?, ¡la intervención americana! haría dichoso a México lo mismo que hizo dichosa a Cuba—. Me apresuré a protestar porque mi voto de cubano era negativo. El virus intervencionista de Cuba inoculado en México turbó mi espíritu y tuve la sensación de un gran desastre. Empedernidos conspiradores contra Madero conspiraban contra la República y pretendían suplir la tiranía derrocada con la intervención extranjera. ¿Lo patriótico no era apoyar a Madero, evitar la intervención? Y la intervención ¿por qué? ¿Porque el pueblo no tiene la idea clara de sus derechos y del ejercicio de la libertad? Culpa es esa de la tiranía y no del pueblo. Pero los partidarios de la Dictadura argumentaban con sus pecados. Y no conviene plantar la democracia, porque ellos, en su provecho, sembraron la esclavitud.

V

Me había recomendado el secretario Sanguily que informase al gobierno de la situación política de México, interesado, nuestro gran repúblico, en conocer a fondo el problema que allí se debatía, sobre todo, por lo que a Cuba afectaba una intervención americana en país vecino y atado al nuestro por los vínculos de la familia hispana en América. El 20 de enero, diez días después de presentar mis credenciales, redacté mi primera nota secreta al departamento de Estado, y de ella son estos fragmentos: "He conversado largo y tendido con el Embajador de la Unión Americana sobre la política de México, y en síntesis voy a trasmitir sus opiniones.

"Entiende Mr. Wilson que la doble revuelta (Zapata por un lado y Orozco por otro) no se encuentra en decadencia. 'Al contrario —me dijo—, redoblan por día su actividad y su pujanza.' Calcula en más de doce mil hombres las tropas rebeldes, y la costa del Pacífico, según sus noticias, está desamparada y al arbitrio de partidas feroces que destruyen e incendian las propiedades y persiguen de muerte a los extranjeros. 'La campaña contra los ciudadanos americanos arrecia y no se ve cómo pueda contenerla el gobierno. Esta mañana —añadió— he tenido telegramas alarmantísimos de Acapulco, y no sería una sorpresa que la ciudad cayera hoy a manos de los revoltosos que la circundan.'

"Interrogado por mí acerca de la actitud del Gobierno de Washington, que es el punto delicado, Mr. Wilson procuró ser lo más discreto: 'El señor Calero cuya renuncia del cargo de Embajador en los Estados Unidos —me dijo— ha sido objeto de tan diversos comentarios, ha dado, en sus declaraciones al periódico *El País,* que usted seguramente leyó, toda la verdad respecto a las intenciones de mi gobierno.' Se detuvo un segundo como para meditar. 'No espero —afirmó— que la situación mejore, sino pienso que ha de empeorar. Parte considerable de la nación desobedece la autoridad del Presidente Madero. En el norte, en el sur y lo mismo en la Costa Grande que en el Golfo. . .' "

"—Entonces —le pregunté— ¿usted no tiene confianza en el gobierno constituído?

"Mr. Wilson tardó algo en coordinar sus ideas. 'Esas palabras que usted ha pronunciado, Ministro, son algo fuertes —me respondió lentamente—. Por ahora, lo que puedo decir es que tengo *dudas,* muchas *dudas.* Me preocupa más que otra cosa, la situación económica, que se va complicando. Los valores no han bajado tanto como sería lógico, a primera vista. México posee inmensas riquezas, enormes fuentes de recursos, y los financieros que cuentan con el apoyo de grandes potencias nada temen. Están seguros de que cobrarán, tarde o temprano, con intereses acumulados. Pero el tesoro público se agota; la guerra civil exige sacrificios fabulosos, y se estudian cuantiosísimos empréstitos que no solucionarán el problema.'

"—¿Cree usted, Embajador, que esté próxima la caída del Gobierno del Presidente Madero?

"Vaciló Mr. Wilson antes de responderme:

"—Su caída no es fácil, pero tampoco imposible.

"Las declaraciones del señor Calero a que aludió Mr. Wilson en la entrevista que he referido, carecen de positiva importancia. El señor Calero dimitió el alto puesto de Embajador en Washington por enemistad política con el señor Pino Suárez, Vicepresidente de la República y Ministro de Instrucción. 'La entrada del señor Pino Suárez al Gabinete —ha dicho el señor Calero— produjo el efecto de un pedazo de hierro pasando delante de una brújula: la aguja perdió el rumbo y acabó por hacerse loca. Esto determinó la salida del Gabinete de uno de los hombres más fuertes del Gobierno, el licenciado Jesús Flores Magón.' La parte de las mencionadas declaraciones que Mr. Wilson me había recomendado era acaso la siguiente: 'Yo tengo pruebas patentes de que los hombres que más pesan en la política americana repugnan toda idea intervencionista. Conozco, además, a nuestros vecinos del norte; son un gran pueblo, amante de la libertad y dotado de un sentimiento profundo de justicia. Hablar de intervención como política, como tendencia del pueblo americano, es decir un despropósito; pero una incidencia desgraciada, a la que estamos a diario expuestos por nuestras contiendas interiores, podría provocarla inopinadamente; la voladura del *Maine* le costó a España todo su imperio colonial.' "[1]

Lo extraordinario para mí fue persuadirme de que las noticias falsas, que jugaban papel importante en la política, eran también factores trascendentales en la diplomacia. La revolución capitaneada por Orozco era una filfa. Quedaba en los bosques el ruido pavoroso de Rellano, pero ni uno solo de sus hombres. Entre Orozco y Zapata no existía la más leve conexión. Orozco peleaba por las personas. Zapata por las tierras. El uno se conformaba cambiando el personal del gobierno. El otro expulsando de Morelos al hacendado "porfirista" que se hizo de los predios ajenos con el resorte inicuo de la ley de terrenos baldíos. No iba, por tanto, contra Madero, sino contra el orden social establecido por la Dictadura. Y aun esto mismo, dentro de una limitación concreta y determinada; esto es, en lo interior del Estado de Morelos, independientemente del resto de la República. Sumar a los dos jefes era unir, en un solo producto, cantidades heterogéneas. Pero, aunque no lo impidiese esta circunstancia, a la suma contribuiría Zapata con la casi totalidad, y Orozco apenas con su reducido y prófugo Estado Mayor. El cerco de Acapulco, era una fantasía. Su guarnición se bastaba para cualquier amago. Pero el amago no se realizó. Ni había, en muchas leguas a la redonda,

---

1 *Del Ministro de Cuba en México al Secretario de Estado en La Habana.* Confidencial número 1.—México, enero 20 de 1913.

quien pudiese intentarlo. En lo adelante, el Embajador me comunicaba hechos y datos de ese mismo estilo y de igual veracidad. "La situación —decía— es muy difícil en Veracruz. Los amigos de Félix Díaz preparan una sublevación general para rescatarlo de San Juan de Ulúa." Me apresuré a solicitar del Cónsul de Cuba, en aquel puerto, una escrupulosa investigación secreta. Porque si en Veracruz estallaba una sedición de tanta gravedad, era necesario prever a la defensa de la numerosa colonia cubana allí residente. El cónsul, don Joaquín Sanjenís, un probo funcionario, no pudo comprobar que hubiese proyecto semejante, ni advirtió, en los distintos centros que frecuentaba, ni en círculo alguno de la sociedad, signos de malestar precursores, como en México, de cercana catástrofe. El único alarmado, según él, era el Cónsul de los Estados Unidos, que puso en autos de la supuesta e ilusoria trama a sus colegas y propuso que ellos le pidieran, con el fin de trasladar la petición al Departamento de Estado en Washington, el envío de un buque de guerra americano a las aguas del Golfo. Aquello era extraordinario. Las noticias falsas trascendían lo mismo que a la política y a la diplomacia a la jurisdicción consular. Me pareció enorme inconsecuencia y, sobre todo, indecorosa deslealtad, para con el pueblo mexicano, que los representantes de Cuba tomaran parte, consciente o inconscientemente, en tamaña intriga, y me dirigí en el acto al Cónsul comunicándole que no solicitara barcos de guerra extranjeros que afrentasen a México. Nada serio se urdía en realidad, pero la sospecha llegó al gobierno y el Ministerio de Justicia dispuso el traslado del Príncipe a prisión más segura en la capital. Cumpliéronse rápidamente las órdenes. Un jefe del ejército pundonoroso y de confianza, llevaría de Veracruz a México a Félix Díaz. El general Valdés, el honradísimo cubano al servicio de las armas mexicanas, desempeñó satisfactoriamente la delicada misión. Y ya tiene el lector en la Penitenciaría, de tránsito, al sobrino de don Porfirio.

CAPITULO XV

La popularidad de Madero declina.—Villa se fuga de la prisión.—Hablando con Rodolfo Reyes.—El ministro Lascuráin.—Rumores de un levantamiento.—Síntomas de la tragedia.—Huerta en casa de Pino Suárez.—El domingo trágico.—Mondragón se subleva en Tacubaya.—Evasión de Reyes y Félix Díaz.—Los aspirantes de la Escuela Militar de Tlalpan sublevados.—Madero a Caballo.—Gustavo a punto de ser fusilado.—El Palacio Nacional en poder de los rebeldes y recuperado por el Gobierno.—La muerte del general Reyes.—El Zócalo.—Madero en Palacio.—Reunión diplomática.—El pulque.—La soberanía de México.—Actividad de Huerta.—Madero disfrazado va a Cuernavaca y regresa a México.—Recordando a Sóstenes Rocha.—Gestiones humanitarias del Ministro de España.—Amenazas del Embajador americano.—"Mañana...", dice Huerta.—Las noches de la tragedia.—La bandera cubana.

I

La presencia de Madero ya no despertaba el entusiasmo de antes en las clases inferiores, en el siervo a quien había redimido, y su aura popular, un tiempo extraordinaria, se esfumaba, lánguida y triste, en cielos de tormenta. La oposición había inculcado a sus antiguos adoradores la desconfianza y el recelo. "No cumple sus promesas", decían los desvalidos que esperaron de su gobierno el milagro bíblico de los panes y los peces. "No reparte las tierras", exclamaba el indio que seguía cultivando la gleba del amo porfirista. Y de *científico* le tildan los muchos disidentes del maderismo. El Presidente hace ahora vida social en Chapultepec, y aguarda inútilmente a los aristócratas de la Dictadura que se pondrían, según sus cuentas, a la sombra de las ideas liberales. Una sensación de conjura suspende los ánimos en la desconcertada capital y siniestros augurios, que llegan a oídos de Madero, circulan de extremo a extremo en el descontento casi unánime. A Gustavo lo manda el Gobierno a una embajada en el Japón, y es esta buena prenda, oculta en estuche diplomático, de las discrepancias de criterio con el Apóstol. Pino Suárez, en su fuero interno, anhela dimitir y es punto que se trata en hermética intimidad. Una de las columnas intelectuales del maderismo, don Luis Cabrera, embarca al extranjero previendo el terremoto en que ha de hundirse su partido. Al doctor Vázquez Gómez, por supuesta o real complicidad con la revuelta de su hermano el licenciado, instrúyesele proceso. A Villa, agraviando a Huerta, se le permite limar los barrotes de una reja, como los héroes de Dumas, y emprende la fuga a su guarida de Tejas. Y Rodolfo Reyes me refiere que su ilustre padre, el General, vegeta, sin esperanzas, bajo las losas del encierro, y le prometo visitarlo "el martes de la próxima semana. . ."

—Le consuela mucho que lo visiten sus amigos —me dijo Rodolfo, emocionado—: en política ha concluído ya. Y es muy posible que busque apacible retiro en la patria de usted. . . Es un hombre que ha consagrado la existencia al bien y al progreso del país, y su patriotismo, sin embargo, es el obstáculo definitivo que encuentran sus nobles iniciativas. . .

Así hablamos el hijo de Reyes y yo en su bufete a donde fui a saludarle. Era un viernes. Hacían antesala unos cuantos individuos de aspecto rudo. "¡Clientes!", exclamó Reyes con un tono de sinceridad que introdujo en mi espíritu la incertidumbre, porque, antes de su rotunda afirmación, habría jurado que eran conspiradores.

—¿Clientes? Adiós, licenciado. . .

—Ministro, hasta el martes.

Y al pronunciar estas palabras de seguro vibró, en el alma de Rodolfo, el pensamiento de que ya sería huésped honorable del castillo de Chapultepec.

Aquel mismo viernes, por la tarde, conferencié extensamente con el señor Lascuráin, ministro de Relaciones Exteriores, que estaba ya de regreso de su viaje a los Estados Unidos y ponía especial empeño en que no dedujera, de su agradable charla, el asunto que lo llevó al norte. . . "Un simple paseo. . . ¡Pequeños negocios particulares. . .! ¡Encantadora La Habana, encantadora! El señor Sanguily me cautivó. . . Y muy amable el señor presidente Gómez. A mi señora, un poco enferma, le convenían los aires del mar. Volvimos por ferrocarril..." Y riendo añadió: "No hemos tropezado con Orozco." Lo que al Canciller le interesaba de mí era, especialmente, que comunicara a mi gobierno ciertos acuerdos de una junta anarquista reunida en Tampa, la cual tenía, según sus informes, entre otros proyectos, el de asesinar al presidente Madero. Un cubano era el anarquista más peligroso de los agrupados en la Florida; las autoridades americanas lo expulsarían, o ya lo habían expulsado, reintegrando a Cuba semejante alhaja, y a los dos gobiernos, al de Madero y al de Gómez, convenía estar sobre aviso y con ojo alerta.

El sábado 8 de febrero de 1913, un caballero, que gestionaba cierto asunto de escasa importancia en la Legación, me advirtió que "el pronunciamiento" estaba listo... "¡El pronunciamiento! ¿Usted cree en un pronunciamiento?", le pregunté.

—Ignoro quién ha de pronunciarse —fue su respuesta— pero alguien se pronunciará.

Los periódicos de la noche publicaron una noticia falsa. Y ya me escamaban las noticias falsas; porque, de ellas, partiría el golpe. "El general Mondragón —decía— ha embarcado hoy en Veracruz con rumbo a La Habana." Y me constaba que no se habían despachado al general Mondragón los documentos consulares de que, para ir a Cuba, no podría prescindir. Cenaba, cuando llegó un amigo íntimo a darme la misma noticia de próxima sublevación; pero éste, fijando el día: "Mañana... y en plena capital..."

—¡Comidilla diaria! —repuse—. ¿Y quién es el jefe?

—A ciencia cierta no lo sé —afirmó el asustado interlocutor que tal cosa acababa de oír no sé dónde—, pero creo que es el general Huerta...

Y me refirió cierta curiosa anécdota rigurosamente exacta. Una tarde, poco antes, Huerta se anunció en la casa de Pino Suárez. El portero le hizo pasar a la sala, y el Vicepresidente, en sus habitaciones, creyó que el objeto de Huerta era el de aprehenderlo. Grande fue su asombro cuando Huerta, abrazándolo, le dijo: "Señor Pino Suárez: mis enemigos afirman que me voy a sublevar. Y aquí me tiene usted a reiterarle mi adhesión al gobierno."

Concluídos el cuento y la cena trabajé en mi despacho hasta la madrugada. Tenía mucho pendiente y las visitas oficiales y los quehaceres decorativos, de todo Ministro recién llegado, absorbíanme las horas... Me acosté. Y entre sueños no veía el pronunciamiento, ni a Huerta, ni a Pino Suárez, ni al gobierno, sino admiraba el acierto genial de quien hizo el domingo para el descanso...

II

Con los crepúsculos de la mañana del domingo despertó la tragedia que dormía en el pecho del Apóstol. Pino Suárez, desencajado, los ojos fuera de órbitas y la expresión de sorpresa en la fisonomía, espejo de sus presentimientos, corre a casa del gobernador, Federico González Garza, y le impone de cuanto acaba de saber: "El general Mondragón —le dice— se ha pronunciado en Tacubaya, y tiene formada la artillería de un regimiento para venir sobre nosotros con el proyecto de atacar la Prisión de Santiago y poner en libertad a Reyes." El Gobernador saltó de la cama, se vistió en un segundo y llamó, por teléfono, al Inspector General de Policía, don Emiliano López Figueroa, que confirmó el terrible acontecimiento. Los dos personajes vacilan. ¿A dónde ir? ¿Qué disponer? Resuelven dirigirse al Palacio Nacional en automóvil. Llegan, y con sus carabinas al hombro, en luctuosa cabalgata, desembocaban los alumnos de la Escuela de Aspirantes Militares de Tlalpan, que, antes de graduarse, tomaban lecciones prácticas en la revuelta. Gobernador y Vicepresidente rodearon el nuevo edificio del Gobierno, temiendo ser reconocidos por la fracción estudiantil, y encamináronse a la Jefatura de Policía. Sepáranse allá los dos funcionarios y González Garza da las órdenes que estima pertinentes.[1] Cuando Mondragón abrió las puertas de la fortaleza de Santiago, el general Reyes lo aguardaba en traje de campaña. Un abrazo, y Reyes toma en seguida el mando supremo de la columna facciosa. De Santiago a la Penitenciaría tardan breves momentos. El Director del establecimiento penal quiso resistir con su escolta de veinte soldados. El sacrificio resultaba estéril. Y Mondragón, Reyes y Félix Díaz abrazáronse ante la tropa.

[1] De unas notas que sobre esos acontecimientos me facilitó en Nueva York, en julio de 1913, el señor Federico González Garza.

El Presidente, en uno de sus caballos favoritos, gran jinete como era, baja a galope la colina de Chapultepec y se pone al frente de la gendarmería montada, que allí concentró el activo Gobernador, y los alumnos del Colegio Militar que, así, en ejercicios prácticos, aprenden a defender las instituciones. A Madero no le aflige ni le amedrenta el golpe. La noche antes le habían prevenido de la trama sus amigos. Y no la quiso creer. Sin embargo, recibió el aviso del alzamiento, impávido y sonriendo. "¿Usted tiene miedo?" —fue su pregunta al correligionario que vaticinaba desgracias—. Y un rato después, arengando a su escasa fuerza, inflamó su elocuencia en los últimos cinceles oratorios. A lo largo del Paseo de la Reforma emprendió la marcha al Palacio Nacional, y en el trayecto incorporáronsele los ayudantes del Estado Mayor, que salían de sus casas o de sus cuarteles a toda prisa, abotonándose las chaquetillas; varios ministros de su Gabinete, algunos partidarios que deseaban seguir su suerte y grupos del pueblo bajo que amaban, fieles e incorruptibles, al Apóstol. De un coche de sitio desciende un hombre vestido de paisano, con espejuelos azules; acércase al Presidente y se ofrece a sus órdenes: el general Huerta. Madero continúa el avance y el Ministro de la Guerra, García Peña, es el técnico militar de la columna. En la Avenida Juárez numeroso público aplaude al Presidente y le acompaña. Nada ocurre hasta enfrentarse a las obras del Teatro Nacional. García Peña detiene la marcha y se oye nutrido fuego de fusilería, rumbo al Zócalo y a las calles de Plateros. Los generales convencen al Apóstol de que es menester enviar exploradores. Apéase del caballo y discuten los ministros cuál debe ser la conducta de Madero; ir al Palacio o regresar a Chapultepec. El Ministro de la Guerra opina que es necesario lo primero. Interviene Huerta y aconseja lo segundo. "El Presidente —dice— no debe exponer la vida como lo hace ahora." [2] Hay un momento de confusión. Del núcleo se desprende un cuerpo de caballería trotando hacia el lugar del combate. ¿Quién ha dado la orden? Imposible averiguarlo. Por las calles paralelas corren vertiginosamente muchos caballos que han perdido el jinete en la refriega. Y de unos balcones inmediatos una bala, dirigida a Madero, mata, a su lado a un

---

[2] Notas de González Garza.

gendarme. Era peligroso estar allí. Huerta habla mucho. Y entran ministros, guardias y Presidente a un edificio cercano: la fotografía Daguerre,[3] que pasa, por esta circunstancia, a la historia. El Ministro de la Guerra advierte que la situación es insegura, que hay riesgo inminente para Madero y denota profunda perplejidad. Huerta no desdeña ocasión y propone al Presidente que le deje disponer. El Ministro abdica, sin motivo, su autoridad. Dos ayudantes traen pormenores... "El Palacio está en manos leales", dicen; y Madero monta su potro y reanuda la jornada. Parece un vencedor. La muchedumbre lo aclama. Y él esgrime, de continuo, su arma preferida: la palabra. Pensaríase que ha terminado el episodio. Entre tanto, Gustavo escribió una curiosa página de aventura. Apenas aclara el día, entra en el Palacio, creyendo leal la guarnición, pero los aspirantes venidos de Tlalpan y un regimiento de caballería eran, desde media hora antes, dueños de la residencia del Poder Ejecutivo, y grande fue la sorpresa de *Su Eminencia Gris* al verse preso y recibir la notificación de que pronto sería fusilado.[4] Poco duró su tormento. El Ministro de la Guerra y el Comandante de la Plaza, don Lauro Villar, impusiéronse, con un valor estupendo, a los rebeldes, y lograron cambiar la guardia por gente suya; el Ministro, levemente herido, salió al encuentro de Madero, y Villar puso en libertad a Gustavo y presos a soldados y aspirantes. Las tropas del Gobierno coronaron las alturas del Palacio; emplazáronse en las puertas dos pequeños morteros y seis ametralladoras, y a poco apareció el general Gregorio Ruiz con un piquete de sublevados. Ruiz sufrió análogo revés al de Gustavo. Imaginando suyo el edificio, va paso a paso hasta la puerta del centro. Villar, con voz potente, le pregunta cuál es su actitud; pero Ruiz, que no sospecha la equivocación, le contesta riendo: "Ríndete, Lauro, ríndete." Fue él quien tuvo que rendirse en el acto. Y entregó su espada. Media hora y surge Reyes a la cabeza de algunos aspirantes, de los de Tlalpan, y padece el mismo error de Ruiz y de Gustavo. Se acerca a la misma puerta que su predecesor y Villar le intima la rendición. ¡Oh, no, jamás! En Linares pudo rendirse a un simple cabo. Pero allí no se rendiría, bajo ningún

---

[3] *Madero, por Uno de sus íntimos.* México. Oficina Editorial Azteca.

[4] Apuntes facilitados por un familiar de Madero a fines de 1913.

concepto, a un general, ni a un ejército de generales. Dio a su piquete de aspirantes la orden de hacer fuego y luchó encarnizadamente cinco minutos, que fueron, por la bravura de los contendientes, como cinco días de batalla campal. ¡Triste destino el de Reyes! Esa puerta no se había hecho para pasarla él en calidad y condición de amo. Y aquel militar ilustre, poderoso en una época, poblada la mente de ambiciones legítimas, torpemente encauzadas, cayó bajo la descarga de una ametralladora, cien veces agujereado su cuerpo. Los fieles que salían desprevenidos de oír misa en la Catedral, huyeron aterrados, y por los jardines halláronse cadáveres de niños, ancianos y mujeres; montones horripilantes de carne humana contemplábanse en los portales vecinos, y las balas perforaban los cristales de las tiendas y el bronce de las estatuas. Apartados los cuerpos unos de otros, aparecen la señorita con su rosario al brazo, el limpiabotas con su cepillo entre las manos, el vendedor de periódicos y el mozo de cordel, sumergidos en los charcos de la hecatombe. Los aspirantes vacían sus cananas desde las torres del templo sagrado, como un diluvio de plomo y de muerte. Y el espanto sacude los árboles del Zócalo y la sangre, en torrentes, tiñe el musgo y los rosales. Pero Villar ocupa también las torres, y un siniestro y frío silencio baja como un telón fúnebre desde el cielo tranquilo. Félix Díaz, ahora, es el Generalísimo de la revuelta, y mientras mil heridos revuélcanse en las baldosas, él, con su escasa tropa, integrada por tipos de muy diversa catadura, soldados menos que paisanos y extranjeros muchos, españoles de baja ralea sobre todo, buscan el refugio de la Ciudadela, en donde un corto piquete de custodia lucha y resigna la desigual contienda.[5]

[5] "A Reyes le fue concedido el honor de 'tomar el Palacio Nacional'. Reyes, en su caballo negro de grande alzada, desplegó sus hombres delante de la puerta central del Palacio. Pidió en voz alta a los soldados que estaban dentro, que le abrieran. Un oficial, el coronel Morelos, entreabrió una de las macizas hojas de madera. Parlamentó con Reyes, advirtiéndole que la guarnición era leal y suplicándole que desistiera del ataque. Reyes creyó que Morelos sólo empleaba un subterfugio. No pudo ver detrás de la puerta una ametralladora con un artillero, lista para esparcir plomo sobre la gente agrupada en el exterior. '¡Basta de boberías ¡Entremos!' —dijo coléricamente Reyes—. Morelos cerró la puerta. —"¡Fuego!", gritó Reyes—. La puerta se entreabrió una vez más. La ametralladora disparó. Reyes cayó muerto acribillado a balazos. La

Madero, entonces, con el sombrero en la mano, hablando a la multitud, que parece salir de un manantial de hombres, penetra al trote de su caballo hasta los patios del Palacio.

III

El embajador Wilson, como Decano, citó aquella misma tarde al Cuerpo Diplomático y la reunión se efectuó, como era natural, en la Embajada. Los ministros, puntualmente, asistieron a la hora que Mr. Wilson señaló, y la gravedad extraordi-

---

mitad de sus hombres fueron barridos sumariamente. El Palacio se había salvado para el Gobierno."

Un ligero esfuerzo por parte de los federales en esta oportunidad, habría acabado con la revuelta.

Mondragón quedó despavorido cuando la desmoralizada gente de Reyes esparció la noticia de lo sucedido. Todo iba mal. Los planes de Mondragón, por lo que a la lucha atañía, no iban más allá de la toma del Palacio Nacional. No tenía manera de obrar premeditada. Indudablemente que era fatal para los rebeldes permanecer donde se encontraban. La ciudad había despertado y en cualquier momento tropas leales podían estar sobre ellos. La Ciudadela surgió por sí misma ante Mondragón y Díaz como un refugio, un lugar en el que podrían tomar aliento, sin pensar en el medio que los sacaría del dilema en que estaban colocados. Mondragón vacilaba acerca de la Ciudadela. No había podido lograr halagar al Comandante de ella. Era un desesperado recurso, pero también el único que le quedaba. Mondragón desfiló sus hombres y por medio de un rodeo llegó hasta el reloj que entonces ocupaba el centro de una plazoleta a la entrada de una calle frente de la Ciudadela. Allí hizo alto, indeciso, temeroso de cargar sobre ella y su escasa guarnición, incierto de su número y de su temple. Mondragón recelaba que se le hiciera un recibimiento tan caluroso como el que chamuscó sus vestidos en el Palacio Nacional. El destino de la revuelta y el de los conspiradores pendía en la balanza con el fiel en su contra.

Mientras Mondragón y Díaz vacilaban sin esperanza y sin ayuda, un americano amigo de Díaz, llegó. Había tenido noticia de un tumulto en la ciudad y marchó al Zócalo o plaza frente al Palacio Nacional, para averiguar lo que había ocurrido. Estrechó las manos de los dos generales y los interrogó. Ellos le informaron. "¿Qué vais a hacer ahora?" —inquirió—. Se encogieron de hombros en ademán fatalista, diciendo: "¡Quién sabe!" El americano, hombre de acción, insinuó entre colérico y displicente: "Bien, no vais a estar aquí todo el día como idiotas; haced algo. ¿Por qué no tomáis la Ciudadela? Hay allí sólo unos cuantos hombres. Podéis darles una tunda. Esto os dará tiempo para recobraros". Mondragón y Díaz, conferenciaron. "Muy bien", dijo Mondragón. "Muchas gracias, señor, adiós." "¡Vamos, muchachos!" La guar-

naria de las circunstancias reflejábase en los rostros de Sus Excelencias. Recuerdo que, en el momento de salir de la Legación a mi automóvil, para ir a la junta, un caballero, parcial de Félix Díaz, me salió al encuentro con estas noticias, que resultaron exactas: "En el último tiroteo, a las puertas del Palacio, los revolucionarios hirieron a Villar y el Ministro de la Guerra designó Comandante de la Plaza a Huerta." El nombramiento del héroe de Bachimba contrarió a la familia y a los amigos de Madero y se hizo sin la consulta del Presidente.[6] "No comprendo —prosiguió el partidario del Príncipe— cómo el gobierno fía su causa a Huerta y cómo Huerta se decide por la causa del gobierno...

—Huerta —pregunté— ¿no es leal a Madero?

—La situación, Ministro, impide ciertas lealtades que cuestan catástrofes —repuso el adversario del gobierno— y a mí me consta que Huerta ha estado en tratos con los jefes del golpe...

—¿Tiene usted la convicción de que este hecho sea cierto?

—Yo mismo he tomado parte en el asunto, y sé que Huerta no arribó a un acuerdo porque pretendía para él, si triunfaban, la Presidencia; y la Presidencia era, en el pacto rebelde, para Reyes. ¡Oh si Huerta adivina el desenlace del divisionario estaría junto a Félix organizando el ataque definitivo al Presidente!"

En la reunión diplomática nadie puso en tela de juicio la fidelidad del nuevo Comandante de la Plaza y yo me reservé aquellos datos, que no me brindaban garantía de completa veracidad. El procedimiento de las noticias falsas me producía

---

nición de la Ciudadela resistió sólo débilmente, y antes de diez minutos los rebeldes estaban en posesión de ella. Allí estuvieron enjaulados durante diez días. Además de refugio, la Ciudadela les proporcionó abundantes cañones, ametralladoras, fusiles y municiones. La mayor parte del armamento y de las municiones del gobierno estaban almacenados en ese arsenal.

El relato de estos hechos es importante por dos razones. Dan luz acerca de cuán deleznable y precario era el terreno en que se asentaba la revuelta contra Madero, y lo fácil que hubiera sido dominarla al principio por un rasgo de energía y de iniciativa de parte del Gobierno, y, más tarde, por algo que siquiera se pareciese a la táctica militar u opresiva de Huerta, reputado como el mejor táctico y guerrero en el ejército mexicano. *Roberto H. Murray, Huerta y los Dos Wilson. (Acción mundial.* México, mayo 20, 1916, producido del *Harper's Weelky.)*

[6] *Madero, por Uno de sus íntimos,* etc., ant. cit.

repugnancia. Y no me agradaba la idea de ser, aun sin quererlo, propalador del embuste. Mr. Wilson mostróse alarmadísimo y señaló la conveniencia de pedir al gobierno dos medidas esenciales: el cierre de los expendios de bebidas y el servicio de policía por los soldados regulares. Todas las cabezas hicieron, a una, signos afirmativos. Y el Embajador quedó, de su primer éxito, orgulloso. En efecto, el *pulque,* bebida favorita del pueblo de México, inventado por la princesa Xochitl, sería funestísimo auxiliar de la plebe, y Mr. Wilson temía que la embriaguez la incitase a los bárbaros horrores del saqueo. El Apóstol predicaba también lo nocivo del *pulque,* y en la época de su preponderancia, como dos hombres, en una manifestación callejera, le brindaran sus botellas de *pulque,* enarboladas a modo de símbolos nacionales, Madero les contestó: "Amigos míos, el *pulque* es el mejor auxiliar de la Dictadura, porque degrada y embrutece a los pueblos y los entrega atados, de pies y manos, a sus verdugos." Y cuál no sería entonces el magnetismo del Apóstol, que la muchedumbre, electrizada, gritó: "¡Abajo el *pulque!*" La otra medida del Embajador ajustábase a la importancia de la crisis. Los rebeldes, presurosos, desarmaron a los gendarmes, en el fondo, partidarios de Félix Díaz, tanto que muchos engrosaron las filas del que, en otro tiempo, los había mandado. El gobierno de Madero conservó el mismo personal policíaco de don Porfirio y, lógicamente, ahora los antiguos mantenedores del Dictador lo abandonaban.

Versó, en lo adelante, la conferencia diplomática, sobre la posición del gobierno en la lucha. "¿Del gobierno? —preguntó un ministro irónico—. ¡Yo no sé dónde está ni quiénes forman el gobierno mexicano! —dijo en seguida contestándose—. Madero afirma ser el Presidente de la República. No me consta. No le consta a él tampoco. No lo cree nadie. Para mí, lo mejor sería invitarle a no continuar equivocado, a que no repita que él es lo que no ha sido desde hace largo plazo." Pero al orador no le atendía la junta, porque cada ministro hacía de su vecino auditorio y todos charlaban simultáneamente. El Embajador indicó la urgencia de meditar el problema político. "Dirigirnos al gobierno..." Ahí, le interrumpe el Ministro irónico su discurso perdido en el viento: "No podemos dirigirnos al gobierno, porque no hay gobierno..."

—Al Ministro de Relaciones Exteriores —dice Mr. Wilson en calma.

—No puede ir al Ministerio, ni moverse del Palacio, ni recibirnos, ni venir a nosotros. No se es así Ministro de Relaciones Exteriores.

—El gobierno es Madero —exclamó un latinoamericano terciando en el debate— y no puede el Cuerpo Diplomático desconocerlo. Una fortaleza sublevada y nada más. En la Ciudadela no se hacen ni se deshacen los gobiernos constitucionales de México. El respeto que debemos a la soberanía de esta nación, aconseja que no se realicen actos que tiendan a desvirtuar la legitimidad indiscutible del gobierno de Madero."

Sus excelencias no prestan oídos al amperador de la soberanía mexicana y sus párrafos elocuentes van por donde mismos fueron los del primero en el uso de la palabra. Más aún, los ministros se han levantado de sus asientos y describen, con sus enlevitadas personas, una circunferencia en derredor de cierto individuo extranjero que ha llegado y quiere hablar al Embajador. Es un hombre alto, grueso, rubio, de tipo germano y efectivamente germano, de raza y de cuna. ¿Su nombre? Lo he olvidado. ¿Su profesión? Medio cónsul, medio comerciante, medio industrial, todo en él a medias, excepto su papel en favor de Félix Díaz. "Vengo de la Ciudadela y de la Presidencia —exclamaba ahogándose— y la situación de Madero es ya insostenible y desesperada. No hay policía que guarde la ciudad, a merced ahora de las tropas enfurecidas y de la plebe, y he querido mediar entre los dos bandos y ponerlos de acuerdo y servir a la humanidad y a la civilización..." El Embajador, a la derecha del germano, aprobaba con signos muy severos, mirando, uno por uno, a sus colegas. "Corrí a la Ciudadela y observé al general Félix Díaz el peligro de que ocurriesen desórdenes pavorosos en la ciudad, por falta de gendarmes. De la Ciudadela corrí al Palacio con un recado del rebelde: "Félix —le dije a Madero— está propicio a un arreglo en punto a la vigilancia de la ciudad y a las garantías que la República debe a las colonias extranjeras, y para ello es menester que un representante del gobierno vaya a entrevistarse con el actual huésped de la Ciudadela." Minutos después, el señor López Figueroa, Inspector General de Policía, me acompañaba a la temporal residencia de Félix. Pero la visita del Inspector desagradó al General, porque siendo López Figueroa competente en asuntos militares, informaría luego al Gobierno de muchos detalles que comprometiesen a los defensores de la Ciudadela...

Hubo para mí un segundo de mortal angustia. "¡Fusilarlo! —dije—. Sería impropio de usted, mi General." Y le salvé la vida al Inspector que pasó a la condición de prisionero. Félix y su lugarteniente habían mudado de criterio y decidieron dar a Madero la batalla hoy mismo. "Vea usted —exclamó posando su mano en mi hombro— al Embajador americano y a los demás ministros, en estos momentos reunidos en la Embajada, y comuníqueles de mi parte que, si ellos no consiguen la renuncia de Madero antes de las seis de la tarde, bombardearé a esa hora el Palacio. Explíqueles usted —añadió— que la Ciudadela es el depósito de las piezas y de todo el material de artillería, y que no podrá resistir Madero diez minutos a mi ataque; pero los perjuicios que el bombardeo naturalmente ocasione a las calles principales de la capital, donde se halla establecido el comercio extranjero, pueden evitarse capitulando el Gobierno que no tiene ya salvación." "Y yo, señor Embajador, señores ministros, vengo en demanda cordialísima de una respuesta."

Sus Excelencias volvieron a las butacas aceptando por seria la contradictoria sarta del alemán. Si le era tan fácil, en diez minutos, ir al Palacio y convertir en escombros el edificio y las calles comerciales y apoderarse de la ciudad y del Gobierno, ¿por qué la visita de López Figueroa comprometía la defensa de la Ciudadela? Félix, que a las seis de la tarde atacaría, sin dejarle esperanzas al Gobierno, ¿por qué a las cinco tomaba precauciones defensivas, encerrando a un parlamentario, que no otra cosa era el Inspector, a fin de que no diese "detalles técnicos" de su posición y de sus elementos bélicos al Comandante de la Plaza? Pero el Cuerpo Diplomático no entra en esas disquisiciones porque el tiempo abrevia y es verosímil que bajo los escombros, en la noche trágica, desaparecieran alemanes y franceses y yanquis y cubanos, y la metralla y los obuses demolieran las joyerías y almacenes de ropa y ferreterías y casas de seguros de vida extranjeras en Plateros y en la Avenida de San Francisco, la de 5 de Mayo y la del 16 de Septiembre. Sin embargo, un acuerdo que afecte a la soberanía mexicana es inútil intentarlo. El Embajador cree que Félix Díaz romperá el fuego a las seis en punto, como si sus cañones fueran campanas de reloj. El Ministro de Chile es del parecer contrario. Yo soy del parecer del de Chile. Y otros del parecer mío. "Señores Ministros —dice uno; el momento es solemne...

"—Ha pasado la solemnidad, señor —interrumpe otro—, porque son ya las seis y cuarto y Félix Díaz no se ha movido, ni ha disparado cañones."

Los Ministros echan manos a sus relojes y parece aquello un concurso de patentes. El germano desaparece entre las mamparas de un salón. Y la junta concluye sin detrimento de la soberanía mexicana.

IV

Huerta desplegó su acostumbrada actividad y puso empeño en que fuera inmediatamente pasado por las armas el general Ruiz, según los maderistas, para impedir que el desdichado militar descubriese las anteriores negociaciones entre los revolucionarios y el nuevo Comandante de la Plaza.[7] Pero, por mucha energía, destreza y deseo de victoria que tuviera Huerta, nada conseguiría sin suficientes tropas que lanzar contra la Ciudadela, en donde, a su vez, el contingente era corto y apenas bastante para sostenerse dentro de los viejos muros de la histórica fortaleza. A una orden telegráfica del Gobierno, los destacamentos cercanos reconcentráronse en la capital; mas no aumentaban ellos de manera apreciable el ejército, y resolvióse Madero a una de esas aventuras propias de su valor estupendo y de su fe en la Providencia, que imaginaba siempre de parte suya. Con dos ayudantes y dos amigos y su secretario particular emprendió, disfrazado, en automóvil el camino de Cuernavaca; la vida pendiente de un estambre, a través de las fragosidades que pertenecían a los dominios de Zapata, atraviesa pueblos y villas y aldeas, conservando el incógnito, aquí, allá, detenido por centinelas que, sin darse cuenta de que es el Presidente, al cabo de alguna disputa, le dejan libre la carretera; habla con el general Felipe Angeles que opera en Morelos y discute lo que concierne a enviar ejércitos contra la

[7] *Madero, por Uno de sus íntimos,* ant. cit.

Ciudadela; se comunica con los gobernadores de los Estados que le son inquebrantablemente adictos, y regresa con tropas, al siguiente día, contento y saludable, sin una sombra de duda en el espíritu. El Ministro de la Guerra, a su encuentro en Tlalnepantla, le aconseja que no entre a la capital. Madero, en su automóvil, va con rapidez y llega al Palacio, sin novedad, a las nueve de la noche.

Por el ministro Lascuráin supe yo la excursión romancesca del Presidente y los preparativos que se hacían para asaltar la Ciudadela; según él, sería la pelea encarnizada, pero de un éxito infalible, no sólo por la calidad del ejército y el número de soldados y la magnífica artillería del general Angeles, ya situada en punto adecuado, sino por el talento de los jefes, entre ellos el general Blanquet, con su aguerrido batallón 29... "No está todavía en México, pero de un momento a otro entrará... Viene de Toluca... Brazo formidable que necesita el Gobierno para limpiar de rebeldes la Ciudadela." Y como tema obligado en aquellos días, recordó un caso análogo en época de Juárez. El otoño de 1871... Trescientos amotinados asesinan a su Coronel y dan el grito clásico de "¡Viva Porfirio Díaz!" Acuden a dirigir 'el cuartelazo' unos generalotes de malas pulgas; intentan escaramuzas que cuestan la vida al Gobernador del Distrito; abren la cárcel de Belén y sueltan los presos que engrosan la facción, y acantónanse en los paredones de la Ciudadela. El general Ignacio Mejía, ministro de la Guerra —cuenta una crónica— tomaba chocolate con el cura de San Angel,[8] y Juárez, bajando al patio principal del Palacio, ordenaba los movimientos para el ataque, tan sereno, bajo su fría mirada de indio, como si fuese él y no su Ministro de la Guerra —dice Quevedo y Zubieta— quien tomase el chocolate." [9] El célebre general Sóstenes Rocha, con cuatro mil soldados de línea, acometió la empresa de rescatar el reducto. Y aunque abundaban las armas y el parque y la espléndida artillería, en la Ciudadela, sólo unas cuantas horas duró el combate. Rocha la ocupó a sangre y fuego a medianoche. "Nada de prisioneros" fue la consigna del Ministro después del choco-

---

[8] Ciro B. Zeballos, *Aurora y Ocaso.* México.

[9] *El Caudillo,* etc., ant. cit.

late.[10] La Ciudadela era entonces un arrabal de México. Ahora, no. La capital ha crecido, en nuevos y aristocráticos barrios, y el ensanche se ha tragado la Ciudadela. Dista de la Legación de Cuba tres calles en escuadra y no puede ser más peligroso, ni más molesto el lugar. Así, decido el traslado de mi familia a una casa más apartada. Compatriotas, que yo ignoraba, pedían auxilio y banderas que resguardasen sus domicilios; algunos querían recursos pecuniarios para marcharse a Veracruz y, lo mejor, hasta La Habana; y suponíanme con las cajas del Gobierno a mi arbitrio y el oro de Cuba atestando los anaqueles del archivo. He informado al secretario Sanguily del trance en que me hallo y no recibo respuesta suya todavía. La situación es incierta; la vida ciudadana paralizada; tiroteos constantes habitúan los oídos a las balas, y por todas partes hay quien pelee por el placer de ensayar la carga de su pistola. Tropas del Gobierno se sitúan alrededor de la Ciudadela, hasta donde lo consienten las vanguardias de Félix Díaz; en los edificios circunvecinos ocupan los ejércitos las azoteas y se ametrallan desde lo alto los adversarios; olor de pólvora y visiones de sangre llenan el ambiente de odio.

El martes, día 11, afirma el gobierno que será tomada la Ciudadela y Huerta no lleva trazas de ser émulo de Sóstenes Rocha en esta suerte de victorias; don Bernardo J. de Cólogan y de Cólogan, Ministro de España, había intentado algo en favor de la paz y tuvo el buen acierto de ir con la humanitaria iniciativa al Embajador: "No debemos permanecer impasibles" —le dijo—, y Mr. Wilson asintió, pero no quería entenderse con el Cuerpo Diplomático entero, sino con algunos de sus colegas.[11] Le estorbaban al Embajador los ministros que no se plegaron a su criterio en la primera junta, y de un gesto imperativo suprimía la representación, en México, a lo menos, de tres cuartas partes del planeta. El Embajador y los ministros de Alemania, el Almirante Von Hintz, Inglaterra, Mr. Strong y el consabido señor Cólogan, autor de la benéfica empresa, fueron al Palacio y hablaron a Madero. Mr. Wilson amenazó a nombre del gobierno de Washington, sin instrucciones espe-

---

[10] *Ibídem.*

[11] B. J. de Cólogan, *Por la verdad* (declaración confidencial). México, 2 de agosto de 1914.

ciales para tanto; Madero contestó que la Ciudadela caería... ¿Hoy? No, mañana. "Mañana", como dijo siempre Huerta. ¡Mañana!... De Palacio pasaron los cuatro Excelentísimos Señores a la Ciudadela, y el Embajador, de cara a Félix Díaz, repitió sus amenazas en nombre de los Estados Unidos. El Ministro de España, entonces, invocó sentimientos humanitarios. Mr. Wilson hizo una escaramuza con la antorcha de la civilización empuñada. Y el señor Cólogan dedicóse a la literatura casuística, en aquellos aprietos, lo más práctico; aludió a las clases menesterosas, a través de la prolongada contienda, sin trabajo ni salario, y aunque ya sabía de antemano, el Ministro, lo imposible de ablandar al rebelde, creyó que era "obra buena introducir en el diálogo de los cañones un elemento amistoso, pacífico y neutral".[12] Pero lo que se discutió más ampliamente fue el concertar una zona de combate, anhelo de las colonias extranjeras y de todos los habitantes que no actuaban, con sus pasiones, en la tragedia. Esa misma tarde, en la Embajada, unos cuantos ministros cambiaban impresiones y alguno refirió este detalle: "El señor De la Barra ha escrito al Presidente una carta ofreciéndose a mediar...

"—Sí —observó otro Ministro—, el señor De la Barra tiene influencia propia en la Ciudadela.

"—Exactamente —dijo el que relataba el hecho—, y, por lo mismo, no fía Madero su causa a la imparcialidad dubitativa del señor De la Barra.

"—¿No tiene usted al señor De la Barra por un consumado patriota? —replica el segundo en hablar.

"—Un patriota y un caballero —agregó el otro—; mas el Presidente ha de temer que el patriotismo del señor De la Barra le recomiende, por cualquier medio, la ruina del Gobierno...

"¿El patriotismo? —preguntamos varios a una.

"—Madero —apunté yo— no pensará que eso es patriotismo...

"—No conoce usted al Presidente —exclamó de los diplomáticos aquel que más de cerca cultivara su amistad—; Madero es capaz de atribuir al patriotismo equivocado lo que, en realidad, es funestísima ambición."

---

[12] B. J. de Cólogan, *Por la verdad,* etc., ant. cit.

Para el Presidente, no así para los demás miembros del gobierno, la captura de Félix Díaz era cosa descontada. Por los datos del Ministro de la Guerra y el Comandante de la Plaza, más de diez mil soldados [13] acumulábanse en torno de las avanzadas rebeldes. El cañoneo constante ya no atemorizaba al vecindario; Mondragón, desde la Ciudadela, en homenaje a su fama de artillero, distribuía, por el aire, las granadas; y, para desgracia, no tomaban formas corpóreas, ni dirigían el asalto los manes de Sóstenes Rocha. De Toluca, el general Blanquet endereza a Madero un telegrama: "He sabido que en México se dice que he defeccionado; protesto enérgicamente de esa falsa versión y ruego a usted que mi protesta se haga pública." Y como el Apóstol hace grande estima de aquel curtido militar, contesta en seguida con un mensaje expresivo y sintético: "Nunca he puesto en duda su lealtad." Huerta exige que se mande a los sublevados un ultimátum de rendición. Y el ministro Lascuráin me informa de que mañana, ¡mañana!, estarán los del Gobierno en donde se hallan ahora los de Félix... "¿Y Blanquet?...

"—¿Blanquet? Llegará, llegará... Ministro... De madrugada... Mañana.

"—¡Mañana!"

V

Al anochecer, las baterías callaban y la ciudad sepultábase en un tétrico silencio de panteón, tarde en tarde, rasgado por alguna ametralladora desvelada. Un bulto que se mueve en la sombra, un ruido extraño, el eco de una voz lejana, bastan para una descarga. Y vuelve todo a su quietud. Los candelabros del Paseo de la Reforma y de las avenidas centrales, lo mismo que los faroles de las calles, permanecen apagados. La obscuridad profunda hubiera podido ayudar al Gobierno. Pero ya la Providencia no está con Madero. Y en un cielo diáfano, que contrasta, en su alegre sonrisa azul, a la tristeza, al miedo, al dolor, acá en la tierra, tiende sus matices pálidos una luna redonda y satisfecha que ilumina la entenebrecida capital de Moctezuma.

---

[13] Apuntes de un familiar, etc., ant. cit.

Algún automóvil cruza furtivamente, amparado en banderas amigas o en las de la Cruz Roja, o en el convencionalismo de trapos blancos que no son siempre nuncios de paz. Por las esquinas, en dirección a la Ciudadela, encuéntranse pelotones de soldados o de rurales echados de bruces en el asfalto, en actitud de guerra, o descansando en el duro lecho de las aceras, con los fusiles y las ametralladoras bien dispuestos. Por las plazas, de raro en raro, un ser viviente, que se desliza pegándose a las paredes o se arriesga a los jardines. Y con frecuencia, cadáveres en pavoroso hacinamiento o aislados a lo largo de las líneas del tranvía, o entre los rieles como travesaños de carne corrompida; una mestiza que fue de compras al almacén próximo y no llegó, un muchacho que no tuvo conciencia del peligro, y de tramo en tramo, charcos de sangre y cascos de granada, y un pesar hondo, intenso, en la atmósfera, en la brisa helada que mueve la ropa de los muertos como queriendo resucitarlos y perdonarlos. Al siguiente día, los crepúsculos de la aurora espárcense por la inmensidad celeste, y el rocío ha bañado los cadáveres y ha humedecido las ametralladoras y el traje de los combatientes y los muros de la Ciudadela sellados por el tiempo y las batallas. Vuelve el sol y vuelven a sonar los cañones y a volar los obuses, y los bandos, en guerra, se desayunan con el plomo fratricida y con el estrépito de las armas y la orden matutina de ir al sacrificio y devorarse mutuamente. Por este angustioso escenario he ido y he regresado, de mi familia a la Legación y de la Legación a la Embajada, y mis ojos no tienen sueño ni parezco el mismo hombre, ni mi oficio el mismo oficio, ni mi mente la misma mente. Siento como si la costra del planeta se hubiera hundido y quebrado y, por una grieta, cayera mi cuerpo en otro mundo, en un mundo distinto, en donde la palabra pertenece al gatillo de la pistola y se han convertido en balas los pensamientos y disparar es único placer. En el trayecto, de aquí para allá, mis empleados, que son jóvenes y valientes y cubanos, me cuentan sus peripecias; han ido hasta el vórtice de los combates y han presenciado estupendas hazañas, y han visto derrumbes e incendios, y agarradas cuerpo a cuerpo, y asaltos, y han oído el clamor de los heridos que se revuelcan y el agónico balbuceo de las víctimas, y la fuga de unos vencidos que se rehacen y echan al hombro la carabina y meten el proyectil en un corazón hermano; los reprendo orgulloso y a un tiempo conmovido, y se defienden y me explican; y es que llevan clavada en el alma la piedad, y sacan a unas mujeres desvalidas de unos escombros que las aplastan, y del peligro del cañoneo a unos niños rubios y espantados, y a una madre con los ojos enloquecidos, y a una parturienta que grita dando una vida cuando quitar vidas es la tarea; y abnegados y generosos, y en el bien y en la virtud, pasearon mi bandera y la honraron, y ser noble y altivo y filántropo, y jamás tener miedo, fue entonces título de cubano. Mozos de tanto espíritu, y un solo automóvil con los colores nacionales, multiplicáronse en la fantasía de la tragedia. "Se han visto en el fragor de la lucha, ocupados en salvamento, cincuenta automóviles de bandera americana, treinta de oro y gualda, y casi otros tantos de la estrella solitaria", me dice un jefe de la tropa federal. Un solo automóvil —le contesto— con una sola estrella, y siempre los mismos cubanos y la misma única bandera, y los mismos pechos y las mismas frentes erguidas en todas partes. . ."

CAPITULO XVI

La Embajada de los Estados Unidos.—El terror a Genovevo de la O. Los corresponsales de la prensa extranjera.—El Secretario de Estado de Cuba consulta al Ministro en México sobre el envío del crucero *Cuba* a Veracruz, y se alarma de no recibir contestación. Antecedentes del proyecto.—Se resuelve que zarpe el buque, para el Golfo, sin esperar respuesta.—Nota al ministro Lascuráin participándole la iniciativa del gobierno cubano.—Entrevista con el Embajador Wilson.—Los buenos oficios del Ministro de España.—Félix Díaz renuente a ningún acuerdo humanitario.—Nota sobre el crucero *Cuba* al Decano del Cuerpo Diplomático.—Respuesta de Mr. Wilson.—El gobierno de Madero protesta de que los soldados cubanos pretendan desembarcar.—Opinión del Embajador.—Mi respuesta a la protesta del gobierno mexicano.

I

Mr. Wilson ha dicho, después, que "la Embajada se convirtió en el centro de todas las actividades en favor de la Humanidad";[1] pero, honradamente, a mi entender entonces y, más tarde, con el testimonio del Ministro de España, señor Cólogan, y las numerosas pruebas que el tiempo ha venido acumulando, la Embajada fue, y no otra cosa, el centro de una verdadera conjura en contra del Gobierno, y su política, desde antes de la sublevación, y sobre todo ahora, la política de las noticias falsas y del falso alarmismo a que son tan dados los criollos, y a la cual rindió magnífico tributo el desaforado embajador. Una de las obsesiones de Mr. Wilson, y la que más impresionaba a sus colegas, era la proximidad y la inminencia del saqueo por las turbas, y aunque no viese nadie síntomas que fortalecie-

[1] De una conferencia del ex Embajador publicada en *The Springfields Republican,* reproducida el 17 de abril de 1914, por el *Diario Oficial* de México, y mencionada por el ministro de España, señor Cólogan, en su escrito *Por la Verdad,* ant. cit.

ran su temor, algunos ministros llegaron, patológicamente, al pánico. Un representante europeo me avisó, cierto día, que se iniciaba en una calle de la Colonia Juárez el frenético desmán; por la tarde, me propuso un convenio ofensivo y defensivo entre su legación y la casa que ocupaba mi familia, y le causó, primero extrañeza y al cabo asombro, que yo no tuviese media docena de tercerolas, cuando menos, para mi trinchera doméstica, enfrente de las hordas hambrientas y enfurecidas; transcurrieron dos horas y el diplomático me participó que la plebe saqueaba los edificios de la Colonia Roma, su barrio; y, en retórica lastimera, compadecía mi temeraria imprevisión. "Usted incurre en una responsabilidad muy grave no preparándose para cualquier emergencia", exclamaba seguro de que seríamos atacados. Mandé entonces mi Secretario a la Embajada con una esquela a Mr. Wilson, en la cual rogábale que me prestase dos fusiles. ¡Dos fusiles! Era mucho y me los negó en un recado verbal: "Es muy crítico el momento y no puedo desprenderme de un solo rifle. El populacho, suelto a sus pasiones, querrá saciarse *aquí*. En cambio, nada ha de intentar contra la Legación de Cuba, considerando sus amigos a los cubanos." La colonia americana organizó y cubrió la guardia nocturna de la Embajada. Ricos y pobres, grandes y chicos turnáronse en el servicio y dispusiéronse a perecer en la defensa de su escudo y de su Embajador. Mi aliado europeo juzgó muy apretado el caso cuando Mr. Wilson, que tenía plétora de fusiles, no me facilitaba siquiera uno, y en provecho de la relativa equivalencia de fuerzas, me cedió un par de la docena suya. Han pasado tres años. El pueblo de la que fue pintoresca Tenochtitlan ha sufrido violentísimos cambios de gobierno; la autoridad de hoy, mañana perseguida; ha padecido la más cruenta miseria: hambre y desnudez; se ha encontrado, de improviso, sin policía, sin guarnición militar, sin rondas de rurales. . . ¡y no ha saqueado los palacios aristocráticos, ni las legaciones, ni los bancos, ni los almacenes de comestibles!

Otro temor, y éste en toda la sociedad, era la entrada de las chusmas del Estado de Morelos en la convulsa capital; y voces femeninas preguntaban por teléfono a las legaciones (algunos teléfonos funcionaban) si era cierto que Genovevo de la O había tomado a Tacubaya, el pórtico de la ciudad de los Palacios; y como en estas grandes consternaciones aparecen los fenómenos cerebrales más extraordinarios, hubo quienes viesen al cabecilla, con varias cabezas chorreando sangre atadas a la montura de su caballo, en avance por la ruta de San Angel, que es otra puerta del Distrito Federal; pero, no sólo Genovevo no abrigaba propósito semejante, sino que el propio Zapata, su jefe, quebrantadísimo por la persecución y la política del general Angeles, con poca gente se había retirado a sus madrigueras [2] y no tenía medios ni deseos de colaborar, con Félix Díaz, a la ruina de Madero. Recuerdo, sin embargo, que Mr. Wilson me mostró una mañana la lista de las facciones —incluso el "zapatismo"— que habían secundado al sobrino de don Porfirio, y, por ella, casi no quedaba ciudadano pacífico en toda la República.[3] "Señor Ministro —exclamaba—, Madero es un loco, un vesánico, y su resistencia a Félix completamente inútil." ¿Era Mr. Wilson víctima de alguna superchería? En Oaxaca, un batallón se subleva y vuelve al orden; en Puebla, hay tranquilidad; una partida que manda Argumedo, y no es realmente numerosa, vaga por las inmediaciones de San Luis Potosí, y todo el resto del país, excepto la capital, está en calma, y queda a Madero la esperanza de afianzar su gobierno si Huerta echa garras a Félix Díaz. A semejanza de Mr. Wilson, que trasmite espeluznantes informes al Departamento de Estado, en Washington, los corresponsales de la prensa extranjera acaparan la sensación universal y se entregan a las delicias de relatos novelescos; la especia humana, en todo el globo, mira estupefacta, hacia México, centuplicando sus horrores, y el gobierno de Cuba es presa de ansiedad porque ignora si vive o no vive su Ministro. El día 9, cablegrafié extensamente al canciller Sanguily. El 13, sin contestación

[2] Afirmación del entonces Gobernador de Morelos, señor Leyva, a persona muy veraz.

[3] "Si alguien pusiese en duda que Wilson falseaba la verdad en sus informaciones al Departamento de Estado, puede comparar sus informes, como se publicaron en Washington, con los reportazgos enviados por cable a la prensa de los Estados Unidos durante la Decena Trágica. Wilson trató de hacer aparecer a la República entera ardiendo en rebelión. El país permanecía tranquilo, mientras en la capital se combatía, y fue solamente una pequeña parte del 11º batallón, de destacamento en la ciudad de Oaxaca, el que candorosamente se pronunció en favor de Díaz, respondiendo al llamamiento que, desde México, hizo Mondragón al Ejército." (Roberto H. Murray, *Huerta y los dos Wilson,* etc., ant. cit.)

alguna, y sorprendiéndome el silencio de mi gobierno, mandé a la oficina del cable a investigar si existía para mí algún despacho traspapelado. Es entonces que recibo juntos varios mensajes, de fecha 10 uno, de fecha 11 otro y dos más fechados el 13. La causa de la detención de los cablegramas era muy sencilla: la oficina de cable, cercana al Palacio y en medio del bombardeo, no pudo distribuirlos a domicilio por falta de personal que los llevase. "El 9 —cuenta el señor gerente— salieron en sus bicicletas, como de costumbre, al reparto, los chicuelos que a tal servicio se destinan, y en la refriega inesperada unos perecieron, otros escaparon y ninguno ha vuelto a su trabajo." En una mesa, larga y estrecha, cada cual buscaba, por sí mismo, sus mensajes, como eligiendo papeletas de una rifa, y cablegrafiar o recibir cablegramas era hazaña de indómito valor. En el del día 10, el secretario Sanguily me consultaba el envío del crucero *Cuba* a Veracruz. Y la consulta obedecía, sin duda, a ciertos antecedentes que hallé en el archivo de la Legación. Al sublevarse Félix Díaz, cuatro meses antes, en su primera y fracasada intentona, los residentes extranjeros, en aquel puerto, alojáronse en buques americanos a la hora del combate, y surgió la idea, en el ministro y general Armando Riva, mi antecesor, de que nuestro pequeño crucero fuese a servir de amparo y refugio a nuestros compatriotas; y como, además, en la capital temíase un levantamiento o la entrada de Zapata, el general Riva comunicó al gobierno que varios de sus colegas pensaban en la conveniencia de que soldados propios guardasen las respectivas legaciones. El gobierno estudió el asunto, y la derrota del Príncipe rebelde, y su encierro, en San Juan de Ulúa, quitaron del tapete el impracticable proyecto; pero volvió, del fondo de las gavetas del Canciller a la superficie del Gabinete, al repetir Félix el trágico albur de insurrección. El 11, aguarda Sanguily mi respuesta, que no viene; el 12 la prensa publica pormenores terroríficos de la pelea mexicana; el Presidente reúne su Consejo a deliberar y el Secretario de Estado propone, y el Gabinete acuerda, que zarpe a Veracruz nuestro buque; hiciéronse los aprestos con toda rapidez; una Compañía de Infantería, mandada por el comandante Julio Sanguily, sobrino del Canciller, embarca a la caída de la tarde; y a las siete, ya de noche, leva anclas y hácese a la mar el crucero. Ese, el contenido del mensaje de fecha 12.

Al fondear el *Cuba* en Veracruz, las fuerzas que llevaba quedarían a mis órdenes y, según las circunstancias, haría de ellas mi voluntad, incluso llamarlas a la capital y poner bajo su salvaguardia la Legación. En el último caso, procedería de conformidad con el gobierno mexicano y con el Embajador de los Estados Unidos, y no sin persuadir antes al presidente Madero, y a sus ministros, de que nuestros militares eran dignísimos portadores de una misión de amistad inquebrantable. Medité el problema, que para mí podía resultar complicadísimo, si no andaba con pies de plomo y si el Cónsul, en Veracruz, y nuestros marinos e infantes no se manejaban discretamente, y argumenté, a mis adentros, de este modo: "el Ministro de México, en La Habana, ha cablegrafiado, confidencialmente, sin omitir detalles del asunto, al canciller Lascuráin, porque, de otro modo, faltaría no sólo a su deber de Ministro, sino al de patriota, y a estas horas el gobierno mexicano conoce, como yo, la situación; buque de guerra e infantes a Veracruz, y si el caos apremia en México, de acuerdo con las autoridades, el desembarco y la guardia en la Legación. Esta noticia —decíame yo— habrá contrariado al presidente Madero, y en ascuas tendrá al Gobernador y al comandante Militar y al de Marina, en Veracruz, que estarán al cabo de los movimientos inofensivos de mi gobierno y de mi barco y de mi elegante infantería." Y, entonces, me interrogaba cuál debiera ser mi conducta. "¿Pedir que regrese el crucero antes de tomar el puerto? La medida dejaría en el ánimo alguna sospecha injusta. ¿Comunicar la visita del buque y no la de mi tropa, ni la intención de, en un caso desesperado, echarlas a tierra camino de la misma Legación? El gobierno lo sabe todo, seguramente, por su Ministro en Cuba, y la ocultación daría margen mayor a la suspicacia de la Cancillería mexicana. Hay que comunicar las cosas como son al ministro Lascuráin, dando así cumplimiento exacto a las instrucciones del canciller Sanguily. Además, la verdad, plena y franca, no lastima. El desembarco no depende sólo de mí, sino de un concierto con el gobierno mexicano, en forma tal, que sea él quien lo desee y a quien le interese; y es lo mismo que si jamás hubiese imaginado el gobierno de Cuba, a sus infantes, respaldándome en el centro de la anarquía y en lo más profundo del desastre. El gobierno mexicano, por graves que fueran sus dificultades, no admitirá la idea de los infantes cubanos de centinelas en la Legación." Y consideré un caso extremo: el desembarco simultáneo de soldados de otras naciones para defender las residencias del Cuerpo Diplomático. ¡Entonces, pobre México reducido a la humillante condición del Imperio Chino, donde el ministro Cólogan, a riesgo de las furias del populacho *boxer,* prendió, al ojal de su casaca bordada, una palma de heroísmo e inmortalidad! Soldados americanos, franceses, ingleses, alemanes y españoles, hollarán el suelo nacional, y la anarquía, aunque anarquía de mexicanos, levantará sus puñales contra ellos. ¡Ah, nuestra corta tropa jamás pactará con los invasores! ¿Y si el desembarco fuese de acuerdo con el gobierno de México? La revolución, anárquica pero mexicana, iríase sobre los invasores lo mismo que sobre el gobierno que consintiera la invasión. ¿Y si gobierno y revolucionarios, cada uno por su lado, autorizara el desembarco? He ahí el momento en que yo rogaría, sin exigencia, a los dos bandos, que en vez de franceses o yanquis o alemanes o ingleses o españoles, prestaran, a mi Legación, servicio de policía, los infantes cubanos, que es como si se tratara de otros tantos hijos de México en darme garantías y en preservar mis inmunidades y el honor de la nación mexicana. A medianoche remití al señor Lascuráin la siguiente nota, redactada mientras, a unos pasos de mi oficina, hacía de las suyas una ametralladora rebelde sin ganas de dormir:

"*Legación de Cuba en México,* febrero 13 de 1913.

"Señor Ministro:

"Tengo el honor de poner en conocimiento de V. E. que el Excmo. Sr. Secretario de Estado me participa, en cablegrama recibido hoy, que el 12 del corriente, a las siete de la noche, zarpó del puerto de La Habana, para el de Veracruz, el crucero 'Cuba'. A bordo de este crucero viene una Compañía de Infantería; y cumplo instrucciones al significar a V. E. que, si las circunstancias lo exigieran y, por ello, el Gobierno de V. E. lo creyese conveniente para guardar esta Legación y la Colonia Cubana, previo acuerdo al efecto y con el consentimiento de V. E., la mencionada Compañía de Infantería se pondrá a mis órdenes, procediendo en los términos de la más completa y franca armonía el Gobierno de Cuba y el de V. E.

"Asimismo, y sin el ánimo de crear dificultades, cumplo instrucciones de mi Gobierno rogando, al de V. E., medidas encaminadas a que esta Legación sufra lo menos posible las graves consecuencias de las operaciones militares que, desgraciadamente, el Gobierno de V. E. se ha visto en la necesidad de emprender dentro de los límites de la Capital.

"Aprovecho la oportunidad de reiterar a V. E., Señor Ministro, las seguridades de mi más alta y distinguida consideración.

"M. MÁRQUEZ STERLING.

"A Su Excelencia el Sr. Licenciado Don Pedro Lascurain, Ministro de Relaciones Exteriores de los Estados Unidos Mexicanos."

II

Lo más arduo, para mí, no era la armonía con el gobierno mexicano, sino el proceder acorde con el Embajador. El canciller Sanguily, al incorporar a su programa esta parte, no pudo, ni con mucho, adivinar la complicidad en que andaba el yanqui, ni menos aún lo difícil que sería, para Madero, sofocar, no la revuelta de la Ciudadela, sino la conjura de la Embajada. Visité, un poco más temprano que de costumbre, a Mr. Wilson, el día 14, y lo encontré en su bufete leyendo y ordenando papeles, tranquilo y afable. Mis relaciones con el Embajador eran las de una cordialidad absoluta. Y me acogió con benévola sonrisa, poco frecuente en su fisonomía dura y estirada.[4] "Mi-

[4] R. H. Murray, en su trabajo, varias veces citado en este libro, *Huerta y los dos Wilson,* pinta de este modo al Embajador:

"Cuando Wilson entró en la carrera diplomática, como Ministro de los Estados Unidos en Chile, hace cosa de década y media, más o menos, era un especulador en bienes raíces declarado en quiebra en el Estado de Washington.

"Tuvo la fortuna de contar con un hermano leal, amante, influyente en política, que lo ayudó robustamente en la marea muerta de sus negocios.

"El hermano era el senador John Wilson, de Seatle, propietario del *Post-Intelligencer,* y un poder en la política republicana del Noroeste.

"Henry Lane necesitaba trabajo. John se lo obtuvo.

"Hizo más que eso, 'cuídenme a Henry', acostumbraba decir John, sonriente, a sus íntimos amigos; y esa frase envolvía en ocasiones tanta labor en conservar a Henry trabajando, como la de conseguirle algún trabajo. Henry

nistro, adelante, estoy ocupadísimo, pero a usted lo recibo a toda hora..." Entremos en materia. Y, al referirme al crucero *Cuba,* levantó del montón de papeles en que apoyaba su mano fina y larga, un despacho telegráfico de Washington: "Estoy al cabo de todo —me dijo haciendo con el mensaje un abanico—, y si el gobierno mexicano rápidamente no domina la situación y la ciudad continúa expuesta al saqueo y la crueldad de las turbas, los soldados cubanos tendrán suficiente motivo para subir hasta aquí y cuidar por sí mismos de la Legación y de sus compatriotas..." Un solo punto de mis instrucciones me había reservado: el actuar de acuerdo con él; porque, para seguir una política paralela a la suya, sería indispensable que yo también conspirase. Y me limité a comunicarle mi propósito de imponer a "Su Excelencia", oportunamente, de mis pasos, como era mi deber, después de todo, no por tratarse del representante del gobierno americano, sino por ser, el Embajador, además, Decano del Cuerpo Diplomático y desarrollarse, en aquel trance, en torno del Decano, la política internacional y, principalmente, la múltiple gestión diplomática. "¿No cree usted, Mr. Wilson, que las fuerzas leales decidan pronto el pleito o que se llegue a una transacción o a un arreglo decoroso?

"—Aguarde usted, si puede, un rato —contestó— y le daré noticias...

"*Yo.*—¿Está ahora negociándose algo sobre esa base?

"*El.*—Ha ido *míster* Cólogan a la Ciudadela y en breve le tendremos aquí."

Me retiré al vestíbulo para no interrumpir más tiempo el trabajo de Mr. Wilson. Pero el ministro Cólogan se demoró, y preferí marcharme. La batalla atronaba el espacio y parecían despedazarse la tierra y los cielos. Mi automóvil corrió dos

---

Lane, en la vida pública, se hallaba maldecido con la desgraciada facultad de meterse en todo género de embrollos. Estos embrollos, hasta su llegada a México, no implicaban deslices profesionales o morales. Eran disgustos que él mismo se producía, por medio de flaquezas del temperamento, faltas de tacto y extravagante concepto de lo que era debido a su posición en deferencia y precedencia. Era irascible, quisquilloso, enojadizo, nervioso, egoísta, vano. Peleaba con la gente por cosas de poca monta. Esto contribuía a inutilizarlo en ocasiones en que podía realizar servicios efectivos. Los empleados mexicanos lo consideraban 'pequeño', significando con esto que era inclinado a agotar sus energías, y las de ellos, en discusiones o consideraciones sobre asuntos sin consecuencia, que no tenían importancia sino a los ojos de Lane Wilson."

calles y de improviso lo hice detener. Había divisado al Ministro de España, a pie, en una esquina. "¡Señor Cólogan! ¿Usted aquí? —una descarga de fusilería, en ese momento, cruzó la calle solitaria—. Mi querido colega —le pregunté—, ¿las balas no se han fundido para herir a los diplomáticos españoles?' " Cólogan aceptó con una carcajada el halago a su valentía, realmente estoica, y lo llevé a la residencia del Embajador. "Vengo de hablar a Félix Díaz —me dijo en voz muy baja.

"—¿Y ha logrado usted algo?

"—¡Nada! —y moviendo la cabeza, para expresar desesperanza, añadió—: Esto es muy grave, Ministro.

"*Yo.*—¿Y Félix Díaz dispone de muchos elementos?

"*Cólogan.*—Me ha parecido un poco débil. Pero el Embajador no querrá darse por entendido cuando le informe acerca de ello. *(Reflexionando.)* Yo sé a dónde va Mr. Wilson; él me habla y yo oigo... No se puede nada."

La víspera, el Ministro de España había brindado sus servicios al gobierno "por si le era dable mitigar tanto infortunio".[5] El día 14, o sea el de mi relato, el señor Lascuráin, a las ocho y media de la mañana, estuvo en la Legación Española a participarle que Madero aceptaba sus buenos oficios; y a poco el señor Cólogan, en el Palacio Nacional, entrevistábase con el Presidente y los ministros de Gobernación, Hernández; de Hacienda, don Ernesto; de la Guerra, García Peña, y el propio Lascuráin, de Relaciones Exteriores. En seguida se le envió a Félix Díaz un oficio notificándole el deseo del señor Cólogan de ir a conferenciar a la Ciudadela, y, entre tanto, se retiró el español del despacho de Madero en compañía de Hernández y don Ernesto. Se hizo tarde y los Ministros invitáronle a compartir, con ellos, el almuerzo del Palacio. "Al sentarme a la mesa —cuenta el diplomático— llegó el Presidente con el señor De la Barra, a quien saludé, y estábamos terminando cuando trajeron a Madero la respuesta, escrita y firmada por Félix Díaz, según la cual recibiría con mucho gusto al Ministro de España. Me levanté en el acto, y al proponer el señor De la Barra que fuésemos juntos porque él también debía ir, le respondí que nuestras misiones afectarían, sin duda alguna, carácter enteramente distinto, y no queriendo roce al-

[5] B. J. Cólogan, *Por la Verdad*, etc., ant. cit.

guno con la política, yo saldría delante y él veinte minutos después." [6] El Ministro, "a una distancia de 350 metros de la Ciudadela" [7] se encontró de improviso entre dos fuegos, el de las baterías de Huerta contra Félix Díaz y el de Félix Díaz contra los leales. Un subalterno mío vióle descender del automóvil, seguido del Cónsul de España y de un militar. Era, el ilustre representante de Su Majestad Católica, un hombre viejo, flaco, de elevadísima estatura, la barba gris y redonda, ojos grandes y rostro desencajado. Y al trote de sus largas piernas continuó la excursión, alzando, como hostia sagrada, con ambas manos, una pequeña bandera española. Propuso al general Díaz "un armisticio y, ante todo, la suspensión diaria de las hostilidades a hora fija, para que las atribuladas familias pudieran abandonar, con seguridad, la zona de peligro y la ciudad entera aprovisionarse, transportar heridos, procurar auxilios médicos y llevar cadáveres al cementerio".[8] La visita del Ministro fue corta y, por desgracia, estéril. El combate arreciaba y los cristales de una gran claraboya, en el salón, caían destrozados por la metralla. Félix Díaz, "hombre de pocas palabras" —dice el señor Cólogan—, adujo como prueba, a la mala fe del gobierno, el hecho de no haber ordenado eficazmente el cese de las descargas, obligándolo a él a contestar y poner en inminente peligro la vida del Ministro... "No se preocupe usted por mí", exclamó Cólogan. Lo cierto es que el jefe rebelde no quiso darse a partido, y al despedirse, abordándole por última vez, el español invocó su corazón de patriota... [9] "Me secundan los gobiernos de Puebla y Tlaxcala —díjole secamente el General—; una columna de 3,000 hombres, al mando de un jefe de confianza, está a las puertas de México [10] y sólo me queda ya triunfar o pasar a la Historia...

"—General —repuso el Ministro con energía y con talento—, en estos instantes poco importa a la nación mexicana cómo haya de pasar usted a la Historia."

---

[6] B. J. de Cólogan, *Por la Verdad,* etc., ant. cit.

[7] *Ibidem.*

[8] Acta levantada en la Legación de España el 19 de diciembre de 1913 y citada por el señor Cólogan en su escrito *Por la Verdad,* etc.

[9] B. J. Cólogan, *Por la Verdad,* etc., ant. cit.

[10] Se refería sin duda a Blanquet.

Al salir, tropezó el señor Cólogan con el señor De la Barra que hacía tranquilamente, antesala. Y las tropas rebeldes vitorearon al Ministro, cosa que hirió a los del gobierno y que era, sin embargo, muy natural, tanto por lo airoso de sus esfuerzos como por haber entre la gente de Félix Díaz muchos súbditos de don Alfonso XIII. De la Ciudadela cargó el señor Cólogan su decepción hasta el Palacio Nacional, y del Palacio a la Embajada, precisamente en los instantes en que lo detuvo, junto a una esquina, la impertinencia de las ametralladoras, y lo llevé en mi automóvil a rendir su interesante y noble jornada. Ministro y Embajador, encerrados, departieron, y yo tomé rumbo a mi Legación previendo muy próximos y trascendentales desastres. Las avanzadas de la Ciudadela llegaban a la calle de Turín, es decir, a la Casa de Cuba, y por las ventanas, en la planta baja, solían asomar sus rostros encendidos y tiznados los rebeldes, por cierto, dos de ellos muy charlatanes, con acento de Galicia. Al detenerse mi automóvil, los de Félix quitáronse el sombrero. A toda velocidad escribí, firmé y envié, a la Embajada, la siguiente nota:

"*Legación de Cuba en México,* febrero 14 de 1913.

"Señor Embajador:

"Cumpliendo instrucciones de mi gobierno tengo el honor de poner en conocimiento de Vuestra Excelencia, que el 12 del corriente, a las siete de la noche, zarpó del Puerto de La Habana, con destino al de Veracruz, donde espero que llegue en la tarde de hoy o en las primeras horas de la mañana próxima, el crucero "Cuba", trayendo a bordo una Compañía de Infantería, a mis órdenes, para el caso de que fuera necesario guardar, con ella, la Legación, los nacionales y los intereses cubanos, procediendo de acuerdo con las Autoridades y con Su Excelencia el Decano del honorable Cuerpo Diplomático.

"Aprovecho esta oportunidad, Señor Embajador, para reiterar a Vuestra Exelencia las seguridades de mi más alta y distinguida consideración.

"M. MÁRQUEZ STERLING.

"A Su Excelencia el Señor Henry Lane Wilson, Embajador Extraordinario y Plenipotenciario de los Estados Unidos de

América y Decano del Honorable Cuerpo Diplomático en los Estados Unidos Mexicanos."

¿Advirtió que yo nada quería con el Embajador sino con el Decano y en la medida que al Decano correspondiese? Alegraban a Mr. Wilson los incidentes que pudieran acarrear, a Madero, disgustos, y nuestro buque era una dificultad en puerta, si yo procedía con ligereza. Así, contestó en medio segundo con estos renglones:

"*Embajada de los Estados Unidos de América.*

"México, febrero 14 de 1913.[11]

"Señor Ministro:

"He tenido el honor de recibir la nota, de esta fecha, en que Vuestra Excelencia me hace saber que su gobierno ha enviado a Veracruz el crucero "Cuba" con una Compañía de Infantería, y que arribará a su destino mañana por la mañana.

"Agradezco a Vuestra Excelencia muy mucho esta información y soy, mi querido Colega, su muy sincero,

"HENRY LANE WILSON.

"A Su Excelencia M. Márquez Sterling, Ministro de Cuba, etcétera, etc., etc."

III

Mi nota al Canciller produjo mal efecto al presidente Madero y a sus ministros. "¿Qué misteriosa trama se agita en lo íntimo de esta rara conducta del gobierno de Cuba?", se preguntaban, unos a otros, queriendo adivinar detrás del crucero la mano del yanqui. El señor Lascuráin despachaba los negocios diplomáticos en el Palacio y su réplica, a toda festinación dictada, lucía en el papel este membrete: *Secretaría Particular del Presidente de la República Mexicana.* Me fue entregada a las nueve de la noche, y decía:

---

[11] Archivo de la Embajada de los Estados Unidos de América en México. S. 5940, F. 833 (traducción) Secretaría de Estado, Habana. Expediente reservado.

"México, 14 de febrero de 1913.

"Señor Ministro:

"Me he impuesto de la atenta nota de V. E. fecha de ayer, en que tiene a bien imponerme del envío del crucero "Cuba", a bordo del cual viene una Compañía de Infantería, para guardar la Legación al digno cargo de V. E. y proteger la Colonia Cubana, quedando dicha Compañía a las órdenes de V. E., y que procederá en términos de la más completa y franca armonía entre el Gobierno de México y el de V. E.

"Igualmente tiene a bien hacerme saber V. E. que cumple instrucciones de su Gobierno pidiendo, al de México, que tome las medidas encaminadas a que la Legación Cubana sufra lo menos posible las graves consecuencias de las operaciones militares que, desgraciadamente, se han emprendido dentro de los límites de la capital.

"Ruego a V. E.,[12] señor Ministro, que interponga toda su influencia para evitar el desembarco de tropas cubanas en territorio mexicano, que por ningún motivo podemos permitir. No se ocultará a Vuestra Excelencia que el desembarco de esas tropas se vería como violación del Territorio Nacional, que el Gobierno de México debe a todo trance impedir.

"Conociendo los nobles sentimientos de amistad que el pueblo de Cuba y su Gobierno abrigan para México, recibirá esta declaración con el espíritu que está dictada, de impedir ulteriores dificultades en estos momentos aciagos para México, y no como una declaración que de algún modo pudiera resentirle.

"A efecto de dar tranquilidad a V. E., respecto a la seguridad de la Legación, le hago saber que se está tratando de celebrar un armisticio, logrado el cual lo haré saber a V. E. inmediatamente.

"Aprovecho esta oportunidad para reiterar a V. E. señor Ministro, la seguridad de mi más alta consideración.

"PEDRO LASCURÁIN.

"Al Excelentísimo Señor Ministro de Cuba, Señor M. Márquez Sterling."

---

[12] Me he permitido hacer a este escrito algunas correcciones de escasa importancia, entre ellas la de poner V. E. donde aparece usted, ambos trata-

El Embajador hallábase muy contento el día 15. Tuvimos una extensa entrevista. "Yo quiero concertar —le dije— con alguno o con varios de nuestros colegas, que tienen compatriotas en México, un tren a Veracruz en el que salgan los extranjeros a quienes no les sea posible o les cause perjuicio permanecer aquí. Por mi parte, muchos cubanos me reclaman protección y la generalidad desea ausentarse." A Mr. Wilson le gustó el proyecto y, aplazando el practicarlo, me dijo: "Tengo banqueros que aceptarían una letra de usted contra el gobierno de Cuba, y no será, así un obstáculo, la carencia de dinero...

"—Gracias, Embajador; pero yo no estoy autorizado por mi Cancillería...

"—No importa —repuso—. En estas circunstancias usted hará lo que convenga y su gobierno sancionará lo hecho por usted.

"—Sin embargo, debo consultar."

Doblamos la página. Y entramos en la nota del señor Lascuráin, que el Embajador leyó sin perderle una coma, para, después, exclamar: "Estos hombres, ¿lo ve usted?, son intratables.

"No existe en México un gobierno obedecido por el pueblo. Entonces, ¿por qué oponerse a que la Legación de Cuba se proporcione las garantías que Madero no le da? Están al llegar buques de guerra americanos y traen fuerzas bastantes para cualquier evento. Usted, Ministro —agregó—, debe, a mi juicio, mantener en una nota enérgica su derecho a desembarcar soldados para prevenir una catástrofe; en su abono están los principios más elementales del Derecho Internacional, ejemplos muy claros y precisos", y, como era entonces costumbre, aludió al desembarco de tropas extranjeras en China, sin duda por no querer mencionar el de tropas americanas en Nicaragua. Y luego remató sus enseñanzas prometiéndome apoyo en una concisa nota suya, como la mía, enérgica. "El presidente Madero —dijo con lentitud— está irremediablemente perdido, y tal vez logremos los diplomáticos persuadirle de su fatal destino...

"—¿Los diplomáticos? —le pregunté con sorpresa.

---

mientos alternativamente usados en la misma nota. "Por fortuna —comentaba un periódico después de la lucha— la nota no alcanzó una tercera hoja, porque en ella el Ministro habría sido tratado de *tú*."

"—No, todos no, algunos. Yo he reunido a los ministros de Alemania, Inglaterra y España para eso; y, además, el Encargado de Negocios de Francia tiene autorización de su gobierno para invocar también su nombre...

"—¿Y qué se ha resuelto?"

El Embajador se puso en pie, como si un resorte, desde el techo, lo hubiera suspendido. "Oh, si el Presidente fuese un hombre cuerdo estaría solucionada la crisis. Pero... Ministro, no lo dude usted: ¡tratamos con un loco! Y de un loco no puede esperarse nada cuerdo."

Confieso que me sobrecogió una profunda pena. La intervención de los Estados Unidos o el derrocamiento súbito de Madero explicaban, para mí, la conducta tortuosa y las palabras obscuras del Embajador. La revolución no estaba ya en la Ciudadela, sino en el espíritu de Mr. Wilson. Madero no tenía enfrente a Félix Díaz, sino al representante del presidente Taft. Y reflexioné acerca de mi situación y de mis deberes. ¿Era inverosímil que la sola presencia de los infantes cubanos en tierra de Veracruz, provocase un trastorno y éste fuese el pretexto de echar, sobre México, las tropas americanas y decidir la intervención? Una hoja impresa, de las muchas leídas en la Embajada antes que en otro sitio alguno, afirmó que los cubanos iban, sin tropiezos, en un tren rumbo a la capital. Y este embuste ¿no era parte en la política de las noticias falsas y tendía, maliciosamente, a enredarme en un conflicto? No; yo estaba en el deber de conducirme por manera diáfana, sin doblez, evitando a México dificultades que pudieran provenirle de mí y, sobre todo, no servir de instrumento ciego y dócil a los designios de Mr. Wilson. Al cabo de largas meditaciones me dirigí a la Cancillería de Madero en estos términos:

"Legación de Cuba en México, febrero 15 de 1913.

"Señor Ministro:

"Tengo el honor de responder a la atenta nota de Vuestra Excelencia, fecha de ayer, escrita en contestación a la mía, del 13 del corriente, en que, a la vez de comunicarle la próxima llegada del crucero 'Cuba', con una Compañía de Infantería a las aguas mexicanas, solicitaba, en nombre de mi Gobierno, medidas para la seguridad de la Legación a mi cargo.

"No puedo ocultar el sentimiento que los términos del despacho de Vuestra Excelencia han dejado en mi ánimo; tanto porque ellos no corresponden al espíritu de mi mencionada nota del día 13, como por el hecho de atribuirle al Gobierno de Cuba, que, por mi conducto viene dando las más leales pruebas de fraternal amistad a la Nación Mexicana, el propósito de desembarcar tropas con violación del Territorio Nacional. Muy claramente dice mi aludida nota que "cumplo instrucciones al significar a Vuestra Excelencia que si las circunstancias lo exigieran y, por ello el Gobierno de vuestra Excelencia lo creyese conveniente para guardar esta Legación y la Colonia Cubana, previo acuerdo al efecto y con el consentimiento de Vuestra Excelencia, la mencionada Compañía de Infantería se pondrá a mis órdenes, procediendo en los términos de la más completa y franca armonía el Gobierno de Cuba y el de Vuestra Excelencia; y estos conceptos no dejan lugar a otra interpretación que no sea la realidad de que el Gobierno de la República de Cuba, brinda al de la República Mexicana, afirmándose en los lazos que tan sólidamente los ligan, fuerzas adecuadas para resguardar la Legación y la Colonia; y que estas fuerzas no desembarcarían sin previo acuerdo al efecto, y sin el consentimiento de Vuestra Excelencia."

"Es un principio de Derecho Internacional establecido y observado, entre las Naciones amigas, el que tropas de la una amparen, en territorio de la otra, su Legación y su Colonia, cuando, como en este caso, las circunstancias impiden que sean amparadas por soldados de aquélla; y al hacer semejante oferta al Gobierno de Vuestra Excelencia, entiende el mío que ha dado una nueva muestra de amistad, y no sólo no proporciona dificultades, en estos días aciagos para México, que el pueblo de Cuba lamenta como si se tratase de su propio infortunio, sino que su ánimo ha sido, y sigue siendo, el evitarlas, aun con positivo sacrificio de su parte.

"La Legación de Cuba, Señor Ministro, ha estado huérfana de toda protección, y en ninguna de las horas difíciles en que ha peligrado mi vida, la de mi familia, la de mis connacionales y la del personal a mis órdenes, he disfrutado de la honda satisfacción de advertir alguna medida del Gobierno de Vuestra Excelencia relacionada con nuestra seguridad; la Bandera Nacional, enarbolada en el edificio de la Legación, está perforada por las balas, y muchas de ellas procedentes de las armas del Gobierno de Vuestra Excelencia han penetrado a su antojo por puertas y ventanas, sin constancia de que se hubiera acudido a ningún género de precauciones encaminadas a impedir situación tan extraordinaria y difícil; ni tampoco se ha hecho nada para salvaguardar el edificio de la Legación, expuesto a otra índole, muy grave, de consecuencias, ni para la protección de mi familia, alojada, como Vuestra Excelencia sabe, en una casa particular, no facilitada por las autoridades, algo más distante de la zona de combate que la de la Legación.

"No obstante existir motivos tan serios y fundados, como los referidos, para elevar a Vuestra Excelencia mi protesta, me he abstenido de todo acto que pudiese sumar preocupaciones al Gobierno en tan críticos instantes, y el Excelentísimo Señor Secretario de Estado, por sí y por el Gobierno y el pueblo de Cuba, me trasmite, por el cable, sus votos sinceros de un rápido y feliz desenlace, para la Nación hermana, de la dolorosa tragedia que atrae hacia la patria gloriosa de Vuestra Excelencia las miradas del mundo entero.

"Así, y concretando el fin de la presente nota, debo informar a Vuestra Excelencia de que no es menester que interponga mi influjo para impedir el desembarco de las tropas cubanas, en el territorio mexicano, porque esas tropas traen instrucciones de sólo desembarcar por mandato mío, y las que he recibido estriban en mandarlas desembarcar si, solicitado un acuerdo en ese sentido con Vuestra Excelencia, obtuviese su permiso; y, finalmente, que la declaración de Vuestra Excelencia de que se vería obligado a considerar que mis tropas violaban el Territorio Nacional e impediría a todo trance su desembarco, carece de oportunidad, porque no he solicitado, siquiera, de Vuestra Excelencia, el acuerdo ni el consentimiento detallados, ni en caso de haber planteado la solicitud habría sido con otro carácter que el de brindar al Gobierno de Vuestra Excelencia fuerzas amigas para proteger la Legación y la Colonia de Cuba, que no han sido protegidas un solo minuto desde la fecha del 9 de febrero.

"Agradezco a Vuestra Excelencia la noticia que se ha servido comunicarme relacionada con el intento de celebrar un armisticio, y aprovecho la oportunidad de reiterarle, Señor Ministro, las seguridades de mi más alta y distinguida consideración.

"M. MÁRQUEZ STERLING.

"A Su Excelencia el Señor Licenciado Pedro Lascuráin, Ministro de Relaciones Exteriores de los Estados Unidos Mexicanos."

Ordené una copia de la nota del Ministro de Relaciones Exteriores y otra de las dos mías, y remití los tres documentos a Mr. Wilson, acompañándolos de las líneas que siguen:

"*Legación de Cuba en México,* febrero 15 de 1913.

"Señor Embajador:

"Tengo el honor de pasar a manos de Vuestra Excelencia tres copias que contienen las notas cambiadas, hasta la fecha, entre el que suscribe y el Señor Ministro de Relaciones Exteriores de la República Mexicana, relativas a la llegada a Veracruz del crucero 'Cuba' con una compañía de Infantería, a mi disposición, para proteger la Legación y la Colonia Cubanas en las actuales difíciles circunstancias.

"Al enviar a Vuestra Excelencia las mencionadas copias, me inspiro en el deseo de que Vuestra Excelencia, como digno Decano del Honorable Cuerpo Diplomático, conozca la verdadera situación en que se encuentra este importante asunto.

"Aprovecho la oportunidad de reiterar a Vuestra Excelencia, Señor Embajador, las seguridades de mi más alta y distinguida consideración.

"M. MÁRQUEZ STERLING.

"A Su Excelencia el Señor Henry Lane Wilson, Embajador Extraordinario y Plenipotenciario de los Estados Unidos de América y Decano del Honorable Cuerpo Diplomático en los Estados Unidos Mexicanos."

Mi poca energía desagradaba, seguramente, al escabroso diplomático, y no contestó, como la otra vez, el mismo día, ni el día inmediato, ni un mes más tarde, ni nunca, a mi breve comunicación. Yo no me interesaba por la humanidad, como se interesaba él, y no merecí una simple cortesía...

CAPITULO XVII

A México le convenía el triunfo de Madero.—El embajador Wilson comunica a los ministros de Alemania, España e Inglaterra que está tratando de poner de acuerdo a Huerta con Félix Díaz. El Ministro de España se encarga de advertir a Madero que debe renunciar.—Madero rechaza la misión del señor Cólogan.—Enrique Cepeda.—Conferencia secreta de Huerta y Félix Díaz.—El canciller Lascuráin.—Mi segunda nota sobre el incidente del crucero "Cuba" produce el mejor efecto en el gobierno mexicano.—Rumores acerca de la actitud del gobierno cubano.—Trabajos pacifistas del señor De la Barra.—El Senado.—Informes de la Embajada.—Tregua dominical.—La inviolabilidad de la Legación de Cuba.—Notas cambiadas con el general Huerta.—Nueve senadores piden a Madero que renuncie.—Madero lee un cablegrama de Taft en que descarta el peligro de intervención.—Los carabineros de Coahuila.—El golpe de Estado.—Prisión de Madero por Blanquet.—Muerte de Gustavo.—Fusilamiento del intendente Bassó.

I

Al país le era necesario el triunfo del gobierno; pero no lo entendieron así o, sabiéndolo, no quisieron confesarlo, en su encono y soberbia, los enemigos de Madero. El orden, por serlo, debe imponerse al desorden. Y el desorden tenía entonces por su más alto representante, al que más tarde llamaron los periodistas de la tiranía, llenándose la boca, *el héroe de la Ciudadela.* Madero compendiaba la voluntad popular y el golpe de mano a Madero sería zarpada funestísima al país, con toda evidencia, seguida del toque de diana a la guerra civil interminable. Vencido el general Reyes, vencido el grupo del licenciado Vázquez Gómez, vencido Orozco, vencida finalmente la rebelión de febrero, perderían los malcontentos el gusto a la revuelta; vendría la paz, por su propia eficacia, a su centro de gravedad; y donde vemos tragedia veríamos trabajo y en vez de escuchar gemidos escucharíamos himnos y cánticos. Félix Díaz, encerrado en la Ciudadela, bombardea la capital; sus cañones, girando como agujas locas, disparan granadas a derecha e izquierda, sin puntería fija; pero estaba condenado a perecer: cuestión de tiempo o de talento militar, cuestión de lealtad, al cabo. Por el hambre o por la fuerza sería cazado en su misma ratonera. Tocaba al desenlace, cuando apareció el lobo, que se hizo, con astucia, dueño y señor del bosque; Félix pudo escapar de la ratonera. Mas la nación quedó entre las uñas del lobo.

II

Dormía Cólogan sus laureles a la hora en que su gran amigo Wilson lo requería; sobresaltóse el Ministro, vistió atropelladamente aquel traje de diario que conservaba el glorioso polvo de la Ciudadela, y un automóvil, con los faroles apagados, lo condujo a la Embajada en la compañía de un misterioso militar. Andadas varias cuadras, el jefe de una patrulla hizo detener el automóvil y dio cuenta, al compañero del Ministro, de haber fusilado, momentos antes, a cuatro individuos. "Siga usted", le contestó. Eso era lo normal.

En la Embajada encontrábanse los ministros de Alemania e Inglaterra al llegar el de España, y en seguida Mr. Wilson, pálido, nervioso y excitado,[1] repitió su discurso de siempre: "Madero es un loco, un *fool,* un *lunatic,*[2] y debe ser legalmente declarado sin capacidad mental para el ejercicio de su cargo." Y descubriendo sus propósitos y la conjura en que andaba metido, agregó: "Esta situación es intolerable... y yo voy a poner orden"; [3] palabras, las últimas, que acompasó a un tremendo puñetazo en la mesa que tenía cerca, puñetazo dado, en verdad, a la patria de Félix Díaz en la cabeza de Madero. "Cuatro mil hombres vienen en camino —prosiguió con los puños cerrados como si también amenazara con ellos a Cólogan— y subirán aquí si fuese menester." Los tres plenipotenciarios miráronse, y Mr. Wilson, poseído de fiebre, con-

[1] B. J. de Cólogan, *Por la Verdad,* etc., ant. cit.

[2] *Ibídem.*

[3] "I will put order" *(Ibídem).*

tinuó: "Madero está irremisiblemente perdido. Su caída es cuestión de horas y depende sólo de un acuerdo que se está negociando entre Huerta y Féliz Díaz. . ." Entre el Jefe del Ejército, a quien Madero confió la suerte del gobierno y de la República, y el cabecilla de la Ciudadela. "Con Huerta —dijo más calmado— me entiendo por intermedio [4] de un tal Enrique Cepeda. . . Con Félix Díaz, por un doctor americano que lo visita, en mi nombre, continuamente. . ." [5] Y allí entró en ciertos detalles de trascendencia: "El general Blanquet ha llegado de Toluca al frente de dos mil soldados y en él descansa Madero; mas Blanquet sólo espera el momento del golpe. El *loco,* apenas cuenta con la insignificante batería del general Angeles y está dominado." [6] El *loco* no era Madero, sino Wilson. Y así lo pensaron, de seguro, los tres ministros. Madero trajo tropas federales, reunió a los jefes de más prestigio del ejército y los echó sobre Félix Díaz. Ninguna orden suya entorpeció las operaciones militares. Huerta, a quien él hizo general de División, obró libremente. Blanquet le juraba fidelidad. Y ¡mañana! sería tomada la Ciudadela, según la promesa diaria del jefe de sus fuerzas. ¿Qué acto de *locura* realizado por Madero disculpa los arreglos de Huerta con Félix Díaz? ¿Qué acto de *locura* de Madero excluye la *demencia* de Wilson? Y la *demencia* era el estado del Embajador al pronunciar esta siniestra amenaza, no ya contra la soberanía mexicana o contra la existencia del gobierno, sino contra la vida de Madero: "Ha llegado, señores, el momento —exclamó— de hacerle saber que sólo la *renuncia podría salvarle. . .*" [7] Y propuso, con toda la solemnidad ajustada al caso, que desempeñara el señor Cólogan la misión de comunicar al Presidente el inverecundo fallo, y discernía sacrificio tan doloroso al Ministro de España, atendiendo a los vínculos de raza que ligaban al que Wilson calificó de *loco* y al que, en un instante, *enloqueció.* "Poco o nada iba por tanto en el asunto a mis dos colegas —escribe Cólogan—, y al mirarme Mr. Wilson estuve unos momentos callado, pensándolo. . ." [8] ¿Puso

---

[4] *"Gobetween, correveidile."* (B. J. Cólogan, *Por la Verdad,* etc., ant. cit.)

[5] Cólogan calla compasivamente el nombre del intruso doctor yanqui.

[6] "Done" *(Ibídem).*

[7] B. J. Cólogan, *Por la Verdad,* etc., ant. cit.

[8] *Ibídem.*

el Ministro de la raza su influencia, en la balanza diplomática, a fin de impedir semejante atentado? ¿Hizo siquiera alguna reflexión al enfurecido Wilson; trató de contener, en aquella senda, al ofuscado Embajador; analizó las responsabilidades que iban los dos a compartir; tuvo una palabra de justicia, de razón, de derecho, de piedad para la independencia de México y para la vida de Madero; negó su concurso a la obra maléfica del verdadero *loco?* No. El mismo lo refiere: calló, y después de un largo silencio, dijo en voz baja: "Está bien. . ." [9] De cómo discurrió el señor Cólogan a través del frío mutismo en que lo acababa de sumir el yanqui, nos lo va a contar él en un párrafo de su informe confidencial: "Está interesado mi honor, puesto que tú, Embajador norteamericano, invocas mi cargo y mis vínculos, y como pariente cercano soy escogido para decir al moribundo: *prepara tu testamento;* y, además, hay dolor en la misión y sobre todo peligro cierto; estás tan penetrado tú, ¡Embajador!, de la conspiración, jefe y zurcidor que vienes a ser de ella; son tan irrefutables los hechos y tus declaraciones respecto al siniestro plan de Huerta, a la plena seguridad de Félix Díaz en la Ciudadela, a la pérdida inevitable del presidente Madero, que es cuestión también de corazón y un deber, no ya de amistad sino de humanidad y caridad, prevenirlo, salvarlo." [10]

A las nueve de la mañana de aquel tristísimo día 15, ya estaba el señor Cólogan en Palacio. "Señor Presidente —le dijo a boca de jarro, ambos de pie y estremecidos—: el Embajador nos ha convocado, esta madrugada, a los ministros de Inglaterra, Alemania, y a mí, de España, y nos ha expuesto la gravedad, interior e internacional, de la situación, y nos ha afirmado que no tiene usted otro camino que la renuncia, proponiéndome, como Ministro de España, y por cuestión de raza, así dijo, que yo lo manifestara a usted." [11]

—¿Qué *opinaron* los ministros? —preguntó Madero, inesperadamente para el de España.

Se trataba de *hechos,* no de *opiniones.* El señor Cólogan, a toda evidencia, no trasmitía el parecer del Embajador, sino

---

[9] *Ibidem.*

[10] B. J. de Cólogan, *Por la Verdad,* etc., ant. cit.

[11] B. J. de Cólogan, *Por la Verdad,* etc., ant. cit.

lo que el Embajador había *decretado.* Por tanto, el Ministro de España interpretó mal esa *misión* o no debió aceptarla ni encargarse de ella si no podía cumplirla de otra manera. "Me figuré —dice en su abono el señor Cólogan— que el señor Madero me preguntase inmediatamente en qué se fundaba el Embajador para creer que no tenía otra solución que la renuncia, y mi respuesta inmediata habría sido dejarla al Embajador en persona, que, enterado y documentado como yo no podía estarlo, era quien podía explicarle, con conocimiento de causa, la realidad de la situación, y me habría ofrecido para invitarlo en su nombre a venir al Palacio Nacional o para pedirle las explicaciones que el Presidente quisiera, forzando yo, así, el desenlace frente a frente y cara a cara, con evidente ventaja, que yo, ingerido ya en el asunto, habría de perseguir a todo trance." [12] Y tú, Ministro de la raza, ¿por qué, desde el primer instante, no te pusiste en esa que era la mejor posición y no prestaste ese que era tu mayor servicio? La respuesta del señor Cólogan a Madero es notablemente escurridiza: "Mis colegas —exclamó— no se habían de oponer a lo que sólo a mí concernía, según la forma que, desde luego, dio el Embajador a su propuesta..."

Madero.—¿Y usted?

Cólogan.—Toda objeción mía hubiese sido completamente inútil. Mr. Wilson nos hizo afirmaciones terminantes y he venido a desempeñar un penoso encargo... [13]

Y claro es que Madero, a quien el Ministro de la raza hablara en términos tales, no podía renunciar a la Presidencia de la República para complacer un simple recado de Mr. Wilson impropiamente trasmitido por el señor Cólogan, aparte de que, en cuanto al peligro de su vida, que era lo más grave del recado, no dijo una palabra el ilustre mensajero, y el Presidente "no podía ser adivino", añade el propio Ministro de España. "Obedeciendo a un impulso de altivez, que no iba a ser yo quien lo extrañara", dice el Ministro, respondió con viveza: "Los extranjeros no tienen derecho a ingerirse en la política mexicana." Y abandonó precipitadamente la pieza y dejó solo al señor Cólogan. "Salí detrás del Presidente —aña-

[12] B. J. de Cólogan, *Por la Verdad,* ant. cit.

[13] Textual. B. J. de Cólogan, *Por la Verdad,* etc., ant. cit.

de el Ministro— y encontré en el vasto salón de espera a don Ernesto Madero. Con éste hablaba cuando entró el Presidente dirigiéndose al teléfono, y terminada su conversación, se acercó a nosotros, me dio la mano y empezamos a cambiar algunas frases. Bien sabido es que el señor Madero era tan ingenuo como bueno, y yo quería reanudar la conversación sobre el encargo de Mr. Wilson, cuando, ¡estaba escrito!, nos interrumpieron para anunciar al Presidente que habían llegado los senadores. El anuncio pareció contrariarle, se dispuso a alejarse y apresuré mi despedida. Un ayudante me procuró en el espacioso patio del centro, teatro del bullicio militar, un automóvil de guerra, guiado por el primero a quien le vino en antojo, y emprendió tan vertiginosa carrera que, al doblar una esquina, nos habríamos estrellado a no ser por un caballo muerto, hinchado, sobre el cual trepó el automóvil y se detuvo. El neumático dio un estallido. Al oírlo, asomaron los vecinos alarmados; y de una tienda medio abierta salieron unos españoles creyendo que me habían hecho fuego." [14]

La conducta del ministro Cólogan fue, en un principio, diáfana; pero Mr. Wilson lo envolvió en sus tinieblas, y aunque no le tenga, ni mucho menos, por cómplice disimulado y pérfido, es indudable que no supo evadir la borrasca a donde Mr. Wilson lo había impulsado; y la prensa de los Estados Unidos "interpretó a su modo" que el de España fue "instrumento" del yanqui.[15] No obstante, por un error de juicio, el Ministro de la raza asegura que, en su fuero interno, cuando medita sobre lo pasado, "siente que su misión fue buena",[16] y a renglón seguido confiesa "que habría podido *salvar aquella vida y algo más*".[17] Sepultado, en su corazón generoso, aquel terrible secreto del Embajador, aguardó, desde el sábado 15 hasta el martes 18, sin volver a Palacio, sin intentar nada, siquiera con algún íntimo de Madero o con los dos colegas del misterio, o con el propio Mr. Wilson, a que la mina estallara bajo los pies del Apóstol.

---

[14] B. J. de Cólogan, *Por la Verdad,* etc., ant. cit.

[15] *Ibídem.*

[16] *Ibídem.*

[17] *Ibídem.*

III

Enrique Cepeda es en la tragedia un personaje de relleno. Alcoholista crónico, la embriaguez lo impulsaba al crimen. Amigo de Huerta y paniaguado de Félix, tejía los hilos de la conjura. Y medió entre la embajada y Huerta, y entre Huerta y la Ciudadela. Sus confidencias ponen al investigador en buen camino para llegar a la verdad histórica. Hallándose el héroe de Bachimba en Chihuahua, presentósele, de improviso, el inconsciente Cepeda, a brindarle un puesto entre Mondragón y Félix Díaz, que ya habían concertado pronunciarse. Huerta oyó a Cepeda, pero Cepeda no arrancó a Huerta el compromiso de sublevarse.[18] Tomada la Ciudadela por aquellos dos generales, Cepeda corrió a la Comandancia de la Plaza y dio un asalto al ánimo de Huerta. "Esta situación no puede seguir... Estamos dando un espectáculo salvaje..." El General sonríe: ni rechaza, ni admite. Cepeda es "antimaderista" sin saber cómo ni por qué... "Por lo que usted quiera", dice, encogiéndose de hombros, ante su copa de licor. Las negociaciones adelantan y resuelven Huerta y Félix Díaz conferenciar. ¿En dónde? En el centro de la ciudad, en una conocidísima dulcería de la Avenida de San Francisco, *El Globo.* Madero supone en grandes aprietos al sobrino de don Porfirio, acosado por Huerta, disponiéndose a morir. El intermediario ha ido en su busca, igual que en tiempos de paz, a pleno sol. "Tonto, mal político —dice entusiasmado Cepeda [19]— pero *muy hombre."* Un cubano, agente de cerveza, me asegura, resplandeciente de felicidad, que ha vendido tres mil botellas a... "¿A quién?", pregunto.

—¡A Félix Díaz! —afirma alborozado mi compatriota.

—¿A Félix Díaz? —contesto—. La Ciudadela está dentro de un círculo de fusiles y ametralladoras...

—Así lo imaginará el presidente Madero —observa el cubano que tampoco pecaba de maderismo—. Sin embargo, una ancha vía, por donde no se encuentra un solo federal, permite

---

[18] *Declaraciones* de Cepeda, por los doctores Zárraga, Santamarina, Ramírez y Mesa. *(El Imparcial.* México. Agosto 6 de 1914.)

[19] *Declaraciones,* etc., ant. cit.

a los rebeldes ir y venir a capricho y entrar no sólo cajas de mi cerveza, sino, además, ganado, maíz, verduras, frutas y hasta *champaña*..."

Sale Félix por esta vía libre y, agradecido al sujeto que lo conduce, acaricia su vanidad: "*Cepedilla,* con usted voy yo a cualquier lado." Pero Huerta faltó a la cita; y, como dos camaradas, tomaron unas cuantas copas de *cognac*. "El General no habrá podido deshacerse de los doscientos policías que lo siguen", objetó Cepeda. Las gentes reconocían al jefe sublevado sin entender lo que significaba su paseo. "¡Vámonos...!" Y volviéronse a la Ciudadela sin novedad. No faltó quien refiriese la singular aventura en esos mismos días, pero nadie la tuvo por verosímil. Para Félix, el asunto era urgente y Cepeda expuso a Huerta el apuro de la Ciudadela: "Andamos *un poco mal*",[20] son sus palabras; y se efectuó la entrevista, a media noche, en la casa particular del mediador, quien, primero, fue por Huerta y, después, por el rebelde. Cepeda ascendió, así, al rango de hombre importante. Presenció y tomó parte en la conversación de ambos generales. La lucha tornóse una farsa empapada en sangre. El gato se puso de acuerdo con el ratón. Huerta reunió toda la baraja en su mano, y jugó, tranquila y fríamente, sobre el tapete político, un trágico solitario de naipes...

IV

El papel más doloroso, en aquellos trances, era el del Ministro de Relaciones Exteriores, obligado a entenderse con un Cuerpo Diplomático en su mayor parte hostil y, sobre todo, con Mr. Wilson, que tramaba y hacía cuestión de amor propio la ruina del gobierno. Hombre de elevada estatura, de rostro sereno y gesto amable, muy culto, muy discreto, muy cortés y de una ética severa, don Pedro Lascuráin dio en el angustioso drama un admirable ejemplo de nobleza y patriotismo. Educado en la escuela del bufete y para labores puramente sedentarias, encontrábase fuera del campo de sus actividades en medio de los combates; él, acostumbrado a las

---

20 *Declaraciones,* etc., ant. cit.

bregas de la inteligencia y no a la gimnasia de los brazos. Pobre en la juventud, por sí mismo, sin el favor de la Dictadura, supo enriquecerse; antigua y respetable su familia, pertenecía, desde luego, a la alta clase aristocrática, sin afiliarse a la intransigencia "porfirista" ni al partido Científico; fervorosísimo católico, no chocó su alma devota con el espiritismo de Madero, ni llevó al gabinete consejo clerical; demócrata, por la sencillez de sus hábitos y por la tolerancia de su ánimo piadoso, vivía como un vástago de reyes, en un palacio exquisito que, recientemente, había construído, en el cual rivalizaban el buen gusto, el arte delicado, la elegancia irreprochable y la opulencia. Entró en el gobierno, y a la vez en la política, por servir a la tendencia unificadora de Madero y colaborar en la obra de paz y concordia que tanto beneficio hubiese reportado a la nación. Su buena fe, su amor sincero a la República, su desinterés de todo egoísmo, los demuestra el hecho significativo de amoldarse a una situación que no provenía de la clase aristocrática, ni de la clase enriquecida, ni de la iglesia romana. Y es que la doctrina de Madero, asentada en la caridad, en el respeto a la ley, en el amor a la virtud y a la patria, tenía de común, con todo hombre de bien, esos cuatro puntos cardinales de su programa y de su moral. En el fragor de la pelea, Lascuráin es, de los ministros de Estado, incluso el de la Guerra, el que más en peligro pone su vida, el que más decepciones y sinsabores recoge, el que más responsabilidades echa sobre sí. Sus Excelencias, los plenipotenciarios, jaquéanlo, continuamente, en el tablero diplomático; y alguno, alevoso, cruel, exígele, como en época normal, cuanto el Canciller no puede cumplir; las grandes potencias descargan todo su peso en el atribulado corazón del patriota, y con las dos manos crispadas, bajo una lluvia de proyectiles quiere detener la avalancha que se aproxima, que lo amenaza, que lo arrolla. Entra en la Embajada con el semblante adolorido y la mirada triste y se encierra con los tres ministros del secreto, y dura mucho el pugilato, y sale, erguida la cabeza y torturado el corazón. Lo acompaña un General y con él parte veloz en su automóvil. Parece que revientan bajo el asfalto cien volcanes. Y llega, por el azar, sano y salvo a la bombardeada residencia del Poder Ejecutivo. Pero a su esposa, una dama de noble alcurnia, doña María Flores, descendiente del virrey quincuagésimo primero de Nueva España, don Manuel Antonio, de su mismo apellido, sucesor del Arzobispo don Alonso Núñez de Haro y Peralta, y antecesor del segundo conde de Revillagigedo, el insigne don Juan Vicente de Güemes Pacheco de Padilla, le comunica un malvado, por el teléfono, que apenas ya funciona, la muerte del Canciller en el trayecto. La señora Lascuráin, desesperada, hízome llamar, ante el espanto de aquella noticia. "Me consta —le dije— que el Ministro está en Palacio sin novedad", y en esos instantes el propio Canciller llamaba a la conturbada esposa desde su puesto de honor, junto a Madero. El llanto se convirtió en alegría; la primogénita del abnegado Ministro, suave como una hoja de clavel, abrazaba y cubría de lágrimas a la madre, y orando, con las manos entrelazadas, daban al cielo gracias por la ventura de que fuese yo afortunado nuncio y que tan patente confirmación tuvo en seguida. De noche pasé a visitar al señor Lascuráin, que, al abrigo de su familia, daba reposo al cuerpo y al espíritu. "Señor Ministro —dijo al verme—, su última nota acerca del crucero *Cuba,* ha causado, en el gobierno, en el presidente Madero, y, naturalmente, en mí, el efecto de un abrazo que se dan nuestras dos patrias...

—Y, sin embargo —le respondí—, la segunda nota, a que usted se refiere, contiene las mismas declaraciones de la primera...

—Exactamente —arguyó Lascuráin—. Pero en la primera encontrábamos, el Presidente y yo, algo obscuro...

—¿Obscuro?

—Sí, obscuro... Lo crítico de las circunstancias —agregó el Canciller— se presta a recelos, a desconfianzas, a suspicacias... De pronto, parece que se forma en el horizonte una tempestad... Y, por suerte, como en este caso, no siempre la tempestad azota. El asunto del crucero pertenece ya a lo pasado, Ministro. Sólo falta mi nota de *clausura,* que será bien expresiva."

Y a esa misma hora fondeaba nuestro buque en Veracruz; y el día 16, a las ocho de la mañana, hicieron nuestros marinos el saludo a la plaza. Entregáronse entonces, las gentes, a odiosas conjeturas, y a menudo asegurábase que el Ministro disponía el desembarco; hubo quien me brindara en México un edificio cómodo para cuartel de nuestra mínima infantería; gentes maliciosas averiguaron cómo, a instancias del de Washington, para malignos fines, habíase resuelto, por el gobierno de Cuba, el envío de nuestro pequeño barco a las aguas del Golfo; y, para muchas, ya no cabía duda, ni era discutible, que los yanquis, para intervenir, fraguaban un pretexto en el conflicto que los cubanos provocarían al verter el crucerito en los muelles de Veracruz, toda su fuerza de combate. ¡Y cuántos mexicanos insidiosos y extranjeros intrusos, que salían de las tinieblas, amontonábanle obstáculos a Madero! A la simple idea de un conflicto más, batían palmas; y en nombre de la patria que escarnecían unos, y de la civilización que injuriaban, otros, ¡cuánto proyecto burdo, cuánta calumnia impía, cuánta omisión de la dignidad humana! Removidos los fondos, la superficie se cubrió de basuras y desperdicios y lodo; agentes de ocasión, caras y apellidos que nadie conocía, buitres atraídos por el olor a muerto, empleábanse en oficios de iniquidad. Sacados por la borrasca de sus guaridas, la borrasca también se los llevó y en la misma borrasca desaparecieron.

Ante aquel espectáculo apoderóse de mí una profunda inquietud. Cablegrafié al secretario Sanguily diciendo que el desembarco de un solo soldado cubano precipitaba sobre México la invasión americana, y esa gran responsabilidad —añadía el despacho— no he de hacerla pesar sobre el nombre de Cuba ni sobre el mío propio; anticipándome a cualquier telegrama apócrifo, obra de malvados, que contuviese falsas órdenes de echar a tierra mis infantes, mandé a Veracruz a uno de mis jóvenes subalternos, bien instruídos en el asunto, y con un oficio, para el jefe de la expedición, que sirviese de infranqueable dique a la traidora asechanza. Dióse perfecta cuenta el señor Sanguily de la extraña situación que las circunstancias precarias de México habíanme creado; y resolvióse que únicamente para repatriar cubanos quedaba en Veracruz nuestro barco.

V

El presidente Madero no quiso, en un principio, la mediación del señor De la Barra; pero, más tarde, al prolongarse la lucha, como el propio señor De la Barra expusiera al general

Angeles la santidad inmaculada de sus intenciones pacifistas, el Apóstol consintió en ella. El Ministro de la raza, en iguales tareas, lo encontró en Palacio, según hemos visto, y después del señor Cólogan, en la Ciudadela, habló el seráfico personaje a Félix Díaz. Estéril todo esfuerzo, el señor De la Barra fracasó, sincera o insinceramente, según las diversas opiniones, y, estimando en serio peligro su vida, porque, al parecer, los del gobierno le acusaban, se refugió en la Legación Británica hasta la caída del Presidente. A su vez, las amenazas de intervención que hacía el Embajador, aunque no pensara en intervenir el gobierno de Washington, surtían su natural efecto en el patriotismo de Madero, y, en un extenso y meditado cablegrama a Mr. Taft, apeló "a los sentimientos del gran pueblo americano" para impedir una "conflagración de consecuencias inconcebiblemente más vastas que las que se trata de remediar". Sin pérdida de tiempo, además, convocó al Senado a una "sesión secreta extraordinaria" para informarle del conflicto, y doce senadores reuniéronse en la casa particular de don Sebastián Camacho, a los cuales impuso el canciller Lascuráin de las "dificultades presentes". No tenían fuerza legal los acuerdos allí tomados y resolvieron reunirse, nuevamente, en la sala de sesiones de la Cámara de Diputados, al otro día. Ya estaba enterado Mr. Wilson de que todo propósito intervencionista era inútil. Faltándole a Mr. Taft veinte días para trasmitir el poder público a su inmediato sucesor, no era lógico que acometiese, por cuenta propia, empresa de tanta monta. Pero al impenitente Embajador poco se le daban estas minucias, y persistió en su actitud provocadora y en el artificio de sus tremendas amenazas. Veinticinco senadores tomaron al fin el acuerdo de pedir a Madero y a Pino Suárez la renuncia de sus cargos "en nombre de la necesidad suprema de salvar la soberanía nacional", y dirigiéronse a Palacio a entrevistarse con el imperturbable Presidente. Es el momento preciso en que el Ministro de la raza se compadecía del Apóstol y en que dejó trunca su obra magnánima de salvarlo. "Madero se contrarió", dice el señor Cólogan, y tanto fue perspicaz en descubrirlo, que Madero no quiso recibir a los legisladores y don Ernesto dio, por él, una excusa: "El señor Presidente ha salido a recorrer las posiciones militares." Además, el Ministro de Hacienda, y su colega de Comunicaciones, don Jaime Gurza, notificaron, a la pléyade senatorial, de que el gobierno tenía ya elementos que bastaran para sofocar rápidamente la insurrección, aparte de que, en todo el resto del país, la autoridad de Madero prevalecía, sin que hubiese estallado ningún brote rebelde simultáneo al de Félix Díaz. "Nuestra actitud —afirmó el senador Enríquez mirando a don Ernesto— no varía por las noticias que se ha servido usted darnos." [21] ¿Temían ellos, en realidad, a la intervención americana, que era un mito, una palabra sin sentido, que usaba, a modo de estratagema, el Embajador, sirviéndose de ella contra México, lo mismo que de la embriaguez de Cepeda contra Madero? Aquel grupo de senadores no tenía otro estímulo que el de su enemiga contra el Apóstol, y no era la salvación de la patria, sino el hundimiento de Madero lo que ostensiblemente procuraban. "Convocados por el Presidente de la República para que le ayuden a resolver el conflicto internacional —dice Fernández Güell atinadamente—, en vez de investirlo de facultades extraordinarias para rechazar al invasor y hacer un llamamiento a la nación, le piden que renuncie, que se entregue a los enemigos, que se incline ante los jefes del *cuartelazo* y rasgue con sus propias manos la banda tricolor, emblema de su alta investidura, no usurpada, no obtenida por la fuerza, no obtenida por medio del engaño y la traición, sino recibida legítimamente de los comicios." [22]

En la Embajada había noticias de grande interés y tipos de todas clases, colores, empleos y jerarquías, inundaban su recinto, en las oficinas, en los salones y en los vestíbulos. Mr. Wilson, de un lado para otro, hablaba en voz baja, como teniendo para cada cual secretos y confidencias. Al verme, salió a mi encuentro con estas palabras: "Ya usted lo está presenciando: no tengo tiempo para nada; los días parecen instantes..."

—¿Hay alguna novedad?

—Muchas —repuso—, muchas. Muy pronto se restablecerá el orden...—. Y llamando a su secretario particular, un centroamericano regordete, parlanchín y antipático, le da esta orden: "Entere usted al señor Ministro de la situación..."

---

[21] *Relación y Rectificación* (documentos de los senadores explicando su conducta).

[22] *Episodios de la revolución mexicana,* ant. cit., pág. 210.

Y volviéndose a mí: "Colega, le ruego que escuche a mi secretario que le impondrá de todo... Allá, adentro..." Y disculpándose de no informarme él mismo: "Para no hacerlo esperar, señor Ministro, a que concluya una conferencia que está a medias." Saludó con una sonrisa helada y se fue... El secretario de Mr. Wilson hízose, con actitud grave, de su papel de embajador interino ante el Ministro de Cuba, y dio principio a su discurso. Un discurso desagradable que pudo haberme economizado Mr. Wilson, porque nada en concreto contenía. Vaguedades, insinuaciones, filosofías de pacotilla, injurias para el gobierno mexicano y el consabido "¡Madero es un *loco,* un *fool,* un *lunatic!*..." Trato de cortar, trazo una línea de disgusto en el gesto... "Bien —interrumpo—, ¿y cómo es que se aproxima la solución y en qué consiste esa solución?

—Ya, ya vendrá... No conozco los detalles; pero... Sí, desde luego, Madero está perdido. Y esto es lo que el Embajador desea que haga saber a usted... Anoche se entrevistaron aquí los representantes de ambos lados para concertar un armisticio... Pero ¡nada!; mexicanos al fin, hablaron continuamente y no dijeron nada... Es el defecto de la raza..

—El señor Lascuráin me ha participado que el armisticio está convenido para mañana.

—Sí, señor Ministro, pero el gobierno con muchísima razón —agregó orgullosamente en alarde hipócrita de neutralidad—, el gobierno, con todo el derecho de su parte, no ha querido que se llame *armisticio,* porque la palabra *armisticio* implicaría el reconocimiento de Félix Díaz como *beligerante.*

—¿Entonces?

—Al fin, hoy se pactó una *suspensión de hostilidades.* Los combatientes mantendrán las ventajas adquiridas y no avanzarán una pulgada. Los vecinos podrán, sin peligro, hacer sus provisiones de comestibles, y no dañarán a los antagonistas unas cuantas horas de sosiego y de calma."

VI

Y así como el anterior domingo amaneció entre alaridos de muerte, éste amaneció entre sonrisas de vida. A la tristeza de cementerio y al estremecimiento de patíbulo y de crimen, sucedió el alborozo de las calles y la sensación amable del orden y del mutuo respeto y de la mexicana hidalguía. La dicha que experimenta el prisionero que recobra su libertad y vuelve al sol y al trabajo y al comercio del prójimo, la sintió en México, la población toda, al ver abrirse las puertas de plomo y echarse al tránsito por las plazas y avenidas de la capital ensangrentada. Los almacenes de víveres, invadidos por sus clientes, agotan las mercancías, no sin antes haber subido precios; coches y automóviles repletos de curiosos recorren los lugares donde la lucha fue más encarnizada, y contemplan, arrancando al pecho exclamaciones, el estrago de los edificios públicos, de las grandes residencias, de las estatuas, de los jardines, en donde parecían apagarse los matices de pasadas glorias. Y poco a poco el regocijo tornóse duelo y la satisfacción horror, y dibujábase en los semblantes la expresión de hondísima pesadumbre. Montones de cadáveres, rociados de petróleo, aventaban al firmamento llamaradas, y retorcíanse, en convulsión macabra, los cuerpos anónimos desnudados por el fuego. Comentábanse las crueldades trágicas de la pelea. Dábanse a grandes voces, en la acera pintada de rojo, los nombres de amigos, de compadres, de hermanos, que perecieron en el empuje de un asalto. Y por los semblantes risueños rodaban lágrimas y a la vez de carcajadas oíanse gemidos. "Hay algo inexplicable —me decía un diplomático sudamericano que, como yo, sólo tuvo indicios de la conjura del Embajador, pero que, a semejanza mía, no lo imaginó fundiendo en un puñal, contra Madero, las espadas de Huerta y Félix Díaz—. La mortandad es tremenda, los daños causados cuantiosísimos y, sin embargo, la batalla no parece formal, ni la táctica de ambos lados interesada en concluir al enemigo. Se han dado pruebas conmovedoras de heroísmo, columnas enteras han sido aniquiladas... Y ello no produce, en mi ánimo, el efecto de una contienda seria. La Ciudadela bombardea los extremos de la capital que no se hallan comprendidos en la defensa del gobierno, y aunque disparan sobre el Palacio, pegan más en las casas de los particulares, en puntos opuestos a la dirección del adversario. Los cañones de Huerta, salvo algunas baterías, han hecho otro tanto, y por el testimonio de las balas incrustadas en muchos frontispicios, yo aseguraría que los soldados de Madero descargan de espadas a Félix Díaz... La Cruz Roja, violando su altísima misión humanitaria, ha servido, con sus automóviles neutrales, a la causa de la Ciudadela, y un decreto del Presidente le retira, en México, la franquicia universal de que siempre disfrutó. Por otra parte ¿no juzga usted sospechoso el incendio que ha convertido en escombros y cenizas el palacete de la familia de Madero? En plena zona de las tropas federales, ¿cómo lo quemaron las de la Ciudadela? "¡Una granada explosiva!", contesta a la pregunta el Comandante de la Plaza; pero no me convence el general Huerta, ni me dan confianza su imperturbable fisonomía, ni su andar calmoso..."

Naturalmente, los informes del señor Lascuráin afectaban cierto optimismo, en cuanto al problema militar, y tenían mucho de reserva y discreción y no poco de esperanza en la justicia del cielo y en la eficacia de sus oraciones, aunque la mentira intervencionista lo engañaba por completo, y era ésta como el cuchillo que, a diario, hendía en su alma de patriota el alevoso Mr. Wilson; y pienso que llevaba siempre, en los ojos, velados por la pena, la visión de un Alarico yanqui, al frente de hordas bárbaras, que despoja las estatuas del Valor y la Virtud, y arranca los ornamentos presidenciales a Madero y eleva sus insignias en la cúpula del Capitolio Mexicano. "¿Ha leído usted el suplemento publicado hoy por *El Imparcial?* —le pregunté.

—Sí —me contestó mostrándose un poco asombrado—, y no comprendo a qué obedece.

—Redactado en la Ciudadela por Mondragón —dije entonces—, no sería más favorable a los enemigos del gobierno...

—¡Y *El Imparcial* —repuso— es propiedad y órgano de los Madero! En las circunstancias actuales —agregó— es fácil dar sorpresas de ese estilo. ¿Quién ha escrito esa hoja? No lo sabe el Presidente, ni es cosa del administrador del periódico... ¡Cualquiera que entró en los talleres, a dar pasto a la osadía, un redactor sobornado, un operario infiel!... Pero el hecho carece de importancia.

Yo.—Es un síntoma...

Lascuráin.—Mañana, el general Blanquet romperá los cerrojos de la Ciudadela."

Nos interrumpe un criado que anuncia a "Su Excelencia el Embajador de los Estados Unidos". Lascuráin palidece. "Las entrevistas con Mr. Wilson, ¡ay!, son muy amargas para mí —exclamó sin poderlo evitar.

—Lo siento... —respondí poniéndome de pie y alargando la mano al Canciller.

—Pero... ¡quédese, Ministro! —me dijo en tono casi de súplica.

—Es imposible, señor... —afirmé tomando el sombrero. En la escalinata del primoroso jardín, tapizado de orquídeas, tropecé con el Embajador que subía nervioso, hablaba solo y accionaba con sus largos y descarnados brazos... "Ministro —me dijo deteniéndose un segundo—, ¡ya usted ve, con esta gente no se puede! —y me enseñaba un papel doblado que sacudía su mano flaca y afilada—. El gobierno ha traicionado y faltando a su palabra, avanza y toma posiciones en las cercanías de la Ciudadela!"

¡Era toda una escena de comedia aquella acusación! Félix Díaz ligado ya a Huerta y sancionada la liga por el Embajador, las protestas de Mr. Wilson eran parte del artificio. Cuando llegué a la Legación de Cuba tronaban ya los morteros y atravesaban el espacio las granadas... Entré y una confidencia me obligó a ir de nuevo al señor Lascuráin, ahora, en son de queja, siempre en forma cortés y amigable, pero dispuesto a reclamar el debido respeto a mis inmunidades y prerrogativas.

"Hasta hoy —le dije— he sufrido resignadamente los perjuicios y peligros de la lucha que nos envuelve, porque, lo he manifestado en reciente nota, no quiero oponer obstáculos al gobierno en situación tan crítica y angustiosa, a fin de que, lo más pronto posible resuelva el pueblo mexicano el gravísimo pleito pendiente; pero, no es dable consentir que las tropas ocupen el edificio de la Legación y se haga de él una fortaleza, como, por mis informes, ha ordenado el general Huerta..." El señor Lascuráin, acostumbrado a esta clase de sustos, movió, con señales de impaciencia la cabeza, dejando escapar un suspiro del fondo de su alma. Recordó, sin duda, los cañones emplazados delante de la Legación Británica y las protestas del ministro Strong y las entrevistas con él, a presencia del impetuoso y agresivo Embajador. "El general Huerta —contestó— habrá calculado la conveniencia de llegar, saltando azoteas, a la calle de Turín; pero ignora, seguramente, que ha tomado por base el sitio donde se halla establecida la Legación de Cuba...

—Es raro, señor Lascuráin —observé—, que el Comandante de la Plaza no tenga bien marcado en sus planos el sitio de cada residencia diplomática, sobre todo, habida cuenta de la necesidad que siente el gobierno de evitar, a costa de todo sacrificio, los rozamientos internacionales, de cualquier carácter y con cualquier país que fuesen...

¡Ay, señor Ministro! —exclamó desahogando el corazón—. ¡Usted no sabe entonces cómo discurren y cómo proceden los militares! Van contra el enemigo y no miran por dónde. Sin embargo —añadió—, estoy persuadido de que una comunicación de usted al general Huerta solucionaría el conflicto, aparte, desde luego, de que yo gestione, en el acto, lo pertinente..."

Y momentos después enviaba yo al futuro Dictador estas líneas bien concisas:

"*Legación de Cuba en México.* Febrero 16 de 1913.

"Señor General:

"Circula el rumor de que V. E. tiene dadas órdenes para que sea ocupada, por el Ejército de su digno cargo, la azotea del edificio de la Legación de Cuba, creyendo, equivocadamente, que se halla establecida, ahora, en otro lugar de la ciudad. Inmediatamente de informado de ello, y sin querer aceptar como positiva la noticia, visité a Su Excelencia el señor Ministro de Relaciones Exteriores y, de acuerdo con él, tengo el honor de dirigir a Vuestra Excelencia esta nota, a fin de que se sirva suspender la mencionada orden, si es que fue dada, porque la Legación de Cuba continúa instalada en la calle de Turín, número 50, y la amparan la Bandera y el Escudo nacionales de una República hermana.

"Anticipo las gracias a Vuestra Excelencia, y me complazco en ofrecerle el testimonio de mi consideración distinguida.

"M. MÁRQUEZ STERLING,

"Enviado Extraordinario y Ministro Plenipotenciario de la República de Cuba.

"A Su Excelencia el General de División don Victoriano Huerta, Comandante General de la Plaza."

Un soldado me llevó la respuesta, al siguiente día, lunes 17, a la casa ocupada por mi familia. "Aquí no es la Legación —advirtió la persona que recibía, muy sorprendida, al armado mensajero...

—¡A la Legación, señor, no hubiese llegado vivo! Por eso, desde anoche, ando en busca del Ministro con este pliego urgente" —repuso el soldado, y desapareció con su inútil fusil al hombro.

Leí:

"*Comandancia Militar de México.* Febrero 16 de 1913.

"Excmo. Sr. M. Márquez Sterling, Enviado Extraordinario y Ministro Plenipotenciario de la República de Cuba.

"Presente.

"Señor Ministro:

"Me refiero a la atenta nota de V. E. de fecha de hoy en la que al hacerme conocer el rumor de que he dado órdenes para que sea ocupada por fuerzas militares que dependen de la Comandancia Militar de esta Plaza, la azotea del edificio de la Legación de Cuba, aunque con la salvedad de que por equivocación he creído el que se halle establecida en otro lugar de la ciudad la Legación a su muy digno cargo.

"Sobre este asunto, me permito hacer notar a Su Excelencia la absoluta falta de veracidad que contiene tal rumor, y al enterarme de su entrevista con el señor Ministro de Relaciones, en la que trató sobre el mismo incidente, le reitero las seguridades que sobre el particular debe haberle otorgado dicho señor Ministro de Relaciones, y en lo cual estoy absolutamente de acuerdo, en lo general, y muy particularmente por tratarse en este caso de una República hermana.

"Protesto a V. E. mi muy atenta consideración y distinguido respeto.

"*El General Comandante Militar,*

V. Huerta."

El bombardeo tuvo pocas treguas, al paso que, subterráneamente, ultimábanse los requisitos del golpe de Estado; mucho quehacer en la Embajada, mucho andar para Cepeda, mucho secreto llevado y traído bajo el fuego de un combate que ilusionaba a Madero y servía de sangriento disimulo a Huerta... "No es menester el tren que usted proyectó —me dijo el Embajador al declinar la tarde...

—¿Hay algún arreglo en vías de éxito? —le interrogué.

—Mañana habrá terminado todo, señor Ministro."

VII

Las ametralladoras del brigadier Angeles rasgaron el silencio de la madrugada, con el sonido irregular de un inmenso manipulador telegráfico instalado en las nubes; quebrando la suavidad armoniosa del alba, arrancaron los artilleros de la Ciudadela sus brutales arpegios de muerte a los cañones, y generalizóse, como en los días pasados, el estruendo. La fecha no puede ser más trascendental. Es el martes 18 de febrero en que, a juicio de los hombres, la Providencia abandonó a Madero, acaso para dejarle reafirmar, en el martirio, su apostolado. Es un día lleno de acontecimientos, y cada minuto ha de aprovecharse en algo emocionante. Las ocho... ¡muy temprano para ir un Ministro a la casa del Canciller! La catástrofe no tiene horas. Y todas eran buenas y oportunas para ver y hablar al señor Lascuráin, que hacía sus preparativos de expedición al Palacio y comunicaba disposiciones a un subalterno, entre ellas, la de pagar la decena a los empleados del Ministerio... Aunque las circunstancias, por sí mismas, me excusaban, pedí mil perdones al Canciller... "Vengo a solicitar —le dije— la libertad inmediata de un distinguido caballero mexicano, y acudo, no al Ministro, sino a la nobleza de un gran corazón...

—¿Y quién es el preso? —preguntó don Pedro.

—El señor X. Anoche se han efectuado algunas detenciones por la rural, y una, la de esta persona, es injusta, y aflige a una dignísima familia.

—¿Usted sabe de qué se le acusa?

—Los rurales...

—Un cuerpo de rurales formado entre elementos "maderistas" de la Revolución de 1910 —interrumpió el Canciller.

—Pues bien —proseguí— esos rurales "maderistas" andan a caza de don Alberto García Granados, a quien supone el

Gobierno en inteligencia con los rebeldes. Informes erróneos persuadieron al Inspector de Policía de que el perseguido ocultábase en el domicilio del señor X., y allá fueron, sobre seguro, los "maderistas". Tremendo el chasco. García Granados no se encontraba en donde el Inspector creyera, y por no perder el tiempo, lleváronse los rurales a mi recomendado, responsable del delito de no descubrir al hombre a quien buscaban..."

El señor García Granados, ex ministro del señor De la Barra, no era un gran talento, ni un gran político, ni figuró, en primera línea, en el partido Científico; pero su acometividad le dio cierto relieve, acentuado, más tarde, entre los reaccionarios, por una frase que hizo célebre y, a manera de chiste, sus adictos repetían: "La bala que mate a Madero salvará a México." Y estas palabras que no contenían siquiera una ráfaga de clarividencia, acarreó, a su autor, el aborrecimiento de los "maderistas", a quienes él, sin motivo sólido, por su lado, detestaba. Consciente del peligro al estallar la revuelta de la Ciudadela, se refugió en la casa del señor X., mas, a poco, se trasladó sigilosamente a Tacubaya, según mis noticias, y allí, sin riesgo, esperó una cartera de Ministro.

El señor Lascuráin, agobiado, como estaba, de preocupaciones y exigencias diplomáticas, mostrábase, no obstante, aun en los momentos para él angustiosos, amable, condescendiente y cortés. "Mienten ahora mucho los rumores públicos —exclamó— y hasta se ha dicho, falsamente desde luego, que había orden de capturar, a la fuerza, en la Legación Británica, al señor De la Barra... ¡Absurdo! Y a pesar de absurdo, los malévolos le reconocen visos de exactitud...

—En el caso del señor X. no hay la menor exageración —argüí—, porque su propia hermana, doña Z., me lo ha referido punto por punto, y a ella, esposa, como usted sabe, de un conocido caballero cubano, prometí esta amistosa gestión...

—El Ministro de Alemania llegará dentro de unos momentos para acompañarme al Palacio, y conseguiré del Presidente lo que usted me pide...

—Gracias, señor Lascuráin."

Pasamos a otro asunto. Entre los quehaceres del día, en preparación, el Canciller contaba la respuesta a mi segunda nota sobre el crucero *Cuba*. "Ya he informado a usted antes —me dijo— de los términos en que irá mi contestación; y, precisamente ahora, en seguida de entrevistarme con el Presidente, daré sobre esa materia instrucciones muy precisas al subsecretario señor García...

—¿Cómo ve usted la situación, señor Ministro? —le pregunté.

—El problema internacional, casi despejado —respondió—. Ayer, el presidente Taft contestó al cablegrama del presidente Madero, en forma tranquilizadora... Por otra parte, los técnicos militares garantizan que esta misma tarde tomarán la Ciudadela..."

Aquí, pregunté al señor Lascuráin por el general Blanquet, de quien el Ministro inglés, en charla con un grupo de colegas, entre los cuales me encontraba, dio a entender que no se mantenía leal a Madero, informe de mucho fondo porque, sin duda, provenía del señor De la Barra, huésped entonces de Mr. Strong y acaso no ajeno a la trama. "Blanquet —aseguró el de Relaciones Exteriores—, acampado en el barrio de la Tlaxpana, completa los elementos que necesita el Gobierno para decidir el golpe...

—Se ha dicho —advertí— que una parte de ese batallón ha desertado introduciéndose en los dominios de Félix Díaz.

—Blanquet en persona llevó la noticia al Presidente —repuso con calma—. Dos oficiales, con un grupo de subordinados, alzáronse rumbo a la Ciudadela. Pero, al comprender los soldados que se trataba de una defección, mataron a sus jefes y regresaron a la Tlaxpana. El general Blanquet ratificó su fidelidad al Gobierno. El Presidente, agradecido, lo estrechó entre sus brazos, y el teniente coronel Jiménez Riverol, que iba con Blanquet, pidió permiso para abrazar al Presidente, entusiasmado "por el valor y la energía del señor Madero en momentos tan difíciles para la patria", palabras del propio Teniente Coronel..."

El Almirante von Hintz cortó nuestra plática. Su automóvil, envuelto en la bandera alemana, partió llevándose al Canciller y al Ministro del Kaiser, a un tiempo, este personaje, marino de guerra y diplomático de paz.

VIII

Mientras yo hablaba con el señor Lascuráin, once senadores, en junta, oían gravísimas declaraciones del general Huerta, que les leyó un documento en el cual, varios militares aseguraban que era imposible tomar por asalto la Ciudadela, y otro del coronel Rubio Navarrete, jefe de la Artillería, en donde consignaba los inconvenientes de bombardear la fortaleza; y, para remate, el mismo Huerta añadió que carecía de lo indispensable para aplastar la rebelión. Entonces, los reunidos acordaron llamar al Ministro de la Guerra. "Si Huerta tiene algo que comunicarme —respondió el general García Peña— es él quien debe venir a mí..." Huerta replicó al Ministro que "once senadores y el Presidente de la Suprema Corte de Justicia, y no él, eran los que le habían citado". El Ministro se presentó inmediatamente en la Comandancia y halló, a más de Huerta y de los nueve legisladores y del suministrador de Justicia, Carvajal, ex Plenipotenciario de don Porfirio en la pacificación de Ciudad Juárez, otro agente que comenzaba a desempeñar su cometido: Blanquet. "Señor —le dijo uno de los senadores del conciliábulo—, a fin de evitar la intervención extranjera e impedir mayores males, lo exhortamos a que tome la actitud que le corresponde, como Jefe del Ejército, y convenza al señor Madero de que su renuncia es necesaria o le obliga, si fuere preciso, ya que eso es lo único que puede salvar a la patria..." El de la Suprema Corte de Justicia protestó de habérsele convocado a una labor de tal índole, en pugna con su elevado cargo, y el Ministro, montando en cólera, y a gritos, tachó de corruptores del Ejército a los de la junta. Pero un senador, de los nueve, que disponía de mucha flema, limitó el propósito de la reunión al deseo de que el Presidente los recibiese, y el Ministro, apeándose de su potro de Furias, ofreció conseguirles esa gracia. Entre tanto, Huerta, con su enigmática fisonomía, fue a saludar a Madero, quien al verle, en voz muy alta le dijo: "Acabo de saber que algunos senadores, enemigos míos, le invitan a que imponga mi renuncia..."

—Sí, señor Presidente —respondió el Comandante Militar de la Plaza—, pero no les haga usted caso porque son unos bandidos...[23] Las tropas acaban de ocupar el edificio de la Asociación de Jóvenes Cristianos, que es la llave del asalto a la Ciudadela."

Presentóse el grupo de senadores y Madero se hizo de serenidad para escuchar. Uno de ellos, Obregón, probablemente licenciado, tomó la palabra a nombre de sus aliados y en difusa y deshilvanada oratoria no logró decir nada concreto, ni cosa inteligible. Era Obregón persona de agradable presencia, correcto en el traje, bien peinada la cabeza, blanca y redonda, y levantadas, a tono de cosmético, las guías del bigote. Fracasado el primer ataque y tragando, a falta de agua, un buche de saliva, reanudó sus despistadas operaciones en el campo de la retórica parlamentaria... Sobraba paciencia en los depósitos del Presidente; pero se agotó en los del Ministro de Justicia, Vázquez Tagle, hasta interrumpirle con gesto enérgico: "Hable usted claro..." [24] Obregón, entonces, reclamó del patriotismo de Madero que renunciara la Presidencia, manera eficaz de conjurar, a su entender, todos los peligros. "Jamás renunciaré —dijo el Apóstol irguiéndose—. El pueblo me ha elegido y moriré, si fuere preciso, en el cumplimiento de mi deber, que está aquí." Mostró al grupo el cablegrama de Mr. Taft, que descubría la conducta falsa de Mr. Wilson. "En consecuencia —afirmaba el Presidente de los Estados Unidos—, V. E. estará advertido de que los informes que le han llegado, relativos a que ya se han dado órdenes para desembarcar fuerzas, han sido inexactos. No obstante, el Embajador, que está plenamente enterado, ha recibido nuevas instrucciones para proporcionar a V. E. los informes que desee." Madero agregó: "No me llama la atención que ustedes vengan a exigirme la renuncia, porque, senadores *nombrados* por el general Díaz y no electos por el pueblo, me consideran enemigo y verían con gusto mi caída."

Huerta, cautelosamente, con los ases en una mano, terminaba sobre el tapete rojo tendido por Félix, el trágico y lento solitario de naipes... Las tropas incondicionalmente "maderistas", gente revolucionaria de 1910, habían mermado. Lan-

---

[23] *Rectificaciones y aclaraciones* de los Diputados. México, 25 de julio de 1914.

[24] *Rectificaciones,* etc., ant. cit.

zándolas a pecho descubierto contra la artillería gruesa de Mondragón, perecían, soldados y caballos, en horrible hacinamiento. Y los carabineros de Coahuila, "mis bravos carabineros", como les llamaba el Apóstol, fueron relevados en Palacio, donde cubrían la guarnición, por soldados de Blanquet, la noche anterior a la del siniestro golpe. Los carabineros, coterráneos del Presidente, montaron, hasta entonces, la guardia de Madero. Ya en la Tlaxpana, al oír los campanarios en alborozado repique, supusieron que se había rendido la Ciudadela, y ciñéronse, en rapto de júbilo, sus antiguas insignias "maderistas". Al persuadirse de la traición, se negaron a permanecer en sus cuarteles, desarmaron a los jefes que intentaban contenerlos y, en cuerpo, marcharon hacia la montaña, después de libertar a cien compañeros detenidos. Atravesaron media República batiéndose con fuerzas enviadas a perseguirlos, y al final de inmensas penalidades, pisaron tierra de Coahuila e informaron al gobernador Carranza de aquella épica aventura.[25]

IX

Concluída la entrevista con los nueve senadores, Madero, "en un saloncito contiguo al Salón de Acuerdos",[26] estudiaba con el vicepresidente Pino Suárez, con los ministros de Relaciones Exteriores, Lascuráin; de Gobernación, Hernández; de Justicia, Vázquez Tagle; de Fomento, Bonilla; de Hacienda, su tío don Ernesto, y además, con el gobernador del Distrito, González Garza, los medios de proporcionar alimento a las clases pobres, mientras la lucha se prolongara, sin duda, sosegado su espíritu, no sólo por la evidencia del triunfo de su Ejército, sino por haberse descartado el problema intervencionista que, sin autorización de su Gobierno, planteó como inevitable, el Embajador. De improviso penetró en la estancia el teniente coronel Jiménez Riveroll. Su rostro demacrado, sus movimientos nerviosos, acusaban la tormenta de su alma y la agitación de su naturaleza moral. Sorprendido el Presidente, salió con él a un pasillo próximo. "El general Rivera, Gober-

---

[25] Fernández Güell, *Episodios,* etc., ant. cit.

[26] *Apuntes,* de González Garza.

nador de Oaxaca —exclamó el teniente coronel—, viene sublevado contra el Gobierno en favor de la Ciudadela... Mi general Huerta —prosiguió— me ordena que comunique a usted esta grave noticia para que salga de Palacio y vaya a lugar seguro...

—Diga usted a Huerta —respondió Madero retrocediendo— que venga él a darme esos informes...

Jiménez Riveroll insistió: "Es preciso que usted salga de aquí, peligra su vida", y, a la vez, tomaba de un brazo al Presidente como intentando arrojarlo fuera. Pero, ágil y fuerte, como era el Apóstol, consiguió en un instante desasirse y entrar, seguido de ministros y ayudantes, que apenas comprendían lo que pasaba, al Salón de Acuerdos. Conocía Madero la absoluta e inquebrantable lealtad del Gobernador de Oaxaca, y entendió, desde luego, que era aquella una farsa y el pretexto de una infidencia. Detrás del Teniente Coronel penetraron veinte soldados rasos, con sus fusiles al hombro, y uno de los oficiales, al servicio de Madero, les gritó enérgicamente: "¿A dónde va esa fuerza?", y ordenó la retirada. Los soldados obedecieron maquinalmente. Una voz dijo: "¡Traición!" Y Jiménez Riveroll, pálido, estremecido, los contuvo: "¡Soldados! Alto, media vuelta a la derecha, levanten armas, apunten, fuego..." No concluyó la última palabra.[27] Un rayo lo derribó en la alfombra. Era la pistola del capitán Garmendia que vengaba al Presidente. Por la puerta del fondo el Mayor Izquierdo corre a tomar el mando. Pero hay otra pistola que castiga. Y en un relámpago rueda el conjurado por los abismos de la muerte. El piquete hizo entonces una descarga cerrada sobre Madero. Un hermano del Ministro de Gobernación cubrió al Presidente con su cuerpo. Es el generoso Marcos Hernández que salta de la tragedia a la gloria y precede, cuatro días, al Apóstol. Como si quisieran echar nuevos puentes al heroísmo, los soldados repiten la descarga. Y sumergido en el espeso humo de la pólvora, Madero, con los brazos en cruz, avanza en dirección a los soldados diciéndoles: "Calma, muchachos, no tiren." [28] En aquella niebla de espanto, el piquete se desbandó; los ministros, por la escalera de honor, iban a la

[27] *Apuntes,* de González Garza, ant. cit.

[28] *Apuntes* de González Garza, ant. cit.

Comandancia Militar, situada en el mismo Palacio, en busca de Huerta, a quien creyeran inocente, y Madero, asomándose a los balcones que dan a la calle de la Acequia, arranca un "¡Viva el Presidente de la República!" al cuerpo de rurales desplegado en las aceras. Rápidamente pasó a los balcones que veían a la Plaza de la Constitución, y otro "¡Viva Madero!" le devuelve la confianza en su providencial destino. El heroico ímpetu de los trances arriesgados lo lleva a los ascensores del patio y baja con algunos compañeros. No es una ilusión. Ha recuperado su autoridad. Los oficiales de guardia le presentan armas, conforme al reglamento. Y se encamina hacia la tropa, que debe ser su mejor pedestal... "Soldados —exclama—, quieren aprehender al Presidente de la República, pero ustedes sabrán defenderme, porque si estoy aquí es por la voluntad del pueblo mexicano." [29] El general Blanquet se interpone. Su Batallón 27 sólo a él reconoce, sólo su voz escucha, sólo su mandato respeta, y poniendo el revólver al pecho del Apóstol, le intima la rendición: "Señor, es usted mi prisionero...

—¡Traidor! [30] —contesta con la mirada encendida el Presidente.

—¡Ríndase, ríndase!" [31] —insiste Blanquet, y toda resistencia es ya inútil. El Gobernador del Distrito y los ministros ya estaban presos, apiñados en un garitón. A Madero lo encerró Blanquet en las oficinas de la Comandancia Militar... El ministro Bonilla pudo fugarse.[32]

X

¿Y Huerta? El héroe de Bachimba almuerza con buen apetito en el restaurante Gambrinus, a poca distancia del Palacio, en la céntrica Avenida de San Francisco. Es él, Huerta, el anfitrión, y sus comensales, Gustavo Madero, el general Delgado y el coronel Romero, Presidente de la Cámara, a quien el Apóstol obsequia, por una victoria de la mañana, con las bocamangas de Brigadier. La noche anterior había sido huésped

29 *Apuntes* de González Garza, ant. cit.
30 *Ibidem.*
31 *Madero, por Uno de sus íntimos,* etc., ant. cit.
32 *Apuntes* de González Garza, ant. cit.

Su Eminencia Gris de don Tomás Braniff, que se opuso a que el odiado político saliese a la calle; pero no siguió Gustavo el prudente consejo, ni al afectuoso requerimiento de Braniff, adversario y a la vez amigo suyo; y, no obstante el pesimismo que lo atenaceaba y su desacuerdo con el Presidente, se entregó a la trágica suerte que le tenían preparada. Me ha referido uno de sus "incondicionales", que la víspera se negaba el jefe del "maderismo" a entrevistarse con su ilustre hermano, a quien mandó, por un íntimo, este profético recado: "Pereceremos todos." Desvanecióse, para su desventura, aquel estado de ánimo, producto del instinto, y de sobremesa, con el Comandante de la Plaza, ahogó, en una charla fina, irónica, alegre, sus tenebrosos presentimientos. De pronto, Huerta se duele de haber olvidado su pistola y pide a Gustavo la que lleva al cinto. No es la taza de café propicia a dudas y recelos. Gustavo entrega su única arma. Y un criado avisa a Huerta que alguien le llama por teléfono. El General se levanta con gesto de pereza y despreocupación. Es Blanquet que le participa cómo ha cumplido "las órdenes". Y ya no regresa a sus convidados. En la puerta del restaurante algunos rurales y guardabosques de Chapultepec, escoltas del jefe de operaciones, esperan a que almuerce ricamente el General, y son ellos, ahora, quienes entran y sustituyen al anfitrión. Los manda el capitán Luis Fuentes. Y acercándose a Gustavo, que dobla la servilleta, le dice con firmeza: "Está usted preso..."

—¿De orden de quién? —responde el hermano del Presidente dando un salto y en tono indignado y descompuesto.

—¡De mi general Huerta!" —asegura el Capitán como si descargase una maza enorme sobre la cabeza de la víctima. El brigadier Romero ganó la puerta y huyó. Delgado quiso imitarle, pero, agarrándolo por los brazos fuertemente, lo detuvieron los guardabosques...

¿Y cómo hubiese podido adivinar, una hora antes, el desgraciadísimo Gustavo, cuando entregaba sombrero y abrigo, a cambio de una tarjeta numerada, que en el ropero, encerrado, haría la digestión del convite de Huerta? Más tarde, se le condujo al Palacio, con el general Delgado, y unido a otro leal, Angeles, tuvo por segunda prisión, la del Vicepresidente, el Gobernador del Distrito y los ministros. Poco a poco fueron llenándose las partes del programa. A los dos generales y a

Gustavo se les destina a otro lugar; Huerta recuenta sus prisioneros, uno a uno, y da un "¡Viva a la República!", para las víctimas, horrible sarcasmo;[33] pone en libertad a los ministros, y el Vicepresidente y el Gobernador son trasladados a la Intendencia del Palacio, donde encontraron a Madero y al general Angeles. "¡Gustavo! —pregunta el Presidente—. ¿Saben ustedes de Gustavo?..." Reflexiona: "¡En la Penitenciaría, tal vez!"

Gustavo y el intendente Bassó, en un automóvil del Ministerio de la Guerra, van a la Ciudadela, postas de carne a la jauría. Burlas, injurias, rugidos, anuncian la llegada. Un individuo llamado Cecilio Ocón es el juez que interroga a los reos. Gustavo rechaza las imputaciones que le hacen sus enemigos e invoca sus fueros de Diputado. Pero Ocón, después de condenarlo, con Bassó, al cadalso, abofetea brutalmente a Gustavo: "Así respetamos nosotros tu fuero...", le dijo. Interviene Féliz Díaz y fueron llevados los presos a otro departamento de la Ciudadela. Pero la soldadesca, envalentonada, los persiguió en comparsa frenética y rugiente. Unos befan a Gustavo, otros descargan sobre el indefenso político, sus puños de acero y lo exasperan y lo provocan. Gustavo intenta castigar a quien más lo humilla. Y un desertor del batallón 29, Melgarejo, nombre que hizo célebre el déspota de Bolivia, pincha, con la espada, el único ojo hábil de Gustavo, produciéndole, en el acto, la

[33] Verificadas las aprehensiones, el general Huerta asumió el mando supremo de la República, haciendo publicar el siguiente manifiesto:

"En vista de las circunstancias dificilísimas porque atraviesa la Nación y muy particularmente en estos últimos días la capital de la República, la que por obra del deficiente Gobierno del señor Madero bien se puede calificar su situación casi de anarquía, he asumido el Poder Ejecutivo, y en espera de que las Cámaras de la Unión se reúnan desde luego para determinar sobre esta situación política actual, tengo detenidos en el Palacio Nacional al señor Francisco Madero y su Gabinete, para que, una vez resuelto ese punto y tratando de conciliar los ánimos en los presentes momentos históricos, trabajemos todos en favor de la paz, que para la Nación entera es asunto de vida o muerte.

"Dado en el Palacio del Poder Ejecutivo, a 18 de febrero de 1913.

El General Comandante Militar,
Encargado del Poder Ejecutivo,
"V. HUERTA."

ceguera.[34] La soldadesca prorrumpió en salvaje risotada. El infame espectáculo resultábale divertido. Gustavo, con el rostro bañado en sangre, anda a tientas y tropieza y vacila, y el feroz auditorio le acompaña a carcajadas. Ocón dispone entonces el cuadro que ha de fusilarlo. Gustavo, concentrando todas sus energías, aparta al victimario que pretende escarnecerlo. Ocón, rabioso, lo sujeta por la solapa de la levita; pero es más fuerte su adversario, y pone fin al pugilato, la pistola. Más de veinte bocas de fusil descargaron sobre el mártir agonizante que, en tierra, sacudía el postrer suspiro.[35] "¡No es el último patriota! —exclama Bassó—. Aún quedan muchos valientes a nuestras espaldas que sabrán castigar estas infamias." Ocón se vuelve al Intendente con la mirada turbia y el andar inseguro; señala, con un dedo y dice: "Ahora a ése." [36] El viejo marino, recto el talle, se encamina al lugar de la ejecución. Uno de los verdugos pretende vendarlo. ¿Para qué? "Deseo ver el cielo —dijo con voz entera, y alzando el rostro al espacio infinito, agregó—: No encuentro la Osa Mayor. . . ¡Ah, sí!, ahí está resplandeciente. . ." Y luego, despidiéndose: "Tengo sesenta y dos años de edad. Conste que muero a la manera de un hombre." Desabotonó el sobretodo para descubrir el pecho y ordenó: "¡Hagan fuego!", como si quisiera alcanzar a Gustavo en los umbrales de otra vida, más allá de la Osa Mayor. . .

---

[34] Relato de Jesús González, oficial federal.

[35] "Sentí al contemplar aquel cuadro una muy honda decepción y una muy justificada vergüenza." (Jesús González, oficial, etc., ant. cit.)

[36] Jesús González, etc., ant cit.

CAPITULO XVIII

Reunión del Cuerpo Diplomático.—El Pacto de la Embajada.—Félix Díaz y Huerta se abrazan.—El 19 de febrero.—Temor de que sea fusilado el Presidente.—Gestiones para salvar la vida de Madero.—Nota privada al Embajador.—Los padres de Madero acuden a los buenos oficios del Cuerpo Diplomático.—Los ministros de España y Cuba en el Palacio Nacional.—Madero y Pino Suárez renuncian y deciden embarcar en el crucero *Cuba*.—El Ministro cubano en la Intendencia del Palacio.

I

Apenas Madero se rindió a la pistola de Blanquet, el Cuerpo Diplomático se reunía, convocado por su decano, Mr. Wilson, en la Embajada de los Estados Unidos. Estas reuniones, en general, resultan estériles, porque es difícil poner en acuerdo los intereses diversos que representan los ministros. Unos hablan mucho menos de lo que pueden; otros hablan mucho más de lo que deben, y algunos callan. La elocuencia del diplomático es el monosílabo, y el monosílabo era la fuerza del ministro inglés que ocupaba su puesto y fingía dormir, no obstante considerarlo yo el más alerta de todos, aunque no el más acertado. La discreción es la cualidad fundamental del diplomático. Por eso es, comúnmente, la cualidad de que carece. Los hay que son indiscretos con la palabra y con el silencio. Los hay también que son indiscretos con el gesto y con la mirada. Reunidos, ofrecen un curioso espectáculo. Se miran entre sí, con cierto desdén ceremonioso. Y cuando uno de ellos habla, los demás dicen que no con la cabeza. Si les pica la cólera, abandonan el francés y rabian en su idioma: la torre de Babel. Este refunfuña en ruso, aquél gruñe en alemán, el otro se queja en italiano. Y el Embajador, con su carácter de respetable y dignísimo Decano, solicita que le pongan atención. Es de los que hablan lo que deben callar y callan lo que deben hablar. Es el hombre más indiscreto concebible. Más indiscreto de tarde que de mañana. Y más todavía de noche que de tarde. El general Huerta le ha comunicado, en una breve nota, lo siguiente: 1º Que tiene presos, por patriotismo, por patriotismo suyo, de Huerta, al Presidente de la República y a los miembros de su Gabinete; 2º Que él no alienta más ambición que servir a la patria; 3º Que le ruega se digne participarlo así a Mr. Taft; 4º Que también le ruega que lo haga saber a las diversas Legaciones, y 5º Que si ello no es abuso, informe de su aventura a "los rebeldes".[1]

Un ministro.—¿A qué rebeldes? El es un rebelde...

Otro ministro.—¿Quiénes no son ahora rebeldes?

El Embajador.—Esta es la salvación de México. En lo adelante habrá paz, y progreso y riqueza. La prisión de Madero la sabía yo desde hace tres días. Debió ocurrir hoy de madrugada.

No cabía de gozo y se le escapaban las confidencias. Presentó la lista de los afortunados que integrarían el Gabinete

---

[1] "Palacio Nacional, 18 de marzo de 1913.—Señor Embajador de los Estados Unidos de América.—El Presidente de la República y sus ministros los tengo en mi poder, en el Palacio Nacional, en calidad de presos. Este acto mío ruego a S. E. se sirva interpretarlo como la manifestación más patriótica del hombre que no tiene ambiciones más que servir a su patria. Sírvase Su Excelencia interpretarlo en la forma que respetuosamente le suplico. No tiende más que a asegurar la paz en la República y a asegurar los intereses de sus hijos y los de las diversas colonias extranjeras que tantos beneficios nos han proporcionado. Saludo a usted suplicándole, con el mayor respeto, se sirva poner en conocimiento de S. E. el señor Presidente Taft todo lo que he tenido la honra de exponer a usted en esta nota. Igualmente tengo la honra de suplicar a usted se sirva dar el aviso correspondiente a las diversas legaciones que se hallan en esta capital. Si Su Excelencia pudiera hacerme la gracia de dar aviso a los rebeldes que se hallan en la Ciudadela, sería un nuevo motivo de agradecimiento del pueblo de toda la República hacia usted y hacia el siempre glorioso pueblo americano. Con el respeto de siempre, quedo de Su Excelencia su afectísimo,

V. HUERTA."

He reproducido este documento a la letra. Por lo visto, se puso entonces en boga la costumbre de alternar el tratamiento de *Excelencia* y el de *Usted* en los escritos diplomáticos. Esta mal redactada nota tiene además de singular el sometimiento de Huerta al embajador Wilson.

del general Huerta. Y no se equivocó en un solo nombre. Sin embargo, Huerta no era todavía Presidente provisional.

Un ministro.—¿Y ya usted avisó a Félix Díaz?

El Embajador.—¡Mucho antes de que Huerta me lo pidiese!

Concluyó la "sesión" y me retiré después de haber militado entre los diplomáticos del silencio. A las diez de la noche, la suerte me llevó de nuevo a la Embajada. El portero, ebrio, me condujo a un corredor en donde otros dos ministros conversaban.

—¿Viene usted en busca de noticias? —preguntó uno.

—¿Y usted?

Allá, del fondo del corredor, surgió Rodolfo Reyes. El traje demostraba su "procedencia". En vez de cuello, una "mascada" [2] envolvía su garganta. Y se acercó a estrechar mi mano amiga: "Quise ir en busca de asilo a la Legación de usted —me dijo— y no pude. Luego, el día del 'armisticio', me fue más fácil entrar en la Ciudadela." Señalando a una puerta cerrada, en el extremo del corredor, añadió: "Allí estamos", y dirigiéndose hacia ella, desapareció como los actores entre las murallas de trapo del escenario. Algunos instantes después el Embajador vino a saludarnos.

—Queridos ministros —exclamó—, ya todo está arreglado. Ahora pasarán ustedes "adentro"...

Un ministro.—¿Y qué suerte correrá el "pobre" Madero?

El Embajador.—¡Oh! Al señor Madero le llevarán a un manicomio, que es donde siempre debieron tenerle... [3]

Creí que se trataba de una broma. Pero el Embajador abogó seriamente por ese "fallo" sin calificativo.

De nuevo solos, reanudamos los tres ministros nuestra charla, esta vez con el senador Obregón, que no sé de dónde salió. De las cortinas, de las ventanas, de los tapices todos, brotaban personajes como espectros. Parecía un sueño de hadas. Alguna varita mágica convertía en seres vivos los adornos de la Embajada. Al fin nos invitaron a pasar al salón, donde había entrado, poco antes, Rodolfo Reyes. Y se abrió la puerta que

---

[2] Pañuelo de seda grande.

[3] Esto lo dijo Mr. Wilson a muchas personas. Léase *Huerta y los dos Wilson*, por R. H. Murray, ant. cit.

era como una "trampa" encantada. Al volver la vista, mis ojos encontraron a Félix Díaz. Estaba de pie en el ángulo izquierdo de la pequeña sala donde celebrábanse las reuniones y consejos del tremendo Embajador.

—¿Este es el general Díaz? —me preguntó un colega.

—No lo conozco —respondí—; pero, desde luego, es él, porque tiene rasgos fisonómicos de don Porfirio.

Su aspecto era el de un hombre atribulado por las preocupaciones y por el cansancio de la brega. Vestía de paisano. Y le rodeaban algunas personas a quienes tampoco los ministros conocíamos. Entramos. Y el Embajador nos presentó amablemente:

—Los ministros de Chile, Brasil y Cuba —dijo mientras avanzábamos—. El general Díaz, el general Victoriano Huerta... —añadió.

El general Díaz nos dio la mano con frialdad. Su mirada triste, aunque hiciera por levantarla, se le caía sobre la alfombra. Revelaba ansiedad íntima, desconfianza, incertidumbre, presentimiento. A su derecha Huerta, en traje de campaña, asumía la actitud del fuerte y su chaquetón militar ocupaba ancho espacio. Oprimió la mano de cada ministro y, a través de sus antiparras azules, pudimos ver las llamaradas de sus ojos ígneos.

Formamos en torno de la mesa de centro, donde Rodolfo Reyes comenzó a leer el acta de lo allí convenido. Al llegar al artículo en que se mencionaban los nombres del nuevo Gabinete, dijo: "Reservado", y lo pasó por alto.

—Reservado... y lo sabíamos nosotros antes que él —me dijo al oído uno de los ministros.[4]

---

[4] "En la ciudad de México, a las nueve y media de la noche del día 18 de febrero de 1913, reunidos los señores generales Félix Díaz y Victoriano Huerta, asistidos el primero por los licenciados Fidencio Hernández y Rodolfo Reyes, y el segundo por los señores teniente coronel Joaquín Mass y el ingeniero Enrique Cepeda, expuso el señor general Huerta que en virtud de ser insostenible la situación por parte del Gobierno del señor Madero, para evitar más derramamiento de sangre, y por sentimientos de fraternidad nacional, ha hecho prisionero a dicho señor, a su Gabinete y a algunas otras personas; que desea expresar al señor general Díaz sus buenos deseos para que los elementos por él representados fraternicen y todos unidos salven la angustiosa situación actual. El señor general Díaz expresó que su movimiento no ha tenido más objeto que lograr el bien nacional y que en tal virtud está dispuesto a cual-

Concluída la lectura, desfilaron los héroes. Huerta rompió la marcha y se despidió, uno por uno, de los presentes. Al llegar a Félix Díaz, se detuvo. Ambos se miraron fijamente. Se hubieran devorado, y se abrazaron. Y todos, menos los ministros, aplaudieron. El Embajador exclamó:

—Muy bien, muy bien...

Uno de los acompañantes del general Díaz, el diputado Fidencio Hernández, me pidió excusas por la brutalidad de la jornada: "¡Oh, perdónenos usted el daño que le hayamos hecho, pero no pudo ser de otro modo!"

Y Félix Díaz, entre tanto, desapareció por el vestíbulo. Se lo llevaba Mr. Wilson a beber *champaña* por el éxito del "cuartelazo". Los ministros nos quedamos inmóviles. Y nos fuimos. El Embajador, en la puerta de la calle, nos dijo riendo:

—¡Viva Félix Díaz, el ídolo de los extranjeros!

Nosotros le contestamos:

---

quier sacrificio que redunde en beneficio de la patria. Después de las discusiones del caso, entre todos los presentes arriba señalados, se convino lo siguiente: PRIMERO: Desde este momento se da por inexistente y desconocido el Poder Ejecutivo que funcionaba, comprometiéndose los elementos representados por los generales Díaz y Huerta a impedir por todos los medios cualquier intento para el restablecimiento de dicho Poder. SEGUNDO: A la mayor brevedad se procurará solucionar en los mejores términos legales posibles la situación existente, y los señores generales Díaz y Huerta pondrán todos sus empeños a efecto de que el segundo asuma antes de setenta y dos horas la Presidencia Provisional de la República, con el siguiente Gabinete: Relaciones, licenciado Francisco L. de la Barra; Hacienda, licenciado Toribio Esquivel Obregón; Guerra, general Manuel Mondragón; Fomento, ingeniero Alberto Robles Gil; Gobernación, ingeniero Alberto García Granados; Justicia, licenciado Rodolfo Reyes; Instrucción Pública, Jorge Vera Estañol; Comunicaciones, ingeniero David de la Fuente. Será creado un nuevo ministerio que se encargará de resolver la cuestión agraria y ramos anexos, denominándose de Agricultura y encargándose de la cartera respectiva el licenciado Manuel Garza Aldape. Las modificaciones que por cualquiera causa se acuerden en este proyecto de Gabinete deberán resolverse en la misma forma en que se ha resuelto éste. TERCERO: Entre tanto se soluciona y resuelve la situación legal, quedan encargados de todos los elementos y autoridades de todo género, cuyo ejercicio sea requerido para dar garantías, los señores generales Huerta y Díaz. CUARTO: El señor general Félix Díaz declina el ofrecimiento de formar parte del Gabinete provisional en caso de que asuma la Presidencia provisional el señor General Huerta, para quedar en libertad de emprender sus trabajos en el sentido de sus compromisos con su partido en la próxima elección, propósito que desea expresar claramente y del que quedan bien entendidos los firmantes.

—Como usted guste, Embajador.

Sólo Henry Lane Wilson imaginaba que Félix Díaz había triunfado.

II

La noche del 18 de febrero fue noche muy triste para quienes, amando profundamente a la patria mexicana, comprendieron que era presa del furor de la ambición. Y a las diez de la mañana del día 19 salí de casa a observar el aspecto de la ciudad y el espíritu del pueblo. Atravesé, en coche, la Avenida de San Francisco, y las aceras, o las banquetas, como allá se dice, no daban abasto a las damas y caballeros, de todos tipos y estilos, que circulaban entre sonrientes y azorados, entre placenteros y compungidos. Como yo, también las gentes iban

---

QUINTO: Inmediatamente se hará la notificación oficial a los representantes extranjeros, limitándola a expresarles que ha cesado el Poder Ejecutivo, que se provee a su sustitución legal, que entre tanto quedan con toda la autoridad del mismo los señores generales Díaz y Huerta y que se otorgarán todas las garantías procedentes a sus respectivos nacionales. SEXTO: Desde luego se invitará a todos los revolucionarios a cesar en sus movimientos hostiles, procurando los arreglos respectivos.—El general VICTORIANO HUERTA.—El general FÉLIX DÍAZ." (Reproducido a la letra.)

El mismo día 18, el general Huerta dirigió este famoso telegrama a los gobernadores de los Estados: "Por disposición del Senado he asumido el Poder Ejecutivo hallándose presos el Presidente de la República y su Gabinete.—V. HUERTA." El *Senado* llamaba sin duda el General a los nueve senadores que le incitaron al golpe de Estado; porque el Senado, propiamente, nada había dispuesto. Es de observar, además, que en este despacho no hace alusión alguna al general Félix Díaz, con quien compartió el Poder Ejecutivo hasta la noche del 19. Terminado el convenio, en la Embajada, ambos generales lanzaron el siguiente manifiesto: "AL PUEBLO MEXICANO: La insostenible y angustiosa situación por la que ha atravesado la capital de la República, ha obligado al Ejército, representado por los suscritos, a unirse en un sentimiento de fraternidad para lograr la salvación de la patria y como consecuencia la nación puede estar tranquila; todas las libertades dentro del orden quedan aseguradas bajo la responsabilidad de los jefes que suscriben y que asumen desde luego el mando y la administración en cuanto sea preciso dar plenas garantías a los nacionales y extranjeros, ofreciendo que, dentro del término de 72 horas, quedará debidamente organizada la situación legal. El Ejército invita al pueblo, con quien cuenta, a seguir en la noble actitud de respeto y moderación que ha guardado hasta hoy. Invita asimismo a todos los bandos revolucionarios a unirse para consolidar la paz nacional. México, febrero 18 de 1913.—FÉLIX DÍAZ.—V. HUERTA."

a caza de noticias y, formando grupos, comentaban sus impresiones, caso de ser favorables al abrazo *moral* de Huerta y Félix Díaz, que el abrazo *material* el pueblo soberano acaso lo ignore todavía. Al cabo de algunas vueltas del Zócalo a la Alameda, donde parecía acongojado el rostro de la estatua de Benito Juárez, detuve el coche en un establecimiento de cigarros, y saltando del estribo a la amplia puerta, me dirigí al mostrador de cristales. A un lado hablaban en tono grave unas cuantas personas, y al otro, un señor de mi amistad escuchaba con gesto solemne. De pronto, el que llevara la voz cantante me dijo: "Señor ministro, ¿ya sabe usted lo que pasa?" Reconocí, en seguida, al súbdito alemán que, a guisa de mensajero de Félix Díaz, llevó al Cuerpo Diplomático cierta proposición que no fue aceptada. "Ayer fusilaron a *Ojo parado* —continuó—, y hoy mismo fusilarán también al Presidente. . ."

Aquellas palabras, pronunciadas con cierto cinismo, me produjeron una sensación helada que recorrió toda mi piel. . .

—Pino Suárez —dijo después— ha logrado fugarse. . .

Me volví al dependiente y compré una caja de tabacos. Al salir, el amigo silencioso, que escuchaba solemne y emocionado, me detuvo con esta queja:

—¡Oh, señor ministro, fusilarán a *Don Pancho:* son capaces de todo!

—No haga usted caso —le contesté—, lo que ese hombre dice es inverosímil. . .

—Aquí, desgraciadamente, lo inverosímil sería lo contrario, ministro. Me consta que a don Gustavo lo asesinaron ayer, sometiéndole antes a horrible tormento. . . y si ustedes, los diplomáticos no lo impiden, correrá la misma suerte el Presidente. . .

Fui a responderle, pero se ahogaron las palabras en mi garganta. . .

—¡No hay tiempo que perder, ministro, tome usted la iniciativa!

Y después de meditarlo un segundo, respondí:

—Esa iniciativa corresponde al Embajador, que es hoy la más poderosa influencia.

—Tómela usted, ministro, sólo usted. . . —afirmó mi alarmado amigo y con un apretón de manos, más afectuoso que nunca, nos despedimos.

¡Costaba trabajo convencerse de que no era aquello la ficción de una pesadilla!

Y subiendo al carruaje, ordené al cochero que me llevase a la Legación.

Frente al monumento de Juárez, de regreso más contristado que a la ida, tropecé con el ministro Z.

—¿Sabe usted algo? —le pregunté.

—Sí... lo que sabe todo el mundo. Que han matado a Gustavo Madero y que... probablemente, matarán también a su hermano...

—¡Eso sería espantoso! —respondí—. ¿No cree usted que podríamos proteger la vida del Presidente?

—Los intereses de partido harán necesaria su muerte...

—Pero los intereses de la humanidad, que son más elevados, exigirán que su vida sea respetada...

—Si el Embajador quisiera...

Yo.—¡Querrá!

El ministro Z.—¡O no querrá!

Al llegar a mi residencia, profunda agitación me impulsaba. Aquellas palabras: "No hay tiempo que perder", vibraron en mi mente; y juzgué abominable cobardía cruzar los brazos ante la presa desgarrada. Hice, entonces, lo más cuerdo, lo más sensato: comunicar al Embajador mis informes, invitarlo a que fuera suya "la iniciativa", si mía, débil e ineficaz; brindar el crucero *Cuba,* surto en el puerto de Veracruz, para el caso, a mi entender probable, de que se acordara, con los jefes del golpe de Estado, expatriar al señor Madero. Y escribí esta "nota privada" que, momentos después, recibiera Mr. Wilson:

"*Legación de Cuba en México,* febrero 19 de 1913.

"Señor Embajador:

"Circulan rumores alarmantes respecto al peligro que corre la vida del señor Francisco I. Madero, Presidente de la República Mexicana, derrocado por la Revolución y prisionero del señor general Huerta.

"Inspirado por un sentimiento de humanidad me permito sugerir a Vuestra Excelencia la idea de que el Cuerpo Diplomático, de que Vuestra Excelencia es dignísimo Decano, tomara la honrosa iniciativa de solicitar de los jefes de la Revolución medidas rápidas y eficaces, tendientes a evitar el sacrificio inútil de la existencia del señor Madero.

"Me permito rogar a Vuestra Excelencia que disponga del crucero *Cuba,* anclado en el puerto de Veracruz, por si la mejor medida fuese sacar del país al señor Madero; y, asimismo, que cuente con mis humildes servicios para todo lo relativo a dar asilo en dicho crucero al infortunado Presidente preso.

"Seguro de que participa Vuestra Excelencia del mismo anhelo que yo, propio de hombres nacidos en el suelo de América, reitero a Vuestra Excelencia mi más alta consideración.

"M. MÁRQUEZ STERLING.

"A Su Excelencia el señor Henry Lane Wilson, Embajador de los Estados Unidos de América, Decano del Honorable Cuerpo Diplomático, etc., etc.".

Claro que no aludí al señor Pino Suárez porque lo hacía salvo de todo riesgo.

En seguida me dirigí a la Legación Japonesa, donde se hallaba refugiada la familia del Presidente cautivo. En una pequeña sala interior, amueblada con el exquisito gusto de Mme. Kumaichi Horigoutchi, la esposa del Encargado de Negocios, recibían los padres y las hermanas del señor Madero la visita de algunos fieles amigos, y la de varios diplomáticos. Al verme, el señor Madero, padre, salió a mi encuentro:

—¿Qué le parece, ministro?. . . ¡Yo nunca tuve confianza en Huerta!

Advertí que ignoraba el asesinato de don Gustavo y me limité a expresar el sentimiento que me causaran sus tribulaciones. Y como, al cabo de breves minutos, se retirasen las demás visitas, el señor Madero me rogó, porque así lo querían él y su esposa, que presentara, a nombre de ellos, una petición al Cuerpo Diplomático.

—El señor Horigoutchi acompañará a usted.

—Les quedaremos eternamente agradecidos.

Y diciendo esto, el señor Madero me entregó un documento redactado así:

"Al Honorable Cuerpo Diplomático residente en esta capital.

"Señores Ministros:

"Los que suscribimos, padres de los señores Francisco I. Madero, Presidente de la República Mexicana, y Gustavo A. Madero, diputado al Congreso de la Unión, venimos a suplicar a Vuestras Excelencias que interpongan sus buenos oficios, ante los jefes del movimiento que los tiene presos, a fin de que les garanticen la vida; y, asimismo, hacemos extensiva esta súplica en favor del Vicepresidente de la República, señor J. M. Pino Suárez y demás compañeros.

"Anticipando a Vuestras Excelencias nuestras más sinceras demostraciones de profundísimo reconocimiento, y el de los demás allegados y parientes de los prisioneros, quedamos con la mayor consideración, de Vuestras Excelencias, atentos y seguros servidores,

"FRANCISCO MADERO.
"MERCEDES G. DE MADERO.

"México, febrero 19 de 1913."

III

En la Embajada estaban, con Mr. Wilson, el ministro inglés, el de España y el Encargado de Negocios de Austria-Hungría, señor George de Pottere, un joven de gran entendimiento.[5] Al exponer al embajador el asunto que llevábamos, no pudo reprimir una mueca de cólera... Tomó el pliego que le entregué, y después de leerlo, contestó que se oponía sin rodeos a que el Cuerpo Diplomático acordara nada.

—¡Eso es imposible! —me dijo, en el mismo lugar donde la víspera se abrazaron Huerta y Félix Díaz. Y reflexionándolo mejor, o intentando "recoger la mueca", añadió—: "¿Por qué ustedes no le piden directamente al general Huerta un trato benigno para los prisioneros?" Y volviéndose al de España: "Usted y el señor ministro de Cuba podrían ir al Palacio y entrevistarse con el mismo Huerta, hablando en nombre de cada

[5] El ministro era el barón Riedl de Riedenau, a quien yo había conocido con igual cargo en el Brasil, y se encontraba ausente de México en uso de licencia.

uno de los ministros, pero no en nombre del Cuerpo Diplomático."

El señor Cólogan, dispuesto siempre a complacer a su colega yanqui, accedió, y nos pusimos en camino.

Bajo la bandera cubana, y en mi automóvil, que volaba manejado por manos cubanas, fue cosa de un abrir y cerrar de ojos el vernos frente al Palacio entre la turba de curiosos y los pelotones de soldados. Un oficial nos condujo al entresuelo y nos hizo pasar a la sala donde se hallaba el general Blanquet, que conferenciaba con el ministro de Chile, señor Hevia Riquelme. Blanquet nos acogió amablemente y el señor Cólogan hizo uso de la palabra, explicando el objeto de nuestra misión. El chileno sonreía y Blanquet, hombre de aspecto rudo, pero no desagradable, afectaba tranquilidad de espíritu y... de conciencia. "¿Correr peligro la vida del señor Madero? ¡Qué absurdo! El Presidente, en un principio, se negó a renunciar, y esto complicaba el caso; pero cedió, al fin, a la razón." [6]

El ministro de Chile confirmó las palabras de Blanquet y quedamos en que se había seria y definitivamente estipulado la dimisión sobre estas bases:

1ª Respeto al orden constitucional de los Estados, debiendo permanecer en sus puestos los gobernadores existentes; 2ª No molestar a los amigos del señor Madero por motivos políticos; 3ª El mismo señor Madero, junto con su hermano Gustavo, el licenciado Pino Suárez y el general Angeles, todos con sus respectivas familias, serían conducidos, esa misma noche del día 19, y en condiciones de completa seguridad, en un tren especial, a Veracruz, para embarcar, en seguida, al extranjero; 4ª Los acompañarían, hasta el puerto, varios señores ministros extranjeros, depositarios de la renuncia del Presidente y del Vicepresidente, a cambio de una carta del general Huerta aceptando estas condiciones y ofreciendo cumplirlas, y 5ª La doble

[6] "...hasta su partida de México no hubo día en que no viera a la señora de Madero, viniendo ella tres veces a la Legación. Encontrándola naturalmente inquietísima en la mañana del 19, volví a mediodía para decirle, en presencia de sus cuñadas y de Mme. Horigoutchi, que se nos acababa de dar palabra de honor al ministro de Cuba y a mí, pues fuimos juntos, de que la vida del señor Madero no corría ningún peligro, pero era difícil tranquilizarla." (B. J. de Cólogan, *Por la verdad,* etc. ant. cit.)

renuncia sería enviada al Congreso en cuanto se hallaren embarcados aquellos personajes.

—Los señores Madero y Pino Suárez firmaron ya la dimisión, que fue entregada, a pesar de lo convenido, al Ministro de Relaciones Exteriores —dijo el señor Hevia—, y aguardan por la carta del general Huerta. Mirando a Blanquet, preguntó: —¿Está hecha la carta? —y Blanquet, con su habitual serenidad, pidió informes a un ayudante que nada sabía.[7]

---

[7] "...se presentó a las ocho de la mañana (del día 19), como comisionado de Huerta, el general Juvencio Robles, para exigir a los señores Madero y Pino Suárez la inmediata renuncia de sus respectivos puestos de Presidente y Vicepresidente de la República. Para tratar sobre este asunto, el señor Madero y dicho general pasaron a la pieza inmediata, y fue tal el tono y la forma en que este último cumplió su misión, que equivalía a plantear al señor Madero este dilema: "Es usted vencido: el Ejército que todavía antier era el primero y principal apoyo de usted y su Gobierno, lo ha abandonado; está usted rodeado de enemigos y no hay tiempo ni manera de que alguien intente rescatarlo; su vida en estos instantes depende en lo absoluto de la voluntad de Huerta y Félix Díaz, habiendo sido ya reconocido el primero, de hecho, como jefe de ese Ejército. Ahora bien, vengo a participar a ustedes que o renuncian a sus respectivas magistraturas, en cuyo caso tendrán la garantía de la vida, o de lo contrario quedarán expuestos a todas las consecuencias." El señor Madero, con aquel optimismo que jamás le abandonó, creyó de buena fe que Huerta le mandaba hacer proposiciones, puesto que habiéndosele reducido a la impotencia y despojado de toda probabilidad de volver a ganar lo perdido, a lo menos por el momento, no necesitaban sus enemigos arrebatarle también la vida, y bajo esa consideración se resolvió a investigar en qué condiciones, además de la renuncia, se le dejaría en libertad, y al efecto manifestó al comisionado que, como el asunto de que se trataba era de suma gravedad, deseaba que interviniesen en su arreglo altas personalidades diplomáticas, para que así revistiese toda la solemnidad debida y para mejor garantía de su cumplimiento. Los diplomáticos a quienes propuso, al principio, fueron los señores ministros del Japón y Chile. Luego que se retiró el general Robles, el señor Presidente discutió con nosotros y al fin fijó sus ideas en el sentido de exigir, a su vez, a Huerta, que la renuncia se hiciera bajo estas condiciones (las que se contienen en el texto, indicando además de los representantes del Japón y Chile al ministro de Cuba). Poco tiempo después se presentó el señor Lascuráin a quien el Presidente impuso de lo anterior, manifestándose el primero lleno de satisfacción al saber que al fin se había encontrado una forma decorosa de conciliar el conflicto, retirándose en seguida para arreglar todo lo conducente. Llegó el mediodía y se nos dijo que la mesa estaba servida, y empezábamos a comer cuando se presentó de nuevo el señor Lascuráin (pero ya no satisfecho como antes), acompañado del señor Ernesto Madero y un cuñado de éste, los tres con sus semblantes sombríos. El último de ellos me llamó aparte, para decirme que la noche anterior habían matado a Gustavo. Disimulé mi emoción y entonces comprendí por qué

—Estarán escribiéndola en máquina —dijo después; y giró entonces la conversación sobre el buque mercante o de guerra en que los prisioneros embarcarían.

—El crucero *Cuba* es el más indicado —convinimos todos—. Y si ustedes no piensan otra cosa —añadió Blanquet— sería bueno que se entrevistasen con el general Huerta...

Introducidos cortésmente por uno de los oficiales del Estado Mayor, nos encontramos en el Salón de Acuerdos, en donde mismo fue depuesto el gobierno del señor Madero. El oficial se perdió detrás de una cortina y se acercaron a salu-

---

los recién llegados traían en sus rostros huellas de una honda pena; pero los señores Madero y Pino Suárez no se dieron cuenta de ello y todos procuramos ocultarles la terrible verdad. El ministro Lascuráin manifestó, piadosamente, que todo estaba ya arreglado, y que Huerta aceptaba todas las proposiciones del señor Madero, en las que estaba incluída la libertad de su hermano Gustavo. Sólo faltaba ahora formular la renuncia que, en calidad de borrador, redactó en el acto el señor Madero, al mismo tiempo que con tranquilidad comía, escribiendo con lápiz en una hoja de papel que colocó al lado de su plato. Concluída la operación, Pino Suárez manifestó con altivez no estar conforme con la razón que se daba como causa de las renuncias, y pretendía que se hiciera constar que lo hacían obligados por la fuerza de las armas. Los intermediarios, que se daban cuenta exacta del verdadero e inminente peligro que estaban corriendo las vidas de ambos magistrados, lo persuadieron con tacto de lo inconveniente que sería redactar ese documento en los términos en que deseaba Pino Suárez, y al fin se puso como causa la idea general que contiene esta frase: "Obligados por las circunstancias." Los ministros presentes pasaron en limpio el borrador, y una vez examinado de nuevo y aprobado, salieron presurosos para ir a mostrarlo a Huerta, guardándose el borrador original el señor Lascuráin. La diligencia empleada por este señor en todo el asunto se debió a que más que ninguno otro estaba presenciando y sufriendo a toda hora la terrible presión de los enemigos, siendo él el verdadero intermediario entre ellos y el señor Madero, y teniendo la convicción de que si no obtenía la renuncia de éste en un término perentorio, le arrebatarían la vida al Presidente como se la habían arrancado ya a Gustavo Madero y otras personas adictas a su administración. De ahí que pronto regresaba nuevamente para llevarse aquel anhelado documento, modificando así el propósito del señor Madero. En cambio, trajo la novedad de que, como prueba de la buena fe con que se quería conducir Huerta, comenzaba a cumplir una de las condiciones estipuladas poniéndome a mí y a los cuñados de Pino Suárez, según orden por escrito que nos mostró el señor Lascuráin, en absoluta libertad." (*De cómo vino Huerta y cómo se fue*... Apuntes para la Historia de un Régimen Militar. Primer tomo. Del Cuartelazo a la disolución de las Cámaras, México, D. F. "Librería General", Avenida 16 de Septiembre Núm. 23, 1914. Capítulo que contiene la Reseña Histórica del licenciado Federico González Garza, págs. 43, 44 y 45.)

darnos algunos personajes, entre los cuales era uno Rodolfo Reyes.

—¿Firmó Madero la renuncia? —nos preguntaron—. El chileno respondió afirmativamente. Y los personajes dieron rienda suelta a su alegría, mientras Rodolfo Reyes enseñaba los estragos de las balas en los adornos del salón. El oficial reapareció comunicándonos que el general Huerta dormía. Y resolvimos ir a la Intendencia del Palacio a ver a los vencidos. El mismo oficial nos condujo hasta la puerta.[8] Pino Suárez escribía en un bufete rodeado de soldados. En un cuarto contiguo, varias personas, en estrado, acompañaban a Madero que, al vernos, desde el fondo, se adelantó.

—Señores ministros, pasen ustedes —dijo, bañado de júbilo el semblante—. Y nos estrechó las manos con efusión. El de España ocupó su derecha y yo la derecha del señor Cólogan.

—Estoy muy agradecido a las gestiones de ustedes —y señalándome añadió—: acepto el ofrecimiento del crucero *Cuba* para marcharme. Es un país, la Gran Antilla, por el que tengo profunda simpatía. Entre un buque yanqui y uno cubano, me decido por el cubano.

De allí surgió el compromiso, para mí muy honroso, de llevar al señor Madero en automóvil a la estación del ferrocarril y de allí a Veracruz.

Pregunté la hora de salida.

—¿La salida?, a las diez —respondió el Presidente—, pero si es posible, venga usted al Palacio a las ocho. Podría ocurrir algún inconveniente y estando usted aquí sería fácil subsanarlo.

¿Qué duda era posible de que Madero y Pino Suárez no correrían la suerte de Gustavo?

Cumpliendo mi promesa, a las ocho entraba en el despacho de Blanquet.

—Usted puede entrar solo y cuando guste a la Intendencia —me dijo el general—. Además, hay orden de permitir la entrada libre a cuantos deseen despedirse del señor Madero.

---

[8] "Entró al mismo tiempo que yo el Ministro de Cuba, señor Márquez Sterling, que debía acompañarlos, y habló de los preparativos y circunstancias del viaje." (B. J. de Cólogan, *Por la verdad,* etc., ant. cit.)

Sin embargo, juzgué prudente que me "escoltara" un oficial, evitando así cualquiera pérfida interpretación. Blanquet me proporcionó uno amable y diligente. Por añadidura, cubano. Su apellido, Piñeiro. Su grado, capitán. Pronto lo ascenderían a mayor.

—Es usted hombre de palabra —exclamó Madero al recibirme— y ministro que honra a su nación.

IV

El ambiente era "franco". Nada hacía presentir la catástrofe. Echado en un sofá, el general Angeles sonreía con tristeza. Es hombre de porte distinguido; alto, delgado, sereno; ojos grandes, expresivos; fisonomía inteligente, y finas maneras. Cuando le dieron orden de volverse contra Madero se negó a obedecer. Acababa de cambiarse la ropa de campaña por el traje de paisano. Y era el único, de todos los presentes, que no fiaba en la esperanza ilusoria del viaje a Cuba. Una hora después me decía, con su lenguaje militar, ante la sospecha de un horrible desenlace:

—*A don Pancho lo truenan...*

CAPITULO XIX

La Intendencia del Palacio.—El espejo siniestro.—Lascuráin presenta al Congreso la renuncia del Presidente y del Vicepresidente; renuncia también a la Presidencia Interina, y le sustituye el general Huerta.—Las gestiones de don Ernesto Madero.—Los prisioneros piden al Ministro de Cuba que no les deje solos.—Un retrato de Madero.

I

Componían la Intendencia tres habitaciones grandes y una chica. La primera, depósito de trastajos, fea y obscura, sirvió de comedor a los cautivos. La segunda, por la cual se comunicaba todo el departamento con el patio, y era, sin duda, el despacho del Intendente, la invadían uniformes, fusiles y sables. En la puerta, al exterior, un grupo de soldados charlaba su jerga, comiendo tortillas de maíz que unas cuantas mestizas, de pelo lacio, salientes pómulos, cocinaban y servían a la mano. En la puerta de la derecha, el centinela, bayoneta calada, parece un cromo de cartón. Esta puerta daba acceso a una sala modestamente amueblada, en la que recibieron sus visitas los tres caídos. En el último cuarto, el más reducido, tuvo su tocador el Intendente. Un gran espejo se veía desde fuera. En él, se miraban el rostro de las víctimas y, después, perecían en la emboscada. Se despedían de sí mismas en aquel espejo siniestro. Y al irse del marco de caoba, tardaban instantes en traspasar, para siempre, el marco de lágrimas de la vida. .. En el centro de la sala, una mesa de mármol; y sobre ella varios retratos del Presidente. Forman el estrado, a la derecha del centinela, seis butacas de piel obscura y un sofá. Varias sillas, del mismo estilo, regadas a lo largo de las paredes. En el fondo, una ventana herméticamente cerrada. Y adelante de la ventana, el "bureau de lujo" del Intendente.

Madero me hizo sentar en el sofá y a mi izquierda ocupó una butaca. Pequeño de estatura, complexión robusta, ni gordo ni delgado, el Presidente rebosaba juventud. Se movía con ligereza, sacudido por los nervios, y los ojos redondos y pardos brillaban con esplendente fulgor. Redonda la cara, gruesas las facciones, tupida y negra la barba, cortada en ángulo, sonreía con indulgencia y con dignidad. Reflejaba en el semblante sus pensamientos que buscaban, de continuo, medios diversos de expresión. Según piensa, habla o calla, camina o se detiene, escucha o interrumpe; agita los brazos, mira con fijeza o mira en vago, y sonríe siempre; invariablemente sonríe. Pero su sonrisa es buena, franca, generosa. Una sonrisa "antípoda" de la sonrisa de Taft. Era como el gesto del régimen que con él se extinguía. De pronto, me enseña su reloj de oro.

—Fíjese, ministro —exclama—, falta una piedra en la leopoldina... Podría sospecharse después un robo...[1]

¿Qué súbita idea lo asaltaba? A grandes pasos recorrió la distancia del espejo, del cuarto contiguo, al centinela inmóvil. Acercándose de nuevo, me dijo:

—Un Presidente electo por cinco años, derrocado a los quince meses, sólo debe quejarse de sí mismo. La causa es... ésta, y así la Historia, si es justa, lo dirá: no supo sostenerse...

Ocupa una silla y cruza las piernas.

—Ministro —añade—, si vuelvo a gobernar me rodearé de hombres resueltos que no sean *medias tintas*... He cometido grandes errores. Pero... ya es tarde...

Y cortó el giro de la conversación:

—¿Qué cosa es la "Enmienda Platt?"

---

[1] Estas dolorosas escenas las presenció, y actuó en ellas, un cubano muy respetable, el coronel Francisco P. Aguirre, a quien, con ese objeto, y por vía de precaución, invité a que me hiciera compañía. En cualquier dificultad imprevista, era de altísimo valor para mí el testimonio y el consejo de un compatriota. Al escribir y publicar en 1914 estos capítulos, omití la presencia del coronel Aguirre ante el justificado temor de alguna represalia de Huerta. El coronel Aguirre, hermano del general José Aguirre, peleó por la Independencia de Cuba los diez años de nuestra gloriosa Guerra Grande. Emigró, después, a México, y al cabo de largo tiempo de servicios al Banco Nacional, obtuvo una honrosa jubilación que cubría sus necesidades. A raíz de los acontecimientos de febrero de 1913, el Banco, influído por el gobierno de Huerta, le retiró la jubilación; y poco después, el Congreso Cubano, en premio de sus méritos, contraídos con la patria, lo pensionó.

Interrumpiéndome, después:

—¡No se me ponga triste, ministro! No habrá Enmienda Platt, porque no rige en el corazón de los cubanos. Cuando aceptaron la Enmienda Platt no habían sido libres todavía. Pudo serles impuesta, por eso: en el camino de la servidumbre a la independencia.

Y reanudó sus paseos del espejo al centinela. Andando, hablaba a su tío, don Ernesto, que con el señor Vázquez Tagle era la única visita que no se había marchado todavía.

Repentinamente, una duda lo alarma.

—Y la carta de Huerta, ¿dónde está?

Estremecidos por un mismo impulso nos pusimos todos en pie. Don Ernesto resolvió salir a informarse.

—Convendría que la redactaras a tu gusto —dijo al señor Madero; y en un pequeño block de papel, escribió el Presidente varios renglones que acto seguido nos leyó. Era un "salvoconducto" en el que incluía a su hermano don Gustavo, muerto junto con el Intendente...

—¿Sabe alguno de ustedes dónde está Gustavo? —preguntó sin el menor indicio del crimen—. ¡De seguro lo tienen preso en la Penitenciaría! Si no lo encuentro en la estación, para continuar viaje conmigo, rehuso a embarcar...

Quise disuadirle de semejante proyecto.

—Eso... en realidad, compromete la situación. Es a usted, señor Madero, a quien hay que salvar, en las actuales circunstancias. El pobre don Gustavo... ya veremos.

Volvió el Presidente a su mansa plática.

—El crucero *Cuba,* ¿es grande, es rápido? He pedido que la escolta del tren la mande el general Angeles para llevármelo a La Habana. Es un magnífico profesor del arma de artillería. ¿No cree usted que el presidente Gómez le dé empleo útil en la escuela militar?... Escríbale, ministro, en mi nombre; recomiéndelo. Si dejara al general aquí, concluirían por fusilarlo...

Don Ernesto, llegó con una extraña noticia:

—El señor Lascuráin, ministro de Relaciones Exteriores, va en este momento al Congreso a presentar "tu" renuncia...

Madero saltó de la butaca...

—¿Y por qué no ha esperado Lascuráin a la salida del tren? Tráelo aquí, en seguida, Ernesto; que venga en el acto;

sin demora, corre; vaya usted, también, señor Vázquez, tráigalo en seguida...

Y a largos pasos, nerviosamente, cerrados los puños, rectos los brazos hacia atrás, recorría la distancia del espejo al centinela, más allá del centinela... Don Ernesto vuelve con peores noticias. "La renuncia ya fue presentada..."[2]

—¡Pues ve y dile a don Pedro que no dimita él la Presidencia interina hasta que no arranque el tren!...

—¡Iré! —contestaba don Ernesto—, pero ¡cálmate, *Pancho,* que todo tendrá su arreglo!..."

Y yo también medié, infundiéndole confianza en su destino.

—Llamen por teléfono al ministro de Chile —exclamaba ansioso—, que venga a buscarnos; y traigan el "salvoconducto" de Huerta. ¡Ese Huerta!

Lentamente fue recobrando su habitual sonrisa, e inundándose de conformidad su espíritu.

—Huerta me ha tendido un segundo lazo, y firmada y presentada mi renuncia no cumplirá su palabra...

II

El señor Vázquez Tagle salió con don Ernesto para no regresar.[3] ¡Todo estaba ya resuelto y decidido! Momento antes, Huerta, Presidente Provisional, había entrado en Palacio con

---

[2] Texto de la renuncia de los señores Madero y Pino Suárez: "Ciudadanos Secretarios de la Honorable Cámara de Diputados: En vista de los acontecimientos que se han desarrollado de ayer acá en la Nación, y para mayor tranquilidad de ella, hacemos formal renuncia de nuestros cargos de Presidente y Vicepresidente, respectivamente, para los que fuimos elegidos. Protestamos lo necesario. México, 19 de febrero de 1913.—FRANCISCO I. MADERO.—JOSÉ M. PINO SUÁREZ."

[3] El señor Vázquez Tagle, haciendo una rectificación a noticias propaladas respecto a su conducta, escribió lo siguiente: "Estuve dos veces en la Cámara de Diputados enviado por el señor presidente Madero; la primera llevándole orden al señor Lascuráin de que no se presentasen las renuncias del Presidente y Vicepresidente hasta que éstos estuviesen en Veracruz a bordo del crucero *Cuba,* pues el señor Madero tenía temores de que el general Huerta no cumpliese las condiciones bajo las cuales se hicieron las renuncias, toda vez que dicho General, hasta esos momentos, ya con un pretexto, ya

los honores "de su alta investidura".[4] Fue el último informe que nos trajo don Ernesto, disimulando su profunda angustia. Lascuráin, así evitó, a mi juicio, una matanza. Prolongó tres días más la vida de los dos mártires. Y Madero no tuvo, para él, en mi presencia al menos, una palabra ofensiva. Intentó que don Ernesto hablase al propio Huerta, en persona; pero Huerta, "fatigado por el trabajo", se había recogido en las habitaciones presidenciales. Flaqueaba el optimismo de Madero; Pino Suárez temía un atentado si yo los dejase, aquella noche, solos, y Angeles opinó que no saldrían vivos del fatídico trance. Cada uno pretendía, sin embargo, reanimar a los demás, y bordaba, sobre simples conjeturas, la vana y deleznable explicación. Madero recorre la distancia del espejo al centinela y don Ernesto recomienda serenidad. "Es posible —advierte— que Huerta haya ordenado la salida del tren para las cinco de la mañana, como hizo con don Porfirio Díaz, cuando lo escoltó en su fuga a Veracruz..." Y aunque no me pareciere fundada

---

con otro, esquivaba firmar la carta convenida en la que se obligaba al cumplimiento de esas condiciones; y la segunda, dado que esa orden del señor Presidente no pudo ser atendida, por haber llegado cuando ya se recogía la votación, para decirle al mismo señor Lascuráin, de orden del señor Madero, que no presentase su propia renuncia como Presidente Interino, hasta que él se hubiese embarcado en Veracruz, indicación que tampoco pudo ser atendida por estarse ya dictaminando acerca de la renuncia del señor Lascuráin." *(De cómo vino Huerta y cómo se fue*... etc., ant. cit.

[4] Texto de la renuncia del señor Lascuráin: "Honrado por el señor Presidente de la República, don Francisco I. Madero, con el cargo de Secretario de Estado y del Despacho de Relaciones Exteriores, procuré servir a mi patria poniendo el humilde contingente de mi lealtad y de mi honradez. Los acontecimientos a que asistimos, me han colocado en el caso de facilitar los medios para que dentro de la ley se resuelva una situación que de otro modo acabaría con la existencia nacional. He aceptado con toda consciencia ese papel, ya que, de rehusarme, hubiera cooperado a futuras desgracias. La Historia resolverá serenamente sobre mi actitud; estimo demostrar con ella mi lealtad a quien me honró con su confianza y mi amor a mi patria. Estas consideraciones me hacen dimitir del puesto de Presidente de la República, que por ministerio de la ley he desempeñado por unos momentos,* después de haber nombrado Secretario de Estado y del Despacho de Gobernación al señor general Victoriano Huerta. Ruego a ustedes señores Secretarios se sirvan dar cuenta a la Honorable Cámara de Diputados con esta renuncia para los efectos legales.—México, febrero 19 de 1913.—PEDRO LASCURÁIN.—A los ciudadanos Secretarios de la Honorable Cámara de Diputados.—Presentes."

* Cuarenta y cinco minutos.

la consecuencia, la di por lógica y evidente. "Si el señor ministro se quedara con ustedes hasta esa hora —continuó don Ernesto— apartaríamos el peligro y podría realizarse el viaje sin obstáculos." Madero, en un principio, se opuso. "¡Cómo él proporcionar molestia semejante, allí donde no tenía siquiera una cama que ofrecer. . . !" Pero, a la vez, todos convenían en que si me marchaba era probable una desgracia. . . Tomar el sombrero, tranquilamente, y despedirme "hasta la vista", abandonándolos a la bayoneta del centinela, hubiera sido impropio de mi situación de ministro, de mi nombre de cubano, de mi raza caballeresca. Amparar con la bandera de mi patria al Presidente a quien, un mes antes, había presentado, solemnemente, mis credenciales, era cumplir con el honor de nuestro escudo, interpretar, en toda su intensidad, la misión de concordia que las circunstancias me impusieron.

Momentos después don Ernesto salía del Palacio y se ocultaba, para escapar de sus perseguidores, en el secreto hospedaje de un amigo. En seguida un oficial llegó a la Intendencia, con un recado para mí.

—No es posible esta noche la salida del tren, y el señor Presidente de la República lo comunica, lamentándolo, al Excelentísimo señor Ministro de Cuba, por si desea descansar. . .

—¿Cree usted que podrá efectuarse el viaje por la mañana? —pregunté.

El mensajero nada sabía. Hizo una corta reverencia y me pidió permiso para retirarse.

—No saldrá el tren a ninguna hora —dijo Madero en tono de suprema resignación.

Tomando un retrato suyo, de la mesa del centro, me dijo:

—Guárdelo usted en memoria de esta noche desolada. . .

Y escribió:

"A mi hospitalario y fino amigo Manuel Márquez Sterling, en prueba de mi estimación y agradecimiento.

"FRANCISCO I. MADERO."

CAPITULO XX

El recuerdo del intendente Adolfo Bassó.—La cama del Ministro de Cuba en la Intendencia.—El sueño de Madero y Pino Suárez.—El centinela.—Meditaciones de Pino Suárez.—El desayuno.—Madero duerme en el sudario de Gustavo.

I

Era la una de la mañana.

Diecinueve días antes, precisamente a esa hora, había yo salido de ese mismo Palacio, alegre y contento, después de un banquete servido con la vajilla de oro del emperador Maximiliano, y el Intendente, hombre de elevada estatura y cierta distinción, Adolfo Bassó, hacía los honores, en la escalera, a las damas y personajes que desfilaban por el patio y subían a sus coches y automóviles. ¡Ah! Si entonces algún agorero me hubiese profetizado la dramática escena de esta otra noche, le habría tomado por un loco. Si nos fuese permitido contemplar, a través de los misterios del horizonte, el curso futuro de la vida, pensaríamos que una mano graciosa y cruel juega con los destinos del hombre. Descienden de sus tronos los reyes y se elevan, y mandan y tiranizan, los vasallos; el rico empobrece; del pobre se forja un potentado, y barajando, como naipes, voluntades y apetitos, hay un azar que pone, aquí, los triunfos de la partida, y allá coloca los descartes. El Intendente me despedía, doblando la cintura, en el último escalón, e ignoraba que pronto doblaría la esquina de otro mundo, más allá, y que esa era, fatalmente, su postrera despedida en el último escalón de la existencia. Huerta, en algún *bar* de las inmediaciones, bebía, seguramente, su tequila, tres semanas antes de dormir, en Palacio, su primer sueño de Presidente, sin el derecho y sin la tranquilidad de conciencia de Madero, que, en estos instantes inolvidables, de tres sillas forja un lecho para el ministro de Cuba, rogándole que se acueste. De una maleta, marcada con las iniciales de Gustavo, saca varias frazadas y mantas que suplieron sábanas y almohadas, y revela Madero, en el semblante, la divertida gentileza de quien afronta, dichoso, las peripecias de una cacería feliz en la montaña profunda. El general Angeles, agazapado en su capote militar, se retiró al que fue despacho del Intendente, y Pino Suárez, riendo, tuvo ánimo para esta frase: "Ministro, jamás pensó usted hallar en la diplomacia colchón tan duro...

—El tiempo lo ablandará en la memoria —interrumpió Madero—. ¡Y por Dios, ministro, no informe usted a su gobierno de que, en México, necesitan los diplomáticos andar con la cama en los bolsillos!"

Me quité la chaqueta, la corbata, el cuello, los tirantes...

—¡Vaya que es desarreglado este cubano! —exclamó Madero, al tomar del sofá aquellas prendas y doblarlas prolijamente—. Eran un rasgo de su carácter el orden, la simetría, la regularidad. Y comenzó a desnudarse lo mismo que si fuera en su alcoba del castillo de Chapultepec. Iba de un lado a otro acomodando las cosas y disponiendo los muebles, que hacían de colgantes. De repente, soltó la carcajada. "Pero, ministro querido, ¿va usted a dormir con zapatos?" Y me descalcé, disimulando el proyecto, adecuado a las circunstancias, de estar despierto. Frente a *mi cama,* a dos metros de distancia, improvisó Madero la suya, y se tendió en ella como Apolo, según Moratín, "en mullido catre de pluma". Envuelto en la frazada blanca de Gustavo, apenas le quedaban visibles los ojos, en realidad, simulando una figura morisca. Pero al contacto de la ropa de Gustavo, como si el muerto le apretara entre sus brazos, se incorporó en el "mullido catre de pluma" apartando, nerviosamente, el típico albornoz. "Ministro —exclamó, ahogado por la súbita emoción—, yo quiero saber dónde está Gustavo..." Y en este preciso segundo, desde fuera, apagaron los guardias la luz, desbordándose en el recinto las tinieblas. La ventana del fondo, cerrada por dos hojas de caoba que el tiempo ha desteñido, miraba a una calle solitaria, y, por los cristales del montante, entraron los pálidos reflejos de una farola que iluminaba la bayoneta del centinela. Poco a poco fuéronse aclarando, a nuestra vista, los objetos como si renacieran de la borrasca; y observé a Madero que dormía un sueño dulce, reposando en el alma de Gustavo. Respiraba con la fuerza de unos pulmones hechos para la vida sana y larga, y en su disfraz morisco entre las sombras pavorosas de la noche y el brillo de la fría bayoneta, que anticipaba la aureola del inmediato martirio, acaso transportábase al teatro de sus hazañas de héroe romántico. Intenté adivinar el torbellino de su mente, y escuchaba el vocerío de las triunfadoras huestes de Ciudad Juárez que le piden la cabeza del general Navarro, su prisionero; y en la obscuridad que sirve de cómplice a su corazón magnánimo, lo descubro cómo sustrae de los verdugos al reo, y cómo vencedor y vencido, en un automóvil, se internan en el bosque y ganan la orilla del río Bravo y saltan sobre el dorado musgo. Es el primer acto del régimen inverso al de Porfirio. Y después de estrecharse las manos, el viejo Navarro atraviesa, a nado, las aguas rizadas, y desde la orilla opuesta, ya en territorio americano, da las gracias agitando su pañuelo. . . Madero vuelve a vivir su gloria y sonríe bajo el sudario de Gustavo.

II

Pino Suárez se encorva y, abrigándose con una colcha gris, duerme en el sofá. Ambas manos, descarnadas, sujetan sus bordes sobre el pecho, y las piernas, caídas sobre la alfombra, ensayan rigideces de muerte. La cabeza reclinada sobre el hombro flaco, en desorden los cabellos, afilada la nariz, transparente la mejilla, rendidos los párpados, da frío contemplarlo. Por la boca entreabierta, escapa suave, fino, el resuello; y, a veces, contrae los labios como secando con un beso las lágrimas de sus tiernos hijos, que habían comenzado a ser huérfanos. Despertó a la incipiente claridad de la madrugada y, enderezándose, díjome muy quedo, para no importunar el sueño de su amigo: "¿No ha dormido usted? Es una noche helada, ¿verdad? ¿Ha oído usted el ruido constante, sordo y amenazador de los aceros? Temen que inspiremos simpatía, en cada centinela, y los cambian por minuto." Frotóse los ojos con el pañuelo, arrancándoles la visión del pesar, y respiró con todo el pulmón como si no hubiera respirado mientras dormía. El poeta, seguramente, anulaba en su alma al político; y turnábanse, en ella, deslumbrándola, el ideal de la patria por quien moría, y el amor de la esposa, por quien anhelaba vivir. "Al general Angeles —murmuró— no se atreverán a tocarle. El Ejército lo quiere, porque vale mucho y, además, porque fue maestro de sus oficiales. Huerta peca por astucia, y no disgustará, fusilándolo, al único apoyo de su gobierno. En cuanto a nosotros, ¿verdad que parecemos en capilla? Sin embargo, lo que peligra es nuestra libertad, no nuestra existencia. Nuestra renuncia impuesta provoca la revolución; asesinarnos equivale a decretar la anarquía. Yo no creo, como el señor Madero, que el pueblo derroque a los traidores, para rescatar a sus legítimos mandatarios. Lo que el pueblo no consentirá es que nos fusilen. Carece de la educación cívica necesaria para lo primero. Le sobran coraje y pujanza para lo segundo..." Pino Suárez, en lo íntimo, muy adentro, desconfiaba de la virtualidad de su lógica y argüía, con palabras optimistas, al pesimismo interno y secreto de su pensamiento. "Yo —añade— ¿qué les he hecho para que intenten matarme? La política sólo me ha proporcionado angustias, dolores, decepciones. Y créame usted que sólo he querido hacer el bien. La política, al uso, es odio, intriga, falsía, lucro. Podemos decir, por tanto, el señor Madero y yo, que no hemos hecho política, para los que así la practican. Respetar la vida y el sentir de los ciudadanos, cumplir las leyes y exaltar la democracia en bancarrota, ¿es justo que conciten enemiga tan ciega, y que, por eso, lleven al cadalso a dos hombres honrados que no odiaron, que no intrigaron, que no engañaron, que no lucraron? ¿Es, acaso, que el mejor medio de gobernar los pueblos de nuestra raza lo da el ánimo perverso de quienes lo explotan y oprimen?"

Sumergido en esta dolorosa divagación, cerró los ojos y apoyó la frente en ambas manos. El centinela entregaba la guardia a otro centinela. Y el nuevo ocupó su puesto como un objeto inanimado sobre una mesa. Lo miré con curiosidad. Era un indio pequeño, de ojos pequeños, de brazos pequeños, de piernas pequeñas. Todo él era pequeño y representaba, no obstante, la brutalidad de la fuerza. El uniforme no le cuadraba; un viejo uniforme, descolorido, cortado para un cuerpo de mayor volumen que el suyo. Los calzones, muy anchos y arrugados, producían el efecto de que se rodaban. La bayoneta, en cambio, erguida, se mantenía recta como el patriotismo de los presos a quienes cortaba el paso. Lejos alguien camina con prisa franca de vencedor. Una voz distante pregunta y otra voz aguda, más cercana, contesta, sin que se entiendan las palabras. Es la luz que recobra su dominio y la vida que comienza de nuevo a reinar. Y el propio Madero, despierto, se incorpora sobre los brazos de Gustavo, preguntando qué hora es.

—Las cinco y media.

—¿Ve usted, ministro? Lo del tren a las cinco era una ilusión...

Y continuó su sueño dulce y tranquilo, en el espíritu de su hermano... La esperanza, nunca marchita en su ineptitud para el mal, había perdido un pétalo entre millares de hojas que al riego de su apostolado retoñaban. Pino Suárez, poeta, concebía mejor la realidad que Madero espírita, y aunque, disertando, apartaba de sí la idea del martirio, en su mente vigorosa no se desvanecía la horrible visión del suplicio. Más tarde, cuando en torno de la mesa rústica sirve un muchacho desarrapado el desayuno, se sobrepone a la lógica de sus meditaciones el temor intenso: "No, ministro, no pruebe usted la leche que podría estar envenenada." Tomamos rápidamente un sorbo, resolví el punto, y charlamos, a la manera de antiguos camaradas que se preparan a reanudar la cacería feliz, en la montaña profunda. Madero examina con la vista los despojos amontonados en el extraño comedor, y volviéndose al sirviente, le dice:

—Con este peso, cómprame los periódicos del día. Quiero saber qué ocurre.

Angeles, Pino Suárez y yo, cambiamos una mirada de inteligencia. En los periódicos leería, con espantosos detalles, la muerte de Gustavo. Pero, a una sola reflexión, hábil pretexto, cedió el Presidente. "Sería peligroso para el criado y, de averiguarlo sus carceleros, acaso pagara la imprudencia con la vida."

—Entonces —repuso—, consiéntanme dormir la media hora de sueño que aún debo a mi costumbre...

Y se envolvió en el sudario de Gustavo...

CAPITULO XXI

El optimismo de Madero.—Pino Suárez analiza su situación.—Madero pretende apelar a los medios legales.—La señora de Pino Suárez entra en la Intendencia.—El Ministro de Cuba sale del Palacio.—Júbilo del gran mundo mexicano.—Noticias espeluznantes.—El ex Canciller.—Las tribulaciones de la familia de Madero.—Reunión del Cuerpo Diplomático.—El reconocimiento del Gobierno Provisional.—El ministro Cólogan redacta el discurso que ha de leer a Huerta el decano Mr. Wilson.

I

A las diez de la mañana todavía me hallaba en la Intendencia del Palacio Nacional de México. El dormitorio recobró sus preeminencias de "sala de recibo"; Pino Suárez, inclinado sobre el bufete, escribía, para su esposa, una carta que ofrecí entregarle; y Madero, en el remanso de su dulce optimismo, formulaba planes de romántica defensa. Desde luego, no concebía que tuviese Huerta deseos de matarle; ni aceptaba la sospecha de que Félix permitiese el bárbaro sacrificio de su vida, siéndole deudor de la suya. Pero, a ratos, la idea del prolongado cautiverio le inquieta, y sonríe compadecido de sí mismo. Educado al aire libre, admirable jinete, gran nadador y, además, amante de la caza, la tétrica sombra del calabozo le afligía. Pino Suárez, que concluye su tarea, declara que el peligro consiste en permanecer dentro de la Intendencia, y prefiere que les trasladen...

Madero.—¿A dónde?

Pino Suárez.—A la Penitenciaría. Estamos aquí a merced de la soldadesca...

Y el poeta canta sus desventuras: "Me persiguen los mismos odios que al Presidente sin la compensación de sus honores ni su gloria. Mi suerte ha de ser más triste que la de usted, señor Madero..." Ambos callan dirigiendo los ojos, casualmente, al centinela. Y Madero, rompiendo el silencio, exclama: "Somos hoy simples ciudadanos y debemos buscar protección en las leyes. ¿No lo cree usted así, ministro?"

Pino Suárez.—La única protección eficaz sería la del Cuerpo Diplomático.

Y analizaron el problema. A juicio de Pino Suárez convendría prometer a Huerta, por medio de los ministros extranjeros, un manifiesto, suscrito en Veracruz a bordo del crucero *Cuba,* obligándose a no tomar parte en la política; mas, a juicio de Madero, Huerta recordaría que jamás cumplieron compromisos de este género los desterrados que firmaron tales manifiestos. Y añadió con altivez: "Pues, ¡vaya! ¡Que crea en nuestra palabra y... y en la suya!" Fácilmente llegaron a un acuerdo.

Madero.—Pino Suárez escribirá a su esposa para que presente al juez un recurso de amparo a su favor; y yo suplico a usted, ministro, que les diga a mis padres que presenten uno por Gustavo, y a mi señora que presente otro por mí...

En ese instante apareció, ante nuestra vista, envuelta en tupido manto negro, doña María Cámara de Pino Suárez. Al acercarse, descubrió el rostro y se arrojó, deshecha en lágrimas, a los brazos de su ilustre marido. Un caballero que la guiaba nos explicó, bajando la voz, aquel milagro. "Cambian, ahora, la guardia y casi de sorpresa hemos penetrado hasta aquí..." En efecto, minutos después, el nuevo jefe saludó con respeto a Madero, y le rogué que pidiese, por teléfono, para retirarme, el coche de la Legación de Cuba.

Madero.—Usted gestionará con el Cuerpo Diplomático... si lo considera prudente. Pero no queremos causarle otras molestias... Y lo relevo del recado a mi familia, que trasmitirá la señora de Pino Suárez.

II

El patio era todo sol y alegría. Centenares de soldados, en amoroso deleite con sus mujeres, comían, hartándose, las clásicas tortillas de maíz, sentadas las parejas, unas, en los pretiles de las ventanas, las más en el suelo, y rodando en laberíntico desorden fusiles y mochilas. El coche atravesó lentamente los grupos de tropa y de curiosos. Los caballos, a paso de ceremonia, producían ruido sordo, ondulante, retumbando arriba en los oídos de Huerta. Entre los arcos del patio contiguo, varias chisteras andaban de prisa. Y el coche, pesadamente, asoma a la vida de la calle por la inmensa puerta central; rodea el Zócalo que guarda su gesto de locura, y desciende por la Avenida de San Francisco. Estaba de fiesta el gran mundo mexicano. Lucían damas y magnates, en lujosos trenes, el júbilo de una victoria funesta. De extremo a extremo saludos "inefables" como caricias. Y mientras Madero iba al suplicio envuelto en el sudario de Gustavo, los elegantes, los ricos, los dueños del latifundio regresaban del ostracismo en el alma de Porfirio.

Mi familia era presa de honda angustia. Circulaban, por la ciudad, noticias espeluznantes del viaje a Veracruz; y, entre ellas, la muerte de Madero y Pino Suárez, en súbita refriega, con riesgo de sus acompañantes; falso rumor que desmintió el señor Lascuráin, y que en seguida se desvanecía por el telefonema desde el Palacio pidiendo "el coche del señor ministro". De la Legación pasé a la casa del ex canciller, donde encontré a la familia del señor Madero, y me refirió los tormentos y zozobras de la noche anterior. Dispuesto el convoy para emprender la marcha a Veracruz, familiares y amigos ocuparon los vagones. Transcurren inútilmente las horas; el señor Lascuráin y nuestro colega de Chile, van al Palacio sin conseguir entrada; y a las dos de la mañana, cuando los prisioneros dormían, resignados al infortunio, sus deudos abandonaban la estación refugiándose, conscientes de la enormidad de su desgracia, bajo la noble bandera japonesa... Finalizaba el doloroso relato, hecho simultáneamente por muchas voces, al entrar el señor Lascuráin, profundamente emocionado. Las circunstancias le habían discernido, en el drama, el papel más difícil; y sólo el tiempo será escrupuloso depurador de su conducta, limpia de la falta que sus adversarios le atribuyen. Uno tras otro llegan varios colegas, y se proyectan gestiones desesperadas: hablar a Huerta, conmover a Wilson... Luego desfilaron poco a poco ministros, damas, parientes y amigos, cada cual a mover algún resorte de piedad.

III

Las nueve de la noche. Al frente de la Embajada Americana se detienen varios automóviles. Los grupos que charlan, en torno del pintoresco edificio, dejan franco el paso de la verja. Y unas cuantas personas, de aspecto grave, suben la escalinata y hablan y se saludan. Son todos ministros extranjeros y acuden a la invitación de Mr. Wilson, el decano, que les recibe cortésmente. Yo, de una mirada, reconozco el lugar donde Huerta y Félix Díaz, queriendo devorarse, en homenaje a la dura conveniencia se abrazaron, y, precisamente, a la derecha de la mesa que conmemora el famoso "Pacto de la Ciudadela", en realidad "Pacto de la Embajada", ocupó hermosísima butaca el insondable diplomático, enemigo férreo del blando Madero. Una docena de potencias de todos tamaños, en las personas de sus "enviados", formaron, en círculo perfecto, sobre la alfombra verde y roja, el tendido del próximo torneo. Mr. Strong, ministro inglés, cierra los párpados y respira fuerte por las narices. Cólogan, el de España, en un sofá, cruza sus largas piernas, frota con ambas manos su barba gris y conversa, a un lado, en buen francés y al otro, correctamente, en la lengua de Shakespeare. Junto a Cólogan el señor Cardoso, del Brasil, mi amigo desde Petrópolis. Más allá, el de Alemania, Contralmirante chico, redondo, lampiño, amable por hábito, que llega el último y ríe con el de Noruega, Michael Lie, ministro también en Cuba, una gracia germánica. El embajador "abre la sesión" y dice en castellano:

—Señores ministros. . .

Podía escucharse con sus palabras el vuelo de una mosca. El motivo principal de aquella junta era la nota del Subsecretario de Relaciones Exteriores en que participaba, al Decano, la ascensión del general Victoriano Huerta, "por ministerio de la ley" —según la fórmula textual de la comunicación—, a la Presidencia de la República, y el propósito, de éste, de recibir al siguiente día, a las once, en el Palacio Nacional, donde estaban presos todavía Madero y Pino Suárez, al Honorable Cuerpo Diplomático.

El Embajador.—Dos cuestiones plantea el despacho del señor Subsecretario. El Cuerpo Diplomático, ¿asiste a la recepción? El Cuerpo Diplomático, ¿reconoce al general Huerta Presidente de la República?

Para el señor Cólogan no pueden los ministros extranjeros negarse a reconocer el "gobierno provisional", nacido de la Constitución mexicana, igual que lo fue el del señor De la Barra, al renunciar Porfirio Díaz. Mr. Wilson asiente, el inglés abre los ojos, el alemán parece que dice algo de importancia. Me dispongo a prestarle atención. Pestañea; nervioso y sonriente frunce los labios como si diera un beso en el aire; y mudo gana la delantera, por discreto, a las demás potencias. Mr. Wilson, satisfecho y dando por resuelto con el segundo el primer extremo de la consulta, vuelve al uso de la palabra:

—El acto será solemne, y de rigor debo leer en él un discurso que ahora convendría confeccionar.

El Embajador se detiene y con la mirada interroga a diestra y siniestra. Algunas cabezas afirman. Otras, a semejanza de la del centinela de la Intendencia, se mantienen fijas e inanimadas. Propuso, entonces, el afanado embajador una Comisión redactora, que supiese el habla de Cervantes. Y pronunció tres nombres:

—Alemania, España, Inglaterra.

Jamás le ocurría, y es de observarse, a Mr. Wilson, que en las comisiones de ese carácter figurasen ministros latinoamericanos, el de Chile o el de Brasil, por lo menos, en materia diplomática doctísimos y no inferiores, en saber, a los europeos allí presentes, ligados, por el yanqui, en la fórmula A. E. I. La cuestión mexicana afectaba directa y hondamente a la diplomacia continental, a la política y a los intereses de las naciones iberoamericanas, y debieron siempre hallarse representadas por sí mismas, en la constante labor del Cuerpo Diplomático, más próxima en todo caso, a la otra alianza, A. B. C.

Retiráronse a deliberar los tres personajes, y en cuatro rasgos interpretaron la expresa voluntad y el manifiesto anhelo de Mr. Wilson. Cólogan es hombre inteligente, avezado a los empeños diplomáticos, bondadoso, hidalgo. El Embajador lo quiere. Y nunca estorba al Embajador en sus designios.

—¡Muy bien! —exclama Mr. Wilson a cada sílaba que lee ufano el ministro de España; y Cólogan disfruta de una gloria, deleznable, es cierto, efímera, sin duda, pero intensa: la gloria literaria. El documento circula de aquí para allá; lo examinan muchas gafas de oro, y su autor, complaciente y animoso, lo traduce al francés, al inglés, al alemán, al italiano, al noruego, al portugués, al ruso, a más idiomas que lo hayan sido las novelas de Pérez Galdós, los dramas de Echegaray, las comedias de Benavente y los versos de Núñez de Arce.

IV

El Honorable Cuerpo Diplomático rubrica y sella, con sus sellos particulares, en espíritu, el convenio del reconocimiento, aunque el reconocimento positivo y legal consiste en el cambio de cartas autógrafas entre Huerta y los Jefes de Estado que le aceptan por "grande y buen amigo". Ahora toca el turno a la suerte de Madero y Pino Suárez.

El Embajador (amable, señalándome con la hoja de papel escrita por Alemania, España e Inglaterra).—El señor ministro de Cuba acompañó anoche a los prisioneros, y yo le ruego que nos ilustre con sus informes.

Yo.—Señores ministros. . .

CAPITULO XXII

El Cuerpo Diplomático se entera de la situación en que se hallan Madero y Pino Suárez.—Gestiones particulares de los ministros.—Wilson declara que Huerta, ya Presidente, respetará la vida de los prisioneros.—El Ministro de Cuba niega que Madero diese muestras de demencia.—Cuba ha conquistado los corazones honrados.

I

Pero el Ministro de Chile había presenciado el acto en que firmaron los prisioneros la renuncia de sus cargos, y le cedí el turno en provecho de la mejor información. El señor Anselmo Hevia Riquelme es un diplomático de brillante ejecutoria, y andaba, con paso firme y seguro, en terreno conocido. Ojos pequeños, vivaces; nariz recortada, y, sobre la fina perilla, copo de nieve pendiente del labio, erguidos y largos los bigotes blancos. Era su silueta la de un noble de los tiempos de Felipe IV; aristócrata por el gesto, los modales y el generoso arranque. Habla con lentitud y refiere, detalle por detalle, el singular proceso. Reproduce con minucioso encanto el escenario, y cita nombres, retrata personajes, describe situaciones. El auditorio escucha con respeto. Mr. Wilson mueve pausadamente la cabeza, y de nuevo me brinda la palabra, apenas concluye el chileno su relato.

Las miradas vuelven sobre "el Ministro de Cuba", que expone cuanto no ignora quien haya leído estas páginas, y tal cual colega interrumpe con preguntas.

El ministro H. (europeo).—¿Es cierto que al señor Madero le maltratan?

Yo.—¿Maltratarle? Según lo que se entienda por maltrato...

El ministro H.—Entiendo por maltrato una residencia incómoda, una pésima comida, falta de servidumbre...

Otro ministro (también europeo).—Se dice que no han proporcionado al señor Madero cama en qué dormir...

Yo.—Los señores Madero y Pino Suárez no se quejan de la comida, ni es incómoda la habitación. Pero les falta lecho en qué acostarse... y más prudencia de centinelas.

El ministro H. (señalado por su enemiga al gobierno y a la persona de Madero).—¡Oh, eso es impropio! No se puede olvidar que el señor Madero ha sido hasta ayer el jefe de la nación.

El ministro X.—Yo no creo que peligre la vida del señor Madero... ni la del señor Pino Suárez.

El Embajador.—Queridos colegas: el presidente Huerta no consintió la salida del tren que había de conducirles a Veracruz, por muy serias razones de orden político.

El chileno.—Todos los ministros convinimos en recomendar, personalmente, al señor Huerta, "el trato más benigno" para ambos presos.

Y uno por uno fue preguntando a cada diplomático si había gestionado en favor de las víctimas.

Mr. Wilson.—El señor Ministro de Alemania me acompañó a entrevistar, con ese fin, al Presidente.

El de España dio pormenores de su conferencia con el general Huerta, y otro tanto el del Brasil. Uno sólo no quiso unir sus votos a los nuestros. Lo declaró en tono solemne, con frase intencionada, corta, maciza.

Al retirarme, el Embajador sostuvo conmigo, a media voz, un diálogo trascendental.

El Embajador.—¿Piensa usted, ahora, ir *allá?*

Procuro leer en el alma de Mr. Wilson y respondo: "¿A dónde?"

El Embajador.—*Allá*... al Palacio, con el señor Madero...

—¡No, Embajador! —exclamo—. Nadie me lo ha pedido... Yo fui anoche, porque así lo concertaron los señores Huerta y Madero. Me quedé porque, a última hora, una de las partes, Huerta, faltó al compromiso ajustado entre ellas, y hubiera sido censurable que yo abandonara, en ese momento, a la otra parte, al señor Madero...

El Embajador.—Se condujo usted noblemente, Ministro, y al general Huerta no le ha disgustado su proceder; porque usted es ahora buen testigo de que nada sufre el señor Madero.

De ayer a hoy las circunstancias han variado por modo extraordinario. El Jefe del Ejército, en rebeldía contra el señor Madero, a quien pudo fusilar, se ha convertido en Presidente de la República, nada menos, y es, ante los Estados Unidos y ante el mundo, responsable de la vida del señor Madero...

Yo.—¿Usted cree, Embajador...?

El Embajador.—Sería una desgracia para Huerta matar al señor Madero. Anoche, estando usted a su lado, no se hubiese atrevido Huerta a tocarle; pero hoy, la vida del señor Madero corre menos riesgo que la de usted y la mía. Su único peligro (*añadió riendo*) es un terremoto que lo sepulte bajo los escombros del Palacio Nacional... El señor Madero no necesita ya de que usted le ampare. Todo se ha hecho para salvarle y está salvado... *(Mr. Wilson se detuvo a reflexionar y continuó.)* Al general Huerta le han dicho que el señor Madero daba anoche muestras de completa demencia y que esto decidió a usted a no dejarle...

Para el Embajador, la solución del problema era, como llevo dicho, encerrar a Madero en un manicomio, y me produjo honda alarma la idea de que tan cruel medida se adoptara invocando falsas pruebas. "Han engañado al general Huerta —le dije en voz más alta—. Jamás había visto yo al señor Madero tan lúcido y sereno como anoche."

Mr. Wilson es hombre flaco, de mediana estatura; nervioso, impaciente, impresionable; facciones duras y semblante seco; bigote gris; mirada penetrante, y los cabellos, en gran pobreza, divididos en raya sobre la mitad de la frente...

—¡Oh! —interrumpe—, ¿es cierto eso?

—Sí, Embajador, Madero guardó anoche tranquila compostura; más en calma que ahora estamos nosotros. En todo el tiempo que estuve junto a él, no habló mal de nadie, ni siquiera de sus peores enemigos, Huerta, Félix, Mondragón...

II

En la calle el grupo de curiosos contemplaba el desfile de ministros. Varios caballeros, casi en su totalidad yanquis, me detuvieron.

—Señor Ministro —gritó uno de ellos—, ha sabido usted conquistar para Cuba los corazones honrados...

CAPITULO XXIII

La diplomacia europea y la diplomacia intermediaria del yanqui. Recepción en el Palacio.—El reconocimiento de las Potencias.—Los discursos.—Dulces y licores.—Las damas de la familia Madero.—Gestiones desesperadas.—Los leales se esconden.—Entrevista de la esposa de Madero con el embajador Wilson.

I

Habrás reparado, lector, en la importancia que tuvo, para los destinos de México, la última reunión del Honorable Cuerpo Diplomático, toda ella repleta de enseñanzas para los que reconociéramos, en el dolor de la patria de Juárez, algo de nuestras propias desventuras. Vagando, en torno de los representantes europeos, la sombra de Monroe, nadie intenta contrariar al Embajador americano. Al romper la tempestad, el europeo se acoge a la diplomacia intermediaria de Mr. Wilson, a quien supone intérprete de su gobierno, sólidamente respaldado por la sesuda Cancillería de Washington. No se le escapaba, desde luego, al sereno observador, lo turbio y contradictorio de la política seguida por el yanqui, exagerado en sus juicios e impropiamente enardecido en contra del indefenso Madero, que tuvo en él epiléptico adversario; pero los ministros del Viejo Mundo imaginaban los hilos en manos del presidente Taft, y amoldaban sus principios, y los ideales del Derecho y la Justicia, a los impulsos de Mr. Wilson, especie de curador de los intereses mundiales, confiados a la táctica de los Estados Unidos. En las relaciones de Europa con la América Latina, ese es el torpe régimen vigente. ¿Podían negarse aquellos ministros al dictamen de Mr. Wilson, que oficialmente encarnaba el poderío, la voluntad, el firme propósito, los designios de la gran República del Norte? El Embajador se alza entre ambos Continentes, y ejerce de supremo Delegado Universal. Necesita libres los brazos para la inmensa responsabilidad que descarga el planeta sobre sus hombros, y no le oponen resistencia los europeos, ni combaten sus prejuicios, ni les preocupa el móvil de sus planes, diplomacia expectante y, en cierto modo, subalterna, estrecha, ambigua, estrictamente profesional, sujeta a resortes fijos y distantes que, a veces, los propios ministros desconocen. El diplomático europeo, que sabe de memoria su papel, lleva el espíritu cortado a la medida que exigen las circunstancias; obedece a un mecanismo de tradicional habilidad, y cumple su pobre y raquítica misión, ahora fingiéndose indiscreto, después apretando los tornillos de la reserva; si violento, obedece algún mandato; si calla y se resigna y endulza su lenguaje, es el soplo de su gobierno que lo inspira y lo dirige. Mr. Wilson, en cambio, desborda sus iras y refleja, en el semblante, el ardor de sus pasiones. Le falta benevolencia, y lo aturden la fuerza que guarda sus espaldas y el ansia de ver sus banderas flotando en la conquista y sus clarines y cañones vibrando en las montañas. Juguete de medieval orgullo, su diplomacia es ciencia de falso coloso. Y sintiéndose coloso está satisfecho de su obra. En un "regio" departamento del Palacio Nacional, conversa con sus colegas, todos, y él mismo, de uniforme. Yo, despierto de un sueño luctuoso, entre casacas y bordados de oro, radiantes de luz, y espadines y bicórneos y plumas y penachos; y en orden de rigurosa precedencia, a la señal del flamante Jefe del Protocolo, iníciase la marcha al Salón de Embajadores. Un grupo de "chambelanes", en el pórtico, presenciaba alegremente el diplomático desfile, y en el centro de aquel público de burócratas, el "héroe de la Ciudadela", vestido de incógnito, disfrutaba de las efímeras ventajas de un simple abrazo; y hacía un anticipo a la sensación presidencial, con secas reverencias a los ministros, que halagaron sus anhelos en aparatosa cortesía. "Está triste...", me dijo alguien al oído, y en efecto, disimulaba sus "recelos" llenando de aire los cachetes. "No tiene cara de Presidente...", observó la misma voz al chocar nuestros ojos con la mirada lánguida y el redondo cráneo de Félix Díaz. Mas, de improviso, iluminároñse las mejillas del aparente vencedor, y soltando el buche de aire que retenían, bajo el espeso bigote, sus labios de mixteca, rindió homenaje de cariño a Mr. Wilson, que harto mereciera las expansiones de su firme gratitud. Entramos uno a uno, en silencio, y formamos dorada elipse. Por el fondo apareció Huerta, ceñida la vieja levita, que no hubo tiempo de hacerla nueva, y acompañado, en triunfo, de sus consejeros. El traje le venía tan mal como los pantalones al centinela de Madero. Pausadamente se adelantó, inclinando a derecha e izquierda la cabeza. Erguido, acomodó los espejuelos para mirar, persona por persona, a los representantes extranjeros; y repitió, a diestra y siniestra, la inclinación de su cabeza de Nemrod. Fue aquella su primera ceremonia, y no lo turbaron el recuerdo de sus víctimas, encerradas en la Intendencia, bajo sus pies de califa, ni la solemne caravana diplomática. Mr. Wilson leyó, entonces, la pieza literaria del señor Cólogan, vertida al idioma de Edgar Poe. Yo la conservo en la lengua del clásico don Francisco de Quevedo:

"Señor Presidente:

"El Subsecretario de Relaciones Exteriores me informó, por medio de una nota de fecha veinte del actual, que Vuestra Excelencia había asumido el alto puesto de Presidente Interino de la República, de acuerdo con las leyes que rigen en México. Al mismo tiempo me manifestó que Vuestra Excelencia recibiría, con gusto, a los representantes de los gobiernos extranjeros, acreditados en México; esta misma nota, que el Subsecretario de Relaciones tuvo la deferencia de enviarme, fue comunicada también a mis colegas.

"Por lo tanto, nos hemos reunido aquí para presentar a Vuestra Excelencia nuestras sinceras felicitaciones, no dudando que, en el desempeño de vuestras altas funciones, en las actuales circunstancias por que atraviesa México, que tanto interés despierta en sus países amigos, Vuestra Excelencia dedicará todos sus esfuerzos, su patriotismo y conocimientos, al servicio de la nación y a procurar el completo restablecimiento de la tranquilidad, ofreciendo a mexicanos y extranjeros la oportunidad de vivir en paz y contribuir al progreso, a la felicidad y al bienestar de la nación mexicana."

En ayunas se hubiera quedado el Presidente de cuanto dijo su camarada, a no ser la costumbre de remitir, previamente, al Ministro de Relaciones Exteriores, copia de tales discursos. A cada coma y a cada punto asentía Huerta con gesto convencido, y al llegarle el turno de contestar, pronunció estos cuatro párrafos de acartonada prosa, pegados a la memoria:

"Señor Embajador:

"Agradezco profundamente las bondadosas palabras que acabáis de dirigirme en vuestro nombre y en el del Honorable Cuerpo Diplomático, aquí reunido, en esta solemne ocasión en que, por primera vez, tengo la honra de recibiros como Presidente Interino Constitucional de los Estados Unidos Mexicanos.

"Los acontecimientos que acaban de pasar han sido el epílogo de la lucha fratricida que ha ensangrentado a la patria, y podéis estar seguros de que pondré todo lo que esté de mi parte —hasta el sacrificio de la vida si fuere necesario— por conseguir la paz que todos anhelamos.

"Me complazco en aprovechar esta oportunidad para declararos que el gobierno de la República seguirá inspirándose en los más puros principios de equidad y de justicia y en el estricto cumplimiento de sus deberes internacionales, y os prometo, señores representantes de las naciones amigas, que mis esfuerzos, y los de mis ilustres colaboradores, se encaminarán a garantizar plenamente las vidas y los intereses de los habitantes del país, nacionales y extranjeros.

"Recibid, señor Embajador, para vos y para todos los respetables miembros del Honorable Cuerpo Diplomático acreditado en México, mi más atento y cordial saludo."

En el aspecto selvático de don Victoriano, despuntaba la fibra de un carácter de bronce y nada vulgar entendimiento. Salimos en procesión de igual suerte que habíamos entrado; Huerta dedicó lucidas flores de su ingenio rudo al hijo del Sol Naciente, iniciando allí su política japonesa, no obstante la protección del generoso Horigoutchi a la familia de Madero, y transcurridos breves instantes circundábamos, en el cercano departamento, una mesa cubierta de pasteles, dulces y licores. Mr. Wilson, alegre como una Pascua, mojaba de finísimo Jerez el regocijo, y en pleno delirio de entusiasmo, concluyó por levantar la copa, rebosada, y brindar por Huerta, "por su gobierno que devolverá la paz al pueblo mexicano..."

—Y para mañana, queridos colegas, aniversario del nacimiento de Jorge Washington —añadió—, os invito con vuestras damas, en nombre también de la mía, Mrs. Wilson, a que visitéis la Embajada...

Atravesaron los coches y automóviles del Honorable Cuerpo Diplomático el más cuadrado patio del Palacio. Al vecino da la Intendencia donde se hallaban vigilados, por el pequeño centinela inmóvil, Madero y Pino Suárez, en espera de la libertad o la muerte. Se estremeció el piso. Y acaso las víctimas, en aquel instante igualmente se estremecieron...

II

La madre, la esposa y las hermanas del Presidente caído, gestionaban, de puerta en puerta, la salvación, ocultos, en lugar seguro, porque de otro modo habrían sido encarcelados, por pronta providencia, don Francisco Madero, padre, y don Ernesto Madero, tío del Apóstol. En continua diligencia, las nobles señoras iban y venían girando en torno de la casa de España, de la de Cuba, de la del Brasil, de la de Chile, de la del Japón, esta última, hasta entonces, asilo piadoso de la conturbada familia. Cada hora, fracasado un plan, intentaban otro; aquí, acudían buscando consejo; allá, una mano protectora, y en todos lados el desaliento o el pesimismo o el miedo, las rechaza... Los amigos huían disfrazados o hurtaban el cuerpo a la borrasca en algún sótano o en la mísera buhardilla, o en los rincones y agujeros del suburbio, y no había jueces, ni abogados, ni otras leyes que el sable tinto en sangre, el espía, el delator y el tenebroso esbirro. Las señoras de la católica aristocracia que imploraron de Madero la vida de Félix Díaz, ¿por qué no exigen ahora de Félix Díaz la vida de Madero? Y la ilustre familia que encuentra cerradas las puertas y sordos los corazones, va de una Legación a otra, y sólo mantienen activa su esperanza unos pocos ministros extranjeros que se estrellan en la cálida inquina de Mr. Wilson. Cuando la madre llorosa, enlutada ya por el suplicio de Gustavo, deposita en el fulminante Embajador un despacho, dirigido a Mr. Taft, en el que demanda los buenos oficios del poderoso Presidente, Mr. Wilson acepta de mala gana el honroso encargo y nunca se recibe de Washington la respuesta, y si, por iniciativa de quien esto escribe, a fuer de críticos los instantes, acude la fiel esposa a la inspiración humanitaria del Decano, grita desde el fondo de su alma la soberbia y no enseña otra senda que el abismo.

El Embajador.—Vuestro marido no sabía gobernar; jamás pidió ni quiso escuchar mi consejo...

No cree que sea Madero degollado; pero no le sorprendería que expiara Pino Suárez, en el cadalso, la tacha inmortal de sus virtudes...

La señora de Madero.—¡Oh, eso, imposible! Mi esposo preferiría morir con él...

El Embajador.—Y, sin embargo, Pino Suárez no le ha hecho sino daño... Es un hombre que no vale nada; que con él nada habría de perderse...

La señora de Madero.—Pino Suárez, señor, es un bello corazón, patriota ejemplar, padre tierno, esposo amante...

El brusco diálogo se prolonga, y no tiene Mr. Wilson siquiera una palabra suave, blanda, consoladora... ¿El, pedir la libertad del señor Madero, interesarse por Pino Suárez? ¡Huerta hará lo que más convenga!... El Embajador se muestra inexorable.

La señora de Madero.—Otros ministros, colegas de usted, se afanan por evitar una catástrofe. El de Chile, el del Brasil, el de Cuba...

Mr. Wilson (sonriendo con crueldad y amartillando cada palabra).—No... tienen... influencia...

Entre tanto, llegaba yo a la Embajada, y en el sitio donde Félix y Victoriano, queriendo devorarse, accedieron a un abrazo, encontré a la esposa del doctor Nicolás Cámara Vales, hermano político del Vicepresidente de la República y Gobernador del Estado de Yucatán.

—Aguardo al señor Embajador —me dijo— que está en conferencia con la señora de Madero...

Y al asomar al vestíbulo, doña Sara, seguida de la señorita Mercedes, cuñada suya, salía del salón opuesto... Mr. Wilson saluda y la de Madero, sollozando, me refiere la entrevista... Llevé a las dos damas a su automóvil y no hallé nada mejor que dirigirlas a la Legación de Cuba.

Mr. Wilson ahoga el gesto en sonrisa diplomática, y me atiende.

El Embajador.—Señor Ministro.

El Ministro.—Señor Embajador.

CAPITULO XXIV

Ultima entrevista entre el Embajador americano y el Ministro de Cuba.—Se trata de embarcar a Madero y Pino Suárez por Tampico.—Mr. Wilson se niega a proponerlo a Huerta.—Entrevista del Embajador con la esposa del Gobernador de Yucatán.—Huerta ¿engañó a Wilson?—El aniversario de Washington.—Recepción en la Embajada.—Huerta y sus ministros.—Huerta y Wilson.

I

Mr. Wilson.—Si desea usted que hablemos extensamente, recibiré primero a la señora del Gobernador de Yucatán...

Y temiendo que en cada hueco, detrás de las ventanas y de los espejos, aguardasen individuos de misteriosa catadura, dispuestos a demorarme, juré urgente la materia y breve mi discurso...

—Un despacho en cifra me comunica noticias de la actitud que ayer asumieron las autoridades militares del puerto de Veracruz. En acuerdo, Ejército y Armada, no reconocerán al general Huerta Presidente, mientras el Senado no les garantice que asume ese carácter conforme a las leyes, y, por lo pronto, el general Velasco destacó fuerzas a Orizaba en espera del tren que traslade al señor Madero...[1]

[1] "*Comandancia Militar de Veracruz.*—H. Veracruz, febrero 19 de 1913.—Al Presidente de la Cámara de Senadores.—México, D. F.—Telegrama.—Fechado ayer en esa capital he recibido el mensaje siguiente: 'Autorizado por el Senado (?) he asumido el Ejecutivo, estando preso el Presidente y su gabinete.—V. HUERTA.' Hónrome transcribirlo a usted, suplicándole se sirva garantizarme la autenticidad de esa noticia e informarme si el acuerdo de que se trata está dentro de las prescripciones constitucionales y de la ley, bajo el concepto de que al desaparecer el Poder Ejecutivo, legalmente constituído, la Comandancia de mi cargo no será hostil a las medidas de orden, y

El Embajador.—Lo sé todo y a ello se debió que Huerta impidiera el viaje de los prisioneros. Ya se han arreglado las cosas y no constituye Veracruz preocupación...

Yo.—Entonces, ¿por qué no dispone Huerta hoy el tren para los cautivos de la Intendencia?

El Embajador.—De todos modos, ese viaje sería peligroso...

Yo.—Hay peligro en Veracruz. ¿Y en Tampico?

Mr. Wilson.—En Tampico no hay peligro... pero falta el buque para embarcarles...

Yo.—Muy sencillo, doy órdenes al Comandante del crucero *Cuba*... y antes de llegar los expatriados a Tampico *habrá buque*...

El Embajador (en voz baja).—¡Oh, no, yo no hablaré de eso al Presidente! ¡Es imposible, Ministro, imposible, imposible!...

La visión de Madero encaminándose a la frontera norte de México, arengando a las multitudes, armando a los ciudadanos y encendiendo la revuelta "legalista", perturba, sin duda, la mente del yanqui, toda ella abstraída en el propósito de resta-

---

se considerará relevada de responsabilidades futuras, desde el momento en que se trate de cumplimentar un acuerdo tomado por el Poder Legislativo.—GENERAL JOSÉ REFUGIO VELASCO."

"*Comandancia Militar de Veracruz.*—H. Veracruz, febrero 19 de 1913.—Señor General de División D. Victoriano Huerta.—México, D. F.—Telegrama.—Hónrome dirigirme a usted en lo privado y en su carácter de alta jerarquía militar, apelando a sus sentimientos de honor, suplicándole me defina claramente la situación creada en esa capital, pues mi honor de soldado impídeme reconocer un orden de cosas que no emane de la ley; en concepto de que mientras se establece un régimen legal, esta Comandancia dicta toda clase de disposiciones encaminadas a mantener el orden, a fin de evitar complicaciones internacionales y dificultades de otro género, perjudiciales para llegar a la deseada paz de la República.—GENERAL JOSÉ REFUGIO VELASCO."

"*Comandancia Militar de Veracruz.*—H. Veracruz, febrero 20 de 1913.—Al General de División D. Victoriano Huerta.—México, D. F.—Telegrama.—Hónrome comunicar a usted que en público se asegura que hoy, a las 10 a. m., salió de esa capital un tren especial conduciendo al señor Madero, custodiado por fuerzas al mando del general Blanquet, para ser embarcado en este puerto con destino a La Habana en el crucero 'Cuba'. Si esa noticia es exacta, ruego a usted tome en consideración mi telegrama de anoche que define mi actitud, pues si el señor Madero no ha renunciado sigue representando la legalidad.—GENERAL JOSÉ REFUGIO VELASCO."

blecer la "paz material", o sea la única "paz" que al diplomático, en realidad, convenía. No era, desde luego, el obstinado Embajador, discípulo, en cuanto a lógica, de Stuart Mill, en punto a sociología, de Herbert Spencer, ni estudiaba el complejo problema con otros datos que los del pretorianismo encarnado en la persona del nuevo Dictador. Yo le hablé siempre evocando el altivo lenguaje de Agesilao: "A Nicias, si no ha delinquido, absuélvale; si ha delinquido, absuélvale por mí, y de todas maneras absuélvale"; pero Mr. Wilson, como la rubia Ceres, en el sueño de Eumenes, "corta unas espigas y teje una corona al vencedor". En Huerta se condensan todas las esperanzas: ¡posee los secretos de la paz a que aspira el extranjero! ¿Por qué detener su mano, desviar su instinto, enmendar el código de su concencia? Wilson aboga por una solución: el manicomio. Pero Huerta matará... ¿No es Huerta, en cuestiones mexicanas, juez más idóneo? Huerta matará; es decir, matarán los enemigos del régimen caído; matará el espectro de la paz allí donde el desorden es vivir; donde morir es progresar. Y Mr. Wilson, aturdido ante su propio discernimiento, no quiere interceder en provecho de Madero, e intercede en beneficio de don Victoriano. La esposa del Gobernador de Yucatán ha relatado el motivo de su presencia, aquella tarde, en la Embajada. Pretendía Mr. Wilson que la aristocrática señora torciese el ánimo de su marido recomendándole, en persuasivo telegrama, el acatamiento a la nueva situación, ya que, de otro, modo, según el indiscreto padrino, el contumaz Gobernador se arruinaría. ¿Ignoraba entonces, Mr. Wilson, la proximidad del suplicio de Pino Suárez? Sabiéndolo, ¿cabía la peregrina indicación a su cuñado? Huerta, que traicionó a Madero el 18 y le engañó el 19, ¿engañaría, también, a Mr. Wilson, el 22?

II

Abre sus puertas la Embajada. Elegantes, como reinas, las damas; erguidos, como príncipes, los caballeros. El Ministro de Bélgica se lamenta de una granada que hizo explosión en el comedor de su lujosa residencia. La señora de Strong, esposa del inglés, hace, en tono triste y con fina gracia, la apología de su yegua, muerta de un cañonazo. Una sola bala atravesó a una pareja de sirvientes del de Guatemala. Y *Piratita*, el caballo del hijo del Ministro de Cuba, pereció destrozada el anca por la metralla...

Una voz (a mi oído).—El Embajador está nervioso, inquieto...

Yo.—¿Por qué?

La misma voz.—Aguarda a la Divinidad Salvaje que tarda demasiado...

Mr. Wilson se acerca, en ese instante, a nuestro grupo, reparte sonrisas y mira su reloj.

—Llegarán pronto —dice consolado.

El Ministro de Chile (llevándome aparte).—Corre la especie de que han sido trasladados los prisioneros a la Penitenciaría...

El de Cuba.—Nada sé... y no lo creo...

Una voz.—No falta, sin embargo, quien afirme que al señor Madero le han herido...

Otra voz.—Es falso. Vivo o muerto. Herido, no.

El de Chile.—Insisto en gestionar la expatriación de los prisioneros...

El de Cuba.—Yo, lo mismo.

Una voz.—¿Y si dejaran, por ello, de ser ustedes gratos al gobierno actual?

El chileno.—Absurdo. Somos ministros de naciones amigas, hermanas, y no actuamos contra nadie, sino en pro de todos. Hacemos un servicio a México.

Yo.—Exactamente. Además, tengo este cablegrama de mi gobierno que apoya nuestro esfuerzo. Lea usted, Ministro.

El señor Hevia leyó:

"*Ministro de Cuba.*—México.—Presidente y Gobierno felicitan a usted por sus nobles y humanitarias gestiones para ayudar al Gobierno de México a resolver actual situación, asegurando la vida del ex presidente Madero y del ex Vicepresidente, y fía en la nobleza de las autoridades y pueblo mexicanos, el éxito de tan plausibles esfuerzos para honra de la humanidad y como la mejor manera de apagar las cóleras, en beneficio de la paz y consolidación de las instituciones. Estamos persuadidos de que el pueblo todo de Cuba, así como todos los demás, vería regocijado el respeto de la vida de Madero y sus compañeros, en prueba de la magnanimidad de la nación mexicana.—SANGUILY."

Y a merecidas alabanzas del chileno para el Canciller de Cuba, agregué: "Mañana he de dirigir una extensa nota al Ministro de Relaciones Exteriores, transcribiendo ese hermoso despacho."

III

La concurrencia se "repliega", como un ejército en derrota, y entran, al recinto, Presidente y Embajador, los miembros del Consejo, los ayudantes del General, algunos personajes políticos y media docena de Tartufos y Tartarines que aspiran a las más altas dignidades. En el acto reconozco la vieja levita de la víspera. Huerta se detiene, inclina a derecha e izquierda la cabeza, pelada a punta de tijera; acomoda los espejuelos; observa aquí, allá, y a diestra y siniestra repite el saludo reglamentario. La corte forma en torno a la heroica legión recién llegada, y Mrs. Wilson estrecha la mano del "caudillo". Huerta dobla la cintura en respetuosa reverencia. Y Mrs. Wilson, acostumbrada a las grandes ceremonias, le presenta con gesto afable a las otras damas del gran mundo diplomático. Huerta se mueve lentamente; vuelve los ojos de un lado a otro, y pronuncia frases de tímida urbanidad: "Beso a usted los pies...

—Mucho gusto...

—Servidor..."

Mrs. Wilson le toma del brazo y rompe la marcha en dirección al "buffet", seguida de las parejas que ella misma ha designado. A la señora del Ministro de Cuba la conduce el de Hacienda, el muy ilustre y muy sabio don Toribio Esquivel Obregón... Rodeamos la amplia mesa, cubierta de primores, y cobra ánimo y calor de fiesta la recepción. Mr. Wilson, tieso, grave, solemne, levanta su copa de champaña. Huerta, mirándole fijamente, le imita. Cien copas más derraman sus espumas. Era en memoria de Jorge Washington. Tres horas y media vivirán todavía Madero y Pino Suárez.

El Ministro de Cuba al de Hacienda.—¿Ha de durar largo tiempo el Gobierno Provisional?

Don Toribio.—Deseamos ardientemente que dure poco...

Y variando el tema, rindió homenaje de simpatía "iberoamericana" a nuestra bella isla.

"Estimo a los intelectuales cubanos —concluyó— y me interesa mucho su legislación en materia de Hacienda."

Yo.—Me sería muy grato proporcionársela a usted completa...

Don Toribio.—Y yo le tomo la palabra, Ministro...

IV

Las ocho y cuarto... Los salones rápidamente se vacían. En el vestíbulo recogen, damas y caballeros, los abrigos. Y a la derecha, en el pequeño gabinete donde Huerta y Félix Díaz se abrazaron, dos personajes conversan en reserva. Las cortinas, temblando al roce de la brisa, dejan ver la doble estampa, atareada en alguna confidencia. En el sofá el Embajador, hincados los codos en las rodillas, clava palabras con la frente, marcando los conceptos. A su derecha Huerta, desplomado en la butaca, lo escucha embebecido, inmóvil, a espaldas de su sombra, que se proyecta perdida en los bajos de la estufa...

Una voz.—¿Quién pudiera adivinar lo que se dicen?

Otra voz.—Ministro, no olvide usted a los desgraciados que aguardan su destino en la Intendencia.

CAPITULO XXV

Cómo se supo en la Legación de Cuba el asesinato de Madero y Pino Suárez.—La viuda de Madero quiere ver el cadáver de su marido.—Cartas cruzadas entre Ministro y Embajador.—El ministro De la Barra explica el caso.—Nadie cree la versión oficial.—Cómo sacaron de Palacio a las víctimas.—Informes del general Angeles.—El crimen.—Un anónimo que refiere los hechos.

I

El Ministro de Cuba, después de brindar en la Embajada de los Estados Unidos, el 22 de febrero de 1913, por la gloria de Jorge Washington, se ocultó en su despacho a trabajar, que tenía cien informes y oficios pendientes, mucho asunto en examen y mucho problema en estudio; montañas de papel, expedientes y firmas y sellos, que aguardaban, y cartas, telegramas, pidiendo turno. Mediada la noche, al parecer tranquila, dióse el Ministro blandamente al sueño, reclamándole descanso las magulladuras del cuerpo y del espíritu y la prolongada vigilia.

"¿Qué pasa?..." Un sirviente llama desde afuera de la alcoba. "¿Ocurre algo?..." Despierta el Ministro y se yergue sobre las almohadas. El sirviente avisa que la señora de Madero quiere hablar por el teléfono, desde la casa del Japón. "¿Es tarde?" Las siete de una fría mañana. Corre mi esposa al receptor y escucha el desolado ruego: "¡Señora, por Dios; al Ministro que averigüe si anoche hirieron a mi marido! ¡Es preciso que yo lo sepa, señora!" Y no podía la "del Ministro" consolarla, desmintiendo aquella versión, piadoso anticipo de la dolorosa realidad, porque, en ese instante, su doncella le mostraba, a todo el ancho del periódico *El Imparcial,* en grandes letras rojas, la noticia del martirio. El teléfono enmudece... Allá, en la Legación del país del Sol Naciente, ha saltado por la ventana, a los pies de la viuda, otro diario que le cuenta lo irreparable de su infortunio. La prensa toda, con idénticos detalles, bien cosida al oficial embuste, y cierto alarde alevoso en la información gráfica, preparada en plena calma, descubría, sin quererlo, el proceso de las tinieblas, cometido el crimen, explicado el hecho, serenas las conciencias, en una sola noche de furia; sonriente, suave el azul amanecer, que no acudieron al gemido angustioso de las víctimas la tempestad rugiente ni el huracán vengador; satisfechos de aquel regalo a la gloria silfos y walkirias; disuelta en el rocío la carne, como Hamlet quisiera, y cuajada la sangre en flores inmortales. El estupor, el asombro, descubren al pensamiento los abismos y coordinan su lógica las ideas, en raudo vuelo de la Historia: ir de un siglo a otro siglo en un segundo; barajar como naipes las edades, y, sin movernos, correr de lo pasado a lo futuro y contemplar, principio y fin, el torbellino de la vida, siempre girando en su vórtice: el dolor. Transcurre escasamente una hora. Y mi ordenanza —él, partidario de Félix Díaz, también emocionado— anuncia que aguardan, en el salón, la señora de Madero y su cuñada la señorita Mercedes. Un mes antes, el mismo ordenanza anunciara, con distinta emoción, a la "Señora del Presidente de la República", radiante de felicidad, que honraba, en amable visita, a sus señores, bajo las armas de Cuba. Hecha al gran papel, nacida para el destino de las cumbres, traje, modales y gesto eran adecuados a la altura de su esposo y a la suprema dignidad presidencial. Una semana, y los señores corresponden a la visita ilustre; y firme, recto, espera en el pescante, a las faldas del Castillo de Chapultepec, el ordenanza, con su carácter de paje. En ese Castillo forjó su Imperio de utopías el flaco Maximiliano; gozó de sus laureles don Benito Juárez; creó el Sultanato don Porfirio, y ensayó la Democracia Madero. Las águilas de un tallado recuerdan el orgullo de Carlota, y la vista de las colinas recuerda a Carmelita. El Apóstol hace vida de sociedad. Canta y seduce con sus trinos la hermana menor del Presidente, delgada como una pluma, y conversa con Madero el recio Embajador, arqueadas las cejas y encarnadas las mejillas de Mr. Wilson. Doña Sara reúne su corte de hadas, y en aquella suave armonía de luces, himnos, perfumes y colores, ¿quién ha de sospechar que es la despedida del Magistrado a las puertas de la muerte? Abajo, uno a uno, se llevan los coches a la regocijada concurrencia, y al subir al suyo el Ministro de Cuba y su señora, un personaje se descubre a la izquierda del torvo centinela: don Gustavo Madero, próximo a perecer. Mutación del escenario, invento de Shakespeare. La "Presidenta" regresa viuda; lleva el manto negro y arrasados de lágrimas los ojos. No puede explicar lo que le pasa, y es tal su angustia y tan extraordinario el espanto de su alma, que habla y, de pronto, calla y se estremece. Nos mira y tiembla, con temblor de todo su cuerpo, y tan intenso que sacude los cristales y el mobiliario y los adornos de la pared. Es el pesar que la levanta en un suspiro y la deja caer en un lamento; y llora entonces tierna, como ahogados en el llanto sus sentidos, y cubre con el húmedo pañuelo su rostro desencajado, y solloza esta queja, esta orden, esta súplica: "Yo quiero ver a mi marido, que me entreguen su cadáver; quiero llevarlo a su tierra de San Pedro, donde nadie lo traicionaba, y darle sepultura con mis propias manos y vivir sola, junto a su tumba. . ." Mi esposa le prodiga mil cuidados y procura apaciguar la excitación de sus nervios. "Inmensa es la desventura que la arrebata, señora; pero es también inmensa la resignación cristiana y eterna la misericordia del cielo."

II

—Hemos ido a la Penitenciaría —dice la señorita Mercedes entre gemidos— y la guardia nos prohibió la entrada. Acudimos a Blanquet, y penetramos a su despacho. ¡Oh, qué diferencia! Dos semanas antes ¡nos habría recibido de rodillas! No se atrevió a negarnos el permiso escrito; pero de vuelta, la soldadesca nos arrebató el papel. "¡Asesinos! ¡Traidores!" Fue el grito que se escapó de mi garganta. . . Sí, ¡asesinos, traidores, miserables!. . .

—Necesito ver el cadáver de mi marido —interrumpe la viuda, caminando de un extremo a otro de la sala—; necesito contemplar su rostro; persuadirme, así, de que a él es a quien "sus protegidos" han asesinado. . . Yo quiero su cadáver, es mío, me pertenece, nadie puede disputármelo. . .

Y en tono de súplica, anegada otra vez en llanto, añade:

—Ministro, pídalo usted, ahora, sin perder un segundo. . .

Yo.—En estas circunstancias, en medio del incendio, la única influencia positiva la tiene el Embajador...

La señora de Madero.—No, no... del Embajador no, no quiero nada, no me nombre usted al Embajador... El es culpable, lo mismo que los otros...

Al cabo, cede. Ella anhela ver a su marido; quiere verlo de todos modos... "Bueno, Ministro, sí, el Embajador... pero usted, no yo... usted..."

Y esta es la carta que en el acto enderecé a Mr. Wilson:

"*Legación de Cuba en México.* Febrero 23 de 1913.

"Mi querido señor Embajador:

"La desdichada viuda del señor Madero se encuentra en la Legación de Cuba en los actuales tristísimos instantes, y me refiere que estuvo a solicitar del general Blanquet una orden para entrar en la Penitenciaría a ver el cadáver de su infortunado esposo; el General le dio la orden escrita, pero en la Penitenciaría le arrebataron de la mano el papel, y tuvo que retirarse. La señora de Madero quiere, de cualquier modo, que le entreguen el cadáver de su marido para ella darle cristiana sepultura, y yo le ruego a V. E. señor Embajador, en nombre de la piedad que la desventura y el dolor inmenso inspiran, y por la nobleza y generosidad del carácter de V. E., que interponga su influencia para que la señora de Madero sea complacida. Sólo V. E. podría conseguirlo.

"Le saluda con su distinguida consideración, afectuosamente, s. s. y amigo,

M. MÁRQUEZ STERLING.

"A Su Excelencia el Sr. Henry Lane Wilson, Embajador de los Estados Unidos de América."

Jamás dejaron de ser cordiales y amistosas mis relaciones con Mr. Wilson, aunque sin fundamento, y no en México sino en La Habana, afirmara lo contrario la suspicacia reporteril. No es del resorte diplomático romper lanzas a porfía, ni fácil, entre representantes extranjeros el chocar; ministros de la paz, ministros de la civilización, se unen, a través de la tormenta, para altos fines humanitarios. De ahí que el Cuerpo Diplomático se reúna y sólo acuerde medidas de concordia, medidas previsoras que eviten catástrofes; y no se rija por otro designio que el voto unánime bajo el código de la etiqueta severa y la impecable cortesía. Por otra parte, cada ministro, independientemente, se conduce según las instrucciones de su gobierno y en provecho de intereses nacionales que no preocupan a sus colegas.

Mr. Wilson respondió en seguida a mi carta:

"*Embajador de los Estados Unidos de América.*

"México, febrero 23 de 1913.

"Mi querido colega:

"Acabo de recibir su nota relativa a que las personas encargadas de custodiar el cuerpo del extinto Presidente, rehusaron que su viuda pasara a verlo. Casualmente, el señor De la Barra estaba en la Embajada cuando llegó su citada nota y, atendiendo a mi súplica, salió a ver personalmente al Presidente de la República, para procurar no tan sólo la orden necesaria sino para interponer su influencia con este fin.

"Ruego a Su Excelencia me haga el favor de expresar a la señora de Madero mi profunda simpatía, y la de mi señora esposa, por ella y su familia, y decirle que en estos momentos difíciles deseo ayudarla en todo cuanto me sea posible, y que puede dirigirse a mí para todo cuanto guste.

"Soy, mi querido señor Ministro, sinceramente suyo,

"HENRY LANE WILSON.

"A Su Excelencia el Sr. Manuel Márquez Sterling, Ministro de Cuba."

III

¿Sorprendió al equivocado Embajador la muerte de Madero y Pino Suárez? El, ¿sinceramente había confiado en la pérfida palabra del general Huerta? El señor De la Barra, ministro de Relaciones Exteriores, explica el trance; la imprudencia de fingidos conjurados, que pretenden rescatar a los prisioneros, perfila el horror de la Ley Fuga. Y Mr. Wilson acepta la explicación. ¿Pueden volverse del revés los hechos consumados? ¿Nos es dable embadurnar a capricho la fea cara de la ensangrentada realidad? El diplomático, a guisa de Mr. Wilson, ha de ser, ante todo, espíritu limpio de todo romanticismo, corazón helado, talento práctico, olfato experto en olores de conveniencia. El dictamen del yanqui era éste: Madero preso. Huerta dispuso. Madero muerto. ¿Hay motivo para increpar al filósofo en la persona del inmune Embajador? Audacia, la de Huerta, beber champaña a las ocho, en la Embajada, en homenaje al natalicio de Jorge Washington, y a las once verter la sangre de Madero y Pino Suárez; mas, no inquieta la coincidencia al diplomático, ni piensa, con ingenio de poeta, que la sangre de Madero y Pino Suárez ha salpicado una fecha de Jorge Washington, ni se le ocurre cómo la espuma de champaña, destapado en honor de Jorge Washington, riega el cuerpo yerto de Pino Suárez y el cadáver de Madero... Sin embargo, la figura de un completo Embajador exige, en los entreactos, alguna pincelada generosa. Mr. Wilson reflexiona y brinda, a la viuda del Apóstol, irremediable su desgracia, la, en él, estrecha válvula del sentimiento. Pero sus oficios no producen benéfico resultado, ni se conservan datos de la mediación del ministro De la Barra, atento a no provocar, en contra suya, la cólera de Huerta. Porque, de seguro, fue extraño a ellos el repentino permiso, del gobierno, a que la viuda visitara el cadáver de su marido bajo la condición de presentarse, en la Penitenciaría, no antes ni después de las dos de la tarde y completamente sola. Don Manuel Pérez Romero, hermano de doña Sara, con muy buen acuerdo, estimó sospechoso e inadmisible el consentimiento dado en semejante forma, y aunque, por tal causa, no se efectuó la visita, el alcance de un periódico, pasados quince minutos de las dos, hizo pública la estrafalaria *noticia* del suicidio de la señora de Madero sobre el cuerpo de su esposo mártir.

IV

El cable circuló, por todas las cancillerías del mundo, la información diplomática del señor De la Barra explicando, en forma de novela, el sensacional acontecimiento, novela concebida a los efectos de la exportación. Mas, en México, donde la Ley Fuga ha sido muchas veces aplicada, y tiene capítulos de sangre en la Historia, nadie admitió, partidario o enemigo del gobierno, la fábula oficial. Unos jactábanse de la medida, otros, por decoro, osaban justificarla; corrían de labio en labio, del café al aristocrático salón, del club a la obscura sacristía, detalles de crueldad inverosímil, y tenían las gentes por cosa indiscutible que, apuñaleadas las víctimas en Palacio, condujeron los verdugos, en automóvil, a la Penitenciaría, los cadáveres mutilados. El testimonio del general Angeles me permitió asegurar, un año después, que en este punto se equivocaban.[1]

V

...Aquella tarde, la del crimen, había instalado el gobierno, en la prisión, tres catres de campaña, con sus colchones, prenda engañosa de larga permanencia en el lugar. Sabía ya Madero el martirio de Gustavo y, en silencio, domaba su dolor. Sobre las diez de la noche, se acostaron los prisioneros: a la izquierda del centinela, el catre de Angeles; el de Pino Suárez, al frente; a la derecha, el de Madero.

—*Don Pancho,* envuelto en su frazada —refiere Angeles—, ocultó la cabeza. Apagáronse las luces. Y yo creo que lloraba por Gustavo.

Transcurrieron veinte minutos y de improviso iluminóse la habitación. Un oficial, llamado Chicarro, penetró con el mayor

[1] "El señor Presidente de la República ha reunido su Gabinete a las doce y media de la noche para darle cuenta de que los señores Madero y Pino Suárez, que se encontraban detenidos en Palacio, a la disposición de la Secretaría de Guerra, fueron conducidos a la Penitenciaría, según estaba acordado, cuyo establecimiento se había puesto bajo la dirección de un jefe del Ejército, para mayores y mutuas garantías; que al llegar los automóviles, en que iban los prisioneros, al tramo final del camino de la Penitenciaría, fueron atacados por un grupo armado, y habiendo bajado la escolta para defenderse, al mismo tiempo que el grupo se aumentaba, pretendieron huir los prisioneros; que entonces tuvo lugar un tiroteo, del que resultaron heridos dos de los agresores y muerto otro de ellos, destrozados los autos y muertos también los dos prisioneros." (De la versión oficial publicada el 23 de febrero.)

"De improviso y cuando los fugitivos reos habían logrado distanciarse de los autos, a la luz de los fogonazos producidos por los disparos se vio caer rápida y pesadamente por tierra al ex Presidente, mientras Pino Suárez, vacilante, se llevaba las manos al cuerpo, para caer en seguida, no muy lejos del cuerpo de Madero." (*La Decena Trágica.* "Sangre y más sangre", por Salvador Hernández Chávez y Alfonso López Ituarte. México, D. F., 1913.)

Francisco Cárdenas y dijo: "Señores, levántense." Alarmado, pregunté: "Y esto ¿qué es? ¿A dónde piensan llevarnos?"

Chicarro entregaría los presos a Cárdenas, y ambos esquivaron el contestar con precisión. Pero Angeles insistió con tono imperativo de general a subalterno:

—Vamos, digan ustedes, ¿qué es esto?

—Los llevaremos fuera... —balbuceó Chicarro—. A la Penitenciaría... A ellos, a usted no, General.

—Entonces ¿van a dormir allá?

Cárdenas movió la cabeza afirmativamente.

—¿Y cómo no se ha ordenado que trasladen la ropa y las camas?

Los oficiales procuraban evadir las respuestas. Al fin, Cárdenas gruñó:

—Mandaremos a buscarlas después...

Pino Suárez, ya en pie, se vestía con ligereza. Madero, incorporándose violentamente, hizo esta pregunta:

—¿Por qué no me avisaron antes?

—La frazada había revuelto los cabellos y la negra barba de *don Pancho* —añade Angeles— y su fisonomía me pareció alterada. Observé huella de lágrimas en el rostro. Pero, en el acto, recobró su habitual aspecto, resignado a la suerte que le tocara; insuperables el valor y la entereza de su alma. Pino Suárez pasó al cuarto de la guardia, en donde le registraron minuciosamente. Quiso regresar y el centinela se lo impidió: "¡Atrás!..." *Don Pancho,* sentado en su catre, cambiaba conmigo sus últimas palabras...

Angeles (a los oficiales). —¿Voy yo también?

Cárdenas. —No, General; usted se queda aquí. Es la orden que tenemos.

El Presidente abrazó a su fiel amigo. Y cuando los dos mártires caminaban hacia el patio, entre bayonetas, Pino Suárez advirtió que no se había despedido de Angeles. Y, desde lejos, agitando la mano sobre las cabezas de la indiferente soldadesca, gritó:

—Adiós, mi General...

Dos automóviles los llevaron por camino extraviado. "En la Penitenciaría —dice Angeles—, algunos presos, de quienes a poco fui compañero, escucharon doce o catorce balazos disparados sucesivamente..."

VI

Dos semanas más tarde un desconocido entregó al portero de la Legación de Cuba, esta carta:

"A Su Exnlcia. El Sr. Ministro de Cuba como embajador de nuestro Gobierno en México.[2]

"Sr. Ministro.

"Todo un pueblo rechasa indignado la mancha que se le quiere arrojar de asesino pues nunca como ahora ha dado pruevas de cordura y sibilización más para que las naciones extranjeras conoscan como fue el asesinato del Sr. Presidente Madero y para que la historia no quede ignorante voy a consignar los siguientes datos del asesino que ha sido el mismo Gobierno, pues bien el Sr. Madero fue sacado de Palacio y llevado a la Escuela de Tiro y de allí fue arrastrado en compañía del señor Pino Suárez y enseguida pasados a balloneta y después se les isieron disparos para simular el atentado de asalto pasando todo esto tras de la Penitenciaría donde el público puede conbenserse de los acontecimientos se desarrollaron pues la renuncia fue falsa pues digno era de un Presidente entregar el poder quien no se lo había entregado supuesto que el pueblo lo nombró el primer Magistrado de la Nación y en nombre de todos los hijos de México le suplicamos ponga toda su influencia para bien de todos los hijos del suelo mexicano.

"LOS HIJOS DE MÉXICO."

¿Fueron estas mal pergeñadas líneas obra colectiva o simplemente la palabra de algún sujeto misterioso que, desde la sombra, contempló la matanza, un obrero, un vendedor ambulante, o quizá un soldado que descargara su conciencia después de haber descargado su fusil sobre las víctimas?

El pueblo mexicano creyó apócrifa la renuncia conjunta de Madero y Pino Suárez, y en esta creencia, muy explicable, se inspiró el anónimo; pero más adelante, caído Huerta, las investigaciones del gobierno revolucionario confirmaron la parte

---

[2] Textual, conservando la ortografía de su autor.

sustancial de aquel extraño escrito. En 1915 huyó Cárdenas a Guatemala bajo el disfraz de negociante en mulas. El presidente Estrada Cabrera lo encarceló y las autoridades obtuvieron, del antiguo Mayor, ascendido por Huerta a Coronel, interesantes revelaciones. Cárdenas procura repartir la responsabilidad, en dosis iguales, entre Huerta y Félix Díaz, y escuda su propia conciencia en la disciplina militar que le obligaba a obedecer. Cuenta cómo el famoso Ocón de la Ciudadela, reunió un grupo de gendarmes para fingir la conjura y atacar los automóviles en que iban los dos mártires. Los automóviles, agrega, llegaron a la Penitenciaría sin encontrar a Ocón y sus malvados corifeos.[3] Madero se acercó al estribo, serenamente, creyendo que había finalizado la jornada, pero Cárdenas lo sujetó, mientras pedía noticias "de la gente" al coronel Ballesteros, también sometido a la disciplina militar. Informado a satisfacción, dispuso Cárdenas que continuara "el convoy" hacia el Sur, y tranquilizó al Apóstol con esta oportuna mentira: "Vamos a entrar por la puerta de la espalda." En eso, divisó a Ocón y a sus gendarmes emboscados, y detuvo la marcha de los dos automóviles. "Baje usted", dijo al Apóstol; y cuando Madero ponía el pie en tierra le disparó un balazo en la cabeza. El cabo Pimienta hizo idénticos honores a la disciplina militar en la persona de Pino Suárez.

Y sobre los cadáveres palpitantes Ocón simuló el ataque, empapadas las manos en la sangre de Gustavo.

---

[3] Las declaraciones del coronel Cárdenas las publicó *La Nación,* de La Habana, en su número 24 de abril, 1916, reproducidas de *El Constitucionalista,* órgano oficial del presidente Carranza, que las reprodujo, a su vez, del periódico de Tejas *El Paso Morning Times.*

CAPITULO XXVI

Madero y Pino Suárez inhumados y exhumados.—La viuda de Madero en la Penitenciaría.—El hijo de Pino Suárez contempla el cadáver de su padre.—Del furor a la locura.—El nuevo Subsecretario de Relaciones Exteriores don Carlos Pereyra.—Conversación trascendental.—Cómo se fueron don Ernesto y don Francisco Madero, padre.

I

Díjose entonces, y testigos de calidad lo confirman, que inmediatamente de muertos fueron sepultados, en el patio de la Penitenciaría, Madero y Pino Suárez. Advertidos los verdugos de que no les cuadraba el papel de zacatecas los exhumaron, y cambiando de "táctica", y a gestiones de varios compadecidos personajes, entre ellos el incansable Ministro de Chile, consintió Huerta, el 24 de febrero, en que la viuda del Presidente mártir visitara el cadáver de su marido, sin aceptar la ropa que ella enviase para mortaja, envueltos ya, los dos cuerpos, en la tela infamante, numerada, que se usa para enterrar a los criminales castigados por la ley. En compañía de sus leales, y de algún pariente, la viuda, en las puntas de los pies, acercóse al cadáver, que sólo presentaba el rostro descubierto. Muda de espanto depositó en su helada frente un beso... Parecía dormido, como después de perdonar a sus bárbaros ejecutores. Y sutil, aérea, temiendo acaso despertarle a tan inicua realidad, la ilustre dama se alejó con el silencio de un dolor que excede a los medios posibles de expresión. La otra viuda, la de Pino Suárez, asimismo, quiso contemplar, por última vez, a su esposo; pero, creyendo que había sido mutilado, se opusieron amigos y deudos a que padeciese la tortura de verlo.[1] No fue ella, pero sí el

1 "El médico cirujano del ejército, que suscribe, legalmente autorizado

primogénito del poeta; y examinó horrorizado las facciones inflamadas de su padre y la tira de cartón, ceñida por una venda, que sujetaba el cráneo despedazado. Urgido por salir de aquellos despojos acusadores, Huerta señaló, para el entierro, la una de la tarde. Sacrificados Madero y Pino Suárez un día de fiesta nacional de los Estados Unidos, el aniversario del nacimiento de Jorge Washington, sepultáronlos en la fecha de un glorioso aniversario de Cuba, el grito de Baire.

II

El día 23 de febrero me encuentra el lector en mi despacho. Un caballero de pálida tez me refiere un asesinato cometido en la mañana. "El Jefe político de Tacubaya, excelente persona, amigo a quien yo estimaba mucho —dice—, pereció acribillado a balazos al atravesar, sin sospecha del peligro, la vía pública." Otro caballero, de ojos lánguidos, me habla del futuro desastre del pueblo vengador, de la moral sobre charcos de sangre, al cabo, triunfadora. Y no escasean optimistas del nuevo régimen, apercibidos a recoger, en oro contante y sonante, el fruto de inmediata e inverosímil prosperidad. Escucho a todos y callo y reanudo mis labores. De pronto, llegan noticias extraordinarias: la policía catea muchos hogares, y el gobierno persigue y encarcela diputados y fusila a troche y moche. Pasamos del capítulo del furor al capítulo de la locura. El espía sustituye al soldado. Y los periodistas, ayer libres, hoy esclavos, solicitan de mi buena fe datos que publicar del revés,

---

para ejercer su profesión civilmente, certifica: que el ciudadano Francisco I. Madero falleció a consecuencia de dos heridas penetrantes de cráneo, el día 22 de los corrientes a las once de la noche. Notas complementarias serán suministradas por los deudos, y de orden superior extiendo el presente en México, a 23 días del mes de febrero de 1913.—El Mayor Médico Cirujano, VIRGILIO VILLANUEVA."

"El médico cirujano del ejército, que suscribe, legalmente autorizado para ejercer su profesión civilmente, certifica: que el ciudadano licenciado José María Pino Suárez falleció a consecuencia de tres heridas penetrantes de cráneo, el día 22 de los corrientes a las once de la noche. Notas complementarias serán suministradas por los deudos, y de orden superior extiendo el presente en México, a 23 días del mes de febrero de 1913.—El Mayor Médico Cirujano, VIRGILIO VILLANUEVA."

con la malicia del terror y el encanto inefable de servir al nuevo amo. Un señor de mediana edad "pide audiencia" y se acomoda en un rincón de la oficina. Transcurre media hora y voy hacia él. Se pone de pie y dice casi en secreto:

—Vengo a nombre de don Ernesto Madero, y al tiempo de pronunciar estas palabras alarga una tarjeta del ex Secretario de Hacienda.

—¡Ernesto Madero! ¿Y dónde se halla don Ernesto Madero?

—En refugio seguro... La situación se agrava; por eso necesita don Ernesto salir del país, y quiere saber si usted está dispuesto a darle asilo en el crucero *Cuba.*

—Desde luego, no habría inconveniente por mi parte. Pero ¿existe orden de arresto en contra suya?

—*Todavía...* no.

Quedamos citados para resolver el punto a las seis de la tarde y corrí al Ministerio de Relaciones Exteriores a saludar al nuevo Subsecretario, don Carlos E. Pereyra, a quien el lector conoció, en anteriores páginas, como diplomático en La Habana. Después de un fuerte abrazo y efusivas protestas de amistad, por parte mía muy sinceras, pasé a otro departamento a gestionar algo sin importancia. El señor X., no quiero descubrir su nombre, me recibe con gesto amable. Y pretende persuadirme de que para su patria comienzan días muy felices. Haberle nombrado a él para un cargo elevado era síntoma digno de su optimismo. "Huerta, asombro de los caudillos, pondrá en orden la nación; y el de la Ciudadela, otro caudillo admirable, más tarde elegido por el pueblo, encaminará hacia la gloria a la República." El ardor político es frecuentemente consejero equivocado y pérfido. Y al señor X., hombre sesudo, lo engañaban su malquerencia a los vencidos y su entusiasmo por los vencedores. "Doloroso el derramar sangre mexicana; pero necesario, inevitable —me dijo—. Ibamos a la ruina, a la miseria, al desastre. Madero, honrado y magnánimo, era loco, torpe, incapaz de cumplir los deberes del estadista. Sus ministros jugaron con él como se juega con un niño, y lo precipitaron al abismo.

—¿También el de Hacienda? —pregunté.

—Peor que todos los demás —respondió con ademán exaltado—. Ernesto Madero ha de comparecer ante los tribunales y recibirá el castigo que merece.

—Sin embargo —repuse—, el ex Ministro no se halla preso.

—Debilidad inexplicable del general Huerta —exclamó el señor X., encendiéndosele el rostro y demostrando más que aversión al gobierno derrocado honda inquina al apellido Madero. El furibundo X. no ignoraba que con manos limpias manejó el tesoro público don Ernesto; pero, a su entender, hacíase indispensable exterminar a la desgraciada familia, y Huerta haría víctima al pulcro financiero de su espantosa guerra.[2] A la hora convenida acordé con el puntual emisario los detalles de su traslado a Veracruz. A su vez, don Francisco, padre del mártir y hermano del ex Ministro, cuidábase, oculto, de escapar a los esbirros, e instado por su esposa, también salió secretamente de la capital, en un carro añadido al tren ordinario de aquella noche. Don Ernesto lo tomó en la estación y don Francisco en un sitio inmediato, aventura en la cual sirviéronle de guía dos personas que, en seguida, me dieron cuenta del éxito logrado. A la sombra de una alameda cercana, disfrazado de obrero el viejo patriota, atisbaban el convoy los tres individuos misteriosos. A don Francisco antojábansele siglos los minutos, y el tren, por excepción, se demoraba. Hubo un instante de amargura e incertidumbre. Pero asomó el luminoso proyector de la locomotora entre las curvas del camino, allá en el fondo del nocturno paisaje, y don Francisco se unió a su hermano don Ernesto, camino del destierro.

---

[2] El señor García Granados, ministro de Gobernación, facilitó a la prensa de aquellos días estos datos: "El señor don Ernesto Madero huyó de esta capital porque se había librado orden de aprehensión en su contra, pues obraban suficientes pruebas, en poder del gobierno, para demostrar que el referido ex Ministro de Hacienda había tratado de sobornar a un jefe del ejército, a fin de que provocara un motín popular. Enterado Madero de esta circunstancia, partió violentamente, y ayer recibió el ministerio de mi cargo un mensaje telegráfico de Veracruz, que el referido señor envió, informando que se encontraba a bordo del crucero *Cuba* y bajo la protección del gobierno de dicho país, al cual se dirige." *(El Independiente,* febrero 26.) El señor Madero no trató de sobornar a ninguno de los jefes del ejército, según mis noticias, y la orden de aprehensión fue dictada algunas horas después de haber zarpado de Veracruz el crucero *Cuba*.

CAPITULO XXVII

Temeridad de las damas de la familia Madero.—Opiniones de un personaje.—El Ministro de Chile opina que la familia Madero debe reunirse a don Ernesto y a don Francisco.—El presidente Gómez llama a La Habana a su Ministro en México.—El crucero *Cuba* recibe orden de esperarlo en Veracruz.—¿Para qué fue llamado el Ministro?—Dudas y torturas.—Reflexiones íntimas.—El pasado y el presente.

I

Consecuencia lógica del viaje de don Ernesto y don Francisco fue el de las damas de la familia Madero, instaladas en la residencia particular de la señora de Zirión, doña Rafaela, hermana del Apóstol. "Es una temeridad quedarse en México —advertíales un personaje augurando mayores desgracias—, y si no escapan a tiempo serán atropelladas y encarceladas. Los cuerpos de Madero y Pino Suárez pesan sobre el ánimo de Huerta mientras no se les dé sepultura. Aligerada la carga, el tigre mirará confuso el escenario. Mañana, sereno su pensamiento, dictará órdenes siniestras, ansioso de aumentar la presa. En cada pariente del Apóstol verá un peligro, y su hacha ensangrentada cortará muchas cabezas." ¿Era esto creíble figurando en el gabinete altas mentalidades, hombres del relieve de don Francisco de la Barra; don Jorge Vera Estañol, filósofo y maestro; don Rodolfo Reyes, talento notable y abogado ilustre? El personaje insiste en su criterio, y añade: "La Dictadura porfiriana inculcó a nuestros hombres la absurda teoría de que son el rigor, el látigo y el crimen la manera única de gobernar al pueblo mexicano: *Pan y Palo,* según el programa que reemplazó al burlado Plan de Tuxtepec. Se supone la necesidad patriótica del puñal, y clavarlo en las espaldas del adversario no es delito. Los miembros del gabinete, además, carecen de independencia, son ellos mismos prisioneros de rango superior, y sirven de alevosa garantía, jamás de freno. La muerte de Madero y Pino Suárez fue discutida en un Consejo Extraordinario al que asistió el innocuo Félix Díaz. Unos ministros opinaron que el traslado de los cautivos desde el Palacio a la Penitenciaría se efectuase de tarde y otros que se hiciera de noche, significando así, tímidamente, los primeros, que repugnaban el asesinato, y declarando, sin reserva, los segundos, que lo anhelaban. Cometido el crimen ¿dimitieron sus carteras los más benignos para romper con los más crueles? Yo sé que lo intentó alguno; pero habría equivalido a firmar su propia sentencia. El ejército, con lujo de ametralladoras y cañones, *sitia* el domicilio de cada ministro a pretexto de guardarlos dignamente, y los transforma siervos del general Huerta." [1] El Plenipotenciario de Chile, sin emitir tales juicios, dis-

[1] El señor Vera Estañol ha rectificado este pasaje en la siguiente carta que apareció en el número 2, tomo IV, Mayo de 1915, de *La Reforma Social,* revista dirigida por el doctor Orestes Ferrara:

"Los Angeles, Cal., febrero 25 de 1915.

"Señor don Manuel Márquez Sterling.

"La Habana, Cuba.

"Muy estimado amigo:

"El mismo día que tuvo usted la bondad de obsequiarme los números de *La Reforma Social* correspondientes a los meses de mayo y Julio de 1914, di lectura a los 'apuntes' que bajo el título de 'Mi gestión diplomática en México' sacó usted en la citada Revista a la publicidad.

"Como en la conversación me había usted anunciado su propósito de incorporar dichos apuntes en un folleto o libro especial, juzgué oportuno suministrar a usted algunos datos de mi conocimiento personal y rectificar ciertas versiones recogidas por usted con ocasión de los lamentables y terribles sucesos de febrero de 1913, a lo cual me animaban, de una parte, la necesidad de reivindicar la verdad histórica y, de otra parte, el juicio que me formé de dos cualidades salientes, entre otras muchas, del carácter de usted: la sinceridad de sus actos y la nobleza de sus sentimientos.

"Puse manos a la obra, pero no pude concluir mi carta antes de salir de La Habana, y como se me extraviara, hube de aplazar su envío hasta hoy, en que al fin he encontrado el asiento definitivo de mi ostracismo.

"De los hechos que usted relata en sus apuntes como de conocimiento personal, nada tengo que decir, sino que son para mí de inestimable valor histórico y muchos de ellos una verdadera revelación o la confirmación de simples conjeturas.

"Pero hay otros hechos en que usted a su vez camina por suposiciones

creto, como cumple a un diplomático, entiende, también, que las ilustres damas deben acompañar a los ausentes; y el crucero *Cuba* es la tabla a que han de asirse en el naufragio.

Yo.—El Comandante sólo esperaba la llegada de don Ernesto y don Francisco para levar anclas.

El señor Hevia.—Entonces... ¿no estará el buque en Veracruz?

Yo.—Probablemente, no. Sin embargo, telegrafiaré en seguida instrucciones al Cónsul, por si llegaran a tiempo.

---

o por referencias, aunque, como es natural, tiene la honradez de asentarlo así, y es de ellos, en cuanto personalmente me constan, de los que voy a tratar, pudiendo estar seguro de que lo que yo le diga es rigurosamente exacto.

"Refiriéndose al asesinato de los señores Madero y Pino Suárez, traslada usted en sus 'apuntes' el juicio de un 'personaje' (cuyo nombre desgraciadamente no menciona, pues podría ser llamado a fundar sus asertos) en los siguientes términos:

"La dictadura porfiriana inculcó a nuestros hombres la 'teoría de que 'son el rigor, el látigo y el crimen la manera única de gobernar al pueblo 'mexicano: 'Pan y Palo', según el programa que reemplazó al burlado Plan 'de Tuxtepec. Se supone la necesidad política del puñal, y clavarlo en las 'espaldas del adversario 'no es delito'. Los miembros del gabinete, además, 'carecen de independencia, son ellos mismos prisioneros de rango superior, 'y sirven de alevosa garantía, jamás de freno. La muerte de Madero y Pino 'Suárez fue discutida en Consejo Extraordinario al que asistió el innocuo Fé-'lix Díaz. Unos ministros opinaron que el traslado de los cautivos desde el 'Palacio a la Penitenciaría se efectuara de tarde y otros que se hiciere de 'noche, significando así tímidamente, los primeros, que repugnaban el asesinato, 'y declarando sin reserva los segundos que lo anhelaban. Cometido el crimen '¿renunciaron sus carteras los más benignos para romper con los más crueles? 'Yo sé que lo intentó alguno, pero habría equivalido a firmar su propia sen-'tencia. El Ejército, con lujo de ametralladoras y cañones, *sitia* el domicilio de 'cada ministro a pretexto de guardarlos dignamente y los transforma siervos 'del general Huerta'.

"Varios son los hechos y varias las apreciaciones del párrafo anterior que merecen la más categórica refutación:

"1º La muerte de los señores Madero y Pino Suárez, nunca fue ni discutida ni tratada en Consejo de Ministros.

"Los hechos pasaron como sigue:

"El viernes 21 de febrero se celebró un Consejo de Ministros para tratar en general de la situación política, y, desde luego, don Francisco L. de la Barra, Ministro de Relaciones Exteriores, preguntó al presidente Huerta con qué carácter se encontraban presos los señores Madero y Pino Suárez, a lo que contestó el interpelado que la prisión de dichos señores había sido una medida militar. El señor De la Barra expuso que desde el momento en que el gobierno nuevamente establecido había sido sancionado constitucionalmente

II

El tiempo alcanzó y sobró. Esa mañana, por el cable, recibía yo órdenes del Secretario de Estado para venir a "conferenciar con el Presidente" —fórmula diplomática de gran elasticidad—, y disponía "mi" gobierno que, de no salir algún vapor más rápido, embarcara en el crucero, comunicado ya al Comandante, por vía directa, que me esperase. La noticia llenó de júbilo al Ministro de Chile, que preparaba el traslado de

---

por la Cámara de Diputados, sus actos debían ajustarse a la Constitución y, por tanto, la situación de los detenidos debía acomodarse a la ley. Uno de los ministros presentes manifestó que los señores Madero y Pino Suárez eran responsables entre otros hechos de haber ordenado el fusilamiento del Diputado Gregorio Ruiz sin previo desafuero ni formación de causa, por lo cual, y a fin de evitar mayores males al país, debía iniciarse acusación en forma legal contra los expresados reos políticos, sin perjuicio de que, restablecida la paz, el Gobierno acudiese a la amnistía para ponerlos en libertad. La idea fue aceptada por el Consejo de Ministros *unánimemente,* acordándose que el asunto pasara a las Secretarías de Justicia y de Gobernación, para su estudio y ejecución. El general Félix Díaz no asistió a este Consejo de Ministros, sencillamente porque no asistió a ninguno. El general Huerta aprobó el acuerdo, y los ministros quedamos tan seguros de que nada se fraguaba en contra de los señores Madero y Pino Suárez, que al ser visitado yo por la señora esposa de este último, en mi casa-habitación, le di, en la forma más absoluta, las seguridades de que la vida del ex Vicepresidente lo mismo que la del Presidente, no corrían el más ligero riesgo.

"En esta convicción me confirmé poco después al oír casualmente que el general Huerta daba órdenes al general Ballesteros para hacerse cargo de la Penitenciaría, advirtiéndole que a dicho establecimiento iban a ser trasladados los señores Madero y Pino Suárez, y que el general Ballesteros le respondía personalmente de ambos. Más tarde me he convencido de que esto no fue más que una comedia del general Huerta para inspirarnos confianza.

"La noticia de la muerte de los señores Madero y Pino Suárez me llegó en la mañana del domingo 23 de febrero al leer *El Imparcial,* y aseguro a usted que las circunstancias con que fue relatada me causaron pena tan honda como preocupación por el porvenir del país.

"Hasta el día siguiente pude hablar de este asunto al general Huerta, quien me refirió la misma historia que había aparecido en los periódicos, informándome que la investigación del suceso había sido confiada al Procurador de Justicia Militar, de acuerdo con las Secretarías de Estado respectivas, por tratarse de hechos ocurridos durante un servicio de escolta militar.

"2º En cuanto a las apreciaciones que el 'personaje' de usted hace en términos generales de la psicología política de los ministros del primer gabinete del general Huerta, no podré decir si son exactas con referencia a alguno

la familia Madero a Veracruz, mientras yo, en la más profunda alarma, componía mis maletas. ¿Aquel viaje repentino, en momentos tan críticos y en circunstancias tan especiales, para mí, no se prestaba a las interpretaciones más absurdas del capricho, a los comentarios del solapado rencor, a la traición, allí donde todo lo corrompía la perfidia? Yo mismo ignoraba qué móvil pudiera perseguir el general Gómez. Mi santa madre, enferma, pero, según las últimas noticias, mejorada, ¿se habría de improviso agravado al extremo de que el propósito del Presidente

---

o a algunos de ellos, pues no se trata de hechos que hayan caído bajo mi observación personal; pero de mí sé decir que rechazo tales apreciaciones.

"Jamás acepté el apotegma de 'Pan y Palo' como 'la manera única de gobernar al pueblo mexicano'. Por lo contrario, mi aparición en política, en los últimos meses del gobierno del general Díaz, obedeció a un programa de positivo liberalismo que brindaba al país con un régimen político-social de desarrollo democrático. Que éste hubiera sido impuesto al general Díaz por la fuerza de la Revolución, es un cargo que no me alcanza, puesto que yo no había formado parte de dicho gobierno, sino que entraba en él cuando el general Díaz había dejado de ser 'porfirista' para hacerse 'revolucionario en el terreno de las ideas'.

"Tampoco puedo admitir que, como miembro del primer gabinete del general Huerta, haya carecido de, o perdido, mi independencia de criterio o de acción. Entré de ministro a ese Gobierno después de que el presidente señor Madero y vicepresidente señor Pino Suárez habían renunciado sus altos cargos, en vez de sostenerlos en los momentos de peligro con la misma firmeza con que los habían conquistado en la victoria; después de que el sucesor legal, el Ministro de Relaciones Exteriores 'maderista', había asumido la Presidencia nombrando su Ministro de Gobernación al general Huerta y presentando su propia renuncia; después de que este último —Huerta— se había hecho cargo de la Presidencia Interina, y después de que todo ello había pasado en virtud de la aprobación de la Cámara de Diputados, en su mayoría 'maderista'.

"Cuando se me propuso la cartera de Instrucción Pública por el general Félix Díaz, a cuyo movimiento había sido absolutamente ajeno por mi repugnancia a toda acción política armada, censuré la designación del general Huerta y expuse mi propósito de continuar en la vida privada; y si al fin consentí en aceptar la cartera, no fue ni por miedo, ni por interés, ni siquiera por vanidad, sino por la inminencia de la intervención de los Estados Unidos con que amenazaba la presencia de la escuadra de esa nación en Veracruz; y porque se me ofreció pasarme a Gobernación, lo que me daba la seguridad de que el nuevo gobierno, siguiendo una política nacional de reconstrucción, convocaría oportuna y sinceramente a elecciones, lo que significaba que el mal de momento encontraría su compensación en un futuro gobierno emanado del sufragio; y así entré sin compromisos ni con el general Huerta ni con el general Félix Díaz.

"Di pruebas de esta mi independencia de criterio en el ramo de Instruc-

fuese llamarme a recoger su último suspiro? Este pensamiento me torturaba, y, no obstante presentir mi desgracia, me impuse, como un consuelo necesario al espíritu, el apartarlo de mis conjeturas. Cerrados los ojos, hice a la almohada mis confidencias diplomáticas. "¿Tengo acaso algo de qué arrepentirme? Puede al ardor de las rivalidades políticas echar sobre mí tramas novelescas y parcialidades inverosímiles. Pero, al cabo, mi conducta resplandecerá limpia de tachas, diáfana, cristalina, pura. El deber ha sido mi guía, el honor mi norma, el sano

ción Pública, a cuyo desenvolvimiento en grande escala me consagré, sin violencias ni rencores, procurando conservar y atraer a los puestos públicos a los hombres de buena voluntad de todos los colores políticos y anunciando paladinamente en la Cámara que mi obra sería reconstructiva y no de restauración. El general Huerta no tuvo jamás poder suficiente para hacerme desviar de esta línea de conducta, y sé de otros ministros suyos que procedieron con igual independencia.

"Por estas razones, usted comprenderá que no fue el temor a mi 'propia sentencia' lo que me impidió renunciar al saber la muerte de los señores Madero y Pino Suárez. La falta de pruebas del asesinato, pues repito que el general Huerta nos aseguró como rigurosamente exacta la historia del asalto, no habría sido bastante a hacerme vacilar respecto a la renuncia, si no hubiera temido agravar con el 'campanazo' las tremendas y críticas condiciones del país en el interior, pero más que todo en el extranjero.

"Sí me equivoqué, no cabe duda de ello, como después lo comprobaron los acontecimientos; pero cuando me hube convencido de mi error, cuando pude persuadirme de que el general Huerta se proponía eludir la convocación de elecciones, que era la única esperanza de salvación nacional, no vacilé un instante para presentarle mi renuncia, a pesar de los riesgos que ello me significaba y que seguí desafiando como diputado en la Cámara Federal; a todo el mundo le consta que por mi conducta independiente estuve a punto de ser asesinado y fui reducido a prisión.

"Acepto las responsabilidades que me vengan por ese error y por otros mayores desaciertos que haya cometido; pero quiero también que, por lo menos, los hombres honrados, como usted, no me confundan con los políticos amorales, que desgraciadamente han hecho brotar con mayor brutalidad que antes nuestras turbulencias de los últimos cuatro años.

"Y a ese fin, y no para hacer mi propia apología, he creído oportuno dar a conocer a usted los hechos que anteceden, esperando que así guardaré la estimación tan valiosa de usted y la de las personas que en sus palabras tienen fe.

"Su afectísimo amigo y atento seguro servidor,

"JORGE VERA ESTAÑOL."

El ex Ministro del gobierno provisional, como habrá observado el lector, no rectifica nada de mi cosecha, sino versiones que, en aquellos días, circula-

impulso de mis actos el patriotismo. ¿Quién será capaz de acusarme, de levantar la voz en daño mío y mantener erguida la frente? El miedo no es propio de quien lleva inmaculada la conciencia, y un ciudadano que sepa serlo, está en la obligación de confiar su destino a la nobleza del bien. El Bien es lo permanente; lo que a la postre se impone; lo que, en definitiva, premian el juicio de los hombres y el fallo de la Historia. Si para evitarme algún peligro individual, unas cuantas molestias y fatigas, y la enemistad honrosísima de los esbirros, hubie-

---

ban por la trágica ciudad y contribuyen, en mi relato, a conservar fotografiada la sensación del momento histórico.

Si la muerte de Madero y Pino Suárez fue o no acordada en Consejo de Ministros, punto es que averiguarán los historiadores mexicanos. Desde luego, el testimonio del señor Vera Estañol es muy respetable, y no me propongo negar lo que él afirma bajo su palabra. Pero cabe hacer algunas advertencias. De seguro aludió, el personaje de mi relato, al Consejo de Ministros efectuado el día 21, o sea la víspera del crimen, en el cual, según el mismo señor Vera, se trató de la suerte de los prisioneros. Acerca de esta cuestión, el periódico *El Radical* interrogó a don Alberto Robles Gil, ministro de Fomento en aquel gabinete, y de sus respuestas extracto lo que sigue: "La noche del 21 de febrero de 1913 fuimos llamados telefónicamente los ministros que formábamos el gabinete del señor general Huerta, para que concurriéramos a una junta que tuvo lugar entre siete y ocho de la noche en el Palacio Nacional, en las oficinas del Presidente, a la que no asistió el señor Alberto García Granados. Esa junta no tuvo carácter de Consejo de Ministros, en cuanto a que se verificó fuera del Salón del Consejo, pero es el caso que se trataba de personas serias y, por lo mismo, nuestra resolución, cuando hubiera sido dictada, debió haberse respetado. A esta junta asistió el general brigadier don Félix Díaz, habiéndose tratado en ella la suerte que debían correr los señores Madero y Pino Suárez." Aparece aquí una contradicción entre los dos ministros, el señor Vera afirma que no estuvo presente en ese Consejo el príncipe Félix, y el señor Robles afirma que sí estuvo. Continúa el ex ministro de Fomento: "No es cierto que se haya resuelto el sacrificio de los señores Madero y Pino Suárez, pues antes por el contrario, después de la discusión sostuve la conveniencia política de conservar al Presidente y Vicepresidente con toda clase de consideraciones. Por lo tanto, se convino en que esa misma noche serían trasladados los prisioneros a un departamento especial de la Penitenciaría Federal, para lo cual el presidente Huerta hizo llamar a uno de sus ayudantes, a quien le manifestó el traslado de los señores Madero y Pino Suárez, indicándole que con su vida le respondía de los detenidos." No puedo dejar de observar aquí que Cárdenas entregó muertos a "los detenidos" y fue objeto de un ascenso. Sigue el señor Robles: "Cualesquiera que hubieran sido los sentimientos de los ministros, el caso fue que después de la discusión se convino en que se respetarían las vidas de dichos señores." Palabras estas que permiten deducir que sí se trató en el Consejo de respetar o no la vida de los prisio-

ra tapiado mi corazón y plegado mi bandera, me consumiría hoy eterna tristeza, infiel a la República generosa que ennobleció mi pecho con su escudo, infiel a mi sangre cubana, infiel al nombre que llevo." Sin embargo, en lo recóndito de mi alma, el razonar se duplica, y a la palabra optimista, que toca la superficie, responde otra palabra más honda en acuerdo con la realidad, que me echa a las tinieblas. "La lucha de rivales —me digo— anula, en desgarramientos pavorosos, la noción de la justicia; pierde el ambicioso las pupilas y marcha ciego por la borrasca; el político, a la usanza de nuestros pueblos, se arranca las entrañas, y abomina del ajeno derecho, de la luz que tiende, en torno suyo, la verdad; y a las plantas del osado, que sólo un día es poderoso, arrástranse los parciales preparados siempre a devorarlo. El bien es un resorte flojo, y no entra, a manera de arma, en las batallas del despotismo. El reino de la turbulencia no reconoce la aristocracia del deber." Y surgió en mi mente un profundísimo temor. El de comprometer las relaciones que ligan a los dos pueblos, el de Cuba y el de México; volver enemigos a los que fueron hermanos y sellar con su rasgo humanitario y nutrir con rígida filosofía un conflicto de mutuo aborrecimiento, de recelo incurable, de recíproca y eterna malquerencia. La ciudad parecía regocijada y tranquila. Indiferente el espoleado mestizo que discurre por las calles de palacios, y alegre de banquete en banquete, de fiesta en fiesta, la clase alta, junto al banquero el jurisconsulto,

neros. "Pudiendo asegurar —añade el señor Robles Gil— que la mayor parte de los ministros ignoramos quién pueda ser el verdadero responsable de la muerte." El mismo periódico logró estas declaraciones del señor García Granados, ministro de Gobernación de Huerta: "Las primeras reuniones, pues no merecían el nombre de Consejos de Ministros, se celebraban de pie en un rincón de la sala, dentro de la cual había otros grupos de personas que a veces se acercaban a interrumpirnos y aun a tomar parte en nuestras deliberaciones. La víspera de la muerte del señor Madero celebró el Presidente una de las reuniones que acostumbraba, con algunos ministros, pues yo no fui citado a esa junta, ni sé si lo fueron los demás o se reunieron casualmente. En esa reunión se discutió lo que convendría hacer con los señores Madero y Pino Suárez. Todos emitieron su opinión, pero no se tomó acuerdo ninguno, según fui informado; ni se hubiera podido tomar en un asunto tan trascendental, puesto que aquella reunión carecía de personalidad para el caso. A esta junta se le ha querido dar el carácter de Consejo de Ministros que acordó la muerte de los señores Madero y Pino Suárez." *(De cómo vino Huerta y cómo se fue. . .,* etcétera, ant. cit.)

junto al poeta el señor del latifundio. Las caras parecían restituirse a la normalidad, hasta entonces quebrantada, y el goce del látigo y del patíbulo resplandecía en el semblante de muchos católicos y en la sonrisa grave y circunspecta del opulento caballero. Espantado, engolfábame en divagaciones de esta suerte: "Cada pueblo elige, para sí, el régimen que a sus hábitos y a sus ideales mejor cuadra. Por eso, la democracia tenía que naufragar en el ambiente medieval de esta gran ciudad. Porque es la gran ciudad la que ha derribado al gran Madero. La Dictadura de Porfirio ligó al progreso de "las formas", de lo exclusivamente externo, el retroceso moral, fuerzas distintas que produjeron el choque, el terrible choque de ahora. ¿Es lógico, y además prudente y posible, tal injerto de trasnochado feudalismo en nuestro siglo, tronco vigoroso, henchido de savia y repleto de juventud? Vendrá la lucha destructora y despiadada, y sobre este México artificial, de prosperidad transitoria y sin raíces, marchará triunfante, con las cabezas de los déspotas clavadas en las bayonetas, el México "positivo", el México de los esclavos que una mañana de venganza se emancipan. En México, lo permanente se halla intacto. La civilización que se ha dado es provisional. Y Porfirio Díaz, en el senil derrumbe, mirando a su patria desde el balneario europeo, desde los lagos de Suiza, desde los arenales egipcios, hace gala de aquel fastuoso edificio, de su ingenio y de sus brazos, que se reduce a escombros; obra efímera, en la cual no dejó una sola piedra firme, capaz de resistir a la tormenta. Su administración pecó, por eso, de efectista y sus resultados han sido teatrales. Caído el gobierno del mártir, los viejos actores, cesantes y dispersos, buscan inútilmente su lugar a la escena, que ya no les pertenece, y los impulsa el recuerdo abultado y triste de antigua y borrosa gloria. Se entregan a brazos del audaz que promete los mismos placeres de pasada época y no ven el incendio que corre furioso por las cortinas que disfrazan su miseria. El cuartelazo ha sido absurda conjura de gente rica, de industriales omnipotentes, de banqueros acaudalados y de comerciantes favoritos que ansían su "fetiche" y labran, sin saberlo, su ruina. Para ellos, asesinar a Madero no fue, ni con mucho, un delito. Y con mirada hosca reprochan, desde luego, a quienes intentaron salvar aquella existencia que imaginaban lesiva a sus intereses de cortesanos...

CAPITULO XXVIII

El Subsecretario de Relaciones Exteriores visita al Ministro de Cuba.—Huerta no resucita el "porfirismo".—El ministro señor De la Barra transfiere su recepción al Cuerpo Diplomático.—Murmuraciones.—El Ministro de Cuba y el Subsecretario acuerdan visitar al señor De la Barra.—Mariscal, Creel y Escandón.—Reminiscencias de la vida diplomática.—Protestas del señor De la Barra.—El Subsecretario y el Introductor despiden al Ministro de Cuba en la Estación.—Las señoras Madero en el tren.—Mexicanos y cubanos.—Sentmanat y Ampudia.—El Ministro y la familia Madero a bordo del crucero *Cuba.*

I

Causóle natural sorpresa al Subsecretario de Relaciones Exteriores la noticia de mi repentina marcha, aquella misma noche, y tuvo la cortesía de visitarme en el acto de enterarse.

—Ministro ¿se va usted? ¿Por qué se va?

Di comienzo, en este preciso instante, a mi táctica, para evitar, en caso adverso, trastornos diplomáticos de trascendencia.

—Me voy, señor Pereyra, porque me llama el gobierno, y sin duda se trata de la salud de mi madre. Desde hace días, mi familia me comunicó lo enferma que se hallaba, y aunque reciente cablegrama dio a mi espíritu el consuelo de marcada mejoría, no vacilo en atribuir la disposición del presidente Gómez a su dolencia.

El Subsecretario mostróse compadecido, y al cabo de breve pausa, en la que ambos clavamos los ojos en el mismo dibujo de la alfombra, preguntó:

—¿Y regresará usted?

Yo sonreí con amargura. Me aterraba formar planes para *después. . .*

—¿Cree usted que debo regresar?

—¡Oh, eso es indudable! Su puesto es *aquí,* Ministro, y nadie mejor para representar a Cuba en las actuales circunstancias.

El señor Pereyra dijo esto sinceramente. El, y muchos intelectuales mexicanos, a pesar del asesinato de la Penitenciaría, no previeron la siniestra política, el mando bárbaro, que Huerta se preparaba a implantar.

—El poder, señor Pereyra, ha vuelto a los prohombres que encarnan el "porfirismo" y que, de la antigua Dictadura, saborearon las ventajas. Pues bien, a tales elementos yo no soy, ciertamente, persona grata. Entre usted y yo, la amistad es más que las relaciones oficiales, y ella disculpa, consiente y hasta exige la franqueza. Los vínculos que estrechan a Cuba con México podrían aflojarse al depender de un Ministro, cuando menos, recibido y aceptado a disgusto...

Mientras yo hablaba, el Subsecretario movía la cabeza expresando resuelta inconformidad.

—¡Todo eso es un error —exclamó— y parte de base equivocada! Ministro, ¿quién le ha dicho, engañándolo, que resucita en México el "porfirismo", que los magnates de antaño otra vez empuñan las riendas? El régimen del general Díaz pasó ya para siempre, y nadie, en México, desea, ni reclama, ni pretende su aborrecido sistema. Aquellos hombres a quienes usted no fue grato, por un libro lleno de verdad y de honradez y de atinada observación, en el que su pluma trazó, a la manera del periodista independiente, la figura del "Emperador", como ahora le llamamos, no influyen, ahora, en el gobierno, ni son ellos mismos gratos al general Huerta. De su libro emitieron juicio muchas inteligencias mediocres, mucho adulador adocenado, sin haberlo leído; y si, en los últimos tiempos de la administración "tuxtepecana", la Cancillería de Cuba lo propone a usted Ministro en México, el general Díaz, complacidísimo, hubiese aprovechado la oportunidad que le brindaba de aceptarlo. ¡Oh, la situación política, hábilmente "creada" por el general Huerta, es nueva, responde a ideales que no amasó el "porfirismo", y conducirá la nación a su engrandecimiento!... El país, ansioso de una mano fuerte, pero justa, no consentiría otra Dictadura...

II

Y la conversación siguió, en esos tonos, largo rato. Del "porfirismo" no quedaba sino la huella, y en la huella no habrían de saltar, para mí, obstáculos de ninguna especie. Además, no era el señor Pereyra sólo quien así pensaba, sino el propio Ministro de Relaciones Exteriores, el señor don Francisco León de la Barra, con quien era prudente, y más que prudente necesario, celebrar una entrevista.

"Y ya usted se persuadirá —añadía el Subsecretario— de que la situación le es propicia y de que todos le tenemos, en México, por fiel y cariñoso amigo de nuestra patria." El Canciller, a la fecha, no había recibido al Cuerpo Diplomático, aplazada la ceremonia porque, a la hora de tanta tribulación, su esposa, distinguidísima dama, le dio un nuevo heredero, con absoluta felicidad, y el señor De la Barra no quería separarse, en tales instantes, de su lado, por cierto, no sin que, regalando el oído a sus adversarios, y en aquel laberinto de rumores y chismes y sospechas, torcedor de la hermosa e inquieta Anáhuac, dejara de circular, entre diplomáticos y políticos, la noticia muy verosímil de que la demora de la recepción la motivaban, en realidad, "el trance del gobierno ante los cadáveres de Madero y Pino Suárez" y la universal protesta que levantó el crimen. "El atildado señor De la Barra —murmuraron las crónicas de entonces— quiso dimitir por no salpicarse de aquella sangre; pero Huerta decidió que el gabinete participara de su mancha y el Canciller optó, entre mandar y morir, mandar. Al Embajador de los Estados Unidos atribuían otros divulgadores la misteriosa dificultad; porque su gobierno sentía repugnancia de los hechos, y en la suspendida recepción, tendría Mr. Wilson, desde luego en desacuerdo consigo mismo y con su extraña diplomacia, que lanzar a la plaza novísimas doctrinas, poniendo a salvo, por vez primera, desde el estallido faccioso, el criterio y la conducta futura de los mandatarios de Washington, revelándose, lógicamente, el deseo de Mr. Taft, al que sólo quedaban diez días en la Casa Blanca, de que fuera su inmediato sucesor quien afrontase el problema. Acordamos, el señor Pereyra y yo, una visita al señor De la Barra. Y, avisado de antemano, el *Presidente Blanco* nos aguardaba en su elegante residencia.

—Don Ernesto Madero está a bordo del *Cuba,* en Veracruz —dije yo con artificial indiferencia, explorando la impresión que la estupenda noticia causara en el señor Pereyra. Me respondió con un gesto indescifrable, entre sonrisa y mueca. Sus preocupaciones rodaban por un plano distinto al de los caídos. Y saliendo por el vestíbulo de la Legación, el Subsecretario se deshacía en alabanzas de su jefe. "Quedará usted plenamente satisfecho del señor De la Barra —declaraba sentándose en el coche del Ministerio—. En aquel famoso artículo que diez años antes puso en ascuas a don Ignacio Mariscal, el Canciller de un tercio de siglo —proseguía—, nadie encontrará hoy verdadero ataque a don Porfirio, aparte de que, ayer, si lo hallaron, por exceso de "lealtad" al Emperador, tampoco, bien leído y analizado, puede atestiguarse que lo hubo. En obsequio a la justicia, yo persuadí de ello al señor Creel, cuando fue Ministro, a la muerte de don Ignacio, y de ahí que, por intermedio de nuestra Legación en La Habana, don Enrique diese a usted las gracias por un "bello" artículo suyo, escrito con motivo del Centenario del Grito de Dolores y en homenaje a nuestro Cura Hidalgo.[1]

—Sin embargo, Escandón... aquel ayudante de Porfirio a quien, de pasada, comenté, y por el comentario se me acusa de ofensas a persona principal...

Pereyra me interrumpió:

—¡Escandón! Usted escribía, entonces, cuidándose del lector y de los fueros de la verdad. De esas he hecho yo muchas, querido amigo. ¡Claro que a Escandón le escoció el arañazo de su pluma! Pero ¿acaso no rieron a carcajadas el propio Porfirio y su círculo, al ver el retrato del cortesano en graciosa y memorable pincelada? No lo olvidarán los mismos que fingieron enojo, porque, en el fondo, les rebosaba el contento. Pero ¿qué significa, ni representa, ni a nadie importa, el señor Escandón? Porfirio lo ascendió y lo *consagró,* después, Gobernador en Cuernavaca. Era militar y gobernante, en el sentido estricto de la palabra, como yo Obispo de Sicilia y usted Sha de Persia. Ni para Porfirio, ni para el general Huer-

[1] A este asunto me referí en el capítulo VI, páginas 49 y siguientes.

ta, ni para los partidos políticos, el señor Escandón es ni pudo ser factor considerable...

—Sí —agrego yo—, pero... socialmente...

—Socialmente... nada. En los salones aristocráticos, lo mismo que en todas partes, las nuevas tendencias políticas proyectan su influjo. Ahora la patria está remozada, y con ella se remozan, o lo aparentan al menos, aquellos que pretenden seguir su evolución, o los que, con la mente en el pasado, se dirigen, por instinto, al futuro, anhelando vivir y morir siempre triunfantes...

—No he conocido un mexicano que al serme presentado no me felicitara, en seguida, por aquella página —advertí—; y, sin embargo, yo comprendo que ella sirve de pretexto en mi contra...

—Pequeñas miserias, querido Ministro —respondió Pereyra—, de las que usted se halla distante. México tiene en usted un noble amigo, y Escandón, dicho sea sin ofenderle, es un ciudadano vulgar, anónimo. No vale que hablemos de esto más de medio minuto.

III

Y discurriendo así, penetramos en la sala de recibo del señor De la Barra que, en otra contigua se despedía, con larguísima "postdata", de dos caballeros. Mi vista recorrió los muebles y adornos a su alcance, todos de gusto exquisito y variadísimo estilo, reminiscencia encantadora de los viajes constantes del diplomático, a ellos obligado por "el buen servicio", ahora *indispensable* en la Meca, y ayer, trasladado y en ruta, de la Ceca a la Meca, dejando los baúles a medio desbaratar para seguir, después, de la Meca a los Paraísos del Plata o invernar en los hielos de la patria de Gustavo Adolfo. A ese brillante matiz del conjunto añadíase el tono severo que la presidencia interina, entre Porfirio y el Apóstol, imprimió en los objetos, y la emoción vigorosa de aquellos días de regocijo en que lo imprevisto, el acaso, la fortuna amiga, tornáronlo todo en prodigio de sus ensueños, duraba en los cincelados bronces, en las figuras de Carrara, en los cuadros napoleónicos y en las esbeltas columnas. El Canciller vino hacia nosotros otorgándonos la alternativa, en amable turno; y es este el momento culminante, la entrada en escena del gran artista que inclinará la balanza del auditorio, unánime por esta vez, a su favor. Pequeño de estatura, acicalado el traje, finas y desenvueltas las maneras, el prohombre se acercó trayéndome una sonrisa, fresca y juvenil a pesar de sus cabellos y bigotes encanecidos. Pereyra, que no cabía de placer en su larga levita inglesa, nos presentó, y regáronse en el acto sobre mi patria las rosas favoritas de su jardín literario. El señor De la Barra, hijo de padre chileno, pero él nacido en México, abrigaba cariño tan intenso para Cuba, que podría tenérsele por cubano, admirador de nuestra tierra, gran amigo de nuestros intelectuales y aficionado entusiasta, desde la niñez, a nuestra rica y sabrosa poesía. Me acomodé, ya con más desenfado, en mi butaca, y pronuncié a manera de discurso varias tiradas de agradecida prosa, a las que llevaba el compás, con la frente ancha y pálida, el sutilísimo Canciller. "¡México y Cuba! ¡Qué hermosa fraternidad! —decía él, o decía yo, porque no me es posible precisarlo—. En los destinos del mundo se verán siempre juntitas las dos naciones, mutuamente amparadas en el amor que se profesan y en las virtudes que comparten. Idéntico al mexicano, el cubano es activo, hidalgo, generoso; a semejanza del cubano, el mexicano es modelo de valientes; y ambos adolecen de unos mismos defectos que provocan idénticos males." La psicología de salón es una de las notas más encantadoras de la frivolidad aristocrática; las palabras, a manera de serpentinas, cortan el aire y tejen primorosas redes, y el piropo juega a las ideas. No obstante, es arte difícil, mundano al cabo, el manejarla sin excederse, y ha de medir el diplomático, por sesuda precaución, cada concepto, más listo en recortar su propio pensamiento que en conocer a fondo el sentir ajeno, rodeado siempre de amigos dispuestos a desdoblarse en jueces. Pero el señor De la Barra se interrumpió de improviso, mirando por la ventana más próxima a la calle: "¡Qué espectáculo tan tierno, tan consolador! —dijo—. Las manifestaciones populares me deleitan. El pueblo es bueno, sano, patriota. Vean ustedes cómo las masas, en orden perfecto sin policía que las refrene, realizan un acto de suma importancia, dirigidas por el solo impulso de una profunda sinceridad..."

Y apartando la cortina de terciopelo, contemplamos, los tres, un grupo de mestizos urbe arriba.

—Son obreros —añadió el Canciller— y se les asoma al rostro el gozo del alma... Señor Ministro, mi posición política es bien conocida. Fui amigo personal del señor Madero y deploré su fracaso. ¿Qué más hubiéramos ambicionado todos que el triunfo de un gobierno honesto y fuerte? En la "decena trágica" me esforcé por una solución cordial que se hizo imposible por el ardimiento de las pasiones. Y sin querer nada, ni pretender nada, aquí me tiene usted Ministro de Estado contra mi natural inclinación. Resistí, lo que era decoroso resistir. Pero se afirmó que mi concurso era necesario a la patria, y yo no regateo los servicios a la patria. Estaré en el gobierno lo que tarde en normalizarse la situación, y la "normalidad" se acerca a pasos agigantados. Ahora mismo, a esos caballeros que usted encontró aquí, les comuniqué la más expresiva de las noticias, la prueba de que alcanzaremos la felicidad bajo una mano prudente; los diputados presos ayer, esta misma tarde serán libertados, y en lo adelante "regirá" el "fuero" que los protege. Renacerá la confianza, y el país se entregará, como antes, a la necesaria labor de su engrandecimiento...

Al fin tocó el punto primordial:

—Y usted, Ministro, ¿se nos va?

—Sí, señor —dijo Pereyra—, se nos va hoy, hoy mismo...

—¡Cómo! —interrogó De la Barra con fingido y cortés asombro—. ¿Hoy? Pero ¿y por qué? ¿Es que no quiere usted seguir siendo nuestro huésped? En estos momentos ¿no cree usted que convendría su presencia en México?

Explicó Pereyra el caso, y garantizó mi regreso... El viaje se presta a cualquiera malévola suposición, pero la verdad se impondrá a remate de cuentas, y "el Ministro, ¡el queridísimo Ministro!", no abandonará su cargo. Por lo contrario, dejará su familia confiada a la hospitalidad mexicana, y tan pronto como pueda "lo tendremos de nuevo entre nosotros". Era la única forma de impedir la creencia de que suspendía Cuba sus relaciones diplomáticas con México, y el antagonismo peligrosísimo entre cubanos y mexicanos. La presencia de mi esposa en la Legación demostraría que mi viaje no lo motivaba una súbita ruptura. Y al señor De la Barra, así lo entendí yo, le produjo excelente efecto aquel rasgo, de mi parte, que tan grande sacrificio implicaba, y dando vuelo, a su elocuencia, me colmó de almibaradas protestas.

—Ministro, yo anhelo cultivar con usted la más franca amistad. Su conducta, en medio de nuestro delirio, es apreciada y respetada por los mexicanos y deploraríamos que su ausencia fuese definitiva...

IV

Al despedirnos, el Canciller apretó cariñosamente mis manos entre las suyas; él se ocuparía de mi familia para proporcionarle tranquilidad y sosiego; me dio recados para sus amigos de Cuba, todos insignes, el presidente Gómez, el Secretario de Estado, Manuel Sanguily, su colega en la Conferencia de La Paz, y Lanuza y Montoro, sus compañeros del Congreso Panamericano, en Río de Janeiro... Llegamos a la puerta, y el señor De la Barra me hizo sus últimas caravanas, dibujándosele una efusiva satisfacción.

A las nueve de la noche, en el ferrocarril de Veracruz, me despedían mi secretario y media docena de cubanos leales. Repleto de gente el andén, dificultábase la circulación de pasajeros y equipajes: el comienzo del "éxodo patriótico"... Y casi al poner el pie en el estribo del Pullman, oprimíame el brazo un caballero...

—¡Oh, señor Pereyra, muchas gracias; pero se ha molestado usted!...

Detrás del Subsecretario, el Introductor de Ministros, doctor Parra, me dedicaba una sonrisa.

—He venido, Ministro —dijo Pereyra—, a darle mi adiós, a formular mis votos por el restablecimiento de la salud de su señora madre, y a recordarle su compromiso de regresar. Le supongo complacido por las declaraciones del señor De la Barra —añadió—, y sepa usted, una vez más, que como él pensamos y sentimos todos los mexicanos...

El doctor Parra tomó entonces la palabra "protocolaria":

—Señor Ministro, en nombre del de Relaciones Exteriores, saludo a Vuestra Excelencia y le deseo, por él y por mí, feliz y rápido viaje...

V

Desde la plataforma del vagón buscaba yo la cara de mi colega de Chile, que, de seguro, andaría por allí perdido en la multitud. No estaba. Y al arrancar la locomotora, sacudiendo el convoy, dos individuos, que de improviso no reconocí, se me acercaron...

—¿Se va usted? —me preguntó uno de ellos, pequeño de cuerpo, redondo el rostro y castaña la barba.

—Las señoras Madero están en el Pullman inmediato, encerradas en el *drawing-room* —dijo a mi oído, en un soplo tenue de voz, el segundo, alto, rubio, de ojos inquietos. Eran los mismos que condujeron al ilustre padre del mártir a tomar el tren, para salvar la vida, en obscuro paraje fuera de la ciudad... Arrellanado "el Ministro" en el sofá de otro *drawin-room*, la mente se deslizó entre sombras...

Mexicanos y cubanos, entre sí, se desconocen como antípodas —reflexionaba—, y suele ocurrir que no se estimen. Cuando se habla, Ministro a Ministro, de una aproximación política, o de ajustar los lazos internacionales, por regla general —¡oh, yo siempre fui sincero y jamás mintió mi palabra!— se rinde culto a las fórmulas de hueco y rígido estilo. En las clases inferiores, en el pueblo bajo, el cubano tiene el prestigio de sus guerras. Fuimos los últimos en combatir contra el poder de España y todavía servimos, al "pelado", para expresar inquina al "gachupín", que peleó con los abuelos y aún no se ha reconciliado, plenamente, con los nietos. Ascendiendo por la escala de plata de la emperejilada sociedad, vamos descubriendo un dejo amargo de recóndito prejuicio, un cierto recelo susceptible de enconarse, no suficiente para romper en airada y torpe discordia. El mexicano rico, pasa por el puerto de La Habana, rumbo a Europa, y no se detiene a visitarnos; difícilmente desembarca del trasatlántico para vagar por nuestra ciudad media tarde. Le sofoca el calor; no halla atractivo en nuestras calles angostas y mal pavimentadas; le contraría la llaneza del cubano, que se le antoja nativa brusquedad, y prefiere el momento de retornar a bordo y seguir su viaje. Ha sido necesaria la revuelta para que, en cierto modo, nuestros vecinos aristócratas del Golfo pongan atención seriamente en Cuba: primero, como punto estratégico de secretas conjuras; después, como Estado al cual es útil mantener amigo; finalmente, como pueblo adicto, interesado en su buena suerte. La opulencia nos aleja y el dolor nos aproxima. "¡Y tantos cubanos que han amado a México lo mismo que a su propio terruño —me digo—; y tantos que en sus luchas, en sus guerras, para la gloria común, hechos al heroísmo, sacrificaron la existencia!..." Y se me ocurría reproducida en la realidad la tradición que nos refiere cómo se hicieron generales mexicanos, del tiempo de Santa-Anna, dos famosos duelistas habaneros, Sentmanat y Ampudia,[2] jefes en distintos bandos; cómo Sentmanat, el más romántico, detestaba a su compatriota Ampudia, el más vengativo, y cómo Ampudia, después de capturarlo en desigual combate, degolló a Sentmanat y mandó freír en aceite su rizada cabeza de aventurero... Dormí algunos minutos y me sentí dichoso al dudar de que hubiera sido un sueño la tragedia que me rendía de fatiga...

VI

Eran las nueve de la mañana cuando yo subía la escala del crucero *Cuba.* La tripulación me recibió con los honores correspondientes a mi cargo. Y mientras estrechaba las manos al comandante del buque, Oscar Fernández Quevedo; al de Infantería, Julio Sanguily, y al capitán José de Cárdenas, una veintena de soldados, que me parecieron los más hermosos de la Tierra, presentaba armas "al Ministro". La viuda, la madre y las hermanas del Apóstol seguíanme enlutadas y llorosas. Fernández las llevó a la cámara y allí las aguardaban don Francisco y don Ernesto. Sucedió, entonces, una triste escena de lágrimas, y el Comandante y yo nos retiramos para dejar libre expansión a la familia de los mártires. En Veracruz habían corrido, como bolas de nieve, absurdas noticias, inventadas y

[2] Francisco Sentmanat y Zayas, natural de La Habana, sobrino del ilustre general del Ejército Español don Pascual de Zayas y Chacón, también nativo de La Habana. Famoso duelista y revolucionario, Sentmanat sufrió persecuciones y fue condenado a muerte en 1829 como afiliado a la conspiración del *Aguila Negra.* Absuelto más tarde, siguió en México la carrera de las armas y llegó, como su tío en España, a General.

Pedro Ampudia, natural de Regla, peleó heroicamente contra la invasión de los americanos, en México, bajo las banderas del serenísimo señor general de división don Antonio López de Santa-Anna, Presidente de la República Mexicana. Siguió después la causa de los reaccionarios y alcanzó honores y distinciones. Escribió sobre asuntos de estadística y política. (Calcagno, *Diccionario Biográfico Cubano.)*

propagadas con malicia; decíase, como yo lo temí, que estaban rotas las relaciones diplomáticas entre Cuba y México; aseverábase que mi viaje era la señal de aquella ruptura, y no faltó quien creyese en la inminencia de un ataque de las naves mexicanas, surtas en el puerto, a nuestro crucero, que ofrecía muestras tan palpables de cordial amistad, en esos críticos momentos, a la patria ilustre de Benito Juárez, y no obstante la prudencia y tacto de nuestros marinos, y del cónsul Sanjenís, que habían sabido obtener, para la bandera cubana, el corazón del pueblo y la fuerte simpatía de las autoridades. Ansioso de borrar la mala impresión de estas mentiras tendenciosas, accedí a la solicitud que hicieron algunos periodistas de visitarme; y a toda prisa escribí, en breves cuartillas, mis declaraciones a la prensa, asegurando, como las circunstancias lo exigían, los estrechos vínculos que unen a las dos repúblicas. El crucero levó anclas, y la banda, sobre cubierta, lanzaba al viento los acordes enardecedores del Himno Mexicano. Fuera del puerto, nuestro barco saludó a los de la flota americana, que desde allí vigilaba la tragedia. Me parecieron formidables aquellos buques, los mismos que invocó el embajador Wilson para amedrentar al gobierno del Apóstol y enloquecer y arruinar a los victimarios. Nos alejábamos de la costa. Desde el puente, don Ernesto, con la mirada en el horizonte, la veía desvanecerse como una línea azul entre las brumas. . .

CAPITULO XXIX

Manifestaciones populares en La Habana.—Serapio Rendón.—Llegada de la familia Madero.—Actitud del gobierno de Cuba.—Opinión de la Cancillería de Washington.—Muerte de mi madre. Mi regreso a México.—El presidente Wilson niega su reconocimiento al presidente Huerta.—La situación del Embajador.—La tiranía de Huerta.—Orozco se somete y Zapata desconoce la Dictadura.—Hostilidad de los reaccionarios contra el Ministro de Cuba.—El régimen militar y la Cancillería.—El subsecretario Pereyra. El ministro De la Barra y los ataques de la prensa a Cuba y a su representante.—De la Barra prefiere los medios amables.—Declaraciones del Canciller.—La gratitud mexicana.—Resuelvo retirarme de México.—El fin de mi carrera diplomática.

I

La tragedia mexicana fue un acontecimiento mundial que produjo en Cuba extraordinaria sensación. Madero, tracionado, había estremecido a nuestro pueblo. Madero, mártir, lo indignó. En un *meeting* a la intemperie, el ex ministro Loinaz del Castillo hizo una de sus caldeadas arengas, y la muchedumbre allí reunida ovacionó al orador. Luego pronunciáronse otros discursos en igual registro de vehemencia, y al concluir, subió a la tribuna, para dar las gracias al pueblo cubano por aquella demostración de fraternidad, un hijo ilustre de México, grande y noble amigo de Madero, que había llegado la víspera a nuestra hospitalaria capital. Serapio Rendón (su nombre) era uno de los más activos e inteligentes paladines del gobierno en la Cámara de los Diputados, y formaba en el grupo que llamó, el Parlamento, Bloque Liberal Renovador. Abogado muy culto, hombre de severas doctrinas y fácil palabra, tuvo en el Congreso lucidísimo papel, y, por consecuencia, tornóse blanco de las iras del partido opositor.

Aunque nacido en tierras de Tabasco, se educó en Yucatán, lugar donde reside su familia, y dábanlo por yucateco sus compañeros de brega en el Distrito Federal. Ha largos años nos conocimos en Mérida, muy jóvenes los dos; reanudamos la vieja amistad, una tarde, en Chapultepec, y la estrechamos, entonces, a través de su infortunio. En la Estación de Buena Vista, aquella noche siniestra del 19 de febrero, lo encontraron los familiares de las víctimas, decidido a expatriarse con los "presidentes depuestos", como solían decirles. Pero tardaba el Ministro de Cuba, con su glorioso depósito; y aprovecharon Serapio, y otros de sus amigos, para irse, un tren ordinario que arrancara con destino a Veracruz. Ojos grandes, nariz aguileña, cabellera blonda, y afeitada la cara, pudo fingirse angloamericano ante los esbirros que pretendieron arrestarle, en un paradero; nuestro cónsul, Sanjenís, le prestó servicios de salvamento, y supo, al poner el pie en La Habana, la noticia del gran crimen. Las frases que dirigió al pueblo, a nombre de su país, llevaban palpitantes la impresión de la catástrofe. Y el auditorio aplaudió estruendosamente al atormentado patriota. Esa misma multitud, aun multiplicada, en los muelles, y en las calles que conducen al centro, esperó el desembarco de la familia Madero, pasadas las diez de la noche del primero de marzo. El secretario Sanguily, con numeroso elemento oficial, y las hijas del presidente Gómez, recibiéronla en la Capitanía del Puerto; los automóviles en que se trasladó al hotel Telégrafo, iban envueltos en inmenso oleaje humano, y fue menester que la policía despejara los contornos del edificio para que entraran los viajeros, profunda y justamente conmovidos. En la puerta, entre centenares de personas, divisé a Serapio Rendón, que pugnaba por acercárseme con los párpados muy abiertos. Me presentó, allí mismo, al poeta Solón Argüello y al diputado Aguirre Benavides. Los tres habrían de ser inmolados a la causa de la libertad. Rendón y Argüello, a manos de los verdugos de Huerta. Aguirre Benavides en la disidencia revolucionaria de Francisco Villa. Cada uno tiene su historia y a grandes rasgos la cuenta, y le exprime su particular filosofía. ¡Vieron y oyeron y padecieron tanto! Un burgués pacífico y tranquilo, volvióse furibundo vengador; a poco, cierto individuo de costumbres morigeradas armó su diestra de puñal; y aquellos que debieran obedecer, trocaban su mansedumbre en autoridad y gobernaban, al vecino, con el gatillo de la pistola amartillado. A un buen sujeto, y buen demócrata, inofensivo en política, al doblar la esquina de su casa le tendieron, tan largo como era, en el asfalto; y a otro, por no pagarle unos ochavos, el deudor le acusó de sedicioso, en diez minutos le instruyeron el proceso, y en quince le aplicaron la sentencia: un balazo.

Nuestros periódicos no daban reposo al tema de Huerta, y querían pormenores de la tragedia y secretos de la diplomacia. Me atrincheré en la más fuerte discreción; pero hablaron por mí, a su real antojo, todos los órganos del Cuarto Poder, y a duras penas conseguí rectificar algún error. En sustanciosa conferencia con el presidente Gómez y el secretario Sanguily, expuse la magnitud, las dificultades y perspectivas del problema político mexicano; cambiamos pareceres; discutióse alguna materia, y, en buen acuerdo, se formularon reglas de conducta. El Presidente hizo hincapié en un punto de trascendencia: no entrar en relaciones con Huerta, no sancionar la usurpación a los derechos de un pueblo hermano, a quien el autócrata ajustaba, nuevamente, las oprobiosas cadenas de la dictadura. Mucho más que esto, le habían pedido los manifestantes del *meeting* a la intemperie, donde alzara su voz el diputado Rendón; y supe, entonces, que ya terminados los discursos, y llevando a la cabeza a Loinaz del Castillo, atravesaron las calles hasta el Palacio Nacional, y recibidos por don Juan Mencía, secretario de Gobernación, plantearon la necesidad de retirar de la patria de Hidalgo a los representantes de la patria de Céspedes, impuesta con urgencia, decían, por la salud y el decoro de la República de Cuba. No desagradaba al general Gómez el procedimiento; pero se persuadió, al reflexionarlo, de que el golpe a Huerta, así, lastimaba al pueblo mexicano en términos de una ruptura diplomática, y sin motivo que lo explicara, dejaría sin protección el gobierno a la numerosa colonia cubana residente en aquel país, y vistos, y acaso perseguidos, nuestros conciudadanos como enemigos. Además, el Presidente nos comunicó la conversación que, sobre proyectos de ese temple, sostuviera con el ministro de los Estados Unidos, Mr. Beaupré, y una carta de éste en la que, afablemente, le rogaba que no apresurase, al menos, la radical disposición. Entiendo que al canciller Sanguily no le gustó encontrarse al plenipotenciario americano metido en el asunto; puso, en la lectura de la epístola, el más peculiar de sus gestos de inconformidad, y dióse prisa en dirigir a nuestro ministro en Washington, Antonio Martín Rivero, un cablegrama destinado a que supiera el gobierno de la Unión la repugnancia invencible de Cuba a otorgar su reconocimiento a Victoriano Huerta. La iniciativa de esta política, adoptada más tarde por el presidente Wilson y las cancillerías de Buenos Aires, Río de Janeiro y Santiago de Chile, fue cubana, compartida, para honor de ambos, por Gómez y Sanguily, y ajena a recomendación de parte mía. Quedaban al gobierno de Mr. Taft unas cuantas horas de existencia, y el Departamento de Estado limitó su respuesta a suplicar que no hiciese Cuba acto alguno en desprestigio del nuevo gobernante mexicano, toda vez que Huerta *negociaba* con los jefes de las facciones, y pronto quedaría México sólidamente restablecido. La influencia del embajador Wilson, próxima a esfumarse, aún relampagueaba en la diplomacia. Contemplando los escombros que él contribuyó a esparcir, tiene la conciencia de una gran hazaña que toda le pertenece. Y discurre que allí se alce una columna de gratitud que conmemore su parte en la tragedia. En sueños divisa los ejércitos de su patria avanzando por la brecha que su genio les franquea. Se despereza, y extiende los brazos para tocar el remoto confín de las tres Américas. "No, señor —dije al secretario Sanguily—, México, ahora, entra de lleno en la lucha, y una por una irán cayendo, secas y deshojadas, las flores que sirven de corona a la frente del general Victoriano Huerta."

II

Doce días han transcurrido y voy, por la ruta del Golfo, hacia la vorágine que me aguarda, con su apetito insaciable, en la heroica tierra de Cuauhtémoc; me conduce la idea santa del deber, y en mis ojos inflamados van las huellas del pesar. Como lo había presentido en México, al ser llamado urgentemente por el gobierno, mi madre rendía ya su jornada, y apenas me alcanzó el tiempo de llegar a su lecho y oír sus últimas palabras. El velo de la muerte vestía de palidez la dulzura del semblante. Poco a poco se retiraba a lo infinito con una vaga sonrisa de tristeza en los labios, que habían callado para siempre, y la sorpresa de ir sola, sin sus hijos, grabada en las pupilas transparentes. ¡Así terminó de vivir aquella mujer ejemplar, sano su espíritu, grande su alma, bello, como el rostro, su corazón! Tomé sin demora el camino que la suerte me imponía; y en largas noches de insomnio, sobre la cubierta del barco, la mente buscaba, en la sombra, su última mirada, y todo mi organismo se estremecía de emoción al escuchar, no sé de dónde, su último suspiro. ¿Quién, sino ella, infiltró en mí la noble dignidad, más allá del sacrificio? ¿Qué hay en mí de bueno, o qué grande acción, la mía, que no fuese suya, de su savia, de su sangre, en mí su alma, y estampados en mi memoria su rostro y su corazón igualmente bellos? Flota su imagen cerca de mis ojos, y reviso, en el dolor, todo mi pasado, y siento en la piel sus caricias, evocando mi niñez, y oigo sus lecciones a mi edad juvenil de arranques impetuosos, y recuerdo sus cuidados en mis días de enfermedad, y su enojo por mis errores, a sabiendas cometidos, y su goce en mis primeras victorias literarias, y su fe en mi energía, para vencer ya en la brega, sueltas las riendas de la vida. Aclara, y voy junto a ella, muy lejos, para no dejarla sola en el camino de mil curvas, hacia el llano eterno.

III

A bordo está Rendón. Al verle con su equipaje a cuestas, el asombro hace escapar de mis labios una exclamación: "¡Cómo! ¿Usted a México?" El gobierno había decretado la libertad absoluta de los diputados presos, cosa que yo sabía por el señor De la Barra, y juraba respetar, en lo adelante, sin distinción, sus inmunidades. "¿Puedo acaso abandonar a mis compañeros del *Bloque Renovador?* —me preguntó Rendón.

—Sin embargo —le contesté—, la palabra que ha de cumplir un gobernante como Huerta, no es de mucho fiar. En un día solemne, faltó a un compromiso con Madero y a un juramento con Lascuráin..."

Había mirado de frente la fea cara del destierro y se apartaba presuroso de sus dominios. La comunidad política, además, que llenó su pecho de altiveces, dejó exhausta su bolsa, y le aterraba, en la dura emigración, el problema financiero, próximo a verse en crisis. "Tropezaré ahora con todos mis enemigos encarnizados en la primera ocasión de combate —me dijo la víspera de arribar a Veracruz—. He ahí a prueba mi habilidad. No mostrarme asustado ni encogido. Eso es todo. Huerta caerá, por su propio peso, en la creciente agitación de su política feroz. Y los demócratas venceremos. Usted, por su lado, tropezará con la intriga solapada, con el gesto hipócrita, con la insidia furtiva que se hunde en alfombras de jazmines y reaparece sobre el campo diplomático, en esta hora, en mi país, cultivado por ujieres pérfidos del despotismo." ¿Y cómo esquivar, pensé, la obligación que imponen las estrellas de mi uniforme? Presentarme en aquel escenario que dejé de improviso, era completar y redondear la obra. Y por grandes que fueran los riesgos de una situación tirante, el deber había marcado una línea en mi destino y fuerza era seguirla con el criterio inflexible del honor. ¿Qué importaban, a la severa justicia de mi propio juez interno, crítica del torpe y del mezquino, y qué daño habrían de inferirme la censura del ignorante y la furia impotente del ambicioso? No cabía dudarlo, ni retener la marcha, ni escurrirse en frágiles pretextos. La seguridad estaba en mí mismo; en reunirme cuanto antes a mi familia, con la frente levantada; en despreciar la saña felina de los usurpadores, y en desconcertar a los que pronunciaran, contra Cuba, las maldiciones de un régimen pretoriano. Huerta, en este caso, era lo menos; atravesaba el campo en forma de tempestad, y sus rayos, al cabo, se apagarían, sumergidos en las tinieblas. Huerta era lo transitorio, el azote fugaz, el viento destructor que desaparece sobre el polvo que sacude. Lo importante, para mí, estaba en desmentir, con el regreso, las mil fábulas de origen reaccionario que podían crear, en el pueblo, estados de conciencia permanentes. La Dictadura necesita del engaño y del embuste, y no vacilará oyendo a la gentil Imógenes de Shakespeare, que:

"es en el auge
más vil la falsedad, que en la indigencia
mentir para comer, y la mentira
más indigna es en reyes que en mendigos"[1]

[1] *Cimbelino,* acto III, traducción de Macpherson.

y menos aún habría de extraviarse con estos cinceles de puritanismo, cuando la naturaleza política de su gobierno, para subsistir, los rechazaba con espanto. De ahí que atribuyese a Madero la intención de hundir la patria en el regazo del yanqui, y llamara tiranía, escandalosamente, a la única verdadera democracia mexicana, y que a don Ernesto le acusara de llevarse, en las faltriqueras, los tesoros de la Hacienda, y que el Ministro de Cuba lo declarase contrario al pueblo mexicano y a su ejército, y calificara de conjura, e ingerencia en la política interna del país, lo que, en realidad, fue respeto a la soberanía nacional y testimonio de fraternidad. Henry Lane resultaba, así, para las gentes, fiel amigo, mientras "el cubano" agenciaba la revuelta y pedía barcos de guerra, a su gobierno, para ultrajar a la conturbada patria del heroico Félix Díaz. La razón anda en huelga. Y de esas miserias ha de nutrirse la Dictadura. Su afán es perpetuar el despotismo, porque el despotismo constituye el nervio que la sostiene.

IV

Hay la sensación del tirano. A toda hora parece que se acerca. Resuenan sus pasos. Y se le teme. Es el fantasma que vaga por todos los sitios y que entra a todos los lugares. El "porfirismo" desenfrenado no es obra de don Porfirio. Y han de ser también proscriptos los "porfiristas". La doctrina del rigor encarna en un tipo moral de especie muy distinta. Recoge, para sí, lo abominable del antiguo "porfiriato" y repugna sus grandezas. El "porfirismo", lógicamente, degeneraba en Huerta. Huerta, no obstante, era la consecuencia del "porfirismo": un "porfirismo" anárquico, sin ortodoxia, sin orientación, sin *Partido Científico,* sin partido alguno capaz de organizar el régimen. Don Porfirio representó un estado social. Huerta, la disociación. Huerta no podía decir "después de mí el diluvio", porque el diluvio era él. Con un pie en el Palacio Nacional y otro en la Embajada Americana, creyóse el dueño para siempre. Un Huerta desconocido salió, de pronto, a la superficie. Y la nación, absorta, inmóvil, contemplaba, en aquellos delirios dramáticos, el perfil indígena del cacique. Pero la robustez del cacicato dependía del nuevo gobierno de los Estados Unidos;

y, por eso, Huerta sintió, en pleno éxtasis, flaquear los andamios en donde el Embajador colocó su trono; de ahí que en el gabinete cundiese honda alarma, y que el ministro De la Barra, acongojado, meditase largas horas la suerte que el destino le deparaba en aquel vértigo de su carrera de estadista. Cuando yo emprendí mi viaje a Cuba, el gobierno de Huerta disfrutaba de apoyo en Washington. A mi vuelta, encontré al gobierno de Washington negando su reconocimiento al gobierno de Huerta. El poder, en la vecina y dichosa República, había pasado ya de las manos de Taft a las de Wilson; en vez de Mr. Knox era Secretario el evangélico Mr. Bryan, y el discurso del Embajador, en la recepción de su grande amigo y protegido el héroe de Bachimba, sufría tachadas y enmiendas radicales en otro discurso del diplomático yanqui, pronunciado, a regañadientes, en la recepción del Canciller. De esta suerte, el concurso que el déspota esperaba de los Estados Unidos, y que el representante del gobierno de Mr. Taft le prometiera, transformábase en pugilato. Henry Lane, metido en las hormas de su homónimo el Presidente, rectificaba, moldeando, para aplicarla en México, la doctrina que la nueva administración preconizó de no reconocer otros gobiernos que los legalmente constituídos y, asimismo, condenar, a su anatema, a los nacidos de la violencia, del filo de las espadas y de la boca humeante de los fusiles, o a los que, como el de Huerta, se alzaran sobre el cadáver de los legítimos mandatarios. En torno del señor De la Barra traslucíase la profunda agitación que el inesperado obstáculo, al poder férreo de Huerta, produjese en las altas esferas, donde el propio Ministro de Relaciones Exteriores, no habría de considerarse muy seguro. En continuas conferencias, el Embajador, totalmente destornillado, bordaba proposiciones que su gobierno desoía, y por la ciudad, a diario, circulaban rumores infundados de una próxima avenencia, que diera al traste con las protestas del presidente Wilson en contra de los gobiernos de origen revolucionario; porque, a mi juicio, el mismo Embajador creyó materia de compensaciones el reconocimiento que él había concedido y, después, veíase en el caso de retirar. Desde luego, tropiezo muy serio éste; mas no tan extraordinario para Huerta, si en su actitud hubiera un adarme de sinceridad y, en el fondo, no alentara el propósito de prolongar su Presidencia interina, burlando preceptos muy terminantes de la Constitución, y, además, lo ajustado en el pacto con el heredero dinástico de don Porfirio. La resistencia del presidente Wilson a sancionar la Dictadura frustraba la firme intención del general de Bachimba, y el Embajador que, con sus propias manos, forjó aquel tiránico gobierno, hallábase impedido, por circunstancias fatales, de ampararlo. Sus tentativas en beneficio del Dictador agriaron el pleito, y la disputa resultó antagonismo: Woodrow Wilson frente a Victoriano Huerta.

V

La ciudad de México remedaba, entonces, un campamento militar. A menudo rompían el aire sonoros compases de corneta, y el desfile de tropas, al redoble de tambores, cortaba el tráfico y proporcionaba inocente deleite al populacho. En la Avenida de San Francisco, una tarde, varias compañías, del famoso 29 de Blanquet, interrumpen el trote de mis caballos. Aglomérase un público de siervos que pliegan la conciencia al Dictador, y prorrumpe en aclamaciones a la heroica tropa que dio al traste con el gobierno de Madero. Junto a las ruedas de mi coche, unos mozalbetes de raído traje muéstranme su enojo con mirada torva. "Es el Ministro de Cuba" —dice uno.

—¡Vivan los gloriosos patriotas del 29! —exclama otro.

—¡Señores —agrega el tercero con las vibraciones de una garganta alcoholizada—, abajo los sombreros!

—¡Al que no se quite el suyo —advierte otro más agresivo—, yo se lo quitaré!

No era cosa de batirse con semejante plebe y di orden al cochero de avanzar. La columna respetó su escarapela y abriendo una vía erizada de fusiles, por ella atravesó mi carruaje, al paso lento, resonante, seguro, de mi briosa pareja zaina. La prensa, atareada en pintarme con rasgos de sempiterno conspirador contra México, suscita, en mi perjuicio, estúpido rencor. Espías de mala entraña, que infestaban la capital, presentábanse, compungidos, en mi despacho, y llorando la muerte del Apóstol pedíanme recursos con qué alzarse en armas contra el "bárbaro de Huerta"; y esta ignominia demostraba que en el alma del tirano cabía la sospecha de que fuese el Ministro de Cuba "agente secreto de la familia Madero" en pro de la nueva Revolución. Cada noche se efectuaba, en los círculos más altos de la sociedad mexicana, algún baile, o banquete, en honor de los vencedores. El tirano daba órdenes de gobierno, mientras ingería los ricos manjares o vaciaba, en sus labios grises, por docenas, las copas de licor. De improviso, los chambelanes recuerdan mi existencia y, a guisa de baja adulación, añaden nuevos cargos contra mí; y todos juran que jamás perdonarán al Ministro el no haber dejado al verdugo las cabezas que cubrí con mi estandarte. Un contagio de mórbida crueldad invade el corazón de los golosos cortesanos, y poca les parece la sangre que ha vertido ya la Dictadura. "Madero —dicen— debió tener cien vidas para darle otras tantas muertes." Y la piedad será, a la postre, testimonio de infidencias. El despotismo militar se advierte fuera de los cuarteles y participa del odio civil, que es odio fanático, irreductible; odio de literato, de médico, de ingeniero y, más aún, de abogado; un odio que va de frac y luce las manos plebeyas cuajadas de diamantes. Huerta ingresa en el gran mundo mexicano, y la aristocracia de febrero, que lleva adheridos a su cola retazos de la aristocracia de Porfirio, entrega al usurpador los trofeos y preseas de la importante Ciudadela. Es tan fugaz el éxito de Félix, que no llega a tener, entonces, forma propia, ni llega a desprenderse, un segundo siquiera, del poder tutelar de Huerta, que es el amo prometido, en sueños, por los dioses de la reacción. Cada cual ha creído que Huerta es el hombre a la imagen y semejanza de Porfirio, y busca su puesto junto al Dictador. El Príncipe compone su candidatura presidencial, y se une al señor De la Barra que aspira a la Vicepresidencia; pero su labor es hueca y vana; el Partido que la respalda toma los nombres de "Liberal y Democrático", ambos contrarios a la índole de los dos pretendientes; toda ella ha de perderse en el vacío; toda es falsa, inadecuada, incolora, y sirve de máscara al programa íntimo del Presidente Provisional. El propio Félix Díaz recela, aunque, en apariencia, la fe en Huerta lo acaricie; habla en serio de su gobierno futuro, da instrucciones a sus adictos, acepta festejos y charla con el Dictador que se finge instrumento suyo; pero no lo guardan soldados de Blanquet, sino soldados de la Ciudadela, que no ha querido licenciar. Huerta declara que llamará al pueblo a elecciones en cuanto "haya restablecido la paz, reorganizado el ejército y creado un tesoro que pueda corresponder a las necesidades públicas". En otros términos, anhelaba, para el venidero Presidente, no menos de una República Ejemplar, aunque en forjarla a su sabor tardase medio siglo.

VI

El estrépito del *cuartelazo* despertó a Pascual Orozco en su escondrijo y, al saber el suplicio de Madero, quiso un jirón de sus despojos. Entra en el Palacio del déspota y se rinde al triunfador de sus legiones, epílogo irrisorio de la Batalla de Bachimba. Un ucase lo hace Brigadier de tropas regulares. Y no comprende su desgracia ni su descenso. Al fin, guerrillero de escasa fortuna que se jubila. Orozco ha recorrido la distancia que media entre la libertad y la reacción. Aquel General que tuvo un día de lucidez, naufraga en un océano sin orillas. Rápidamente la figura del héroe se empequeñece, los espléndidos laureles de Ciudad Juárez se marchitan, y a cada paso, de error en error, defrauda sus compromisos con la Historia. "El país ha llegado a su pacificación —exclamaban los amigos del gobierno—. Acogido a la legalidad Orozco —añadían—, Zapata depone la armas, y no quedará un solo rebelde en todo el territorio de la República." Pero es lo cierto que Orozco no trajo, al campo de Huerta, siquiera un regular golpe de soldados, y pronto se averiguó que sus ejércitos eran fantasía para engañar al crédulo Madero. El Embajador no tuvo en qué fundarse al decirme, en vísperas de la tragedia, que, como Zapata, Orozco "redoblaba su actividad y su pujanza". Los dos jefes revolucionarios habíanse confederado en el Plan de Ayala, obra de Zapata, según el cual, éste reconocía como Jefe Supremo a Orozco. Tendencias y móviles distintos, la Revolución que Zapata capitaneaba era el reverso de la que capitaneaba Orozco, si bien existió entre ellas de común la enemiga contra el gobierno de Madero. Jamás combinaron ambos generales ninguna operación militar; ni Orozco osó nunca hacerse obedecer de Zapata, ni dictar disposiciones que hubiesen de cumplirse, por los revolucionarios, en el Estado Soberano de Morelos. La jefatura de Orozco, así, revistió un carácter nominal y desapareció desde que, vencido y sin la esperanza de reivindicarse, vagaba por la frontera. No obstante, reconciliado con Huerta ocurriósele ganar, a su nuevo partido, el de Zapata; exploró el ánimo del faccioso y consideró blanda y propicia su voluntad, incapaz de profundizar el espíritu del falso y astuto subalterno. Se siente "el Jefe" e intenta lo inverosímil: que Zapata se rinda mansamente. Una escogida comisión, que presidía su padre, el coronel Pascual Orozco, emprendió el camino de Cuernavaca, hacia las madrigueras del zapatismo. La prensa anticipó el triunfo. Y la corte de Huerta espera nerviosa e intranquila el bautismo de Zapata en el ensangrentado Jordán de febrero. No había nacido el padre de Orozco para ejercitarse en la diplomacia; ni alcanzó, en la política nacional, relieve más alto que el de satélite de su hijo. Imprevisor hasta un grado extremo, no tomó, al introducirse en el enigma selvático de Morelos, ninguna suerte de precauciones. Avanza entre los breñales, y a su espalda se desdobla una cortina de tinieblas. Hubiera preferido Zapata entrevistarse con el propio *brigadier* Orozco, y para cualquiera índole de "arreglos" —como entonces dijeran los políticos metropolitanos— exigía la personal asistencia del *Jefe Supremo*. No se detuvo por eso el Coronel, y penetró hasta encontrarse en el riñón de la montaña; pero reservaba el *Atila del Sur* al padre de Orozco y a sus acompañantes tan áspero recibimiento, que en breve apuntó señales pavorosas, y algunos de los comisionados diéronse a la fuga, mientras a los otros, incluso al Coronel, Zapata los declaraba prisioneros. Es un momento crítico en derredor de Huerta; no hay noticias del padre de Orozco en el Ministerio de la Guerra, y se propala, insistente, el rumor de un desenlace siniestro. El Rey de los hunos aventajaba, sin duda, a Zapata, en el uso y manejo de la prudencia. "Sólo por el respeto que debo a tu condición de Embajador —dijo a Vigilio— no te hago crucificar." No así Zapata, que, a la postre, fusiló al coronel Orozco. Se reunieron después, en solemne acto, los cabecillas principales de la facción, y quedó enmendado el Plan de Ayala. Por el artículo primero Huerta usurpaba el poder público, "en contra de la ley, de la justicia, del derecho y de la moral, hasta el grado de reputársele —textualmente— mucho peor que Madero"; y se incorporó al "Plan" revolucionario el derrocarlo. Más curiosa aún la reforma del artículo tercero, se destinaba a deponer, del mando, al general Orozco, "indigno de ostentarlo por sus inteligencias con el nefasto pseudogobierno de Huerta, hasta reducirse a la condición misérrima de un *cero social,* traidor a los principios juramentados". Los bonos de Orozco sufrieron, por tan justo motivo, merma extraordinaria en el mercado político de la Dictadura. Y Huerta comenzó a presentir su desastre.

VII

Sin embargo, para el Ministerio de Relaciones Exteriores las cosas iban a maravilla, y ondas de paz invadían todo el país. Una corriente subterránea, que labora en el gobierno de los Estados Unidos contra el actual de México, interrumpe, según el Ministro, la buena marcha de los asuntos, en tanto Wilson opone algún escrúpulo al reconocimiento de Huerta; pero, nube de verano, poco tardará en disiparse; las aguas recobrarán su lecho, y ha de ser el Presidente de México "Grande y Bueno Amigo" del de la Unión Americana. Es la Cancillería típica del Imperio Militar, desconectada con los demás organismos esenciales de la administración, optimista, ceremoniosa, dogmática; mas, en la intimidad, maltratada por el pretenso Emperador, que la desdeña. Al subsecretario Pereyra se le verá siempre en su papel: dibuja en el labio una sonrisa que desconcierta y no sé si, en el fondo, lleva el alma conturbada. Hombre apasionado, vehemente y, a ratos, irascible, anda fuera de la tremenda realidad y toma como brújula acontecimientos que no suceden e ideales que no desvelan a su grupo. A menudo lo visito en su despacho. No cambia jamás el tono: es la misma su reserva, la misma su cortesía, poblado su horizonte de promesas vaporosas. Trato con él asuntos oficiales; reclamo protección a los cubanos en la zona azucarera donde es Zapata diabólica autoridad; anudo los hilos entre la Legación y el Ministerio, y me retiro con la opaca sonrisa de Pereyra jugando en la memoria. Del revés, el Canciller dejaba traslucir un tanto las heridas, y por su donosa charla se deslizaban, como lágrimas, las gotas ligeras de su voluble escepticismo. Al verme en su oficina ministerial, exclama, imprimiendo al rostro un gesto de comedia: "¡Ministro! ¿Cuándo ha llegado usted? ¿Cómo yo no lo he sabido?" Un aviso por el cable, desde La Habana; un mensaje telegráfico, desde Veracruz, y un despacho, desde la Legación; diciéndole, en el primero, "voy"; en el segundo, "he llegado a vuestras playas", y en el tercero "estoy junto a vos", habíanse perdido en el camino. El Canciller, exagerando la posible contrariedad, llamó a un covachuelista encanecido, investigó, con otros dos, y cabe suponer que regañó; pero sin borrar de mi pensamiento la idea de su complicidad. Y por la prensa, ¿no pudo el señor De la Barra enterarse de mi regreso? Gravitaban sobre él tantos quehaceres de trascendencia, relativos a la suerte del gobierno, que el tiempo le regateaba la lectura, y tampoco, por esta causa, conocía los ataques de algunos órganos, a la República de Cuba y a su representante. "Pero ¿eso es posible?", me preguntó tres veces consecutivas, y bajo la pesadumbre de tamaña iniquidad, inclinó la frente y clavó la mirada en la cenefa de un tapiz. De pronto se iluminó el semblante del Canciller, como si razonamientos de su fuero interno le aclarasen la situación. "¡Oh, no, al gobierno en modo alguno le conviene eso! —exclamó—. Los antecedentes del caso, por añadidura, le obligan mucho a considerar en usted a un amigo excelente y nobilísimo de todos los mexicanos. Alguna pasioncilla malsana, alguna intriguilla de mezquino vuelo y nada más, Nuestros periodistas, en general, son impresionables e impetuosos. Mañana la prensa aludirá en otros términos a Cuba y a su Ministro."

Pero aumentaban los reveses del gobierno, en su doble tarea de captarse a los Estados Unidos y pacificar el país, y más dura se hacía su mano y más arbitrario y laberíntico su régimen. Los consejeros desconfiaban de Huerta, que perseguía, indistintamente, a sus propios amigos o a los del príncipe Félix, en ocasiones medidos por igual rasero que el más obstinado *maderista*. Su idea reposaba íntegra en los elementos represivos. Y ningún periódico, en aquel funesto entreacto, desviaría su criterio de las paralelas trazadas por Huerta. Los rotativos adornaban a diario sus páginas con retratos del Dictador: entrando en el Palacio, comiendo en un banquete, o saludando, con los dientes de fuera, desde un balcón. Jamás estadista alguno, en Francia, en Alemania, en la misma España donde es más pródigo el aplauso, vióse colmado por tanto elogio como Huerta en los periódicos de México. Inventaban acontecimientos favorables a la Dictadura, y no se mencionaban los tropiezos de su política, ni los de su diplomacia, ni la protesta armada que cundía, radiosa, en el norte de la República. El periodista se hizo polizonte, y en su periódico denunciaba a los patriotas que no querían ser esclavos. La calumnia, en letras de molde, harta las ansias del amo, y el periodista escribe como si, arrebatado, cosiera a puñaladas el vientre del enemigo. En artículos de pomposa literatura, llenos de veneno, invita al exterminio de todo el que sienta nostalgias de libertad. Un día publica, regocijándose, la noticia de haber sido fusilado, en Guerrero, el general Ambrosio Figueroa, y otro, la muerte de don Abraham González, el gobernador de Chihuahua a quien Huerta, después de aplastado Orozco en los montes de Bachimba, había restablecido en su Magistratura. Por el honroso delito de conspirar contra el despotismo, pereció González, bajo las ruedas de un vagón que rodaron, sobre su cabeza, los verdugos.[2] El gobernador de Coahuila, que empuñó la bandera del "constitucionalismo", anduvo más alerta y afortunado que su colega de Chihuahua, y se adivina, por la prensa, al Generalísimo de una potente revolución en gérmenes. Huerta ruge de ira; jura desbaratar a Carranza, y dispone que lo castigue el general Trucy Aubert. Los periodistas *adelantaron* la inmediata rendición del Gobernador; pusiéronle en solfa los gacetilleros, y dióse por una victoria digna de César o Alejandro la toma de Saltillo. Carranza se interna en los bosques y, engrosadas sus filas, retrocede a Piedras Negras, que su hermano don Jesús, mártir después, bizarramente captura. Sonora tampoco aceptó a Huerta, y al mando de sus yaquis de acero avanza Obregón, que ha de cubrirse de gloria en estupendas batallas decisivas. Diríase que, desde ignotas regiones, Madero y Pino Suárez forman ejércitos y los echan sobre Huerta, para salvar la patria mexicana.

VIII

Arreció la prensa sus acometidas a mi país, a mi persona, y su actitud cobraba, por momentos, hiriente agresividad. Atribuía rara importancia a mis entrevistas con el amable Canci-

[2] Fernández Güell, *Episodios,* etc., ant. cit.

ller, y aseguraba que, de ellas, hacía reserva impenetrable el diplomático Ministerio. Mas la perspicacia reporteril, en sus pesquisas, descubre el tema de aquellas conferencias: mi relevo, anhelado por el gobierno y reiteradamente pedido por el señor De la Barra. La perspicacia reporteril averiguó, además, que yo suplicaba, al Ministro de Relaciones Exteriores, el indulto de mis ofensas al sentimiento y al honor de los mexicanos, quienes, indignados, me aborrecían. El Canciller me prometió rectificar, sin demora, tamaño embuste, y por el cable ordenó al ministro Godoy, en La Habana, que negase cualquier informe periodístico en el cual apareciese el gobierno de México declarando no serle persona grata "el Ministro de Cuba señor Márquez Sterling".[3]

Al general Huerta lo apoyaron las altas clases; pero el general Huerta obró, sin duda, en perjuicio de sus más caros intereses. Lo apoyaron aturdidas por su devoción a los métodos brutales; lo apoyaron, además, por el ansia de sojuzgar, bajo el sable de un cacique, a las clases inferiores, como en época de don Porfirio; lo apoyaron, asimismo, por miedo a la Revolución, y, finalmente, por miedo al propio Huerta. En cambio, la Dictadura carecía de masas populares que le sirvieran de cimiento político, no obstante el cuidado que puso el Ge-

---

[3] El señor Godoy cumplió fielmente lo dispuesto por el señor De la Barra.

"*Legación de los Estados Unidos Mexicanos.*—Particular.—La Habana, marzo 20 de 1913.

"Señor Director de *El Mundo.*—Presente.

"Muy señor mío y amigo:

"He visto con sentimiento en el acreditado periódico de usted, un suelto tomado de un diario de la capital de México, en que se asegura que el señor don Manuel Márquez Sterling, ministro de Cuba en México, no era persona grata a mi gobierno, y que se iba a verificar una manifestación hostil a él.

"Me permito manifestar a usted que, como ya lo ha expresado el señor Secretario de Relaciones Exteriores de mi gobierno, en telegrama reciente, el señor Márquez Sterling, distinguido amigo mío, es persona grata a mi gobierno, y que, según mensaje que he recibido del mismo señor Secretario de Relaciones Exteriores, he quedado facultado para desmentir, como ahora lo hago, que se haya verificado alguna demostración hostil contra dicho diplomático.

"Anticipando a usted las gracias por la inserción de las anteriores líneas, quedo de usted atento servidor y amigo,

"José F. Godoy."

neral en no violentarlas de una manera ostensible. Silenciosas comitivas, de gente mestiza, desfilan por la calles que frecuentan los aristócratas, llevando a la tumba de Madero sus ofrendas. *Al Mártir de la Libertad,* dice un rótulo de oro, la cinta gris atada a una corona; *Al Protector del Pueblo,* leo en otra, y sin reparo de las autoridades policíacas, llegan al túmulo del Apóstol. El sitio lo vigilan centinelas y, sin embargo, a diario amanece inundada de flores la modesta lápida de mármol. *Señor* —escribe un patriota anónimo al dedicarle su ramo de violetas y siemprevivas—, *los desgraciados te lloramos porque sólo podemos ofrecerte nuestras lágrimas.* La oposición reaccionaria logró adormecer y neutralizar el sentimiento que Madero inspiraba al pueblo; pero la tragedia renovó el antiguo fervor, agrandado hasta la exaltación religiosa, sublimado por el tormento, y convertido luego, al Apóstol, en símbolo a quien humildes y oprimidos elevan sus oraciones. Y lejos de atraerse el Dictador, con su fingida tolerancia, a las clases populares, la opinión propicia a su gobierno se hace odiosa a las muchedumbres, y la vida del tirano está llena de zozobras. No es hombre que siente el miedo, ni ve en el aire puñales que le amenacen; pero sospecha, en cada burgués, un adversario secreto de su Dictadura, y quiere imponerse a la clase media por el terror. Acaso nunca estuvo en México tan disciplinado el espionaje como entonces; ni alimañas tan hambrientas sirvieron jamás al despotismo en aquel país. En la emboscada nocturna caían las víctimas del régimen, y llevadas fuera de la ciudad en *el automóvil de la muerte* —que así le llamaban los cronistas—, desaparecían para siempre de sus hogares. "Caudillo insigne, pacificador magnánimo y justo" era Huerta, sin embargo, en las columnas de los periódicos.

Todo gobernante rendido a los placeres inefables del poder, es un candidato al despotismo. Olvida la noción de sus responsabilidades; en su alma se atrofia el sentimiento de la patria, y lo perturban extraños fenómenos psicopatológicos. A Huerta lo fascina el capricho de mandar, lo fascina la pasión de su hegemonía, lo fascina la idea del dominio invulnerable. Igualaba a Rosas, en el desprecio que le inspiró la vida ajena, y a su coterráneo Santana, en la indiferencia por los negocios públicos y por la inmediata bancarrota, vaciados Rosas, Santana y Huerta, en los moldes y en el bronce de Tiberio y Luis XI. Con todo, Huerta es un tipo singular entre los de su especie; menos complicado que sus congéneres americolatinos, jamás padeció melancolías; paseaba sin soldados por las avenidas más populosas de la ciudad y departía, con sus ministros o con sus momentáneos privados, en la mesa del restaurante o del café. Abdul Hamid, a quien el pavor obsesionaba, enloqueciéndolo, vivió encerrado en su palacio del Yeldiz; estableció la odiosa institución del confidente, y ridículas medidas trataban de impedir imaginarios atentados en contra de su existencia. Así, "temblando como un niño ante los cuentos de brujas de la institutriz", [4] el Sultán prohibió la importación de materias explosivas, incluso el carburo que emplean los labradores en combatir la filoxera, y prohibió, además, el teléfono, a sus huéspedes y vasallos de Constantinopla. El pueblo de Guatemala desconoce el sitio en que duerme Estrada Cabrera, y su policía se ocupa en descubrir los puñales que amagan al tiranuelo. Huerta oprime con el propósito de salvar su gobierno amenazado, no su vida. Ser el amo: he ahí el ideal único de toda su política. No sabe si a México le conviene; pero sacia su apetito y llena hasta el tope su ambición. Cambia de amigos y contertulios y paniaguados, como cambia de chaleco. Fusila o perdona, según está de humor. Y dentro de su magnífico automóvil despacha los negocios del Estado. Sigue, no obstante, de cerca a sus ministros, y culpa a Mondragón, el de la Guerra, de fiascos militares que le indignan; acusa de ambiguo y escurridizo a Reyes, el de Justicia, y guarda sordo resentimiento por su candidatura con Félix Díaz, al ínclito maestro De la Barra. ¡Pobre del Canciller! Si no cohonesta la disciplina teórica del presidente Wilson, se despeñará del pedestal en que le tiene encaramado la fortuna. Y ya comienzan las decepciones del Dictador, porque se agota la ciencia del Ministro, y de nada valen las argucias del diplomático ni las caravanas del chambelán. Huerta le regatea los honores de portento y se reblandece su prestigio en la torpe dictadura; la burocracia obedece las órdenes del Canciller poniendo la mirada en el Dictador, y no son eficaces, ni escuchadas por los periodistas de la tiranía, sus caliginosas indicaciones en pro de la República de Cuba.

---

[4] G. Ferrero, *El Militarismo,* versión castellana, etc. Barcelona, 1910.

IX

Dos años pasó Jorge IV pidiendo al insigne Canning el relevo del embajador Charles Stuart, acreditado cerca de Luis XVIII; pero al poner a su regia firma, el Ministro, los decretos que complacían su antojadiza y soberana voluntad, los devolvió con esta prenda de su doblez escrita al margen: "Todo se puede hacer de dos maneras, y el Rey prefiere siempre la más amable." [5] No habían roto lanzas desde luego por Cuba, ni por mí, el señor De la Barra y el presidente Huerta, ni el primero se hallaba en situación de romperlas en defensa de nada ni de nadie; pero, al menos, entre ellos, el segundo era partidario de los recursos violentos, de la procaz injuria periodística, y el primero, a semejanza de Jorge IV, prefería, de todas las maneras, la más amable, la que no reñía con su porte caballeroso. Por eso, los periodistas, en vez de atacarme con decencia, elevaron el tono de sus denuestos, ofreciendo a la opinión el más caprichoso retrato de mi persona. Calificaban a Cuba de "sigilosamente enemiga del pueblo mexicano"; hacían cuenta de una gran manifestación organizada con el objeto de mi retiro, y repetían la leyenda inaudita de mis insultos, no sólo a don Pablo Escandón, llamándole "lacayo", sino a todos los militares que componían el Estado Mayor de don Porfirio.[6] Más aún, la innoble conjura buscó y encontró,

[5] W. R. de Villa-Urrutia, *Relaciones entre España e Inglaterra durante la Guerra de Independencia.* Apuntes para la Historia Diplomática de España de 1808 a 1814. Tomo I. Madrid. Lib. de F. Beltrán. Príncipe, 16, 1911.

[6] "Sabemos que un grupo de personas conocidas en los buenos círculos sociales de la metrópoli, está organizando para dentro de breves días una gran manifestación pública para protestar por la conducta del licenciado Manuel Márquez Sterling, ministro de Cuba, y de la Secretaría de la Legación de la calle de Turín, número 50.

"Los organizadores de esta manifestación tuvieron ayer una junta y tomaron importantes acuerdos; pedirán al ministro Márquez Sterling y a su secretario que soliciten, por dignidad personal, su retiro del Cuerpo Diplomático acreditado en México, por no ser personas gratas al pueblo mexicano, y cablegrafiarán al Presidente de Cuba con tal objeto.

"La actitud del Ministro cubano, según se nos informa, fue acremente censurada en todos los círculos políticos y sociales, tanto más porque dicho diplomático trajo a México antecedentes poco gratos.

"En uno de sus libros, en la *Psicología Contemporánea* (?), publicó al-

para simular que me granjeaba la malquerencia de mis compatriotas, algún cubano sin escrúpulos que secundara escandalosamente la protesta. Es decir, el enemigo estaba en pie y afilaba, para herirme, sus armas de traición. La infidelidad lo invadía todo, llenaba las almas y abatía las conciencias; era la única fuerza positiva, la única moneda apreciable, el único método de subsistir y prosperar. Llegó a las puertas de los templos para subir a los altares; actuó en los centros diplomáticos, en las colonias extranjeras, y sutilmente entró por mis postigos.[7] Quise, entonces, abierto el pecho, hacer es-

gunos ataques a México, y cuando visitó esta tierra llevó mala impresión del general Díaz, a quien llamó despótico, insultó al teniente coronel don Pablo Escandón, llamándole lacayo, lo mismo que a los demás militares que eran de su Estado Mayor, y en fin, cuentan otros detalles que nos abstenemos de publicar.

"Estando en Perú Márquez Sterling, gestionó venir a México, y el señor Madero, entonces Presidente de la República, le prestó valiosa ayuda (?); de aquí que esté agradecido y que haya tenido innumerables atenciones con los familiares de Madero, a los que rodeaba cuando estaban en el Poder." (Fragmentos de *El Noticioso Mexicano,* fecha 13 de mayo de 1913.)

[7] Un detalle curioso. A fines de marzo, esto es, en vísperas de mi retirada voluntaria de México, recibí la siguiente nota sin fecha precisa:

"*Embajada de los Estados Unidos de América.*—Serie 5941. File 800.—México febrero (?) de 1913.—Señor Ministro: Tengo el honor de acusar recibo de su carta del 19 del actual concerniente al peligro que corre la vida del ex presidente Madero. Anoto lo que Vuestra Excelencia dice respecto al crucero cubano 'Cuba', que está anclado en el puerto de Veracruz, y del ofrecimiento de sus servicios personales para dar asilo al señor Madero. Vuestra Excelencia ya está al tanto de los pasos que se han dado, para la seguridad del ex Presidente, desde la fecha de su carta. Soy con toda consideración, sinceramente suyo,

"HENRY LANE WILSON.

"A Su Excelencia M. Márquez Sterling, Ministro de la República de Cuba."

Acompañaba a este despacho del Embajador un breve "memorándum" que dice textualmente:

"Un sello: Secretaría de Estado y del Despacho de Relaciones Exteriores. Registro de Entrada número 14.—La Oficialía de Registro de la Secretaría de Relaciones Exteriores, tiene la honra de devolver a la Embajada de los Estados Unidos de América la nota número 5941-800, que vino en el sobre que contenía varias notas dirigidas a esta Secretaría. México, 24 de febrero de 1913."

Quiere decir que este despacho de Mr. Wilson pasó por el Ministerio mucho antes de llegar a su destino. Se trata, solamente, de un descuido lamentable de los empleados de la Embajada; pero la lectura de esa nota en el Mi-

cudo de franqueza y despejar el conflicto. En son de confidencia, en carta muy explícita, estreché al señor De la Barra a definir su posición, ya que, por delante, iba la mía perfectamente aclarada. No siendo la diplomacia, como, para honra de nuestro siglo no lo es, el arte de menguadas falsías que antaño, la senda elegida no chocaba con las prácticas contemporáneas. Que hubiese descontentos de mí, en el sitio mismo en que algún escritor se lamentara de no ver, sobre el patíbulo, a la viuda del Apóstol, nada tenía de extraño; pero sí que todo un gobierno, que las daba de regular, y pretendiera codearse con los gobiernos civilizados, compartiese la ignominia de los verdugos, confesándose, por ende, manchado con la sangre de Madero y Pino Suárez. No entró en mis cálculos mantener la investidura ministerial como un burócrata que se agarra al presupuesto, y no puse en activo resortes de previsión, dispuesto a despojarme, en cuanto fuese útil, de mi coraza y de mis prerrogativas diplomáticas, ya que, sin el concurso resuelto y firme del señor De la Barra, para evitar la propaganda y las calumnias de la prensa, desde luego, sería yo manzana de discordia y mi patria blanco de diatribas. Consultó, acaso, el Canciller, a sus tenientes; mostró a Huerta aquel pedazo de armiño, y me obsequió con un cartucho de bombones que endulzaran mi paladar. "Como la gestión diplomática de V. E. —decía su respuesta, fechada el 17 de marzo— no sólo está caracterizada por el tacto más exquisito y por los propósitos más nobles para estrechar los vínculos de confraternidad entre dos repúblicas vecinas y herederas de una misma tradición, sino que, además, son para mí muy gratas las relaciones de V. E. y deseo hacer todo lo posible para cultivarlas, he de tomar particular empeño en que la gestión diplomática de V. E. no sufra tropiezo ninguno. A este fin, hoy haré declaraciones muy expresivas a la prensa de la capital, que, sin duda, se hará eco de los sentimientos que abriga el personal del gobierno mexicano hacia la Legación Cubana y su digno representante. Estoy seguro de que al trasmitir V. E. estas manifestaciones mías, su gobierno quedará enteramente satisfecho de que son

nisterio no es un hecho exento de importancia. Asunto delicado, me referí a él en un escrito confidencial (véase la pág. 262). Otro confidencial debió ser la respuesta.

extraños al pueblo y al gobierno de México, de lo que V. E. no abriga la menor duda, los manejos de las personas que, con propósitos censurables, desean estorbar la marcha acertada que V. E. ha sabido dar a su misión en este país." El Canciller, directamente, alude al cubano que colaboró en la campaña; descarga, en su conciencia, todas las culpas, y agrega que no podrá verse, en sus palabras, "una cortés ocultación de propósitos que están muy distantes de ser los de todo mexicano que aprecie la labor, inteligente y conciliadora, de V. E." Pero al ardoroso testimonio privado sucedió el frío testimonio público, y tanto como el uno acusaba espontaneidad, calor, elevación de miras, el otro aparecía forzado, medroso y encogido. Los órganos de la Dictadura reprodujeron una breve nota oficiosa que dio pie a la reincidencia. "Las relaciones entre México y Cuba —se limitó a declarar el señor De la Barra— siguen siendo cordiales, a lo que ha contribuído, hábilmente, el ministro señor Márquez Sterling"; remiendo al cual añadieran los periodistas que, no obstante el generoso proceder, conmigo, del ilustre magnate, ratificaban, punto por punto, las anteriores noticias; firmas desconocidas calzaban un alegato sobre mis tareas revolucionarias contra Huerta, y nuevas e insuficientes protestas del Canciller y del subsecretario Pereyra, fracasaron.

X

El Encargado de Negocios del Japón viaja ya rumbo al país de los ensueños, tantas veces vivido en las páginas de Pierre Loti; el Ministro de Chile, el intachable Hevia Riquelme, ha resuelto, asimismo, abandonar el tablado trágico, y yo me dispongo a emprender el regreso a Cuba, en cuanto lo mande mi gobierno, a quien tal resolución aconsejo en copiosas notas confidenciales. Mi viaje, es decir, mi retirada, constituía, de fijo, una urgente necesidad, no sólo por los odios que retoñaban, apasionadamente, en los centros oficiales y en la clase aristocrática, entre los cortesanos del dictador y los adictos a Félix Díaz, éstos en constante merma, sino por la devoción que, a diario en aumento, sentían por mí clases desheredadas, con riesgo de mayores y más graves incidentes. En la medida en que la prensa apuraba sus injurias contra Cuba y su Ministro, querían elementos populares desagraviarme; de más elevada procedencia recibí cartas conmovedoras que vaticinaban el castigo de los déspotas y, de cierto, mano muy blanca trazó estas líneas:

"Marzo 14 de 1913.

"Excelentísimo señor Ministro de la República Cubana, señor don Manuel Márquez Sterling.

"Respetable señor Ministro:

"Por mí, y en nombre de nuestros hogares mexicano, dirijo a Su Excelencia esta carta, que, si bien mal forjada, lleva en sus líneas el ardiente agradecimiento de un grupo de personas que anhelan expresar a vos, señor Ministro, al Presidente y al Gran Pueblo Cubano, su gratitud por la alta conducta que habéis observado hacia la noble familia de nuestro llorado y querido Presidente don Francisco I. Madero.

"A ese generoso pueblo cupo en suerte ser quien enjugara las lágrimas de esa madre y esa esposa, transidas de dolor. ¡Gracias mil! Los mexicanos quien sin militar en la política, con el corazón libre de pasiones, supimos comprender a nuestro inolvidable Presidente, agradecemos a Cuba tan bella acción y deseamos que cuando, lejos de estos lares, regreséis a la amada patria, digáis a vuestros hermanos: "Que no todos los mexicanos son ingratos, y que en muchos corazones, a donde se guarda con cariño y veneración el nombre de nuestro humilde y amado Presidente don Francisco I. Madero, ahí también está el nombre de Cuba ensalzado, querido y respetado.

"No doy esta carta a luz porque Su Excelencia comprende que ningún periódico la aceptaría, y temo hacerla pública de modo independiente, por no ser causa de alguna dificultad a vos, señor Ministro.

"Con todo respeto soy de V. E. affma. s. s.,

"UNA MEXICANA"

Por otra parte, me preocupaban los inconvenientes que podría sufrir la colonia cubana a consecuencia de aquella pugna, y observé, en casos concretos, la ojeriza con que ya la miraban los adoradores de Huerta.[8] Me atuve, por eso, a reglas de estricta parsimonia y circunspección, y aprovechando los días de la Semana Santa, en que mis detractores, metidos en la iglesia, no se ocupaban de Cuba ni de su Ministro, para darse golpes de pecho, me fui a Veracruz, a imitación de muchas familias capitalinas, acostumbradas a esa excursión todos los años. Dejé "la ciudad de los palacios" con honda tristeza, resuelto a no volver; llevaba, además, grabadas en el pensamiento, como una dolorosa obsesión, tantas desventuras que había presenciado, y a través de la noche creían ver mis ojos, muy distante, el resplandor de hogueras medievales. "A pesar de las declaraciones a la prensa hechas por el señor De la Barra —cablegrafié al secretario Sanguily—, mi permanencia en México es perjudicial y desagradable. Al venir por última vez a este país, en los momentos en que la tragedia se desenlazaba, impedí el entorpecimiento que, de otro modo, acaso padecieran las relaciones entre ambos estados. Ahora, mi retirada, en apariencia a descansar, asegura aquel empeño. Prefiero el sacrificio de mi carrera a ser motivo de rozamientos." ¿Cómo permitir que la cordialidad de relaciones entre Cuba y México dependiera sólo del éxito de un partido? El genio de un militar, la suerte de una batalla, ¿no prolongarían seis lustros más el gobierno reaccionario? Y si, entre tanto, yo hubiese desafiado, en nombre de Cuba, las pasiones que el régimen locamente encendía, ¿no era fácil que entibiaran su amistad las dos naciones y dejaran de quererse los dos pueblos? Así lo comprendió, también, el prócer mexicano don Fernando Iglesias Calderón, a quien debo este indulgente comentario: "La propia estima es, a no dudarlo, la mayor de las satisfacciones, y usted debe estar orgulloso de haber preferido su sacrificio personal, verificado con paciencia sin límites y tenacidad incansable, a los trastornos de un enfriamiento entre Cuba y México." El corresponsal del *New York Herald,* instruído en el Ministerio de Relaciones Exteriores, o por el Embajador, comunicó a su periódico mi embarco, y afirmó que yo era

---

[8] Excepto uno o dos, los cubanos residentes en México se portaron con toda dignidad en aquellos momentos difíciles. El señor Saturnino G. Chirino, a quien yo no conocía, lastimado por las imposturas del *Gil Blas,* periódico impreso en papel amarillo, obligó a sus redactores, en pleno despotismo de Huerta, a rectificarlas. Dos meses antes había yo dejado mi puesto de Ministro.

persona grata al señor De la Barra, pero no "al presidente Huerta".[9]

Mis servicios en la diplomacia cubana expiraban. El 20 de mayo se efectuó la trasmisión de la Presidencia al general Menocal, que nombró Secretario de Estado al coronel de nuestra Guerra Separatista, ex ministro en España y doctor, don Cosme de la Torriente. Asistí a la entrega de la Cancillería, en esa misma fecha. Rodeados los dos secretarios de subalternos, cambiáronse cordialísimos discursos, llenos de unción patriótica. Sanguily había ilustrado la cartera, y bajo su inspiración genial robusteciόse, soberana, la República. No se hizo esperar un solo instante la renuncia de mi cargo, y fue, sin duda, ella, el primer documento que saludó al nuevo jefe de nuestra diplomacia. Transcurrieron varios días, decretáronse muchos cambios en la nómina, improvisáronse algunos ministros y determináronse algunos traslados. Una tarde, el señor Torriente me participó sus deseos, y los del general Menocal, de tenerme en el número de sus plenipotenciarios. Mas, en poco estuvo que surgieran diferencias de criterio, ajenas a mi odisea mexicana; me fue propuesta una legación que no acepté; se acordaron cesantías que me afectaban; cruzáronse, entre Secretario y Ministro, notas desabridas; reiteré la dimisión, y puse mi sombrero de plumas en las manos del Canciller. Simultáneamente, el presidente Wilson vituperaba al Embajador su conducta y lo separaba del Cuerpo Diplomático de los Estados Unidos.[10] Torriente y yo, hombres de buena intención que

---

[9] *The New York Herald,* marzo 30: "Veracruz, México, vía Galveston, Tejas, sábado.—Márquez Sterling, ministro de Cuba en México, y su familia, se embarcaron ayer en el vapor *México* para La Habana. El mismo se concedió la licencia. Aunque era persona grata para De la Barra, no lo era para el presidente Huerta a causa de su simpatía sentimental por la familia Madero."

[10] A semejanza de la prensa de Cuba, la de los Estados Unidos alabó mi proceder en México. En los últimos meses del primer período de la administración democrática, el problema mexicano fue caballo de batalla de los republicanos contra la candidatura del presidente Wilson a un segundo período. El ex embajador, que no se ha consolado aún de la caída, levantó su voz, y trabóse un enérgico debate. Fui, naturalmente, muchas veces aludido, y en la Cámara de Representantes el Hon. Henry D. Flood, de Virginia, presidente de la Comisión de Relaciones Exteriores, trató en términos muy satisfactorios para mí la parte que tomé en las gestiones diplomáticas de aquellos tristes y memorables días, como, por los fragmentos que paso a reproducir, podrá apreciar el lector:

discuten hidalgamente con el ansia de interpretar los designios de la patria, terminamos por acercarnos y estimarnos. Y así rematό, en más estrecha amistad, la historia de nuestra corta desavenencia. El Canciller ordenó la publicación de una conferencia en que me había brindado el reingreso en la carrera. Pero el campo de mis entusiasmos esterilizábase, y entendí que jamás cosecharía, triunfalmente, el jugoso fruto de la esperanza.

Incrustada en mi retina la visión de la tragedia, contemplo el sendero de abrojos donde el Apóstol soñó su destino. Ecos lejanos hablábanle el idioma sonoro de la eternidad; en derredor suyo se agitaban seres invisibles, trasmisores misteriosos de verdades, y sombras pálidas, al instante desvanecidas, levantaban su ánimo y mantenían sólida su fe providencial. Bajo la ley de su filosofía, el místico excluyó al gobernante. Su ambición era la felicidad humana por el perfeccionamiento del espíritu. Y decretó, sin sospecharlo, su propio martirio. No espiga, por eso, en mi conciencia el pesimismo, y la tierra que vi ensangrentada y miserable, se adorna, ante mis ojos, de verdor, y sobre las arenas desnudas precipítanse los bosques, y se extienden camino arriba, los vergeles, y taladran el vientre de la selva los manantiales cristalinos. Dulce armonía de

---

(Septiembre 7, 1916.)

"*Mr. Flood:* Mr. Speaker, el candidato del Partido Republicano y un número de los Directores del mismo partido han intentado hacer un esfuerzo muy grande para basar su campaña en la política mexicana del presidente Wilson.

"Han hecho este intento, señor Presidente, porque el record de la administración del presidente Wilson y del Congreso Demócrata ha sido tan espléndido, que los directores de la campaña no han podido encontrar nada verdaderamente criticable. Estos señores creen que el pueblo americano conoce perfectamente los actos de la administración, en lo que se refiere a los asuntos domésticos y a nuestras relaciones extranjeras con los países europeos; pero tienen la esperanza de que sus asuntos particulares y la gran guerra europea, con sus dudas momentáneas, le hayan absorbido todo su tiempo y no haya podido enterarse bien de la situación mexicana, y que ellos pueden, por eso, engañarlo con injustas críticas dirigidas a los que han tenido, a su cargo, el arreglo de los asuntos mexicanos."

Se extiende Mr. Flood en la explicación detallada de los acontecimientos del "cuartelazo" de febrero; pone de relieve los grandes pecados diplomáticos en que incurrió el embajador Henry Lane Wilson, hasta el momento del asesinato del presidente Madero, y añade:

"Si el embajador Wilson hubiese obrado acorde a una persona de su

la Naturaleza que precede a la dulce armonía entre los hombres. La Justicia tendrá su hora, tendrá su Imperio, tan grande como el planeta, y la Justicia es la dulce armonía de los pueblos, el progreso y la dicha de las naciones. Fecunda, entonces, habrá sido la muerte en el suplicio; su estela de dolor, la luz inextinguible, y su augusta memoria, la libertad.

---

alta posición, el asesinato de Madero se habría podido evitar y quizá hasta su arresto. Si hubiera demostrado el sentimiento de humanidad que demostró el ministro cubano, Márquez Sterling, seguramente su conciencia estaría más tranquila. El Ministro cubano, como algunos otros de los ministros latinoamericanos, se sintió hondamente ofendido con la conducta del Decano del Cuerpo Diplomático, que era el Embajador nuestro. Durante la prisión del presidente Madero, Márquez Sterling se consagró a acompañarlo e hizo cuanto estuvo en su poder por salvar su vida. Por muchas (?) noches él veló a su lado, y cuando traían los alimentos y el café, Márquez Sterling, ante el temor de Madero al veneno, los probaba para destruir sus sospechas. Este hombre bueno fue un gran consuelo para la desventurada familia de Madero, después del asesinato; cablegrafió a su gobierno para obtener un buque de guerra cubano que la recogiera en Veracruz, al acompañarla él hasta la capital cubana, y rehusó, después, a continuar sus servicios cerca de un gobierno que cometía tales atrocidades. A su regreso a Cuba, el Ministro publicó una serie de artículos en los cuales criticaba severamente a nuestro Embajador, por la parte que tomó al sancionar el régimen de Huerta y tratar de que fuese reconocido por los poderes extranjeros."

(Congressional Record, Sixty-fourth Congress, first session. Vol. 53, número 225, Washington, Saturday, September 16, 1916, pág. 18635.)

INDICE ALFABETICO

LA DECENA TRAGICA

(FOTOGRAFIAS)

Tropas de los Grales Bernardo Reyes y Felix Diaz entrando
a la plaza de Armas. Febrero 9 de 1913. 8.30 a.m.

EL PRINCIPIO DEL FIN.

9 DE FEBRERO DE 1913. (¿9 a. m.?)

3 - La Decena Trágica - 9-18 Febrero 1913 -
Un aspecto después de la refriega en la Plaza de la Constitución
MIRET
MEXICO

UN CAIDO DE LAS FUERZAS DE LOS GENERALES B. REYES Y F. DIAZ.

EL PRESIDENTE MADERO SE DIRIGE A PALACIO.

EL PRESIDENTE MADERO LLEGANDO A PALACIO.

ULTIMA MANIFESTACION MADERISTA

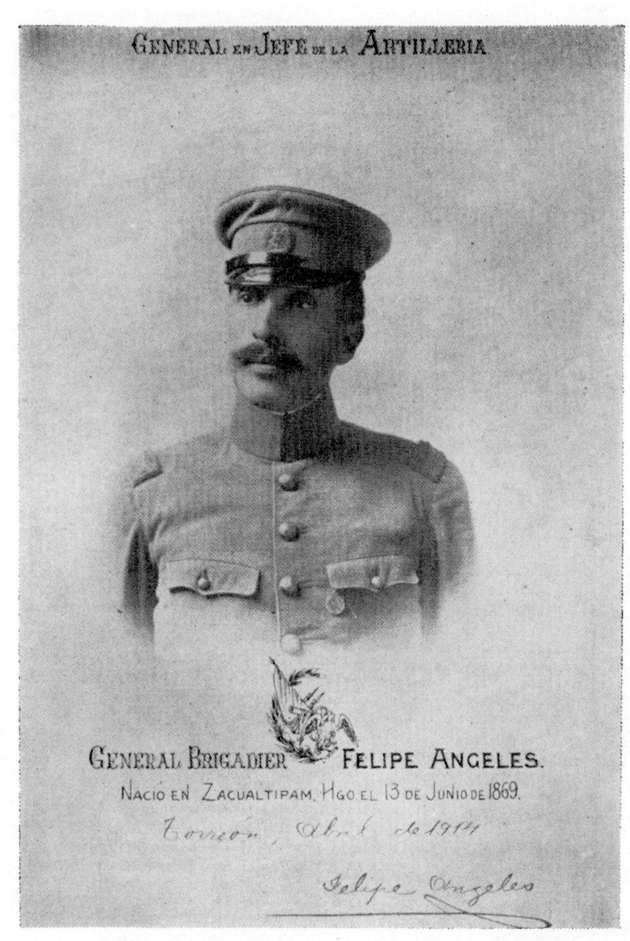

GENERAL EN JEFE DE LA ARTILLERIA
GENERAL BRIGADIER FELIPE ANGELES.
NACIO EN ZACUALTIPAM, HGO EL 13 DE JUNIO DE 1869.
Torreón, Abril de 1914
Felipe Angeles

EL GRAL. FELIPE ANGELES.

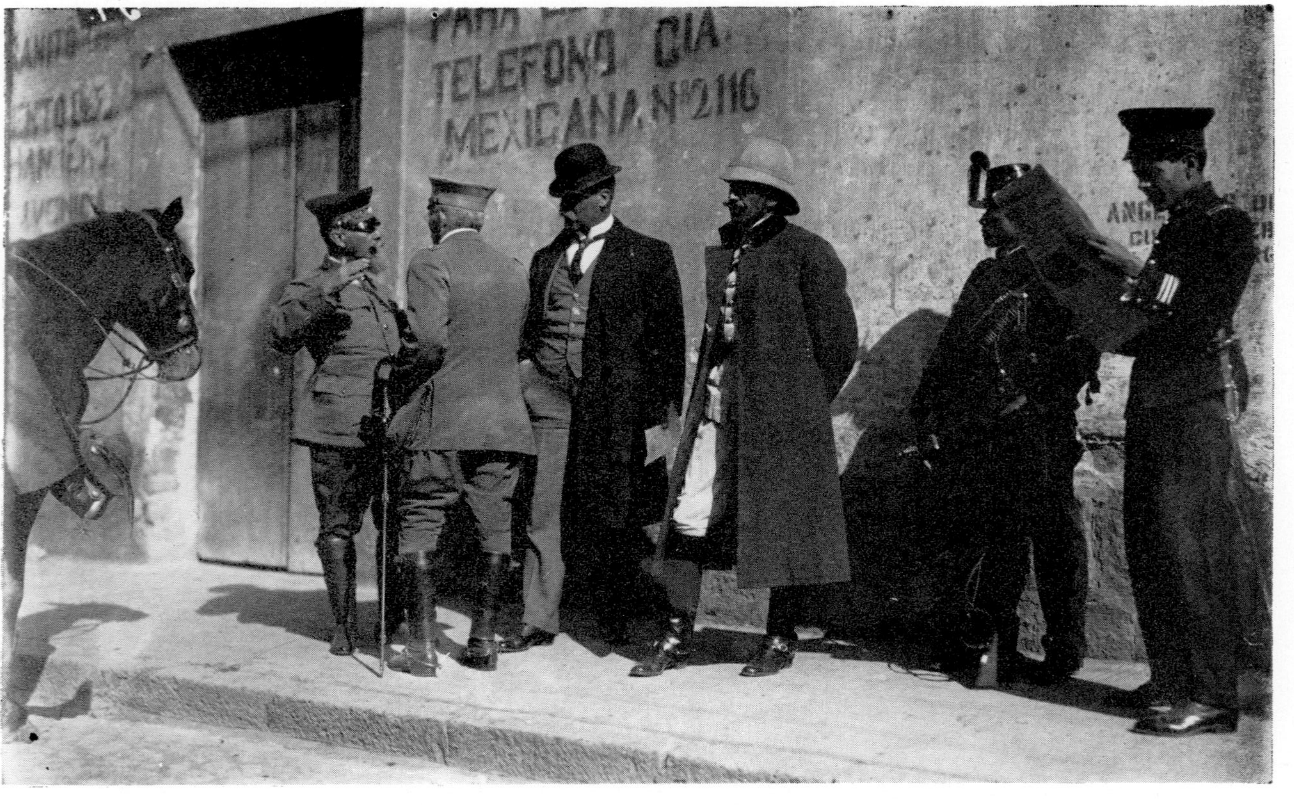

LOS GRALES. HUERTA, DELGADO Y ANGELES CONFERENCIANDO.

EL GENERAL BLANQUET EN LA TLAXPANA, CON EL SENADOR OBREGON.

GENERALES DELGADO Y VEGA Y JESUS URUETA, EN CONFERENCIA.

UN FEDERAL TIRANDO BOMBAS.

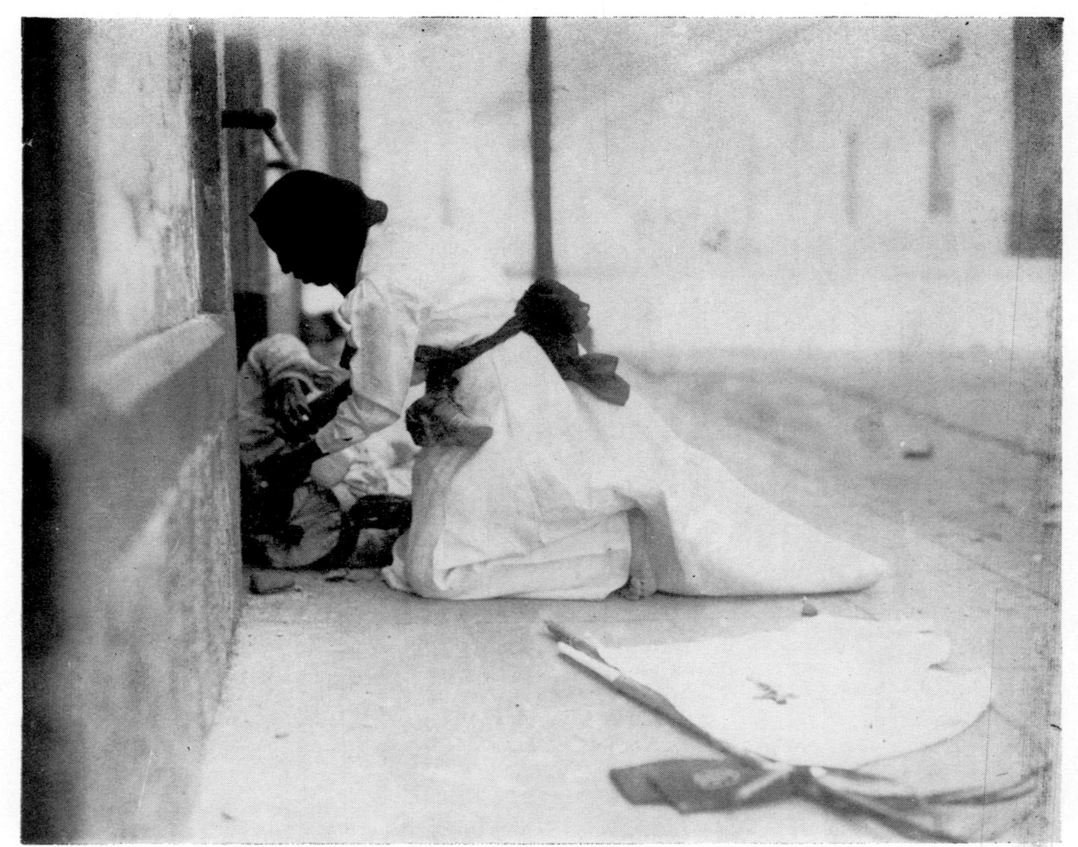

LA "CRUZ ROJA" DE PIES DESCALZOS.

LA 6ª COMISARIA DESPUES DEL BOMBARDEO.

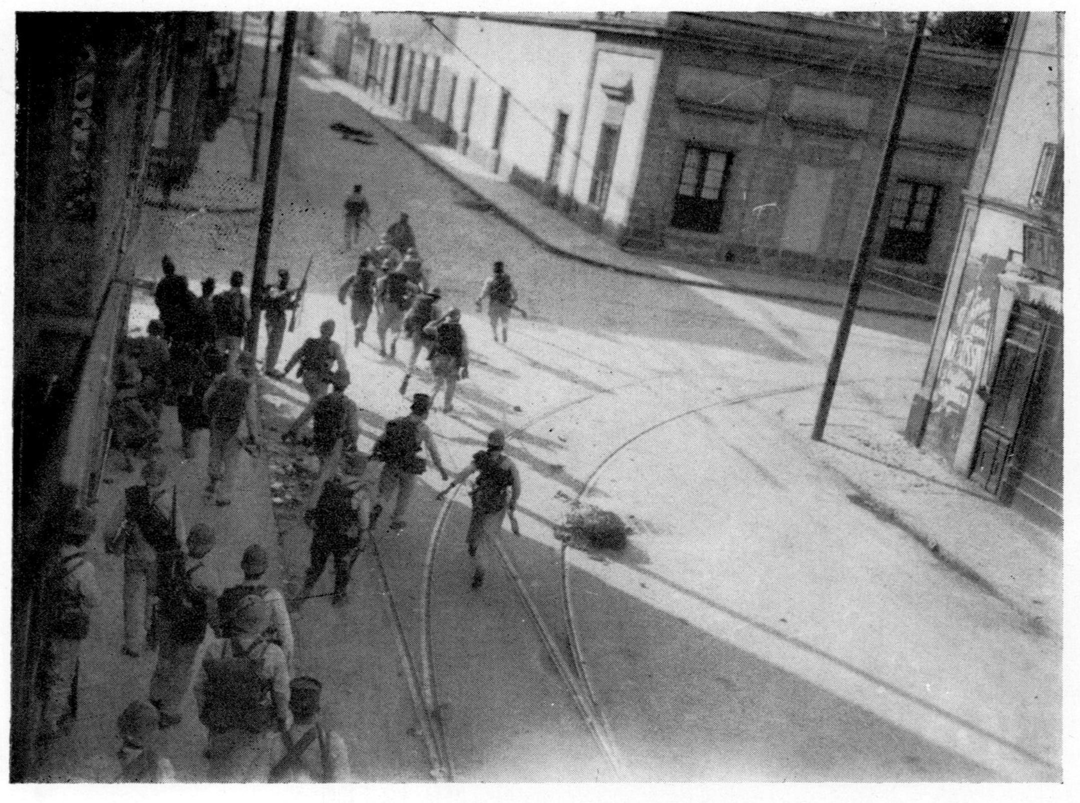

FEDERALES PASANDO LA CALLE DE REVILLAGIGEDO.

FEDERALES EN LA CALLE ANCHA.

ARTILLERIA QUE DISPARO SOBRE LA CIUDADELA, EMPLAZADA EN LA COLONIA CUAUHTEMOC.

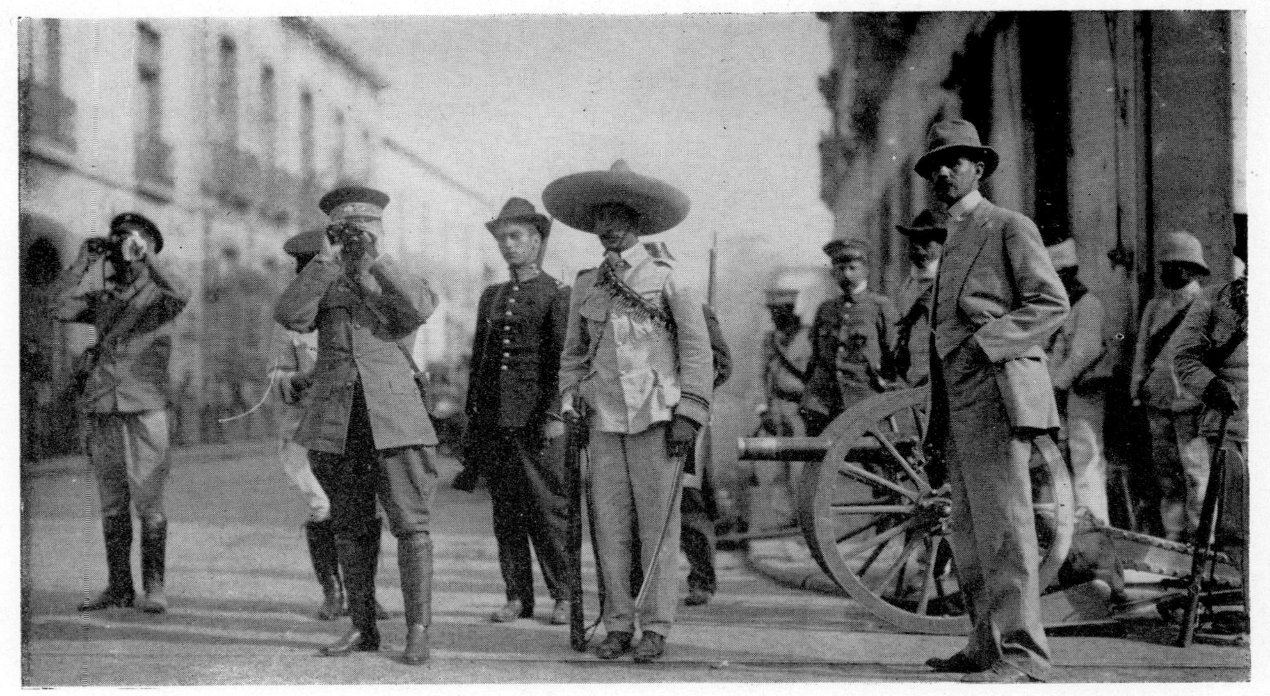

UNA POSICION FEDERAL.

CONDUCIENDO HERIDOS.

CADAVERES INCINERADOS EN LA VIA PUBLICA.

EL RELOJ CHINO DE BUCARELI.

EFECTOS DEL BOMBARDEO.

CASA EN LA CALLE DE SAN DIEGO.

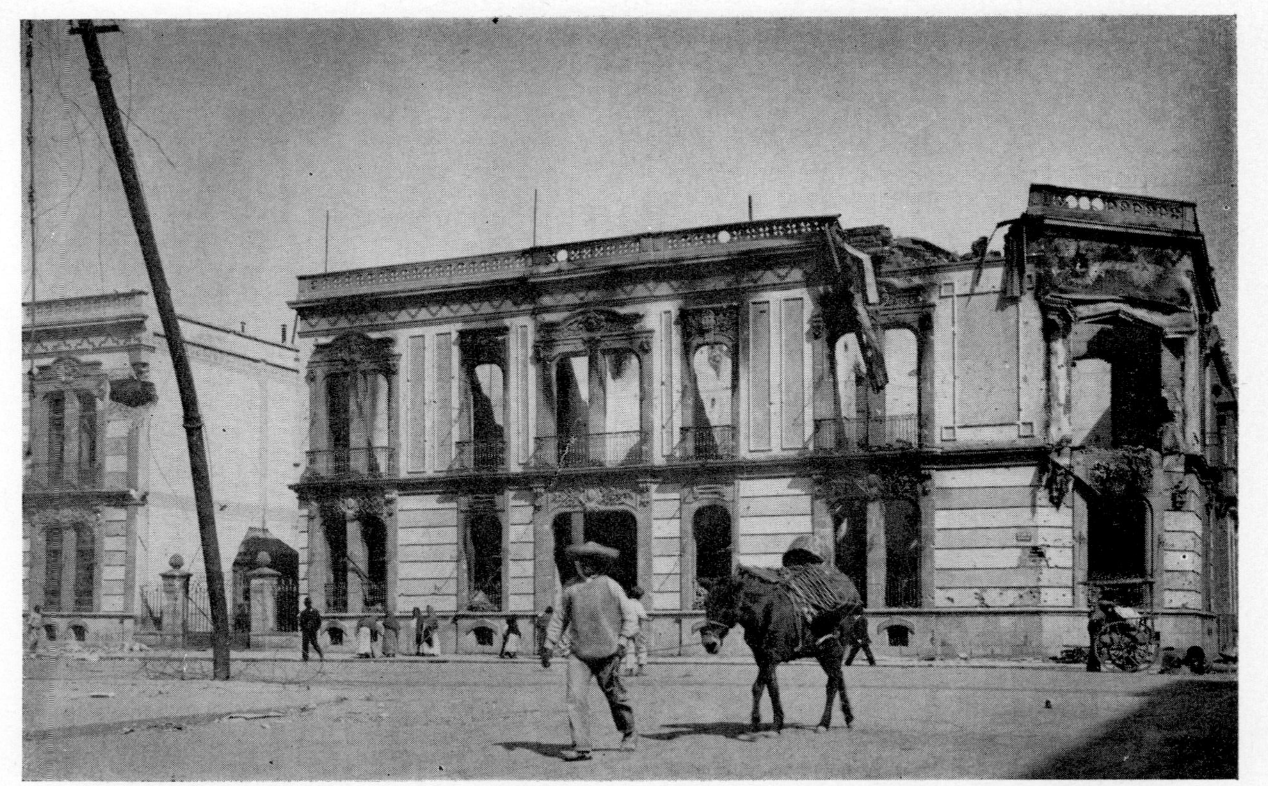

UNA CASA EN LAS CALLES DE BALDERAS Y VICTORIA.

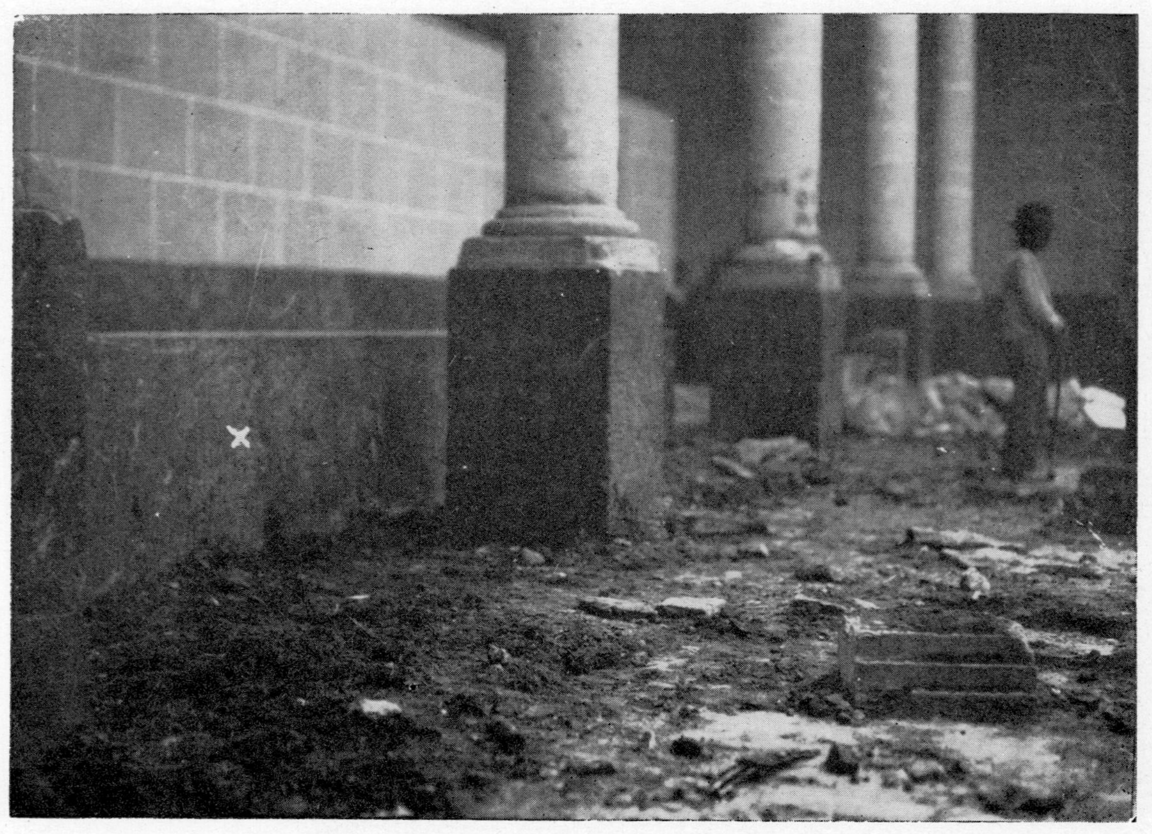

PATIO DE LA CIUDADELA Y EL LUGAR DONDE FUE FUSILADO EL INTENDENTE BASSO.

LA CASA DEL PRESIDENTE MADERO DESPUES DE HABER SIDO INCENDIADA.
(BERLIN Y LIVERPOOL, COL. JUAREZ.)

FELIX DIAZ

VICTORIANO HUERTA.

La Editorial Porrúa, S. A., agradece a los señores Don J. H. L. French y Don Ramón Domínguez Junod, de la ciudad de La Habana, Cuba, sus buenos oficios para la reimpresión de este libro.

Se acabó de imprimir este libro el día 5 de septiembre de 1958, en los talleres de Unión Gráfica, S. A., Vértiz, 344, México, D. F. La edición consta de 2,000 ejemplares.

HI
REF
CIR
SR
REF
CIR